AF890092

Salzburger Studien zum Europäischen Privatrecht

Herausgegeben von Prof. DDr. J. Michael Rainer

Band 26

PETER LANG

Frankfurt am Main · Berlin · Bern · Bruxelles · New York · Oxford · Wien

Vorteile der *Romanitas* im Bereich des Vertragsrechts aus einer historisch-vergleichenden Perspektive

Daniele Mattiangeli

Vorteile der *Romanitas* im Bereich des Vertragsrechts aus einer historisch-vergleichenden Perspektive

PETER LANG
Internationaler Verlag der Wissenschaften

Bibliografische Information der Deutschen Nationalbibliothek
Die Deutsche Nationalbibliothek verzeichnet diese Publikation in der Deutschen Nationalbibliografie; detaillierte bibliografische Daten sind im Internet über http://dnb.d-nb.de abrufbar.

Gedruckt auf alterungsbeständigem,
säurefreiem Papier.

ISSN 1435-6069
ISBN 978-3-631-59941-9

© Peter Lang GmbH
Internationaler Verlag der Wissenschaften
Frankfurt am Main 2009
Alle Rechte vorbehalten.

Das Werk einschließlich aller seiner Teile ist urheberrechtlich geschützt. Jede Verwertung außerhalb der engen Grenzen des Urheberrechtsgesetzes ist ohne Zustimmung des Verlages unzulässig und strafbar. Das gilt insbesondere für Vervielfältigungen, Übersetzungen, Mikroverfilmungen und die Einspeicherung und Verarbeitung in elektronischen Systemen.

www.peterlang.de

Vorwort

Diese Forschungsarbeit ist ein Versuch, die vielen Aspekte und Vorteile der römischen Rechtserfahrung (*usus iuris*) in den verschiedenen historischen Perioden darzulegen.

Als erstes versuche ich darzustellen, welche Vorteile die römische Rechtsordnung bringen kann, und wie die Mitglieder dieser Rechtswelt diese Vorteile nutzen konnten. Mit der Darstellung der Rechte und der Pflichten, die mit der römischen Staatsbürgerschaft und den anderen anerkannten *status civitatis* verbunden sind, möchte ich zeigen, wie sie sich in der Zeit und in den römischen Rechtsperioden ändern. Verschiedene Rechte und Pflichten sind mit der römischen Staatsbürgerschaft und mit dem *status* von *latinus* oder *peregrinus*, je nach der historischen römischen Periode und der politischen, wirtschaftlichen und sozialen Situation, verbunden.

Weiters werde ich veranschaulichen, wie der *status* von *latinus*, *romanus* und *peregrinus* im Wesentlichen „beweglich" ist. Der Gegenstand dieser verschiedenen *status* und der damit verbundenen Rechte, ändert sich mit den historischen Perioden und den verschiedenen politisch-wirtschaftlichen und sozialen Situationen.

Das römische Recht ist „beweglich" und es wandelt sich in den verschiedenen Geschichtsperioden. Das *ius civile*, das *ius honorarium* und das *ius gentium* ändern ihren Inhalt je nach den Perioden und den politisch-wirtschaftlich und sozialen Momenten. Auf diesen Überlegungen basierend, ist der Forschungsschwerpunkt dieser Arbeit auf die römischen Verträge und die römischen Rechtsgeschäfte gerichtet. Durch die Darstellung der Disziplin des Rechtsgeschäfts und des Vertrags möchte ich zeigen, dass die Mehrheit der Angehörigen der römischen Rechtsordnung, unabhängig vom *status* und von den verschiedenen Nationalitäten, ihren Willen frei manifestieren und ihre Interessen befriedigen konnten.

Die der römischen Rechtsordnung angehörigen Personen konnten durch ein einziges gemeinsames und vor allem verständliches Recht handeln. Diese „universelle" Handlungsfähigkeit können wir vor allem in Verträgen und Rechtsgeschäften beobachten. Das römische Recht war ein „universelles" Recht, jeder in Westeuropa und im mediterranen Raum konnte dieses Rechtssystem verwenden. Jeder konnte von einem vom römischen Recht anerkannten Vertrag oder Rechtsgeschäft in der gesamten römischen Welt Gebrauch machen. Mit der Darstellung der Disziplin des Rechtsgeschäfts und der Verträge und mit der Untersuchung der verschiedenen Arten der Verträge, können wir diesen universellen Gebrauch des römischen Rechts – um die meisten Rechtslagen zu regulieren – sehen. Außerdem möchte ich versuchen zu erklären, wie das römische Recht aufgrund seiner „Universalität" und seinem Ruf in der ganzen Welt verwendet und emuliert wurde. Dies sind die Gründe, weshalb auch die Völker außerhalb des römischen Kaiserreichs diese Rechtsordnung emulieren und kopieren wollten, um sie in ih-

ren Ländern zu benützen. Viele Völker wollten (und möchten) das römische Recht rezipieren, da sie eine große Wertschätzung der römischen juridischen Erfahrung hatten (und haben).
Ich denke, dass schon verschiedene Jahre vor der *constitutio Antoniniana* das römische Recht das erste „universelle“ europäische und mediterrane Recht darstellte. Das römische Recht hat, in der Tat, auf eine besondere Art die griechisch-hellenistische Rechtskultur absorbiert und ersetzt.
Aufgrund dieser Universalität und Flexibilität, vor allem im Bereich des Geschäfts- und Vertragsrechts, wird das römische Recht noch heute von vielen modernen Rechtsordnungen verwendet. In Europa stellt es, vom historischen Standpunkt aus, das einzige universell anerkannte gemeinsame Recht dar.
Nach dem aktuellen Stand, dank auch seiner Verbreitung in den asiatischen und südamerikanischen Ländern, denke ich, dass das römische Recht einen richtigen Weg zu einem gemeinsamen Rechtsuniversum im Bereich des Vertragsrechts und in vielen anderen Rechtsbereichen darstellen kann.
Außerdem, dank seiner tausendjährigen Erfahrung, seiner kulturellen Ausstattung, dem guten Ruf, und, nicht zuletzt dank der „Mobilität“ und „Universalität“ ist das römische Recht das einzige, das sich in verschiedenen Epochen und kulturellen Hintergründen bewährt hat.
In der römischen Rechtserfahrung ist die Geschichte und die Entwicklung der Rechtswissenschaft enthalten, und das ist die wichtigste Rechtsquelle die noch heute von vielen Rechtsordnungen benutzt wird. In der Tat war das römische Recht die erste Rechtsordnung, in der verschiedene juristische Lösungen und Rechtsinstitute nebeneinander existieren konnten und im gesamten Mittelmeerraum und Westeuropa anerkannt waren.
Weiteres Ziel dieser Forschung ist es zu zeigen, wie diese Öffnung, Beweglichkeit, Anpassungsfähigkeit und außerordentliche Rechtserfahrung des römischen Rechts bis heute aktuell ist, und eine Grundlage von vielen modernen Rechtsordnungen darstellt, vor allem im Bereich des Privatrechts.
Diese Arbeit wäre aber nicht möglich gewesen ohne die bedeutende praktische und moralische Unterstützung von meinem Lehrmeister Prof. J.M. Rainer, der mich immer begleitet und inspiriert hat. Dank seiner Großzügigkeit und seiner Lehre kann ich heute diese Arbeit publizieren und vorstellen, mit der Hoffnung, einen bescheidenen Stein in die Welt des römischen Rechts zu werfen.
Großen Dank schulde ich auch meiner Kollegin Prof. Johanna Filip-Fröschl, die mich während meiner Forschung und der Ausfertigung dieser Arbeit immer tatkräftig unterstützt hat, und mir mit wertvollen Ratschlägen beigestanden ist.
Ein letzter Dank geht sicher an Prof. Peter Mader, der mich bei der Systematisierung und Untergliederung dieser Arbeit beraten und unterstützt hat.

Salzburg, am 20. Juli 2009
Daniele Mattiangeli

Inhaltsverzeichnis

1 Systematische Einführung in die römische Rechtsordnung

1.1 Einführung des Konzepts des römischen Rechtssystems: Entstehung und Entwicklung der römischen Rechtsordnung

Seit dem Beginn der Menschheit haben die verschiedenen Völker die Notwendigkeit gefühlt, die Beziehungen unter sich und mit anderen Völkern oder Kulturen, die sie kennen gelernt haben, zu regulieren. Für ein „ziviles" Zusammenleben ist, in der Tat, die Existenz von Regeln, auch einfachen, notwendig, um die verschiedenen Beziehungen zwischen den Menschen zu gründen, zu regulieren oder zu kündigen. Die „*societas hominum*" braucht diese Regeln um jeden Tag in Frieden zu leben und um das Verhalten der Mitglieder zu regulieren. Wenn es keinen Regeln gäbe, würden die Menschen unter sich in einen dauernden Kriegszustand leben, und wären nicht anders als Tiere[1]. Das ist der so genannte „Naturzustand", der typisch für die Tierwelt und die prähistorischen Gesellschaften ist, wo es jedem frei steht, zu tun, was er für richtig hält. Jeder folgt seinem persönlich Instinkt und seinem eigenen Willen. In dieser „Natur-Gesellschaft" gibt es nur das Gesetz des Stärkeren und alles wird von den Mechanismen der natürlichen Evolution reguliert[2].

Es gibt weiters einen anderen und weiter entwickelten Zustand: der Zustand der „*societas hominum*"[3], wo die Verbindungen zwischen den Menschen von Grundnormen reguliert werden.

Diese „Grundnormen" sind von der Kultur eines Volks oder von den Gewohnheiten („*mores*") eines Volks, oder von den mystisch-religiösen Regeln eines Volks abgeleitet. In diesem Typ von Gesellschaft, obwohl es beachtliche Unterschiede zwischen den Menschen gibt (nicht alle Menschen sind ebenbürtig), wird das Leben von Grundprinzipien (z.b. die zehn „Geboten") reguliert. Wer diese Prinzipien verletzt wird bestraft oder kann sogar von der Gesellschaft aus-

---

1 Siehe Kapitel VI in „*De Republica*" von Cicero, in C. W. Keyes, *Cicero-De Re Publica*, in *Loeb classical Library*, Cambridge (Massachusetts) 1966, s. 257 ff.: und über das Thema der „Naturgesellschaft" im allgemeinen siehe Hobbes, *Leviathan*, London 1651.

2 Siehe Cambiano/Mori in „*Storia e antologia della filosofia*" II, Bari 1995, S. 253 ff.

3 Die Theorie der verschiedenen „*societates hominum*" können wir in Cicero, *De Officis, I, 53* finden: „*Gradus autem plures sunt societatis hominum. Ut enim ab illa infinita discedatur, proprior est eiusdem gentis, nationis, linguae, qua maxime homines coniunguntur. Interius etiam est eiusdem esse civitatis; multa enim sunt civibus inter se communia, forum, fana, porticus, viae, leges, iura, iudicia, suffragia, consuetudines praeterea et familiaritates multisque cum multis res rationesque contractae. Artior vero colligatio est societatis propinquorum; ab illa enim inmensa societate humani generis in exiguum angustumque concluditur.*" Weitere Theorien von Cicero über diese Themen in *De Republica, VI,IX* „*Somnium Scipionis*" in C. W. Keyes, *Cicero-De Re Publica*, in *Loeb classical Library*, Cambridge (Massachusetts) 1966, s. 260 ff.

geschlossen werden[4]. Die Menschen, demnach, vor der Angst einer Strafe getrieben, streben danach, diesen Grundregeln zu folgen.[5]
Weiters, hat diese menschliche Gesellschaft eine erste Sozialorganisation. Es gibt besondere Regeln für alle Mitglieder dieser Gesellschaft mit besonderen Grenzen ihrer Freiheit, um gemeinsamen Zielen zu folgen und das Überleben dieser Gesellschaft zu sichern[6].
Nach diesem sozialen Moment, können wir mit der Zeit eine verschiedene und besser entwickelte menschliche Gesellschaft finden: Die politische Gesellschaft (die griechische *„Polis"* oder die römische *„Civitas")*.
In dieser Sozialorganisation hat jeder besondere Rechte und Pflichten die innerhalb des Staates auf präzise Art geregelt werden. Jeder hat eine präzise „Stelle" in der Gesellschaft und hat verschiedene Verhältnisse mit anderen Menschen aufgrund deren Rechte und Pflichten[7].
Diese Gesellschaft wird, demnach, von präzisen „Normen" regiert. Diese Normen stellen die Rechte und die Pflichten der Mitglieder dieser Politischen Gesellschaft auf, und regulieren weiters die Verbindungen die es unter den Mitgliedern geben kann.
In der politischen Gesellschaft gibt es demnach eine Gesamtheit von Gesetzten, die die Gesellschaft regulieren. Diese Gesamtheit wird „Rechtsordnung" genannt[8]. Weiters hat die politische Gesellschaft eine volle Macht (eine „*auctoritas*" ohne Grenzen) über die Bürger (Mitglieder dieser Gesellschaft) und ist unabhängig von anderen externen Mächten[9]. Das Volk ist die „Menge" der Mitglieder dieser politischen Gesellschaft. Die Bürgerschaft ist ein Teil des Volks, die eine volle Handlungsfähigkeit und eine volle politische und rechtliche Fähigkeit hat[10].
In der Geschichte, hat jedes Volk früher oder später ein Rechtsordnung gegründet, und sie benützt um sein eigenes Leben und die Verbindungen zwischen den Personen und mit anderen Völkern zu regeln.
Die Rechtsordnung (eine richtige „Sammlung" von Gesetzen) ist eng verbunden mit der sozial-ökonomischen Situation eines Volkes zu einem besonderen historischen Zeitpunkt. Die Rechtsordnung ist auch eng verbunden mit den moralischen, sozialen und religiösen Normen und ist von ihnen abhängig[11].
Der sozial-ökonomisch Zustand und die moralischen und religiösen Gewohnheiten eines Volks sind eigentlich die zwei Pfeiler von denen eine Rechtsordnung

---

4 Arangio-Ruiz, *Istituzioni di diritto Romano*, Napoli 1984, XIV Auflage, S.15-16
5 Arangio-Ruiz, *Istituzioni di diritto Romano*, Napoli 1984, XIV Auflage, S. 17
6 Guarino, *Diritto privato Romano*, Napoli 1997, S. 25
7 Talamanca, *Lineamenti di storia del diritto Romano*, Milano 1979, S.7 und ff.
8 Siehe M. Lendi in *Rechtsordnung. Eine Einführung in das schweizerische Recht*, Zurich 2001, S. 2 ff.
9 Guarino, *Diritto privato romano*, Napoli 1997, S. 26.
10 Guarino, *Diritto privato romano*, Napoli 1997, S. 27.
11 Siehe J. Messner, *Die Idee der Menschenwürde im Rechtsstaat* in *Menschenwürde und freiheitliche Rechtsordnung, Festschrift für W. Geiger*, Tübingen 1974, SS. 221-243

kommt. Die Rechtsordnung ist tatsächlich ein Überbau einer politischen Gesellschaft und sie muss die Gesellschaft „regulieren" und „ordnen"[12]. Eine Rechtsordnung muss die Verbindungen jeder Natur regeln und den Mitgliedern jedes Recht und jede Verpflichtung zuerkennen.

Diese Reihe von Normen (die Rechtsordnung) ändert sich mit der Zeit, in Bezug auf die Änderung des sozial-ökonomisch-politischen Zustandes einer Gesellschaft. Sie wechselt auch in Bezug auf die Änderung der ethischen, moralischen und religiösen Gewohnheiten dieser Gesellschaft. Die Haupteigenschaften jeder Rechtsordnungen sind, demnach, ihre Abhängigkeit von der Gesellschaft der sie angehört und ihre stetige Abänderung in der Zeit[13].

Diesen generellen Prinzipien folgt auch die römische Rechtsordnung, die sicher eine der komplettesten und komplexesten Rechtssysteme der Geschichte ist.

Aufgrund der vorigen theoretischen Betrachtungen werde ich die Grundlinien der römischen Rechtsordnung einführen.

Die römische Rechtsordnung beginnt sich ab dem VIII Jahrhundert vor Christus zu entwickeln, in der so genannten „Antiken Periode".

Die meisten Rechtsquellen für diese Epoche stammen von Dionysius von Halikarnassos[14].

In dieser antiken Epoche, beginnen sich die ersten Sozialverbände zu entwickeln, zuerst die *familiae proprio iure* und danach die *gentes*.

Die *familiae proprio iure* waren große Familien mit der wichtigen Figur des Vaters (*pater familias*). Der *pater familias* war der *dux* (Führer) einer Familie und hatte volle Gewalt über alle Mitglieder der Familie[15]. Das *lex* (Gesetz) des *pater familias* war sehr einfach und basierte hauptsächlich auf den *mores* (Gewohnheiten), eine Art von ethischen, moralischen und religiösen Vorschriften dieser Epoche.

Später begannen sich die Familien in *gentes* zu verbinden. Die *gentes* waren sehr große Familien, in denen es ein Oberhaupt (den *patronus*) gab. Der *patronus* war der absolute Führer einer *gens*, und hatte viele Untergebene (die *clientes*) unter sich[16].

Für die *gentes* stammen die Grundregeln ebenfalls von den *mores* ab. Später, im VIII. Jahrhundert vor Christus, vereinigen sich die *familiae* und die *gentes*, und gründen die erste städtische Gemeinschaft von Rom. Nach der Legende wurde Rom von Romulus gegründet. Romulus war der Erste *rex* (König) von Rom und teilte die Stadt in drei *tribus*: *Ramnes*, *Tities* und *Luceres*[17]. Jede *tribus* war aus zehn *curiae* zusammengesetzt, und jede *tribus* hatte als Oberhaupt den *tribunus*

12 Siehe zu diesem Thema Marx, *Das Kapital*, Berlin 1962

13 Marshall T.H., *Cittadinanza e classe sociale*, Torino 1976, S.31 und ff.

14 Dionysius war ein griechischer Philosoph der I Jahrhundert vor Christus, Siehe darüber E. Gabba, in *Dionysius and the history of archaic Rome*, Berkeley 1991, S. 13 ff.

15 Siehe Talamanca, *Lineamenti di storia del diritto Romano*, Milano 1979, S. 8-15

16 Siehe Rainer/Waldstein, *Römische Rechtsgeschichte*, München 2005, S. 23-24

17 Siehe S. Mazzarino, *L'impero Romano*, Roma-Bari 2000, S. 112 ff.

(das ist der richtige Ursprung der Figur des *Tribunus*). Weiters, setzte sich jede *centuria* aus zehn *decuriae* zusammen. Jede *tribus* hatte als Oberhaupt den *tribunus*, die *curiae* den *curionus* und die *decuriae* den *decurionus*[18]. Diese Teilung stellt dieselbe Teilung der römischen Armee dar. Die Stadt von Rom und ihre Armee waren seit dem Beginn der römischen Geschichte eng verbunden.

Führer von diesem Sozialverband war ein König (der *rex*). Er war der *ductor* der Armee und des Volks, oberster Richter und religiöses Oberhaupt. Als religiöses Oberhaupt musste er den religiösen Frieden bewahren, um das Überleben der Stadt und die *fortuna* (das Schicksal) zu garantieren. Es gab auch eine Versammlung der *patres*, die das Organ der *gentes* war, ein Vorgänger des Senats. Die Versammlung der „Menschen mit Waffen" *(comitia curiata)* war das Organ des *populus* (Volks). Nach Cicero, wurde der *rex* vom Volk in den *comitia* gewählt, nach der Erlaubnis des Senats. Der *rex* wurde mit einer *lex curiata* gewählt und mit einer folgenden *inauguratio* des *rex* selbst[19].

Diese sind mehr oder weniger die Grundlagen des ersten römischen Sozialverbands: das römische Königreich. Wir können jetzt diese vorigen Aspekte des ersten römischen Verfassungsrechts und die legislativen königlichen Rechtssysteme (die erste Form der römischen Rechtsordnung in der Geschichte) genauer darstellen[20].

Der *rex* war der oberste Richter dieser Gesellschaft und hatte die Gewalt, Normen zu erlassen (die *leges reges* genannt wurden). Der Inhalt dieser *leges reges* war sehr vielfältig. Sie konnten den religiöse Bereich, die Kriminalität, verschiedene private Verhältnisse oder die Disziplin der Ehen oder der Beerdigungen betreffen[21].

Zusammen mit den *leges reges*, gab es auch eine sehr wichtige Rechtsquelle: die *mores*. Die *mores* waren ethisch-religiöse (mündlich überlieferte) Gewohnheitsvorschriften die vom *collegium* der *pontifices* ausgearbeitet wurden[22].

Die *mores* sind ein sehr wichtiger Zeitpunkt des Beginns der römischen Rechtsordnung. Obwohl sie nicht geschrieben sind, sind die *mores* das erste römische Rechtssystem. Dieses erste römische Rechtssystem basierte auf ethisch-religiösen Gewohnheitsvorschriften die im Geist der alten römischen Gesellschaft selbst enthalten waren. Weiters, ist es sehr wichtig die zwei Grundlagen der *mores* zu beobachten: einerseits die ethisch-sozialen Grundlagen, andererseits

---

18 Siehe Talamanca, *Lineamenti di storia del diritto Romano,* Milano 1979, S. 20 und ff.; und Dion. Hal. 2.7.2-3; 2.8

19 Talamanca, *Lineamenti di Storia del diritto Romani*, Milano 1979, S. 24-28

20 Siehe Rainer/Waldstein, *Römische Rechtsgeschichte,* München 2005, S. 26-27

21 Talamanca, *Lineamenti di storia del diritto Romano,*Milano 1979, S. 30

22 Das Kollegium der *pontifices* war eines von vielen priesterlichen Kollegs der Epoche. Das Kollegium der *pontififices* musste die Grundregeln der *civitas*, die *mores*, schützen, ausarbeiten und anwenden. Weiters arbeiteten sie den Kalender aus. Andere sehr wichtige *collegia* waren die *Flamines*, die *Fetiales*, die *Augures* und die *Vestales,* die nur für Frauen waren. Hierzu siehe auch Talamanca, *Lineamenti di Storia del diritto romano*, Milano 1979, § "I collegi sacerdotali", S. 31-34

die religiösen Grundlagen[23]. Die Religion ist tatsächlich ein Grundelement der alten römischen Gesellschaft, und sie war mit dem Rechtssystem eng verbunden[24].

Im Rom des VII.-VI. Jahrhunderts vor Christus war die Religion eine Staatsreligion, eine Religion der gesamten *civitas*, ein gemeinsamer Moment für alle *cives*. Die Römer, in der Tat, wie vielen andere Völker, dachten, dass sie mit der Befolgung der ethischen-religiösen Gewohnheitsvorschriften (die *mores*) den *pax deorum* nicht stören würden, und auf diese Art den Aufschwung und das Glück der Stadt zu sichern.

Die Befolgung der ethisch-religiösen Gewohnheitsvorschriften (*mores*) ist demnach notwendig für das Leben der Stadt (*civitas*) und für den Wohlstand der *cives*. Wir können hier sehen, dass die Religion die Basis der alten römischen Rechtssysteme war[25]. Die *mores* waren jedoch nicht theokratische Normen, sie waren ein Abstraktmodell des Verhaltens den die Bürger Folge leisten mussten.

Die *mores* kamen von der *interpretatio* der *pontifices*, die diese Gewohnheitsvorschriften ausarbeiteten um die *pax deorum* zu erhalten[26].

Aufgrund der *mores*, werden die *rex* die Gesetze ausarbeiten. Eigentlich gründen die Könige aufgrund der *mores* das erste römische Strafrechtssystem, das großteils auf religiösen Bußen basiert. Tatsächlich strafte man am meisten die Delikte, die als gefährlich für das Gleichgewicht der *pax deorum* galten. Man strafte demnach die Verbrechen, die als Beleidigung gegen die göttliche Welt angesehen wurden. Viele andere Verbrechen waren der Privatstrafe der Beleidigten überlassen.

Dank dieses ersten Rechts, das auf der Religion basiert, gehen wir von einem archaischen System, das auf der Privatstrafe basiert, zu einem ersten öffentlichen Strafrechtssystem in der römischen Rechtsordnung über.

Die Verbrechen waren in zwei großen Kategorien aufgeteilt:

1. „*Scelus expiabilis*". Die leichten Verbrechen. Die Strafe für diese Delikte war ein *piaculum*, ein Sühneopfer. Diese Delikte verpflichteten demnach den Schuldigen ein Sühneopfer zu machen; z.b. die Witwe die sich vor Ablauf eines Jahres nach dem Tod ihres Mannes wieder verheiratete, musste *Tellure*[27] eine schwangere Kuh opfern.
2. „*Scelus inexpiabilis*". Ein schweres Verbrechen, das das Überlassen des Schuldigem dem Willen der Götter mit sich brachte: die *consecratio* (oft mit der Formel „*sacer esto*" ausgedrückt). Diese Strafe setzte die Entfer-

---

23 Siehe Talamanca, *Lineamenti di storia del diritto Romano*, Milano 1979, S. 36-41

24 Siehe Guarino, *Storia del diritto romano*, Napoli 1993, S. 127 ff.

25 Siehe R. Del Ponte, in *La religione dei romani*, Milano 1982, S. 43 ff.

26 Die *pontifices* arbeiteten die *mores* durch die *auspicium* und die *procedimenti ordalici* aus, die eine Lösung eines konkreten Falls gaben, um die *pax deorum* zu erhalten. Auf diesen „Lösungen" basieren die *mores*.

27 *Tellure* war der römische Name der Göttin der Erde, besser bekannt als *Gea*. Siehe Palazzi in *Mythos, Dizionario mitologico e di antichità classiche*, Milano 1990, S. 131

nung des Schuldigen von der Gemeinschaft voraus. Der Schuldige hatte kein Recht und keinen Schutz mehr, jeder konnte ihn töten[28].

Es war auch die direkte Kapitalstrafe des Schuldigen für die schwersten Verbrechen vorgesehen (z.b. für den Verwandtenmord *parricidium* die Strafe der *poena cullei*[29]). Von diesen ersten Normen, die auf den *mores* basierten, kommen später andere *leges regiae* wie das Gesetz von Numa über den vorsätzlichen Mord (*parricidas esto*) und den nicht-vorsätzlichen Mord[30], das das erste Gesetz der Welt über dieses Thema war.

Es gibt auch Zeugnisse der *leges regiae* die Verbrechen gegen die Stadt (*crimina publica*) wie die *proditio* (den Verrat) oder die *defectio* (der Abtrünnige) straften. Bei diesen Verbrechen strafte der *rex* nicht wie ein Oberpriester sondern wie ein Stadtoberhaupt. Er verwendete seine Strafgewalt auf eine sehr laizistische Art[31] .

Demnach können wir sehen, wie sich schon in der archaische Epoche die ersten Grundzüge einer privaten und öffentlichen Rechtsordnung abzuzeichnen beginnen.

Gehen wir jetzt zur Entwicklung der römischen Rechtsordnung in der präklassischen Epoche, in den ersten Jahrhunderten der Republik, über.

---

28 Siehe zu diesen Verbrechen Festus, Ed. Lindsay, S. 424: „*At homo sacre is est, quem populus iudicavit ob maleficium; neque fas est eum immolari sed qui occidit parricidi non damnatur; nam lege tribunicia prima cavetur, si quis eum , qui eo plebei scito sacer sit, occiderit, parricida ne sit. Ex quo quivis homo malus atque inprobus sacer appellari solet.*" Lindsay, *Sexti pompei festi, De verborum significatione. Operea quae supersuunt cum pauli epitome,*Hidelsheim 1965, S. 424. und Talamanca, *Lineamenti di storia del diritto Romano,* Milano 1979, S. 41-50.

29 Siehe Festus, Ed. Lindsay, p. 221 m.: „*Parrici[dii] quaestores appellabantur, qui solebant creari causa rerum capitalium quaerendarum. Nam parricida non utique is, qui parentem occidisset, dicebatur, sed qualemcumque hominem indemnatum. Ita fuisse indicat lex Numae Pompilii regis his composita verbis: SI QUIS HOMINEM LIBERUM DOLO SCIENS MORTUI DUIT, PARICIDAS ESTO.*" Lindsay, *Sexti pompei festi, De verborum significatione. Operea quae supersuunt cum pauli epitome,* Hidelsheim 1965, S. 247

30 Siehe Festus, Ed. Lindsay S. 247: „.. *Ita fuisse indicat lex Numae Pompili regis his composita verbis: ".si quis hominem liberum dolo sciens mortui duit, paricidas esto.*" Siehe auch S. 476*: "Subigere arietem in eodem libro Antistius esse ait dare arietem, qui pro se agatur, caedetur*", über die Sühneopfer. Lindsay, *Sexti pompei festi, De verborum significatione. Operea quae supersuunt cum pauli epitome,* Hidelsheim 1965, S. 247, S.476. Siehe ebenfalls: Talamanca, *Lineamenti di storia del diritto Romano,* Milano 1979, S. 45

31 Siehe Guarino, *Storia del diritto romano,* Napoli 1993, S. 109 ff.

Nach der Tradition[32], musste das Geburtsdatum der Republik um 509 vor Christus sein, mit der Vertreibung von Tarquinius Superbus. Der Übergang zur republikanischen Epoche scheint auf eine besonders traumatische Art stattgefunden zu haben[33].

Es scheint, dass zwei *consules* die Führer der römischen Stadt geworden waren. Diese Epoche war sehr unklar und wir haben zu wenige Rechtsquellen über die ersten 50 Jahre der Republik, die meisten davon sind nicht zuverlässig. Weiters, um 451 vor Christus, gehen wir zur Periode des gesetzlichen *decemviratus* über[34]. Diese Periode bringt ein sehr besonderes Geschenk mit sich: das erste römische schriftliche Gesetzbuch, die *duodecim tabulae (*oder *leges duodecim tabularum).*

Ab diesem Zeitpunkt beginnt sich der erste Kern der römischen Rechtsordnung zu gründen. Die *duodecim tabulae*, nach Livio[35], werden zur Grundlage selbst der republikanischen Ordnung. Sie sind die Rechtsquelle des gesamten öffentlichen und privaten Rechts. Die *duodecim tabulae* sind die schriftliche Kodifikation der *mores* und der juridischen Gewohnheiten des alten römischen Volks. In denselben Jahren, kommen zu den *duodecim tabulae* die drei sehr wichtigen Gesetze „*Valeriae-Horatiae*"[36] („*De provocatione*", „*De plebiscitis*", „*De tribunicia*

32 Siehe Talamanca, *Lineamenti di storia del diritto Romano,* Milano 1979, S. 93-94; und die „*Fasti capitolini*". Tatsächlich rechneten die "Fasti Capitolini" seit dem Beginn der Republik bis zum Jahr 300 vor Christus 210 Jahre. In diesen Jahren gab es 199 Jahre mit „*collegia consularem*", 2 Jahre von „*decemviratus*" , 5 Jahre der Anarchie und 4 Jahre mit Diktatoren. Demnach, wenn die „*Fasti capitolini*" wahr sind, muss die Zeit des Beginns der Republik mindestens um 509 vor Christus liegen.

33 Talamanca, *Lineamenti di storia del diritto Romano,* Milano 1979, S. 91

34 Siehe Guarino, *Storia del diritto romano,* Napoli 1993, S. 143 ff.

35 Siehe Livius 3,34, 6: "... *Cum ad rumores hominum de unoquoque legum capite editos satis correctae uiderentur, centuriatis comitiis decem tabularum leges perlatae sunt, qui nunc quoque, in hoc immenso aliarum super alias aceruatarum legum cumulo, fons omnis publici priuatique est iuris...* ".

36 Siehe Talamanca, *Lineamenti di storia del diritto romano,* Milano 1979, S. 114. Siehe auch Livius, *Ab urbe condita*, III, 55: "*Per interregem deinde consules creati L. Valerius M. Horatius, qui extemplo magistratum occeperunt. Quorum consulatus popularis sine ulla patrum iniuria nec sine offensione fuit; quidquid enim libertati plebis caueretur, id suis decedere opibus credebant. Omnium primum, cum uelut in controuerso iure esset tenerenturne patres plebi scitis, legem centuriatis comitiis tulere ut quod tributim plebes iussisset populum teneret; qua lege tribuniciis rogationibus telum acerrimum datum est. Aliam deinde consularem legem de prouocatione, unicum praesidium libertatis, decemuirali potestate euersam, non restituunt modo, sed etiam in posterum muniunt sanciendo nouam legem, ne quis ullum magistratum sine prouocatione crearet; qui creasset, eum ius fasque esset occidi, neue ea caedes capitalis noxae haberetur. Et cum plebem hinc prouocatione, hinc tribunicio auxilio satis firmassent, ipsis quoque tribunis, ut sacrosancti uiderentur, cuius rei prope iam memoria aboleuerat, relatis quibusdam ex magno interuallo caerimoniis renouarunt, et cum religione inuiolatos eos, tum lege etiam fecerunt, sanciendo ut qui tribunis plebis aedilibus iudicibus decemuiris nocuisset, eius caput Ioui sacrum esset, familia ad aedem Cereris Liberi Liberaeque uenum iret. Hac*

potestate") hinzu. Viele andere Gesetze, „*Plebiscita*" und „*Senatusconsulta*" folgten.

Dieser normative Komplex gab der römischen Republik Leben, in Bezug auf die öffentliche Ordnung *(magistrati, consules, tribuni, leges, comitia, plebiscita, senatusconsulta* etc.), die privatrechtliche Ordnung und die kriminalrechtliche Ordnung *(potestas, manus, mancipatio, in iure cessio, nexum, sponsio, delicta, crimina, etc...).*

Die *duodecim tabulae*, zusammen mit den Gesetzen *Valeriae-Horatiae*, scheinen eine komplette Kodifikation zu sein. Diese Kodifikation war von einer Reihe von Versen zusammengesetzt, die die Grundprinzipien der römischen Rechtsordnung enthielten. Diese Verse und Prinzipien konnten von den Juristen interpretiert und für eine unendliche Serie von Rechtsfällen benutzt werden[37].

In Bezug auf die *negotia* zum Beispiel, wird die gesamte Disziplin der Eigentumsübertragung im römischen Recht durch die Darstellung der *mancipatio*, des *nexum*, der *in iure cessio*, der *sponsio*, der *vades* und der *praedes* dargestellt[38].

In Bezug auf die Verfahrensdisziplin, können wir das System der *legis actiones* finden, zum Beispiel mit der Darstellung der *„legis actio per iudicis arbitrive postulationem*" gemeinsam mit der „*legis actio sacramenti in rem*" und der „*legis actio per manus iniectionem*"[39].

---

lege iuris interpretes negant quemquam sacrosanctum esse, sed eum qui eorum cui nocuerit Ioui sacrum sanciri; itaque aedilem prendi ducique a maioribus magistratibus, quod, etsi non iure fiat—noceri enim ei cui hac lege non liceat—tamen argumentum esse non haberi pro sacro sanctoque aedilem; tribunos uetere iure iurando plebis, cum primum eam potestatem creauit, sacrosanctos esse. Fuere qui interpretarentur eadem hac Horatia lege consulibus quoque et praetoribus, quia eisdem auspiciis quibus consules crearentur, cautum esse: iudicem enim consulem appellari. Quae refellitur interpretatio, quod iis temporibus nondum consulem iudicem sed praetorem appellari mos fuerit. Hae consulares leges fuere. Institutum etiam ab iisdem consulibus ut senatus consulta in aedem Cereris ad aediles plebis deferrentur, quae antea arbitrio consulum supprimebantur uitiabanturque. M. Duillius deinde tribunus plebis plebem rogauit plebesque sciuit qui plebem sine tribunis reliquisset, quique magistratum sine prouocatione creasset, tergo ac capite puniretur. Haec omnia ut inuitis, ita non aduersantibus patriciis transacta, quia nondum in quemquam unum saeuiebatur."

37 Siehe Talamanca, *Lineamenti di storia del diritto Romano*, Milano 1979, S. 120 und ff.

38 Siehe Kaser, *Römische Rechtsgeschichte*, Göttingen 1978, S. 68 ff.

39 Siehe Pugliese, *Istituzioni di diritto romano*, III Auflage, Torino 1991, S. 62 und ff. und auch Gaius, *Institutiones 4,11-12* über die "*legis actiones*" und die „*XII Tabularum*": „11 *Actiones, quas in usu ueteres habuerunt, legis actiones appellabantur uel ideo, quod legibus proditae erant, quippe tunc edicta praetoris, quibus conplures actiones introductae sunt, nondum in usu habebantur, uel ideo, quia ipsarum legum uerbis accommodatae erant et ideo immutabiles proinde atque leges obseruabantur. unde eum, qui de uitibus succisis ita egisset, ut in actione uites nominaret, responsum est rem perdidisse, quia debuisset arbores nominare, eo quod lex XII tabularum, ex qua de uitibus succisis actio conpeteret, generaliter de arboribus succisis loqueretur". 12. Lege autem agebatur modis quinque: sacramento, per iudicis postulationem, per condictionem, per manus iniectionem, per pignoris capionem".*

In Bezug auf das Kriminalrecht können wir die Unterscheidung zwischen öffentlichen Verbrechen und privaten Verbrechen und die bezüglichen Sanktionen finden.

Mit den *duodecim tabulae*, demnach, beginnt die römische Rechtsordnung komplett zu sein und jeden Bereich des Rechts zu umfassen.

Später in der alt-republikanischen Periode und mit dem Prinzipat (*principatum*), wird das Grundsystem der *duodecim tabulae* von der Entstehung vieler neuer Gesetze, die jeden Bereich der Rechts betrafen, und von den *edictum* der *magistratus* erweitert[40].

Zwischen dem IV. Jahrhundert vor Christus und dem I. Jahrhundert nach Christus, können wir die Entstehung des *praetor urbanus* und des *praetor preregrinus* und seiner *edicta* mit gesetzlicher Gültigkeit, die Entwicklung der Verfahren „*per formulas*", die *emancipatio* der Plebejer, die Entwicklung der Rechte der Person, die Entwicklung des Rechts der Staatsbürgerschaft (zum Beispiel: „*lex Aelia Sentia*" oder „*lex Iulia de civitate*") und die Entwicklung des *ius gentium* sehen[41].

In diesen fünfhundert Jahren wird Rom von einer kleinen Republik zur Weltmacht, und dementsprechend entwickelt sich ihre Rechtsordnung, die sich den sozialen und ökonomischen Strukturen anpasst. Die römische Rechtsordnung, demnach, dehnt sich vor allem dank dem *ius gentium* und dem *praetor peregrinus* aus, und wechselt in eine komplexe Rechtsordnung mit allen Bereichen des Rechts.

Neben dem römischen Recht können wir jetzt das Recht von anderen Völkern verwenden, die von Rom erobert und unterworfen worden sind und schon *provinciae* von Rom geworden sind.

Die römische Rechtsordnung kann mit den anderen Rechten koexistieren (vielleicht als einzige in der Geschichte), und es kann auch in derselben Zeit fremde Rechtsordnungen enthalten. Tatsächlich konnten die Einwohner der *provinciae* ihr eigenes Recht und das römische Recht benutzen. Weiters beginnt genau in diesem Moment das Phänomen der „Nachahmung" des römischen Rechts. Die Volker der *provinciae* (die so genannten *provinciales*) begannen ihre eigenen Rechtsordnungen zu modifizieren um sich die Rechtsinstitute des römischen Rechts einzuverleiben[42].

In Bezug auf das Privatrecht und vor allem die *negotia*, können wir sehen wie die römischen Verträge und die verschiedenen Rechtsgeschäfte die Basis des Handelsrechts vom gesamten Mittelmeer und Westeuropa geworden sind.

---

40 Siehe Bonfante, *Istituzioni di diritto romano,* Torino 1946, s. 11 ff.

41 Siehe Talamanca, *Lineamenti di storia del diritto Romano*, Milano 1979, S.149 und ff. und Arangio-Ruiz, *Istituzioni di diritto Romano*, Napoli 1984, XIV Auflage, S.120 und ff.

42 Siehe dazu F. Grelle, *Provinciali e sudditi tra Augusto e Vespasiano,* in *Diritto e società nel mondo romano,* Roma 2005, S. 333 und ff.

Später, mit dem Kaiserreich, wird das römische Recht, mit seiner hundertjährigen Erfahrung der Gesetze und der *interpretatio* der Jurisprudenz, das gemeinsame Recht von ganz Europa und dem Mittelmeer.
Vor allem das Handelsrecht betreffend, kommt bereits jeder Vertrag vom römischen Recht. Weiters, seit 212 nach Christus, mit der Erweiterung der römischen Staatsbürgerschaft „*erga omnes*“ und vielleicht schon vorher[43], erreicht die römische Rechtsordnung ihre größte Expansion und wird eine fast weltweite Rechtsordnung.
In den Jahren des Kaiserreichs, dank der vielen *constitutiones* der Kaiser und dank der Wiederverwendung der klassischen Jurisprudenz, fährt das römische Recht fort sich zu entwickeln und sich der Gesellschaft und der wechselnden Welt anpassen.
Dieser unermessliche legislative Apparat, angewandt in ganz Europa, Nordafrika und im Mittelorient, wird 539 nach Christus vom Kaiser Iustinian kodifiziert. Der „*corpus iuris civilis*“ ist sicher das größte Werk der römischen Rechtsordnung, aber auch der letzte Moment der römischen juridischen Expansion. Tribonianus sammelt in diesem Werk die gesamten kaiserlichen *constitutiones* und ins besondere im *Digesta Iustiniani* die wichtigste römische juridische Erfahrung[44]. Der *corpus iuris civilis* beinhaltet in seinen Seiten die römische juridische Erfahrung in jedem Bereich des Rechts. Es ist der Spiegel der Entwicklung des Rechts in mehr als tausend Jahren[45]. Weiters mit der Machtergreifung der römischen-barbarischen Königreiche führt das römische Recht sein Leben durch die Einführung der römischen-barbarischen Gesetze fort. Später, während dem Mittelalter wird es wieder vom kanonischen Recht aufgenommen, dessen Grundlage es ist. Noch ein Mal, während dem Mittelalter, wird das römische Recht wieder angenommen um das *ius commune* (Gemeinsames Recht) zu gründen. Das *ius commune* wird als die Basis des modernen europäischen Rechts betrachtet[46].
Die Geschichte des römischen Rechts ist jedoch noch lange nicht zu Ende. In der Neuzeit wird das originäre römische Recht von den modernen Rechtsordnungen rezipiert um bis heute weiterzuleben. Diese Rezeption dauert noch heute an und breitet sich auf wichtige Länder des asiatischen Raumes, wie zum Beispiel China, aus[47].

---

43 Das ist eine These über eine „praktische“ Erweiterung der römischen Staatsbürgerschaft vor Caracalla, die ich in meiner Dissertation versuchen werde zu erklären.

44 Siehe Wesenberg/Wesener, *Neuere deutsche Privatrechtsgeschichte,* Lahr 1976, S. 58

45 Über dieses Thema des „*corpus iuris civilis*“ siehe Talamanca, *Lineamenti di storia del diritto romano,* Milano 1979, S. 727 und ff.

46 Hierzu P. Koschaker, *Europa und das römische Recht*, München 1966, IV Auflage, S.89 ff.

47 Siehe in diesem Bereich die vielen Arbeiten von Professor Aldo Petrucci, Pisa

1.2 Die Bürger und das Recht im Allgemeinen

Nach dieser kurzen historischen Einführung der römischen Rechtsordnung, möchte ich versuchen zu erklären, wie die Menschen diese komplexe Rechtsordnung während der verschiedenen historischen Epochen nutzen konnten. Um die römische Rechtsordnung zu verstehen, ist es notwendig vor allem das Konzept der Staatsbürgerschaft und der mit ihr verbundenen „*status*" zu erklären[48].
Die Staatsbürgerschaft und der „*status*" waren tatsächlich die Ausgangspunkte um die römische Rechtsordnung voll und ganz nutzen zu können. Wir können sagen, dass die Staatsbürgerschaft der Rechtszustand ist, der einer bestimmten *civitas* angehört, demnach die Gemeinsamkeit der Rechte und der Verpflichtungen die die Rechtsordnung dem Bürger anerkennt.
Ebenfalls *civis* ist derjenige der am öffentlichen Leben der Gemeinschaft teilnimmt, und als dieser Inhaber der Rechte und Pflichten ist[49].
Nach dem Soziologen Marshall[50] ist die Staatsbürgerschaft ein Bündel von Rechten in Ausdehnung, das im Lauf der Geschichte die Personen fortlaufend

48 Siehe C. Sanfilippo, *Istituzioni di diritto romano,* Cosenza 2002, S. 149 und ff.

49 Über "*Status*" und "*Civitas*" siehe Cicero, *De Republica*" *VI, 13: „Sed quo sis, Africane, alacrior ad tutandam rem publicam, sic habeto, omnibus, qui patriam conservaverint, adiuverint, auxerint, certum esse in caelo definitum locum, ubi beati aevo sempiterno fruantur; nihil est enim illi principi deo, qui omnem mundum regit, quod quidem in terris fiat, acceptius quam concilia coetusque hominum iure sociati, quae 'civitates' appellantur; harum rectores et conservatores hinc profecti huc revertuntur".*
Weiter Cicero, *De legibus I,23 : „Est igitur, quoniam nihil est ratione melius, eaque <est> et in homine et in deo, prima homini cum deo rationis societas. Inter quos autem ratio, inter eosdem etiam recta ratio [et] communis est: quae cum sit lex, lege quoque consociati homines cum dis putandi sumus. Inter quos porro est communio legis, inter eos communio iuris est. Quibus autem haec sunt inter eos communia, ei ciuitatis eiusdem habendi sunt. Si uero isdem imperiis et potestatibus parent, multo iam magis parent [autem] huic caelesti discriptioni mentique diuinae et praepotenti deo, ut iam uniuersus <sit> hic mundus una ciuitas communis deorum atque hominum existimanda. Et quod in ciuitatibus ratione quadam, de qua dicetur idoneo loco, agnationibus familiarum distinguuntur status, id in rerum natura tanto est magnificentius tantoque praeclarius, ut homines deorum agnatione et gente teneantur".*
Und Gaius, *Instutiones*, I, 89*: „Quod autem placuit, si ancilla ex cive Romano conceperit, deinde manumissa pepererit, qui nascitur, liberum nasci, naturali ratione fit; nam hi, qui illegitime concipiuntur, statum sumunt ex eo tempore, quo nascuntur; itaque si ex libera nascuntur, liberi fiunt, nec interest, ex quo mater eos conceperit, cum ancilla fuerit: at hi, qui legitime concipiuntur, ex conceptionis tempore statum sumunt".*
Und schliesslich Digestum 1,5,2*: „Hermogenianus 1 iuris epit. Cum igitur hominum causa omne ius constitutum sit, primo de personarum statu ac post de ceteris, ordinem edicti perpetui secuti et his proximos atque coniunctos applicantes titulos ut res patitur, dicemus. "*

50 Marshall T.H., *Cittadinanza e classe sociale*, Torino 1976, S. 132 und ff. Ebenfalls Marchese-Mancini, *Stato e società,* Firenze 1994, unter "Cittadinanza", S. 231

bekommen haben. Diese Rechte teilen sich in drei Gruppen: zivile Rechte, politische Rechte und soziale Rechte. Der Begriff der *civis* und der Staatsbürgerschaft (*civitas*) ist beweglich und verändert sich je nach der Zeit und den politischen und sozialen Geschehnissen[51].
Die Inhalte der Staatsbürgerschaft ändern sich je nach den historischen, politischen und sozialen Gegebenheiten die sich im Leben eines Staats ereignen. Auch die mit der Staatsbürgerschaft verbunden Rechte und die Pflichten wechseln je nach der Periode und den sozialen-politischen Ereignissen[52]. Diese Idee der „beweglichen" Staatsbürgerschaft[53], die mit der Änderung der Periode und der politischen-sozialen Situationen Inhalt wechselt, ist der rote Faden um die Entwicklung des Konzepts der römischen Staatsbürgerschaft zu interpretieren und zu verstehen. Das Konzept der Staatsbürgerschaft ist „beweglich" und „flexibel" und es ändert sich in den verschiedenen Momenten der römischen juridischen Erfahrung, genau so wie die römische Rechtsordnung. Die *civitas* ist tatsächlich dem *ius civitatis* eng verbunden, und entwickelt sich mit ihm in den verschiedenen historischen römischen Perioden und in Bezug auf die politische-soziale Situation in einem präzisen Moment[54].
Das Konzept der *civitas* ist eine römische juridische Erschaffung und es beinhaltet die Menge der Rechte die jedem Bürgern zustehen: *„Civitatem ...et pro iure quoque omnium...dici" (Noctes Atticae XVIII 7,5)*", wie Gellius sagt[55].
Aber der Inhalt des Wortes *civitas* (die Menge der Rechte), wie die römische Rechtsordnung, scheint immer anders in Bezug auf die verschiedenen römischen Perioden des Rechts (archaische, republikanische und kaiserliche Periode).
Im archaischen Recht, zum Beispiel, ist das Recht wie ein Band zwischen den Mitgliedern einer Gemeinschaft, das sich auf den Fremden nicht ausdehnt. Nur der *civis* (oder die *Quirites* in dieser Periode) hat eine volle Handlungsfähigkeit und eine volle juridische Fähigkeit in der archaischen römischen Rechtsordnung[56].

---

51 De Visscher, *Ius quiritium, civitas romana et nationalitè moderne,* in Studi Paoli, Firenze 1955, S. 239 ff.

52 A. N. Scherwin-White, *Roman Citizenship,* II Auflage, Oxford 1972, Kapitel "The social background"

53 Mattiangeli, *Cittadinanza romana e Latinitas*, Roma 2003. S. 34

54 Über die Theorie (oder das „Gesetz") der Evolution und ihre Anwendung im Bereich der Wissenschaft siehe das Werk des Philosophen Herbert Spencer: *First Principles,* London 1862

55 Siehe Gellius, *Noctes Atticae* XVIII 7,5: „*Misit autem paulo post Favorino librum, quem promiserat - Verri, opinor, Flacci erat -, in quo scripta ad hoc genus quaestionis pertinentia haec fuerunt: "senatum" dici et pro loco et pro hominibus, "civitatem" et pro loco et oppido et pro iure quoque omnium et pro hominum multitudine, "tribus" quoque et "decurias" dici et pro loco et pro iure et pro hominibus, "contionem" autem tria significare*".

56 Siehe Bonfante, *Istituzioni di diritto romano,* Torino 1946, S. 10 ff.

Später, wechselt die ökonomisch-soziale Situation und es ändert sich auch die „Exklusivität“ der römischen Rechtsordnung. In der republikanischen Periode, in der Tat, ist die Staatsbürgerschaft nicht mehr Ausdruck der vollen juridischen Fähigkeit, sondern nur modifizierender Grund von ihr und der Zustand um die Zivilrechte zu genießen[57] .

In der kaiserlichen Periode wird die römische Staatsbürgerschaft mit der *constitutio Antoniniana* 212 nach Christus auf das gesamte Kaiserreich ausgedehnt. Doch gibt es eine weitere Änderung der Perspektive: die Bürger sind zu Untertanen geworden[58].

In der archaischen Periode standen die Rechte nur den *gentiles* zu, die zwecks der Wirkung einer richtigen und gültigen Ehe von besonderen Familien, einer *gens* zugehörig (die *gentes*), stammen mussten.

Die *gentes* in jener Periode waren die Basis der römischen Rechtsordnung. Demnach, Fundament der römischen Staatsbürgerschaft war die *gentilitas*, die Verbindung zwischen dem Einzelnen und dem von *gentes* gebildeten Staat. Die Familien *patritiae* gaben die Staatsbürgerschaft nicht den Personen die den *gentes* nicht angehörten.

Dasselbe römische Recht wurde *ius Quiritium* genannt, das heißt Recht der *Quirites*. Die *Quirites* wurden als die richtigen römischen Bürgern angesehen, das heißt Bürger mit vollen Rechten die einer *gens* angehörten[59].

Demnach war die Möglichkeit die römische Rechtsordnung zu nutzen mit der Zugehörigkeit zu den *gentes* verbunden. In Bezug auf das Privatrecht, demnach, konnten nur die *Quirites* (oder *gentiles*) einen gültigen Vertrag wie zum Beispiel die *sponsio* (die den römischen Staatsbürgern reserviert war) schließen.

In der spät-republikanischen Periode und in der kaiserlichen Periode (oder „klassische Periode“) wechselt alles. Die Kategorie des *civis* beginnt unabhängig zu werden von jener der *gentes*. Die Rechte werden in Bezug auf den *status* (Zustand) von *civis* gegeben, und nicht mehr nach Geburt. Tatsächlich, in der klassischen Periode können wir die Entwicklung des Konzepts des *status civitatis* beobachten[60]. Der *status civitatis* stellt eigentlich die „Stellung“ einer Person bezüglich eines besonderen Sozialverbands dar; die Personen hatten verschiedene Rechte in Bezug auf den eigenen *status*.

---

57 Pugliese, *Istituzioni di diritto romano,* III Auflage, Torino 1991, S.370 und ff.

58 Siehe zu diesem Thema: T. Spagnuolo Vigorita, *Città e Impero,* Napoli 1996, S.20 und ff.

59 Zum Thema der „*Gentes*“ und der Familien „*Patritiae*“, siehe Talamanca, *Lineamenti di storia del diritto romano,* Milano 1979, S. 59 und ff. Siehe ebenfalls Pugliese, *Istituzioni di diritto romano, III* Auflage, Torino 1991, S. 115 und ff. und S.79 und ff.

60 Siehe Arangio-Ruiz, *Istituzioni di diritto Romano, XIV* Auflage, Napoli 1984, S. 44 und ff.

Um Staatsbürger mit vollen Rechten zu sein, war es zum Beispiel notwendig, den *status libertatis* (*ingenui* zu sein), den *status civitatis* (römischer Staatsbürger zu sein) und den *status familiae* (Staatsbürger *sui iuris* zu sein)[61] zu besitzen. Der Besitz dieser drei „Status" bleibt fundamental in jeder Periode der römischen juridische Erfahrung. Eigentlich wird der „*status*" jedoch von den Rechtsquellen und von den lateinischen Autoren auf viele verschiedene Arten definiert. Gaius, zum Beispiel, definiert den Status in den *Institutiones* I, 89 wie folgt: „*Quod autem placuit, si ancilla ex cive Romano conceperit, deinde manumissa pepererit, qui nascitur, liberum nasci, naturali ratione fit; nam hi, qui illegitime concipiuntur, statum sumunt ex eo tempore, quo nascuntur; itaque si ex libera nascuntur, liberi fiunt, nec interest, ex quo mater eos conceperit, cum ancilla fuerit: at hi, qui legitime concipiuntur, ex conceptionis tempore statum sumunt*".
Weiters, immer in der klassischen Periode, können wir die Entstehung der Unterscheidung zwischen den verschiedenen Typen des *ius (ius civile, ius honorarium, ius gentium)* und der Geburt ins besondere des *ius gentium* (das heutige internationale Recht)[62]. Ebenfalls entsteht eine besondere Magistratur, die das Recht der Fremden (die *peregrini*, die Nicht-Römer) schützen musste: der *praetor peregrinus*.
Später können wir noch eine Änderung des Inhalts der Staatsbürgerschaft in der kaiserlichen Periode sehen, in der der *civis* viele Rechte verliert, die er in den vorhergehenden Perioden besaß.
Demnach, wie wir sehen können, wechseln die Inhalte der Staatsbürgerschaft und der mit ihr verbundenen Rechtsfähigkeit je nach den römischen Epochen.
Ein anderer sehr wichtiger Aspekt und ein Grundfaktor der Änderung ist sicher die politisch-ökonomisch Bedeutung der Erteilung der römischen Staatsbürgerschaft.
Ein Beispiel dafür ist die Zuerkennung der privaten Rechte und des *ius commercii* den *latini* und den anderen Fremden nachdem sie eine *foedus* mit Rom geschlossen hatten[63]. In Bezug auf das Handelsrecht und die Verträge, ist diese Thematik sehr wichtig, weil sie zur Entstehung eines gemeinsamen juridischen Handelsuniversums beiträgt, wegen ökonomischen Gründen und der internationalen Politik.

---

61 Die *status* waren ein Art von Zustand in Bezug auf das Verhältnis zwischen der Person, der Familie, der Gesellschaft, dem Staat, und der persönlichen Freiheit. Die *status* in der klassischen Periode waren drei: „*status civitatis*", „*status libertatis*" und „*status familiae*". In der alten Periode gab es auch einen „*status gentis*". Zum Thema der *status* siehe Arangio-Ruiz, *Istituzioni di diritto Romano,* XIV Auflage, Napoli 1984, S. 48 und ff.; und Pugliese, *Istituzioni di diritto romano, III* Auflage, Torino 1991, S. 349 und ff.

62 Siehe P. Bonfante, I*stituzioni di diritto romano,* Torino 1946, S. 17 ff.

63 Siehe dazu das Kapitel B2 der vor kurzem erschienenen Publikation von Altay Coskun: *Bürgerrechtsentzug oder Fremdenausweisung? Studien zu den Rechten von Latinern und weiteren Fremden sowie zum Bürgerrechtswechsel in der Römischen Republik (5. bis frühes 1. Jh. v.Chr.)*, Stuttgart, 2009, S. 41 un ff.

In Bezug auf den Inhalt der Staatsbürgerschaft und der mit ihr verbundenen Rechte, gibt es auch hier eine Entwicklung in den verschiedenen historischen römischen Perioden. Tatsächlich konnte in der archaischen Periode der *gentilis* und in der republikanischen Periode der Staatsbürger alle zivilen, öffentlichen und politischen Rechte nutzen[64].

Der *civis* oder der *Quirites* konnte eine Familie gründen und deren Oberhaupt werden und demnach das Recht der *patria potestas* erhalten, der *manus* und des *dominium* über die *res* und die Sklaven. Er konnte auch die Sklaven freilassen (*manumittere*) und ihnen die Freiheit oder die Staatsbürgerschaft geben. Er war *patronus* von seinen *liberti* und hatte das Recht des *patrocinium*. Er konnte eine Privatreligion gründen und Schutz und Hilfe durch das *hospitium* und die Klientel (*clientela*) anbieten. Er hatte außerdem das Recht jemanden aus seiner Gewalt zu entlassen (*emancipare*) und konnte ein *nexum* geben oder bekommen. Er besaß das *ius tutelae*, er konnte adoptieren, aus der Gewalt entlassen, und alle Rechte der *agnatio* (Blutsverwandtschaft) ausüben, wenn er eine *familia agnatitia* hatte. Weiters konnte er vor dem *magistratus* klagen.

Der *civis* konnte auch in den *comitia* wählen und in den *comitia* über Krieg oder Frieden, das Zugeständnis der Freiheit, die Gründung von neuen Magistraten, die Armee, die Steuern, das Leben der anderen Bürger und der Siege und Ehren entscheiden. Er konnte auch direkt vor den *quaestiones* oder vor den *comitia* oder durch die Magistrate mit *ius rogationis* die Volksklagen ausüben. Er konnte in die Magistraturen gewählt werden, und hatte das *ius militiae*. Weiters hatte er die Möglichkeit, Mitglied eines *collegium sacerdotalis* zu werden und konnte die *auspicia* nehmen und ein Grab gründen[65].

Er hatte auch das Recht auf „*provocare ad populum*", vor körperlichen Strafen geschützt zu sein und sich der Kapitalstrafe durch Exil entziehen zu können.

Alle diese Rechte gelten in der archaischen und republikanischen Periode weiter.

In der kaiserlichen Periode werden die Staatsbürger zu Untertanen: sie besitzen die *libertas*, aber keine „*civitas libertasque ex iure Quiritium*"[66]. Das heißt, dass sie die zivilen und privaten Rechte besitzen, aber kein öffentliches Recht. Weiters sind sie dem *imperium* des Kaisers und seinen Mitarbeitern unterworfen.

Demnach scheinen die Veränderung und das Werden die Grundeigenschaften der Staatsbürgerschaft im römischen Recht und der römischen Rechtsordnung selbst zu sein.

Ändern sich die Modalitäten um die Staatsbürgerschaft zu bekommen, wechselt die Handlungsfähigkeit, wechseln die Personen die das römische Recht nutzen können, ändert sich die Ausweitung selbst der römischen Rechtsordnung.

---

64 Siehe Olis Robleda, *Introduzione allo studio del diritto romano,* Roma 1979, S. 56 und ff.

65 Siehe Pugliese, *Istituzioni di diritto romano,* III Auflage, Torino 1991, S. 217 ff. und Crifò, unter *Cittadinanza,* in *Enciclopedia del diritto,* IV, Milano 1960, S. 127 ff.

66 Siehe H. Van den Brink, *Ex iure Quiritium,* Deventer 1968, SS. 1-17

Dies geschieht je nach der Entwicklung der römischen Gesellschaft, den historischen Ereignissen und den politischen-ökonomischen Entscheidungen die in den verschiedenen historischen Perioden getroffen werden.
Diese Theorie wird auch von der Terminologie bestätigt, die mit der Änderung der Zeit wechselt. In der archaischen Periode, zum Beispiel, war *caput* das Wort um einen Staatsbürger zu bezeichnen; der *caput* war derjenige, der die *civitas libertasque* besaß. Nur in der republikanischen Epoche beginnen wir das Wort *civis* zu sehen[67].
Das Recht selbst nimmt verschiedene Namen in den verschiedenen Epochen an. Zu Beginn, gab es nur das *ius Quiritium*, später kommt die Unterscheidung zwischen dem *ius civile* und dem *ius honorarium* hinzu, und schließlich das *ius gentium.*[68]

1.3 Die römische Aufteilung des Rechts: *ius civile, ius honorum, ius gentium*

Gehen wir jetzt zu den verschiedenen Aufteilungen des Rechts in der römischen Rechtsordnung über[69].
Mit der Ausnahme der archaischen Periode, in der man nur über das *jus Quiritium* sprach, war die römische Rechtsordnung in der klassischen und kaiserlichen Periode in großen Zügen in drei Teile getrennt:

1. *„ius civile"* (Privatrecht)
2. *„ius honorarium"* (Privatrecht und öffentliches Recht nach den Magistraten)
3. *„ius gentium"* (Internationales Recht).

Das *ius civile* ist der älteste Teil des Recht, nach Pomponius stammt es direkt von den Zwölftafeln: *„Ab XII tabularum fluere coepit ius civile"*[70]. Das *ius civile* ist auch zweifellos der wichtigste Teil der römischen juridischen Erfahrung. Es

67 Über das Thema der Bezeichnung eines Staatsbürgers, siehe die Theorien von Mommsen und Niebuhr im Mommsen, *Römisches Staatsrecht , III,I,* Leipzig 1887, S. 6 und ff. und Mommsen in *Römisches Strafrecht*, Leipzig 1899, S.907 und ff. Eine sehr gute Darstellung dieses Problems findet sich auch in Talamanca, *Lineamenti di storia del diritto romano*, Milano 1979, S. 62.

68 Siehe Pugliese, *Istituzioni di diritto romano, III* Auflage, Torino 1991, S. 207

69 Für die klassische Aufteilung zwischen *ius civile, ius gentium* und *ius honorum* siehe Kaser, *Das Römisches Privatrecht,* München 1971, SS. 198-209

70 Siehe Pomponius, in *Digesta Iustiniani* 1,2,2,6: *„Deinde ex his legibus eodem tempore fere actiones compositae sunt, quibus inter se homines disceptarent: quas actiones ne populus prout vellet institueret certas solemnesque esse voluerunt: et appellatur haec pars iuris legis actiones, id est legitimae actiones. et ita eodem paene tempore tria haec iura nata sunt: lege duodecim tabularum ex his fluere coepit ius civile, ex isdem legis actiones compositae sunt. omnium tamen harum et interpretandi scientia et actiones apud collegium pontificum erant, ex quibus constituebatur, quis quoquo anno praeesset privatis. et fere populus annis prope centum hac consuetudine usus est."*

ist auf gewisse Weise das erste Privatrechtssystem der Geschichte. Vielen verschiedenen Rechtsquellen und Pomponio[71] zufolge, scheint demnach die älteste und technischste Bedeutung des *ius civile* jene eines auf den *duodecim tabulae* und der *interpretatio* der Juristen gegründeten Rechts[72].

Die *interpretatio* der Juristen und die Lösungen der juridischen Fälle werden später von den Magistraten und von den Gewohnheiten rezipiert und sind demnach ins *ius civile* eingeflossen. Das *ius civile* ist tatsächlich ein gerichtliches und Gewohnheitsrecht, und es ist nicht von schriftlichen Normen gegründet.

Mit der Zeit wird es von den Magistraten angenommen, und dehnt sich dank der Einführung neuer Gesetze und den *edicta* der Magistraten aus, um zu einem systematischen Komplex von Rechtsnormen zwischen dem ersten Jahrhundert vor Christus und dem ersten Jahrhundert nach Christus zu werden. Dies ist der Komplex der Normen der „*civitas*", nach Cicerus[73].

Auch Papinian spricht über diese Erweiterung des *ius civile*, bis es alle Rechtsquellen im Bereich des Privatrechts umfasst[74] .

Aber zweifellos muss als das Herz des *ius civile* die *interpretatio* der Juristen sich angesehen werden. Die römischen Juristen hatten tatsächliche durch das „*cavere*", das „*agere*" und das „*respondere*" während sechshundert Jahren eine richtige Rechtsordnung gegründet[75].

Diese Wichtigkeit der Jurisprudenz in der Gründung und Entwicklung des *ius civile* ist von vielen Quellen gezeugt. Zum Beispiel, in der *Topica*[76], fügt Cicero

---

71 Siehe Pomponius in D. 1,2,2,5: *„His legibus latis coepit (ut naturaliter evenire solet, ut interpretatio desideraret prudentium auctoritatem) necessariam "necessarium" esse disputatione "disputationem" fori. haec disputatio et hoc ius, quod sine scripto venit compositum a prudentibus, propria parte aliqua non appellatur, ut ceterae partes iuris suis nominibus designantur, datis propriis nominibus ceteris partibus, sed communi nomine appellatur ius civile".*

72 Pugliese, *Istituzioni di diritto romano,* III Auflage, Torino 1991, S. 208 und ff.

73 Cicero, *De legibus, I, 27: „Nam et oculi nimis argute quem ad modum animo affecti simus, loquuntur et is qui appellatur uultus, qui nullo in animante esse praeter hominem potest, indicat mores, quoius uim Graeci norunt, nomen omnino non habent. Omitto opportunitates habilitatesque reliqui corporis, moderationem uocis, orationis uim, quae conciliatrix est humanae maxime societatis. Neque enim omnia sunt huius disputationis ac temporis, et hunc locum satis, ut mihi uidetur, in iis libris quos legistis, expressit Scipio. Nunc quoniam hominem, quod principium reliquarum rerum esse uoluit, <ita> generauit et ornauit deus, perspicuum <fi>t illud (ne omnia disserantur), ipsam per se naturam longius progredi, quae etiam nullo docente, profecta ab iis quorum ex prima et inchoata intellegentia genera cognouit, confirmat ipsa per se rationem et perficit.*"

74 Siehe Papinianus, im *Digesta Iustiniani* 1,1,7: *„Ius autem civile est, quod ex legibus, plebis scitis, senatus consultis, decretis principum, auctoritate prudentium venit".*

75 Hierzu L. Vacca in *La giurisprudenza nel sistema delle fonti del diritto romano,* Torino 1989, S. 14 und ff.

76 Siehe Cicero, *Topica* 28: *„Atque etiam definitiones aliae sunt partitionum aliae divisionum; partitionum, cum res ea quae proposita est quasi in membra discerpitur, ut si quis ius civile dicat id esse quod in legibus, senatus consultis, rebus iudicatis, iuris*

die *responsa prudentium* in die Teile des Rechts (*partes iuris*) ein. Auch Gaius besagt in den *Institutiones* 1,2[77], dass die Ansichten der Juristen Grundelemente der *iura populi romani* sind. Auch Papinian spricht über die Wichtigkeit der *auctoritas prudentium*.

Pomponius im D. 1,2,2,49[78] zeigt uns wie Augustus das *ius respondendi ex autoritate principis* eingefügt hatte um eine besondere *auctoritas* den *responsa* einiger Juristen zu geben.

Adriano hatte sogar in einem Reskript (in Gaius *Institutiones* 1,7[79]) festgestellt, dass, wenn sich die Juristen über die Lösung einer *quaestiones* einig waren oder eine gemeinsame Meinung äußerten, diese Lösung oder Meinung als Gesetz gelten musste.

Gehen wir jetzt zum *ius honorarium* über. Das *ius honorarium*, nach den Quellen (Papinian im D.1,1,7[80]), kommt direkt von den *interdicta* und den *„edicta*

---

peritorum auctoritate, edictis magistratuum, more, aequitate consistat. Divisionum autem definitio formas omnis complectitur quae sub eo genere sunt quod definitur hoc modo: Abalienatio est eius rei quae mancipi est aut traditio alteri nexu aut in iure cessio inter quos ea iure civili fieri possunt. Sunt etiam alia genera definitionum, sed ad huius libri institutum illa nihil pertinent; tantum est dicendum qui sit definitionis modus"

77 Siehe Gaius in *Institutiones* 1,2: *„Constant autem iura populi Romani ex legibus, plebiscitis, senatus consultis, constitutionibus principum, edictis eorum, qui ius edicendi habent, responsis prudentium. 3. Lex est, quod populus iubet atque constituit. Plebiscitum est, quod plebs iubet atque constituit. Plebs autem a populo eo distat, quod populi appellatione universi cives significantur, connumeratis et patriciis; plebis autem appellatione sine patriciis ceteri cives significantur; unde olim patricii dicebant plebiscitis se non teneri, quia sine auctoritate eorum facta essent; sed postea lex Hortensia lata est, qua cautum est, ut plebiscita universum populum tenerent: Itaque eo modo legibus exaequata sunt".*

78 Siehe Pomponius im *Digesta Iustiniani* 1,2,2,49: *„Et, ut obiter sciamus, ante tempora augusti publice respondendi ius non a principibus dabatur, sed qui fiduciam studiorum suorum habebant, consulentibus respondebant: neque responsa utique signata dabant, sed plerumque iudicibus ipsi scribebant, aut testabantur qui illos consulebant. primus divus augustus, ut maior iuris auctoritas haberetur, constituit, ut ex auctoritate eius responderent: et ex illo tempore peti hoc pro beneficio coepit. et ideo optimus princeps hadrianus, cum ab eo viri praetorii peterent, ut sibi liceret respondere, rescripsit eis hoc non peti, sed praestari solere et ideo, si quis fiduciam sui haberet, delectari se populo ad respondendum se praepararet."*

79 Siehe Gaius in *Institutiones* 1,7: *„Responsa prudentium sunt sententiae et opiniones eorum, quibus permissum est iura condere. Quorum omnium si in unum sententiae concurrunt, id, quod ita sentiunt, legis vicem optinet; si vero dissentiunt, iudici licet quam velit sententiam sequi; idque rescripto divi Hadriani significatur."*

80 Siehe Papinianus im D. 1,1,7: *„Ius autem civile est, quod ex legibus, plebis scitis, senatus consultis, decretis principum, auctoritate prudentium venit". Und im Dig. 1.1.7.1: „Ius praetorium est, quod praetores introduxerunt adiuvandi vel supplendi vel corrigendi iuris civilis gratia propter utilitatem publicam. quod et honorarium dicitur ad honorem praetorum sic nominatum*".

perpetua et repentina" der *pretor urbanus* und *peregrinus*[81]. Weiters, nach Papinianus, wurde das *ius honorarium*[82] auch *ius pretorium* genannt, da es von den *praetores* (Magistraten) kam. Es ist jedoch besser die Terminologie *ius honorarium* zu verwenden, da nicht nur die *praetores* sondern auch andere Magistrate (wie zum Beispiel die *ediles curules*) *edicta* und andere Verfügungen erlassen konnten.

Demnach können wir sicher sagen, dass alle Magistrate mit *auctoritas* und *ius edicendi* zusammen gearbeitet hatten um das *ius honorarium* zu gründen.

Das „*ius honorarium*" schützte eigentlich jene Rechtslagen die vom „*ius civile*" noch nicht geschützten waren.

Es war ein gutes und schnelles Mittel für die Entwicklung des Rechts, wie Papianianus im D. 1,1,7,1[83] sagt.

Das *ius honorarium* setzte das *ius civile* voraus, es erleichterte die Verwirklichung desselben, füllte seine Lücken, und korrigierte die Teile des *ius civile* die nicht gerecht oder zu alt waren.

Die große Entwicklung des *ius honorarium* gab es zwischen dem II. Jahrhundert vor Christus und dem I. Jahrhundert nach Christus. Es fällt vor allem mit der Entwicklung des Verfahrens *per formulas* zusammen, deren Angelpunkt die Magistrate waren. Später bekommt auch das *ius honorarium* einen besonderen Wert, wie uns der Befehl des Kaiser Hadrian über die Neuordnung des *edictum* zeigt.

In der Tat hatte der Kaiser Hadrian dem Juristen Salvius Iulianus den Befehl gegeben, die *edicta* der *praetores* und der *ediles curules* (und vielleicht der regierenden *provinciales*) zu ordnen und damit zu festigen. Auf diese Art wären sie wirklich *perpetua* geworden.

Eine längere Abhandlung verdient das *ius gentium*, das das erste internationale Recht der Geschichte war. Nach Arangio-Ruiz, ist es das Mittel um die Handelsverträge zwischen den römischen Bürgern und den Ausländern abzuwickeln[84].

---

81 Die römischen Magistrate, der *praetor urbanus* und *peregrinus* konnten verschiedene Verfügungen erlassen, die sogenannten „*Interdicta*". Die „*Edicta Perpetua*" und „*Repentina*" waren zwei verschiedene Verfügungen der Magistrate, erstere allgemein und immer gültig („*perpetua*") solange der Magistrat im Amt blieb; „*repentina*" war eine besonderen Verfügung für spezielle Fälle.

82 Pugliese, *Istituzioni di diritto romano,* III Auflage, Torino 1991, S. 211 und ff.

83 Siehe Papinianus im *Digesta Iustiniani* 1,1,7,1: „*Ius praetorium est, quod praetores introduxerunt adiuvandi vel supplendi vel corrigendi iuris civilis gratia propter utilitatem publicam. quod et honorarium dicitur ad honorem praetorum sic nominatum*".

84 Arangio-Ruiz, *Istituzioni di diritto romano,* XIV Auflage, Napoli 1984,, S.26

Das *ius gentium* oder das gemeinsame Recht vieler Völker[85], ist auf vielen verschiedenen Quellen gegründet. In der Tat liefen im *ius gentium* [86] die Gewohnheiten des alten Volkes (wie zum Beispiel die Regeln die als Quelle der Versklavung die Gefangenschaft anerkannten) und das alte internationale öffentliche Recht, das die Verbindungen zwischen den *regna*, den *nationes* und den *civitates* regelte, zusammen.
Weiters flossen ins *ius gentium* die internationalen Handelsgebräuche des Mittelmeers, wie auch die römischen Handelsrechtsinstitute die für Ausländer gültig waren (wie zum Beispiel die *stipulatio*).
Es beinhaltete weiters die Rechtsinstitute des internationalen Handelsrechts wie das *fenus nauticum* oder *pecunia traiecticia.* Weiters war Teil des *ius gentium* das gesamte Handelsrecht und das vom *praetor peregrinus* gegründete Privatrecht, wie zum Beispiel die Kaufverträge oder die *societas*. Vielleicht, wie Arangio-Ruiz denkt, kamen auch die ersten Konsensualverträge mindestens im II. Jahrhundert vor Christus vom *ius gentium*[87] .
Demnach, war das „*ius gentium*“ das Recht um die verschiedenen Rechtsverhältnisse zwischen Römern und Nicht-Römern oder zwischen Ausländern selbst in allen Bereichen zu regulieren. Tatsächlich, in Rom, war das *ius civile* vorerst auf die Römer beschränkt und man musste eine *fictio iuris* der Staatsbürgerschaft benutzen um einen *peregrinus* in einem Verfahren *per legis actiones* zuzulassen[88].
Aber mit dem Beginn des *praetor peregrinus* und mit der Entwicklung des *ius gentium* ändert sich vieles. Die *peregrini* können endlich an den Verfahren *per formulas* teilnehmen. Viele typische Institute des *ius civile* werden später in Instituten des *ius gentium* von den Ausländern genutzt, mit einer einfachen Änderung des Namens. Das ist zum Beispiel der Fall der *stipulatio*, wie Gaius in den *Institutiones* III, 93 sagt[89].

---

85 Über den Ursprung und die Definition von „*ius gentium*“ müssen wir vor allem zwei Quellen von Gaius und Ulpian heranziehen:
Gaius in *Institutiones* 1,1: „*De iure civili et naturali. 1. Omnes populi, qui legibus et moribus reguntur, partim suo proprio, partim communi omnium hominum iure utuntur: Nam quod quisque populus ipse sibi ius constituit, id ipsius proprium est vocaturque ius civile, quasi ius proprium civitatis; quod vero naturalis ratio inter omnes homines constituit, id apud omnes populos peraeque custoditur vocaturque ius gentium, quasi quo iure omnes gentes utuntur. Populus itaque Romanus partim suo proprio, partim communi omnium hominum iure utitur. Quae singula qualia sint, suis locis proponemus*“.
Ulpian, im *Digestus* 1,1,1,4: „*Ius gentium est, quo gentes humanae utuntur. quod a naturali recedere facile intellegere licet, quia illud omnibus animalibus, hoc solis hominibus inter se commune sit*“.

86 Pugliese, *Istituzioni di diritto romano,* III Auflage, Torino 1991, S 212 ff.

87 Arangio-Ruiz, *Istituzioni di diritto romano,* XIV Auflage, Napoli 1984, S.27

88 Siehe Fascione, *Storia del diritto privato romano,* Torino 2006, SS. 79-80

89 Siehe Gaius im *Institutiones* III, 93: „*Sed haec quidem uerborum obligatio DARI SPONDES? SPONDEO propria ciuium Romanorum est; ceterae uero iuris gentium sunt, itaque inter omnes homines, siue ciues Romanos siue peregrinos, ualent. et quamuis ad*

In einem anderen Text von Gaius können wir sehr gut die Idee des *ius gentium* sehen (*Institutiones* 1,1): *„Nam quod quisque populus ipse sibi ius constituit, id ipsius proprium est vocaturque ius civile, quasi ius proprium civitatis; quod vero naturalis ratio inter omnes homines constituit, id apud omnes populos peraeque custoditur vocaturque ius gentium, quasi quo iure omnes gentes utuntur. Populus itaque Romanus partim suo proprio, partim communi omnium hominum iure utitur. Quae singula qualia sint, suis locis proponemus".*
Das *ius gentium*, demnach, wurde als Recht mit Kraft für das gesamte Volk betrachtet und in dem jede Rechtsquelle zusammenlaufen konnte.

1.4 Das *ius commercii* und seine Wichtigkeit

Wir gehen jetzt zum *ius commercii* oder *commercium* über. Das *ius commercii* war ein sehr besonderes Recht, dass den *latini* oder besonderen *peregrini* (die mit Rom eine *foedera* hatten) zugestanden wurde. Dank diesem Recht konnten die *latini* und die *peregrini*[90] gültige Übertragungsgeschäfte und andere gültige Geschäfte mit den Römern schließen[91]. Das *ius commercii* war, demnach, nicht nur ein einfaches Recht mit den Römern zu handeln, sondern die Fähigkeit gültige Übertragungsgeschäfte wie die *mancipatio* zu schließen. Die *mancipatio*[92] war ein *„per aes et libram"* verwendeter Vertrag um die *„res mancipi"* (die Sachen mit einem besonderen Wert waren) zu übertragen. Das heißt, dass die Ausländer mit dieser Fähigkeit zum Beispiel ein *fundus* oder einen Sklaven kaufen konnten. Weiters scheint es, dass die *latini* und die *peregrini* mit *commercium*

Graecam uocem expressae fuerint, uelut hoc modo "dØseis; dØsØ, homologeis; homologØ, pistei keleueis; pistei keleuØ, poi seis; poi sØ", etiam hae tamen inter ciues Romanos ualent, si modo Graeci sermonis intellectum habeant; et e contrario quamuis Latine enuntientur, tamen etiam inter peregrinos ualent, si modo Latini sermonis intellectum habeant. at illa uerborum obligatio DARI SPONDES? SPONDEO adeo propria ciuium Romanorum est, ut ne quidem in Graecum sermonem per interpretationem proprie transferri possit, quamuis dicatur a Graeca uoce figurata esse".

90 Die *latini* waren die Einwohner der Stadt die eine latinische Staatsbürgerschaft hatten. Es gab viele verschiedene *latini*. Die *„latini prisci"* waren die Einwhoner der latinischen Stadt des latinischen Bundes (*„foedus latinus"*) und des *„latium vetus"*. Die *„latini coloniarii"* waren die Einwohner einer lateinischen Kolonie. Die *„latinitas"* war immer ein besonderer Zustand einer Person mit dem viele verschiedene Rechte verbunden waren. Das *„commercium"* war eigentlich eines dieser Rechte. Die *„peregrini"* waren die Ausländer die mit den Römern eine *„foedera"* haben konnten oder auch nicht. Die *„peregrini"*, die ein *„foedus"* mit Rom hatten, konnten normalerweise das *„jus commercii"* bekommen. Siehe darüber **L. Lange in *Römische Alterthümer,* Band I, Berlin 1876, S. 516 und ff.

91 Pugliese, *Istituzioni di diritto romano,* III Auflage, Torino 1991, S. 89-90.

92 Über die *mancipatio* im Allgemeinen siehe K.F. Thormann, *Der doppelte Ursprung der mancipatio,* München 1969, S. 10 und ff.

auch andere Verträge, wie zum Beispiel das *nexum*[93] (das auch ein Vertrag „*per aes et libram*" war), schließen konnten[94]. Nach Kaser, zum Beispiel, konnten die *latini priscii* sicher mit den römischen Bürgern bestimmte Geschäfte des römischen Kaufrechts (also die *mancipatio* und auch andere Liberalakte) nach römischem Recht vollziehen[95]. Weiters, ebenfalls nach Kaser, konnten die *latini* und die *peregrini* mit *commercium* auch ersitzen, wenn auch nur mit der Gewährschaft des Veräußernden[96].

Wir müssen uns jedoch daran erinnern, dass die *latini* und die *peregrini* mit *commercium*, die ein römisches Geschäft, wie zum Beispiel die *mancipatio* schlossen, nicht Inhabers desselben Rechts eines römischen Bürgern werden konnten (wie z. Beispiel Eigentümer „*ex iure Quiritium*"), sondern nur Inhabers eines Recht nach ihrer eigenen Rechtsordnung[97]. Das bedeutet, dass die *latini* und die *peregrini* immer ein gültiges Geschäft in Rom schließen konnten, aber sie konnten nur peregrinischer oder latinischer Eigentümer werden und niemals „quiritischer" Eigentümer[98].

Diese Unterscheidung der Inhaberschaft und auch das *commercium* selbst blieb in jeder römischer Periode, von der antiken Periode bis Iustinianus. Wir können viele verschiedenen lateinische Bürger sehen, wie die *latini priscii*, die *latini coloniarii*, die *latini Iunianii*, etc., aber in allen Perioden des römischen Rechts hatten sie das *commercium* [99]und konnten ein gültiges Geschäft nach römischem Recht schließen, und sie wurden immer Inhaber eines Recht als „latinischer" und nicht als „römischer" Bürger.

Für die *peregrini* mit *commercium* gilt ebenfalls dieselbe Darlegung. Weiters müssen wir auch bedenken, dass das „*commercium*" immer als Vorteil einem befreundeten Volk (zum Beispiel die *peregrini* mit *foedera* mit Rom) oder Bürgern mit besonderem Status (die *latini*) gegeben wurde.

Da die *peregrini* und die *latini* dank dem *commercium* die römische Rechtsordnung nutzen konnten, konnten sie demnach mit dem ganzen Mittelmeerraum und Westeuropa handeln und die beste Rechtsordnung dieser Epoche benutzen.

---

93 Pugliese, *Istituzioni di diritto romano,* III Auflage, Torino 1991, S. 89

94 Arangio-Ruiz, *Istituzioni di diritto romano*, XIV Auflage, Napoli 1984, S. 54

95 Kaser, *Römisches Privatrecht,* XVIII Auflage, München 2005, S. 31. Siehe ebenfalls: *Ulpiani Epitome* 19, 4/5: "*4 Mancipatio locum habet inter cives Romanos et Latinos coloniarios Latinosque iunianos eosque peregrinos, quibus commercium datum est.-5 Commercium est emendi vendundique invicem ius*".

96 Siehe Kaser, *Römisches Privatrecht,* XVIII Auflage, München 2005, S. 124

97 Hierzu Pugliese, *Istituzioni di diritto romano,* III Auflage, Torino 1991, S. 90

98 Siehe Kaser, *Römisches Privatrecht,* XVIII Auflage, München 2005, S. 120

99 Siehe L. Lange in *Römische Alterthümer,* Band I, Berlin 1876, SS. 515-516

1.5 Allgemeine Einführung in die *latinitas*

Gehen wir jetzt zur *latinitas* über. Den Begriff *latinitas* sieht man zum ersten Mal in Cicero[100], und er bedeutet einen besonderen Zustand, ein *status civitatis* der den Sizilianern nach dem Tod von Caesar zugestanden wurde. Aber der Status des Latiners ist viel älter und gehört der Periode des *foedus Cassianum* und des *nomen latinum*[101] an.

Es ist möglich, in der Tat, dass nach dem römischen Sieg gegen die Latiner beim See „Regillus" (499 oder 496 vor Christus), die latinischen Stadtstaaten, Rom inkludiert, einen Bund 493 vor Christus gegründet hatten, um sich vor den „*Equii*" und „*Volscii*" zu schützen. Der Name der Einigung, die diesen Bund gegründet hat, war *foedus Cassianum*.

Dieser Name stammt vom Namen des römischen Konsuls Spurius Cassius[102], der diesen Vertrag geschlossen hatte. Die grundlegenden Aspekte der Einigung waren: gegenseitige Hilfe im Fall des Krieges, gegenseitiges Kommando des Heeres, eventuell Teilung der Kriegsbeute und eine besondere gegenseitige Anerkennung der Obligationen und der Rechtsgeschäfte im Bereich des Handelsrechts (*commercium*), gegenseitige Ehefähigkeit (*conubium*), und das Recht die Staatsbürgerschaft eines Stadtstaates des Bundes zu erwerben, nur durch die Festlegung des Wohnsitzes (*ius migrandi*)[103]. Die *latini* im V. und IV. Jahrhundert vor Christus waren demnach *peregrini*, jedoch hatten sie eine besondere soziale und rechtliche Stellung unter den Nicht-Römern. Die Rechte, die mit dem Status von Latiner verbunden sind und die von der römischen Rechtsordnung

---

100 Siehe Cicero, *ad Atticus*, XIV.12: „*...scis quam diligam Siculos et quam illam clientelam honestam iudicem. multa illis Caesar neque me invito, etsi latinitas erat non ferenda. verum tamen--. ecce autem Antonius accepta grandi pecunia fixit legem a dictatore comitiis latam qua Siculi cives Romani; cuius rei vivo illo mentio nulla. quid? Deiotari nostri causa non similis? dignus ille quidem omni regno sed non per Fulviam. sescenta similia. verum illuc <me> refero. tam claram tamque testatam rem tamque iustam Buthrotiam non tenebimus aliqua ex parte? et eo quidem magis quo iste plura? nobiscum hic perhonorifice et peramice Octavius.*
[2] quem quidem sui Caesarem salutabant, Philippus non, itaque ne nos quidem; quem nego posse <esse> bonum civem. ita multi circumstant qui quidem nostris mortem minitantur. negant haec ferri posse. quid censes cum Romam puer venerit ubi nostri liberatores tuti esse non possunt? <qui> quidem semper erunt clari, conscientia vero facti sui etiam beati. sed nos, nisi me fallit, iacebimus. itaque exire aveo 'ubi nec Pelopidarum,' inquit. haud amo vel hos designatos qui etiam declamare me coegerunt, ut ne apud aquas quidem acquiescere liceret. sed hoc meae nimiae facilitatis. nam id erat quondam quasi necesse, nunc, quoquo modo se res habet, non est item."

101 Das *foedus Cassianum* ist eigentlich das Abkommen mit dem 493 vor Christus der latinische Bund gegründet wurde.

102 Siehe dazu T. Spagnuolo Vigorita, *Città e impero,* Napoli 1996, S. 45 und ff.

103 Waldstein/Rainer, *Römische Rechtsgeschichte,* München 2005, S. 104 und ff.

anerkannt waren, waren viele und verschiedene, wie wir gesehen haben[104]. Das *ius migrandi* gab z.B. den Latinern die Möglichkeit, die römische Staatsbürgerschaft zu bekommen, wenn sie nach Rom zogen. Weiters kannte das *ius suffragi* dem Latiner das Recht zu in den *comitia* zu wählen, wenn er sich am Tag der Wahl in Rom aufhielt. Das *ius commercii*, wie wir gesehen haben, gab das Recht verschiedene Übertragungsgeschäfte und andere römische Rechtsgeschäfte zu schließen, und die Möglichkeit seine Rechtslage zu schützen. Und schließlich gab das *ius connubii* den Latinern die Möglichkeit, eine gültige Ehe mit den Römern zu schließen. Ein Latiner konnte eine römische Frau heiraten und er hatte über sie die Gewalt, die ihm von seiner Rechtsordnung anerkannt wurde, jedoch nicht die römische *manus*[105].

Das gilt jedoch nur für die *latini priscii*, aber mit den Gesetzen „*Iulia de civitate*" (90 vor Christus), „*Plautia Papiria*" (89 vor Christus) und „*Pompeia*" (89 vor Christus) ändert sich alles. Das „*lex Iulia de civitate*" gab die römische Staatsbürgerschaft allen Latinern „*priscii*" und das „*lex Plautia Papiria*" gab die römischen Staatsbürgerschaft allen Personen mit Wohnsitz in Italien. Die „*lex Pompeia*" war sehr wichtig, da sie eine besondere und neue latinische Staatsbürgerschaft allen „*Trans-padani*" gab, mit der Möglichkeit die römische Staatsbürgerschaft zu bekommen, wenn sie einmal Magistrat in ihrer Stadt werden würden[106].

Diese neue latinische Staatsbürgerschaft war anders als jene der *latini priscii*, da sie kein *ius migrandi*, kein *ius suffragi* und kein richtiges *ius connubii* hatten, sondern nur das *commercium*[107].

In Bezug auf das *conubium* gab es besondere Fälle von Zugeständnissen in der Beziehung zwischen Römern und einem Latinern, wie Ulpian uns zeigt[108].

Diese neue Art von *latinitas* oder *ius Latii* war einer anderen Art von latinischer Staatsbürgerschaft sehr ähnlich: jener der *latini coloniarii*, vor allem das *conubium* betreffend[109]. Aber diese neue *latinitas* scheint mehr ein politisches

---

104 Über die *Latiner* siehe das Buch von * A. Alföldi, *Das frühe Rom und die Latiner*, Darmstadt 1977, S. 34 ff.

105 Siehe hierzu Gaius, *Institutiones* I, 55: „*Item in potestate nostra sunt liberi nostri, quos iustis nuptiis procreavimus. Quod ius proprium civium Romanorum est (fere enim nulli alii sunt homines, qui talem in filios suos habent potestatem, qualem nos habemus) idque divi Hadriani edicto, quod proposuit de his, qui sibi liberisque suis ab eo civitatem Romanam petebant, significatur. Nec me praeterit Galatarum gentem credere in potestate parentum liberos esse.*"

106 Siehe Callie Williamson, *The laws of the roman people. Public law in the expansion and decline of the roman Republic*, Ann Arbor (University of Michigan) 2005, S. 398

107 Begriff „*Latinitas*", W. Smith, *Dictionary of Greek and Roman Antiquities*, John Murray, London 1875, S. 336

108 Siehe Ulpian, *Tituli ex corpore Ulpiani, 5,4*: „*Conubium habent cives Romani cum civibus Romanis; cum Latinis autem et peregrinis ita, si concessum sit.*"

109 Siehe Gaius, *Institutiones* I, 56: „*Iustas autem nuptias contraxisse liberosque iis procreatos in potestate habere cives Romani ita intelleguntur, si cives Romanas uxores*

Mittel, verbunden mit der Möglichkeit die römische Staatsbürgerschaft, von der latinischen Staatsbürgerschaft ausgehend, zu erreichen, als das richtige „*ius Latii*“[110] . Tatsächlich, bevorzugte Rom in besonderen Orten aus politischen Gründen latinische *coloniae* zu gründen, auch wenn viele römische Bürger in diese Kolonien gesendet wurden. Viele römische Bürger wurden in der Tat in die *coloniae latinae*, die Rom in vielen neuen eroberten Territorien gründete, gesendet. Diese römischen Bürger, die in eine latinische Kolonie gesendet wurden, duldeten eine *capitis deminutio*, sie wurden latinische Bürger[111]. Demnach benutzten die Römer diese römischen Bürger, die in Rom nicht mehr erwünscht waren, und gründeten im selben Moment neue Kolonien mit einer latinischen Staatsbürgerschaft in den neuen eroberten Territorien innerhalb und außerhalb Italiens[112].
Wir können demnach beobachten wie auch die latinische Staatsbürgerschaft und ihre Rechtsinhalte in Bezug auf die Änderungen der römischen Gesellschaft und der römischen politischen Entscheidungen in den verschiedenen historischen Momenten wechselt. Es gibt tatsächlich einen großen Unterschied zwischen der *latinitas* des IV. Jahrhunderts vor Christus und der des I. Jahrhunderts vor Christus. Ändern sich die Gründe des Zugeständnisses, ändern sich die Inhalts der Staatsbürgerschaft, und das aufgrund der politischen Entscheidungen. Seit dem I. Jahrhundert vor Christus begannen die Römer zuerst die latinische Staatsbürgerschaft in den neu eroberten Territorien zuzugestehen und nur später in manchen Fällen die römische Staatsbürgerschaft, als Prämie. 89 vor Christus zum Beispiel, bekam die „*Gallia Cisalpina*“ die latinische Staatsbürgerschaft

---

duxerint vel etiam Latinas peregrinasve, cum quibus conubium habeant: Cum enim conubium id efficiat, ut liberi patris condicionem sequantur, evenit, ut non solum cives Romani fiant, sed et in potestate patris sint".

110 Hierzu Mattiangeli, *Cittadinanza romana e Latinità*, Roma 2003, S. 137

111 Siehe Gaius, *Institutiones* 3, 56: „*Quae pars iuris ut manifestior fiat, admonendi sumus, id quod alio loco diximus, eos, qui nunc Latini Iuniani dicuntur, olim ex iure Quiritium seruos fuisse, sed auxilio praetoris in libertatis forma seruari solitos; unde etiam res eorum peculii iure ad patronos pertinere solita est. postea uero per legem Iuniam eos omnes, quos praetor in libertate tuebatur, liberos esse coepisse et appellatos esse Latinos Iunianos: Latinos ideo, quia lex eos liberos proinde esse uoluit, atque si essent ciues Romani ingenui, qui ex urbe Roma in Latinas colonias deducti Latini coloniarii esse coeperunt; Iunianos ideo, quia per legem Iuniam liberi facti sunt, etiamsi non essent ciues Romani. legis itaque Iuniae lator cum intellegeret futurum, ut ea fictione res Latinorum defunctorum ad patronos pertinere desinerent, quia scilicet neque ut serui decederent, ut possent iure peculii res eorum ad patronos pertinere, neque liberti Latini hominis bona possent manumissionis iure ad patronos pertinere, necessarium existimauit, ne beneficium istis datum in iniuriam patronorum conuerteretur, cauere [uoluit], ut bona eorum proinde ad manumissores pertinerent, ac si lex lata non esset. itaque iure quodam modo peculii bona Latinorum ad manumissores ea lege pertinent."*

112 Siehe Ulpian, *Tituli ex corpore Ulpiani* XIX , S4: „*Mancipatio locum habet inter cives Romanos et Latinos coloniarios Latinosque iunianos eosque peregrinos, quibus commercium datum est."*

und nur 49 vor Christus die römische Staatsbürgerschaft[113]. Weiters vergab Kaiser Claudius vielen Städten zuerst die latinische Staatsbürgerschaft und erst später die römische Staatsbürgerschaft[114]. Vespasianus vergab die latinische Staatsbürgerschaft ganz Spanien und vielen alpinischen Gemeinden, wie Plinius berichtet[115]. Auch Hadrian verlieh die *latinitas* vielen besonderen Städten[116] . In jedem dieser Fälle, in der Optik dieser neuen *latinitas*, war der Status von *latinus* ein Sprungbrett um die römische Staatsbürgerschaft zu erhalten. Tatsächlich haben die Kaiser bestimmten Völkern oft vorher die latinische Staatsbürgerschaft zugestanden und später legten sie bestimmte Fälle fest, dank denen die neuen Latiner römische Bürgern werden konnten, infolge von Aktivitäten die als verdienstvoll beurteilt wurden[117].

Viele Kaiser legten fest, dass bestimmte Aktivitäten zum Erwerb der römischen Staatsbürgerschaft bringen konnten, wenn sie von Latinern ausgeübt wurden. Claudius, zum Beispiel, zeigte den Bau eines meerestauglichen Schiffes mit einer gewissen Reichweite auf; Nero zeigte den Bau eines Hauses im Rom auf; Traianus die Ausübung für mindestens drei Jahre einer Bäckerei[118]. Auch die

---

113 Siehe Caesar, *De Bello gallico* 4,3

114 T. Spagnuolo Vigorita, *Città e impero*, Napoli 1996, S.104

115 Siehe zum Beispiel Plinius, in *Naturalis Historia* 3, 30: „*metallis plumbi, ferri, aeris, argenti, auri tota ferme Hispania scatet, citerior et specularis lapidis, Baetica et minio. sunt et marmorum lapidicinae. universae Hispaniae Vespasianus Imperator Augustus iactatum procellis rei publicae Latium tribuit. Pyrenaei montes Hispanias Galliasque disterminant promunturiis in duo diversa maria proiectis*". und 3,20:" *mox Latinorum Lucentum, Dianium stipendiarium, Sucro fluvius et quondam oppidum, Contestaniae finis. regio Edetania, amoeno praetendente se stagno, ad Celtiberos recedens. Valentia colonia III p. a mari remota, flumen Turium, et tantundem a mari Saguntum civium Romanorum, oppidum fide nobile, flumen Udiva.* ". Und vielen weitere Texte von Plinio, ebenfalls in *Naturalis Historia*.

116 Elius Spartianus, *Hadrian* 21,7: „*Latium multis civitatibus dedit, tributa multis remisit.*"

117 Siehe A.N. Sherwin-White, *The Roman citizenship,* Oxford 1978, S. 108 ff.

118 Zu diesem Bereich siehe Gaius, *Institutiones*, I, 32-34: „*Ceterum etiamsi ante decesserit Latinus, quam anniculi filii causam probarit, potest mater eius causam probare, et sic et ipsa fiet civis Romana, si Latina fuerit * etiamsi ipse filius civis Romanus sit, quia ex cive Romana matre natus est, tamen debet causam probare, ut suus heres patri fiat. 32a. Quae vero diximus de filio anniculo, eadem et de filia annicula dicta intellegemus. 32b. Praeterea ex lege Visellia tam maiores quam minores XXX annorum manumissi et Latini facti ius Quiritium adipiscuntur, id est fiunt cives Romani, si Romae inter vigiles sex annis militaverint. Postea dicitur factum esse senatus consultum, quo data est illis civitas Romana, si triennium militiae expleverint. 32c. Item edicto Claudii Latini ius Quiritium consecuntur, si navem marinam aedificaverint, quae non minus quam decem milia modiorum frumenti capiat, eaque navis vel quae in eius locum substituta sit, sex annis frumentum Romam portaverit.* 33. *Praeterea a Nerone constitutum est, ut, si Latinus, qui patrimonium sestertium CC milium plurisve habebit, in urbe Roma domum aedificaverit, in quam non minus quam partem dimidiam patrimonii sui impenderit, ius Quiritium consequatur.* 34. *Denique Traianus constituit, ut si Latinus in urbe triennio pistrinum exercuerit, quod in dies singulos non minus quam centenos modios frumenti pinseret, ad*

„lex Flavia municipalis Salpensae“ erwähnt die *edicta* der *Flavii,* die die Modalitäten des Erwerbs der römischen Staatsbürgerschaft für verdienstvolle Latiner festlegen. Gaius stellt eine sehr komplette Liste aller Möglichkeiten des Erwerbs der römischen Staatsbürgerschaft für einen Latiner im ersten Buch der *Institutiones* (28-41) auf[119]. Auch Ulpian macht eine sehr besondere und wichtige Liste der Erwerbsmöglichkeiten der römischen Staatsbürgerschaft in der kaiserlichen Periode. Im *„Tituli ex corpore Ulpiani“*, tatsächlich, gibt es ein spezifisches Kapitel, das *„De Latinis“*, in dem Ulpian die neuen Erwerbsmöglichkeiten der römischen Staatsbürgerschaft zeigt, und diese neuen Fälle des Erwerbs im Detail analysiert[120].

Eine andere Erwerbsmöglichkeit der römischen Staatsbürgerschaft von einem Latiner, sowohl für den *latini prisci* als auch für die neuen *latini coloniarii* war das *latium maius* und das *latium minus.* Diese besonderen Rechtsinstitute wurden bestimmten lateinischen Stadtstaaten durch ein Gesetz, ein *senatusconsultum* oder eine kaiserliche *constitutio* zugestanden. Die lateinischen *cives* der Städte, denen das *latium maius* oder das *latium minus* zugestanden wurde, konnten zusammen mit den Eltern, der Frau und den Söhnen direkt die römischen Staatsbürgerschaft erhalten, wenn sie als *decuriones* gewählt wurden und eine Magistratur mit Ehre innehatten (das ist der Fall des *latium maius*), oder wenn sie eine Magistratur in ihrer Gemeinde mit Ehre innehatten (das ist

---

ius Quiritium perveniat".

119 Siehe Girard, *Manuel élémentaire de droit romaine*, Paris 1924, S. 114 und ff.

120 Das ist der Gesamttext des Kapitels 3.1 *„De Latinis“* der *„Tituli ex corpore Ulpiani“* den ich in meiner Arbeit *„Cittadinanza romana e latinità“* nach Jahren der Vergessenheit wieder dargestellt habe: „3.1 *Latini ius Quiritium consequuntur his modis: beneficio principali, liberis, iteratione, militia, nave, aedificio, pistrino; praeterea et senatus consulto mulier, quae sit ter enixa.*

3.2 Beneficio principali Latinus civitatem Romanam accipit, si ab imperatore ius Quiritium impetraverit.

3.3 Liberis ius Quiritium consequitur Latinus, qui minor triginta annorum manumissionis tempore fuit: nam lege Iunia cautum est, ut, si civem Romanam vel Latinam uxorem duxerit, testatione interposita, quod liberorum quaerendorum causa uxorem duxerit, postea filio filiave nato natave et anniculo facto, possit apud praetorem vel praesidem provinciae causam probare et fieri civis Romanus, tam ipse quam filius filiave eius et uxor; scilicet si et ipsa Latina sit; nam si uxor civis Romana sit, partus quoque civis Romanus est ex senatus consulto, quod auctore divo Hadriano factum est.

3.4 Iteratione fit civis Romanus, qui post Latinitatem, quam acceperat, maior triginta annorum iterum iuste manumissus est ab eo, cuius ex iure Quiritium servus fuit. Sed huic concessum est ex senatus consulto, etiam liberis ius Quiritium consequi.

3.5 Militia ius Quiritium accipit Latinus, si inter vigiles Romae sex annis militaverit, ex lege Visellia. Postea "praeterea" ex senatus consulto concessum est ei, ut, si triennio inter vigiles militaverit, ius Quiritium consequatur.

3.6 Nave Latinus civitatem Romanam accipit, si non minorem quam decem milium modiorum navem fabricaverit, et Romam sex annis frumentum portaverit, ex edicto divi Claudii."

der Fall des *latium minus*)[121]. Als Beispiel hatten die Spanier des latinischen *municipium* von *Salpensa*[122] den *latium minus*.

Es gab auch Fälle in denen man die latinische Staatsbürgerschaft wegen dem Verlust der römischen Staatsbürgerschaft erwarb (eine *„capitis deminutio*"[123]). Wir können das sehr gut im Fall des römischen Staatsbürgers der in eine latinische Kolonie gesendet wurde, und im Fall der so genannten Latiner *Aeliani* und *Iuniani* beobachten.

Die Latiner *Iuniani*[124] waren Sklaven die nicht auf formal-offizielle Art befreit wurden (keine *„manumissio iusta ac legitima*")[125], und infolgedessen, nach dem Gesetz *„Iunia Norbana*" (19 vor Christus) eine spezielle lateinische Staatsbürgerschaft mit vielen Beschränkungen bekamen. In der Tat stellte das Gesetz auf, dass die *manumissio* für diese Sklaven gültig war, aber sie konnten weder ein Testament erlassen, noch ihre Güter ihren Erben übertragen. Nach ihrem Tod gingen ihre Güter auf den alten Herrn zurück, so als ob sie noch in seinem *peculium* wären[126]. Weiters konnten sie keine Erbschaft und kein *legat* erhalten,

---

121 In diesem Bereich siehe Gaius, *Institutiones*, I, 96: „*Quod ius quibusdam peregrinis civitatibus datum est vel a populo Romano vel a senatu vel a Caesare * aut maius est Latium aut minus; maius est Latium, cum et hi, qui decuriones leguntur, et ei, qui honorem aliquem aut magistratum gerunt, civitatem Romanam consecuntur; minus Latium est, cum hi tantum, qui vel magistratum vel honorem gerunt, ad civitatem Romanam perveniunt. Idque conpluribus epistulis principum significatur*".

122 Siehe *Lex Flavia municipalis Salpensae*, 21: „*Ut magistratus civitatem Romanam consequantur. Qui IIvir aedilis quaestor ex hac lege factus erit, cives Romani sunto, cum post annum magistratu] | abierint, cum parentibus coniugibusque ac liberis, qui legitumis nuptis quae|siti in potestatem parentium fuerint, item nepotibus ac neptibus filio | nat[is natabus], qui quaeque in potestate parentium fuerint ; dum ne plures c(ives) R(omani) | sint, quam quod ex h(ac) l(ege) magistratus creare oportet.*". In F. Girard & F. Senn, *Les lois des Romains*, Jovene ed., Napoli, 1977, pp. 223-228, n° 4

123 Die *„capitis deminutio*" fand stantt, wenn man eine schamlose Tat beging, oder den Vorschriften eines Gesetzes zuwider handelte.

124 Über die *latini Iuniani* im Allgemeinen siehe das Werk von K.A. von Vangerow, *Über die latini Iuniani: eine rechtsgeschichtliche Abhandlung*, Marburg 1933, S. 12 und ff.

125 Hierzu Guarino, *Diritto privato romano*, Napoli 2001, S. 295

126 Siehe Gaius, *Institutiones* 3,56: „*Quae pars iuris ut manifestior fiat, admonendi sumus, id quod alio loco diximus, eos, qui nunc Latini Iuniani dicuntur, olim ex iure Quiritium seruos fuisse, sed auxilio praetoris in libertatis forma seruari solitos; unde etiam res eorum peculii iure ad patronos pertinere solita est. postea uero per legem Iuniam eos omnes, quos praetor in libertate tuebatur, liberos esse coepisse et appellatos esse Latinos Iunianos: Latinos ideo, quia lex eos liberos proinde esse uoluit, atque si essent ciues Romani ingenui, qui ex urbe Roma in Latinas colonias deducti Latini coloniarii esse coeperunt; Iunianos ideo, quia per legem Iuniam liberi facti sunt, etiamsi non essent ciues Romani. legis itaque Iuniae lator cum intellegeret futurum, ut ea fictione res Latinorum defunctorum ad patronos pertinere desinerent, quia scilicet neque ut serui decederent, ut possent iure peculii res eorum ad patronos pertinere, neque liberti Latini hominis bona possent manumissionis iure ad patronos pertinere, necessarium existimauit, ne beneficium istis datum in iniuriam patronorum conuerteretur, cauere*

und sie konnten auch nicht Vormund (*Tutores)* sein[127]. Aber wie Ulpianus sagt, konnten sie in der Erbschaft als *emptores* oder als Zeugen oder auch als *libribens* auftreten[128].
Die Latiner *Aeliani* waren den Latinern *Iuniani* ähnlich. Sie wurden Latiner *Aeliani*, wenn sie gegen die Vorschriften des Gesetzes *Aelia Sentia* (um 3 nach Christus) befreit wurden[129]. Das Gesetz *Aelia Sentia* regelte die Freilassung (*manumissio*) der Sklaven nach einer „*iusta causa manumissionis*" und hatte vier Grundverfügungen. Die Latiner *Aeliani* hatten wahrscheinlich dieselbe Staatsbürgerschaft der Latiner *coloniarii*[130] (demnach mit weniger Vorteilen als ein Latiner *priscus*), aber sie konnten in bestimmten Situationen römische Bürger werden[131].
Nach der letzten Verfügung des „*lex Aelia Sentia*", gab es eine weitere Kategorie von Latinern: die „*peregrini dediticii Aeliani*". Sie waren die Sklaven die gegen das Gesetz „*Aelia Sentia*" befreit worden sind, weil sie eine schamlose Tat begangen haben, verhaftet und in Ketten gelegt wurden oder mit *stigmata* gestraft worden sind[132]. Sie hatten eine *pessima libertas* und ihr Status war dem der Völkern die gegen Rom bis zum Ende und mit besonderer Gewalt gekämpft hatten

---

[uoluit], ut bona eorum proinde ad manumissores pertinerent, ac si lex lata non esset. itaque iure quodam modo peculii bona Latinorum ad manumissores ea lege pertinent."

127 Siehe „*Lex Iunia Norbana*", in W.Smith, *Smith's Dictionary*, London 1875, S.234

128 Siehe Ulpian, *Tituli ex corpore Ulpiani*, 3,3: "*Liberis ius Quiritium consequitur Latinus, qui minor triginta annorum manumissionis tempore fuit: nam lege Iunia cautum est, ut, si civem Romanam vel Latinam uxorem duxerit, testatione interposita, quod liberorum quaerendorum causa uxorem duxerit, postea filio filiave nato natave et anniculo facto, possit apud praetorem vel praesidem provinciae causam probare et fieri civis Romanus, tam ipse quam filius filiave eius et uxor; scilicet si et ipsa Latina sit; nam si uxor civis Romana sit, partus quoque civis Romanus est ex senatus consulto, quod auctore divo Hadriano factum est.*"

129 Siehe „*Lex Aelia Sentia*", W. Smith, *Smith's Dictionary*, London 1875, S. 232

130 Siehe Gaius, *Institutiones* 1, 15: „*Huius ergo turpitudinis servos quocumque modo et cuiuscumque aetatis manumissos, etsi pleno iure dominorum fuerint, numquam aut cives Romanos aut Latinos fieri dicemus, sed omni modo dediticiorum numero constitui intellegemus*". Aber das ist auch sehr diskutiert, da viele Autoren der Meinung sind, dass diese zwei Kategorien von Latinern ganz anders waren. Siehe jedenfalls dazu Humbert, *Le droit latin Imperial: cités latin ou citoyenneté latin,* Ktema 6, 1981, S. 212 und ff. Ebenfalls, meine Darstellung dieses Problems in Mattiangeli, *Cittadinanza romana e latinitas,* Roma 2003, S. 153 und ff.

131 Hierzu Gaius, *Institutiones* 1, 29: „*Statim enim ex lege Aelia Sentia minores triginta annorum manumissi et Latini facti si uxores duxerint vel cives Romanas vel Latinas coloniarias vel eiusdem condicionis, cuius et ipsi essent, idque testati fuerint adhibitis non minus quam septem testibus civibus Romanis puberibus et filium procreaverint, cum is filius anniculus esse coeperit, datur eis potestas per eam legem adire praetorem vel in provinciis praesidem provinciae et adprobare se ex lege Aelia Sentia uxorem duxisse et ex ea filium anniculum habere: Et si is, apud quem causa probata est, id ita esse pronuntiaverit, tunc et ipse Latinus et uxor eius, si et ipsa eiusdem condicionis sit, et filius eius, si et ipse eiusdem condicionis sit, cives Romani esse iubentur*".

(*peregrini dediticii*) sehr ähnlich[133]. Sie konnten nicht im Umkreis von 100 *milia* von Rom wohnen und unterlagen vielen anderen Beschränkungen[134].
Die Latiner *Aeliani*, die *Iuniani*, die *dediticii Aeliani* und die *peregrinii dediticii* waren vom *edictum* von Caracalla des Jahres 212 nach Christus ausgeschlossen. Die *constitutio Antoniniana* des Jahres 212 nach Christus hatte allen Einwohnern des römischen Kaiserreichs, mit Ausnahme der Latiner *Aeliani*, *Iuniani* und den *peregrini dediticii*, die römische Staatsbürgerschaft mit zugestanden[135].
Aber dieses Argument ist sehr schwierig zu behandeln und noch offen, da es scheint, dass schon Gaius und auch Iustinian die Erinnerung an die richtigen

---

132 Siehe in diesem Bereich Gaius, *Institutiones* I, 13: *„Lege itaque Aelia Sentia cavetur, ut, qui servi a dominis poenae nomine vincti sunt, quibusve stigmata inscripta sunt, deve quibus ob noxam quaestio tormentis habita sit et in ea noxa fuisse convicti sunt, quive ut ferro aut cum bestiis depugnarent traditi sint, inve ludum custodiamve coniecti fuerint, et postea vel ab eodem domino vel ab alio manumissi, eiusdem condicionis liberi fiant, cuius condicionis sunt peregrini dediticii".*

133 Auch hier siehe Gaius, *Institutiones* I, 14: *„Vocantur autem peregrini dediticii hi, qui quondam adversus populum Romanum armis susceptis pugnaverunt, deinde victi se dediderunt".* Ebenfalls Ulpianus, *Tituli ex corpore Ulpiani, I, 11: "Dediticiorum numero sunt, qui poenae causa vincti sunt a domino, quibusve stigmata scripta fuerunt, quive propter noxam torti nocentesque inventi sunt, quive traditi sunt, ut ferro aut cum bestiis depugnarent, vel custodiam coniecti fuerunt, deinde quoquo modo manumissi sunt. Idque lex Aelia Sentia facit".*

134 Siehe ebenfalls Gaius, *Institutiones*, I, 25-27: *„Hi vero, qui dediticiorum numero sunt, nullo modo ex testamento capere possunt, non magis quam quilibet peregrinus; quin nec ipsi testamentum facere possunt secundum id quod magis placuit. 26. Pessima itaque libertas eorum est, qui dediticiorum numero sunt; nec ulla lege aut senatus consulto aut constitutione principali aditus illis ad civitatem Romanam datur. 27. Quin etiam in urbe Roma vel intra centesimum urbis Romae miliarium morari prohibentur; et si qui contra ea fecerint, ipsi bonaque eorum publice venire iubentur ea condicione, ut ne in urbe Roma vel intra centesimum urbis Romae miliarium serviant neve umquam manumittantur; et si manumissi fuerint, servi populi Romani esse iubentur. Et haec ita lege Aelia Sentia conprehensa sunt. "*

135 Wir haben den Text der „*Constitutio Antoniniana*" durch das Papyrus nr. 40 von Giessen überliefert bekommen, es ist jedoch unvollständig. Demnach, aufgrund anderer lateinischer Quellen glaube ich, dass dieses allgemeine Zugeständnis der römischen Staatsbürgerschaft nur eine „formale" Operation darstellte. Es ist möglich, dass die Einwohner des römischen Kaiserreichs bereits vorher, unter einem anderen Kaiser (wahrscheinlich Marcus Aurelius) eine allgemeine „effektive" römische Staatsbürgerschaft bekommen hatten. Mit Ausnahme der Latiner „*Aeliani*" und „*Iuniani*" ist diese Information vielleicht gültig, aber die „*Peregrini dediticii Aeliani*" und die „*peregrini dediticii*" betreffend, gibt es große Probleme. Es scheint aufgrund des Textes 1,1,3 des *Epitome Gai*: *„Dediticii vero sunt, qui post admissa crimina suppliciis subditi et publice pro criminibus caesi sunt, aut in quorum facie vel corpore quaecumque indicia aut igne ferro impressa sunt, et ita impressa sunt, ut deleri non possint. Hi si manumissi fuerint, dediticii appellantur. "* und aufgrund des Codex von Iustinian (7,5,1), dass in dieser Epoche die Römer die Erinnerung an die „*peregrini dediticii Aeliani ex lex Aelia Sentia*" schon verloren hatten oder vielleicht diese letzte Kategorie mit der Kategorie der

peregrini dediticii Aeliani verloren oder vermischt hatten. Auf jeden Fall schaffte Iustinian diese zwei letzten Kategorien von Nicht-Römern ab: zuerst die *dediticii Aeliani* 530 nach Christus und später die Latiner *Aeliani* und *Iuniani* 531 nach Christus[136]. Aber auch dieses Thema ist noch offen und viel diskutiert.

1.6 Die *Peregrini* und die römische Rechtsordnung

Wir gehen jetzt zu den Rechten der Nicht-Römer oder *peregrini* über. Die *peregrini* waren eine sehr große und vielfältige Kategorie, aber trotzdem sehr gut geschützt und integriert in der römischen Rechtsordnung. Seit dem Beginn der *polis* von Rom gab es viele verschiedene Verbindungen mit den anderen nahen Völkern wie den Sabinern, den Etruskern oder den anderen Latinern[137]. Diese Verbindungen waren auch sehr vielfältig, weil sie freundlich (zum Beispiel gab es „*foedera*", Bündnisse mit den anderen Latinern oder sogar Völkerverständigung wie mit den Sabinern) oder unfreundlich (mit den Sanniten, die immer als „*hostes*" betrachtet wurden) oder nur Handelsverbindungen (wie mit vielen anderen Völkern wie zB den Griechischen aus Süditalien) sein konnten[138]. Die Einwohner der nicht-römischen Zonen wurden in der archaischen Periode als *peregrini* betrachtet, und als solche ebenfalls die Einwohner der römischen *provinciae* während der Republik und bis zur *constitutio Antoniniana*, die Bürger der anderen fremden Staaten während dem Kaiserreich, die Römer die aus Rechtsgründen (wie zum Beispiel die *deportatio*) die Staatsbürgerschaft verlo-

---

„*Peregrini dediticii*" verwechselt hatten. Siehe hierzu Mattiangeli, *Cittadinanza romana e latinità*, Rom 2003, S. 150-151 und 154 ff.

136 Siehe den *Codex* von Justinian, 7,5,1 für die „*dediticii Aeliani*": „*Dediticia condicio nullo modo in posterum nostram rem publicam molestare concedatur, sed sit penitus delata, quia nec in usu esse reperimus, sed vanum nomen huiusmodi libertatis circumducitur. nos enim, qui veritatem colimus, ea tantummodo volumus in nostris esse legibus, quae re ipsa obtinent. * iust. a. iuliano pp. * <a 530 d........ lampadio et oreste conss.> ". Und 7,6,1 für die Latiner „Aeliani" und „Juniani": "Cum dediticii liberti iam sublati sunt, quapropter imperfecta latinorum libertas incertis vestigiis titubans et quasi per saturam inducta adhuc remanet et non inutilis quidem pars eius deminuitur, quod autem ex ipsa rationabile est, hoc in ius perfectum deducitur? * iust. a. iohanni pp. * <a 531 d. k. nov. constantinopoli post consulatum lampadii et orestis vv. cc.>*".

137 Siehe A.Bernardi, *Nomen latinum*, Pavia 1973, S. 23 und ff.

138 Siehe F. Altheim , *Römische Geschichte-Bis zum latiner Frieden338 v. Chr.*, Band 2, Frankfurt 1953, S. 201 und ff.

ren hatten und schließlich die so genannten *peregrini numero dediciorum*[139]. Die Kategorie der *peregrini* enthielt auch die *latini,* die *socii* und die *provinciales*[140]. Weiters wurden die *peregrini* in zwei große Kategorien getrennt[141]:

1. Die „*peregrini alicuius civitatis*", die Einwohner der Städte mit denen die Römer eine „*foedus*" hatten oder mit denen Rom gute Verbindungen hatte (zum Beispiel viele italienischen Städte, die *socii italici*). Ebenfalls zählten dazu die Einwohner der sehr alten Städte (die vor der Eroberung seiten Roms bestanden) und die mit Rom gute Verbindungen hatten.
2. Die „*peregrini nullius civitatis*", die Einwohner der Städte mit denen die Römer keine guten Beziehungen hatten oder mit denen die Römer im Krieg waren (sie waren normalerweise die „*peregini in numero dediciorum*"), oder Personen die in einem Ort ohne Stadt oder Staat wohnten oder auch die besiegten Feinde von Rom. Diese letzten *peregrini* wurden in der alten römischen Periode als *hostis* bezeichnet[142]

In jedem Fall wurden in Rom seit der alten Periode alle Fremden in ihrer Freiheit und in ihrer persönlichen Sicherheit geschützt, und es gab auch bestimmte sie betreffende *leges regiae.* Als Beispiel können wir ein sehr altes Gesetz von Koenig *Numa*[143] finden, das den Mörder jeder freien Person strafte.

Die „*peregrini alicuius civitatis*", die mit Rom eine *foedus* hatten, konnten auch ein besonderes Recht haben, für eine bestimmte Zeit in Rom zu wohnen (das *hospitium*) und auch andere verbundene Rechte (wie zum Beispiel das Recht in einem Verfahren in Rom beigestanden zu werden), weiters konnten sie auch das *ius commercii* haben.

---

139 Für diese letzte Kategorie der „*peregrini*" siehe Ulpianus, *Fragmenta ex corpore Ulpiani,* 20,14: „*Latinus Iunianus, item is, qui dediticiorum numero est, testamentum facere non potest: Latinus quidem, quoniam nominatim lege Iunia prohibitum est; is autem, qui dediticiorum numero est, quoniam nec quasi civis Romanus testari potest, cum sit peregrinus, nec quasi peregrinus, quoniam nullius certae civitatis civis est, ut secundum leges civitatis suae testetur.*"

140 Siehe Gaius, *Institutiones* I, 9-12: „*Et quidem summa divisio de iure personarum haec est, quod omnes homines aut liberi sunt aut servi. 10. Rursus liberorum hominum alii ingenui sunt, alii libertini. 11. Ingenui sunt, qui liberi nati sunt; libertini, qui ex iusta servitute manumissi sunt. 12. Rursus libertinorum tria sunt genera: Nam aut cives Romani aut Latini aut dediticiorum numero sunt. De quibus singulis dispiciamus; ac prius de dediticiis*".

141 Siehe M. Hassall, *Roman and non-Romans* , in J. Wacher, ed. *The Roman world,* Band 2, London 1987, S. 43 und ff.

142 Siehe Festus, *Ed. Lindsay,* p. 102: „*Hostis apud antiquos peregrinus dicebatur , et qui nunc hostis perduellio*". In Lindsay, *Sextus Pompeius Festus, de verborum significatione quae supersuunt cum Pauli Epitome,* Hildesheim 1965, S. 91

143 Wahrscheinlich das Gesetz von *Numa* über das „*parricidium*", auch wenn der wirkliche Autor nicht sicher ist. Auf jeden Fall siehe Talamanca, *Lineamenti di storia del diritto romano*, Milano 1979, S. 129 und ff.

Sie konnten jedoch weder das *ius Quiritium* noch eine *legis actio* verwenden. Manchmal konnten sie besondere Handelsgeschäfte mit einer „*fictio*" der Staatsbürgerschaft schließen[144].
In der republikanischen Periode werden die Rechte der Fremden mehr. Sie konnten tatsächlich Inhaber von Rechten und Pflichten sein und auch vor Gericht gehen (in den Verfahren „*per formulas*"), dank der Einführung des *praetor peregrinus* (214 vor Christus) und einer großen und vollen Anerkennung des *ius gentium*. Das *ius gentium* beginnt in dieser Periode eine große Entwicklung wegen der schnellen Entwicklung des internationalen Handels der Römer im ganzen Mittelmeer nach der Niederlage von Karthago[145].
Das *ius gentium* wurde in dieser Periode ein Grundteil des römischen Rechts, weil es die Rechtsverhältnisse zwischen Römern und Fremden und zwischen Fremden und Fremden vor dem *praetor peregrinus* während einem Verfahren *per formulas* regulieren konnten[146], und da das Verfahren *per legis actiones* nie wirklich erreichbar für die Fremden war, auch mit der Ausnahme einer *fictio* der Staatsbürgerschaft.
Das Verfahren *per formulas*, dank vor allem der Aktivität des *praetor peregrinus* wurde das richtige Mittel um die Rechtsverhältnisse mit jedem Fremden zu entwickeln und zu regulieren und den Handel von Rom aus in ganz Europa zu entwickeln und zu schützen.
Wir können sicher sagen, dass das Verfahren *per formulas* und die Einführung des *praetor peregrinus* zum großen Erfolg und der Nutzung des römischen Rechts in jedem Bereich des Rechts selbst im gesamten Europa beigetragen hat. Diese römische Erfindung war die erste Möglichkeit des Rechts um die Rechtsgeschäfte und allen anderen Rechtsverhältnisse in ganz Europa und im Mittelmeerraum zu schützen, zu schließen, und anzuerkennen, unter der ersten „universellen" Rechtsordnung der Geschichte[147].
Weiters, immer noch in der republikanischen Periode, erhalten die *peregrini* viele andere Rechte in Bezug auf das *conubium*[148] und das *ius gentium*. In dieser

144 Über die Geschichte der punischen Kriege im Allgemeinen siehe das Werk von K. Zimmermann, *Rom und Karthago*, Darmstadt 2005

145 Über das Verfahren *per formulas* in allgemeinen siehe Kaser, *Das römische Zivilprozessrecht*, München 1996, S. 163 ff.

146 Siehe in diesem Bereich, Pugliese, *Istituzioni di diritto romano*, Torino 1991, S. 208 und ff. Und Siehe auch Guarino, *Diritto privato Romano*, Napoli 1997, S. 290 und ff.. Insbesonders für die Periode der Einführung des „*praetor peregrinus*" und über das „*ius gentium*" siehe Kaser, *Römische Rechtsgeschichte*, Göttingen 1978, S.134 und ff.

147 Siehe H. Schlosser, *Grundzüge der neueren Privatrechtsgeschichte*, Heidelberg 2005, S. 28 und ff.

148 Siehe in diesem Bereich Gaius, *Institutiones*, I 76-78: „*Loquimur autem de his scilicet, inter quos conubium non sit; nam alioquin si civis Romanus peregrinam, cum qua ei conubium est, uxorem duxerit, sicut supra quoque diximus, iustum matrimonium contrahitur, et tunc ex iis qui nascitur, civis Romanus est et in potestate patris erit. 77. Item si civis Romana peregrino, cum quo ei conubium est, nupserit, peregrinus sane*

Periode, in der Tat, werden vielen Rechtsgeschäfte für die *peregrini* erreichbar[149], wie zum Beispiel die Obligationenverhältnisse durch die *stipulatio*, die Kaufverträge durch die *emptio-venditio* oder die Handelsgesellschaft durch die *societas*.
Es gab auch viele andere Rechte in Bezug auf das *commercium*, das *conubium* und das *hospitium* die den bestimmten *civitates*, *municipia* und *liberae civitates* durch *foedera* zugestanden wurden[150].
Mit der Kaiserlichen Periode wird noch ein Mal das römische Recht für die *peregrini* mehr und mehr erreichbar. Bis zur *constitutio Antoniniana* gibt es, in der Tat, viele bestimmte Zugeständnisse von Rechten an viele besondere Städte und Völker in Bezug auf das Privatrecht und das Handelsrecht[151]. Mit der *constitutio Antoniniana* wird das römische Recht endlich „das universelle Recht" im ganzen Kaiserreich. Jede Person, die im Kaiserreich geboren wurde, wurde römischer Staatsbürger und konnte jedes Mittel des römischen Rechts benutzen, normalerweise ohne Ausnahme[152]. Mit Ausnahme der Barbaren und anderer Völker außerhalb der Grenze des römischen Kaiserreichs, wurde das römische Recht das neue gemeinsame Recht ganz Europas zum ersten Mal in der Geschichte.
Demnach, wie wir beobachten können, sind West-Europa, Nord-Afrika und ein Teil des Mittelorients eine römische Welt geworden. Durch die Entwicklung des

---

procreatur et is iustus patris filius est, tamquam si ex peregrina eum procreasset. Hoc tamen tempore e senatus consulto, quod auctore divo Hadriano sacratissimo factum est, etiamsi non fuerit conubium inter civem Romanam et peregrinum, qui naseitur, iustus patris filius est. 78. Quod autem diximus inter civem Romanum peregrinamque nisi conubium sit, qui nascitur, peregrinum esse, lege Minicia cavetur, ut is quidem deterioris parentis condicionem sequatur. Eadem lege autem ex diverso vavetur, ut si peregrinus, cum qua ei conubium non sit, uxorem duxerit civem Romanam, peregrinus ex eo coitu nascatur. Sed hoc maxime casu necessaria lex Minicia fuit; nam remota ea lege diversam condicionem sequi debebat, quia ex eis, inter quos non est conubium, qui nascitur, iure gentium matris condicioni accedit. Qua parte autem iubet lex ex cive Romano et peregrina peregrinum nasci, supervacua videtur; nam et remota ea lege hoc utique iure gentium futurum erat. "

149 Siehe Gaius, *Institutiones*, I,79:"*Adeo autem hoc ita est, ut ex cive Romano et Latina qui nascitur, matris condicioni accedat; nam in lege Minicia quidem peregrinorum nomine comprehenduntur non solum exterae nationes et gentes, sed etiam qui Latini nominantur; sed ad alios Latinos pertinet, qui proprios populos propriasque civitates habebant et erant peregrinorum numero*

150 Für eine komplette Liste dieser Städte und dieser bestimmten Vereinbarungen, siehe T. Spagnuolo Vigorita, *Città e impero*, Napoli 1996, zweiter Teil, S. 73-78 und Kapitel 9 und 10 und im Teil III, Kapitel 1-4. Siehe auch Mattiangeli, *Cittadinanza Romana e latinità*, Roma 2003, S. 181 und ff.

151 Siehe hierzu, Grelle, *L'autonomia cittadina tra Traiano e Adriano*, Napoli 1972, S. 129 und ff., und S.143 und ff. Hierzu ebenfalls Sherwin-White, *The Roman citizenship*, Oxford 1972, S. 344

152 Auf die Frage der *peregrini dediticii* und der Latiner *Aeliani* und *Iuniani* wurde bereits in vorhergehender Note hingewiesen.

ius gentium und die Öffnung und die Änderung vieler römischer Rechtsinstitute des alten *ius civile*, können seit der klassischen Periode alle römischen Staatsbürger, alle *peregrini* und die Fremden mit *commercium* im ganzen Kaiserreich das römische Recht benutzen. Jedes Rechtsgeschäft konnte im gesamten Kaiserreich anerkannt werden und gelten. Ein Kaufvertrag, der zum Beispiel in *Mediolanum* abgeschlossen wurde, konnte in Griechenland oder im Norden Afrikas anerkannt werden. Weiters, eine Rechtslage, ein Sachenrecht oder ein Eigentumsrecht konnte im gesamten Kaiserreich geschützt werden. Ein Eigentümer konnte sein Recht vor allen Gerichten des römischen Kaiserreichs schützen und vor jedem römischen *praetores* gehen und seinen Schutz bekommen, egal wo das Recht gegründet war. Ein „*actio ex iure civile*" konnte von jedem römischen Staatsbürger im gesamten Kaiserreich ausgeübt werden. Auf dieselbe Art konnte jeder *peregrinus* vor den *praetor pregrinus* gehen und seine Rechte in Rom oder in allen anderen Städten des römischen Kaiserreichs ausüben[153].
Vor allem im Bereich des Handelsrechts und des Vertragsrechts gab es einen großen Vorteil. Ein internationaler Kaufvertrag, der nach den Regeln des römischen Rechts in einer Stadt des römischen Kaiserreichs abgeschlossen wurde, konnte im ganzen Kaiserreich anerkannt werden und gültig sein. Ein Geschäftsmann von Alexandria konnte zum Beispiel ein Haus in Rom kaufen und seines in Ägypten verkaufen, mit denselben Rechtsmitteln und mit nur einem gemeinsamen Recht. Die Menschen vom gesamten Mittelmeerraum (und mehr) konnten dasselbe Recht für ihren Handel benutzen. Demnach, gab es dieselben Rechte, dieselben Verträge, dieselben Rechtsmittel, denselben Rechtsschutz. Jeder konnte im römischen Kaiserreich seine Rechte ausüben, verlangen oder schützen, mit denselben Mitteln und in einer gemeinsamen Rechtswelt[154].
Durch das *ius civile*, das *ius honorarium*, das *ius gentium*, das *commercium*, die Arbeit der *Praetores*, die verschiedenen *status* und „Bürgerschaften", konnten die Einwohner des römischen Kaiserreichs dasselbe Recht benutzen. Es handelte sich dabei eigentlich um das erste gemeinsame „Weltrecht" der Geschichte, nicht nur europäisches[155].
Wenn wir genau beobachten, hatten die Römer in jeder Periode der römischen Rechtserfahrung ein Mittel gefunden um ein Recht, das alle benutzen konnten, zu gründen. In der antik-römischen Rechtsperiode hatten die Römer die *fictio* erfunden um die *actiones* den *peregrini* zu geben. Später, 241 vor Christus hatten sie ein Magistrat für die Ausländer gegründet (den *praetor peregrinus*) um die Rechte der Fremden zu schützen. Weiters, in der klassischen Periode hatten sie viele alte römische Rechtsmitteln für die *peregrini* angepasst, wie zum Beispiel die *stipulatio*, die die römische *sponsio* war[156].

153 Siehe Kaser, *Das römische Zivilprozessrecht,* München 1996, S. 156
154 Siehe zum Beispiel P. Voci, *Istituzioni di diritto romano,* Milano 1954, SS. 3-22
155 Siehe in diesem Bereich Koschaker P., *Europa und das römische Recht*, IV Auflage, München 1966, S.31 und ff.

Ein weiteres Beispiel ist die Eigentumsübertragung, die den *peregrini* durch die Nutzung der doppelten *traditio* angepasst wurde. Viele waren die Rechte die durch die Entwicklung des *ius gentium* den *peregrini* zugestanden wurden. Weiters, mit dem *constitutio* von Caracalla 212 nach Christus, dank der Ausdehnung der römischen Staatsbürgerschaft auf alle Einwohner des Kaiserreichs, wird das römisches Recht das wirkliche gemeinsame und universelle europäische Recht. Jeder Einwohner des Kaiserreichs konnte das römische Recht ohne Probleme benutzen. Sie hatten jetzt die Möglichkeit nicht nur die Rechtsmittel ihres eigenen Rechts zu benutzen, sonder auch alle römischen Rechtsmittel[157].
Schließlich, mit der perfekten Arbeit von Iustinian, dank der Pandekten und des Gesetzbuches, wird das römische Recht von allen erreichbar und nutzbar und es wird das erste gemeinsame europäische Recht kodifiziert und zusammen gestellt. Im Bereich des Vertragsrechts ist diese große Anstrengung der römischen Rechtswelt ein großartiger Vorteil, den die Welt vorher niemals gekannt hatte. Man konnten im ganz Europa eine *societas*, eine *emptio venditio*, eine doppelte *stipulatio*, eine *locatio conductio* oder viele andere Handelsverträge mit denselben Rechtsregeln schließen. Demnach stellte dies eine unglaublich Neuigkeit für diese Periode der Geschichte dar[158].
Nach dieser langen Einführung werde ich jetzt versuchen in den nächsten Kapiteln diese gemeinsame Rechtswelt darzustellen. Ich werde versuchen ihre Vorteile zu erörtern und ihre Grundlagen vor allem im Bereich des Vertragsrechts zu erklären um die noch heute große Aktualität des römischen Rechts zu zeigen.

---

156 Siehe P. Van Warmelo, *An introduction to the principles of Roman civil law,* Cape Town 1976, SS. 161-162

157 Siehe im allgemeinen das Werk von Kostas Buraselis, *Die Konsequenzen der Constitutio Antoniniana I,* Wien 2007, S. 12 und ff.

158 P. Van Warmelo, *An introduction to the principles of Roman civil law,* Cape Town 1976, SS. 169-194

2 Die römische Staatsbürgerschaft und das *ius gentium*

2.1 Die römische Staatsbürgerschaft im Allgemeinen und die Theorie der „Beweglichkeit“

Die Staatsbürgerschaft ist der *status* eines Bürgers der einer bestimmten *civitas* angehört. Der *civis* besitzt die Staatsbürgerschaft einer Stadt in der er wohnt und in der er verschiedene Rechte und Pflichten innehat. Diese Rechte und Pflichten stehen in Zusammenhang mit dem „sozialen“ Status eines Bürgers. Sie sind ebenfalls mit der politisch-sozialen Ordnung einer Stadt in einer bestimmten Periode eng verbunden[159].

Der Begriff der *civitas* ist eine typische römische juridische Schöpfung. Die *civitas* ist einerseits die Staatsbürgerschaft als Gesamtheit der Rechte und Pflichten eines Bürgers und andererseits ist sie der physikalische Ort in dem die Bürger leben und in dem sich die Beziehungen zwischen den Menschen manifestieren[160].

Im Bereich des römischen Rechts hat das Wort *civitas* demnach zwei sehr wichtige Bedeutungen: Einerseits bezeichnet der Begriff den Ort, in dem die Rechte und Pflichten entstehen, und andererseits die Gesamtheit selbst der Vorteile und Verpflichtungen eines Bürgers[161].

Civitas ist also nicht nur die heutige Staatsbürgerschaft wie wir sie kennen, sondern auch der materielle Ort in dem die Bürger leben und in dem die Rechte und Pflichten auftreten.

Diese doppelte Bedeutung des Wortes *civitas* möchte ich mit einer Aussage des berühmten Cicero darstellen. Im *„De Republica“ (6,13)* können wir folgendes lesen: *„Quid est enim Civitas nisi iuris societas civium?“*

Und, weiter, im *Somnium Scipionis*[162]: *„... Concilia coetusque hominum iure sociati, quae civitas appellabantur“.*[163]

---

159 Siehe W. Jaeger, P*aideia* ,Oxford 1945, S. 113

160 Siehe Guarino, *Storia del diritto romano,* Napoli 1993, S. 62 ff. und 80 ff.

161 Siehe das Wort *Civitas* in *Thesaurus linguae latinae,* Band III, Leipzig 1900, S. 1229 und ff.

162 Das Kapitel 6 der *„De Republica“* von Cicero wird üblicherweise *„Somnium Scipionis“* bezeichnet. Siehe den Text und die englische Übersetzung in C.W. Keyes, *Cicero. De re publica, de legibus,* Cambridge (Massachusetts) 1966, S. 260 und ff.

163 Siehe Cicero, *De Republica 6,13: „Sed quo sis, Africane, alacrior ad tutandam rem publicam, sic habeto, omnibus, qui patriam conservaverint, adiuverint, auxerint, certum esse in caelo definitum locum, ubi beati aevo sempiterno fruantur; nihil est enim illi principi deo, qui omnem mundum regit, quod quidem in terris fiat, acceptius quam concilia coetusque hominum iure sociati, quae 'civitates' appellantur; harum rectores et conservatores hinc profecti huc revertuntur.“*

Im ersten Zitat können wir sehen, wie Cicero die *civitas* definiert: als menschliche Gesellschaft, die durch rechtliche Vorschriften verbunden ist. Im zweiten Satz benützt der Autor die Wörter „*concilia*" und „*coetus*" um die *civitas* zu bezeichnen. Diese zwei Wörter spielen auf die Zusammenkunft, auf die Versammlung an. Die *civitas* ist demnach der Ort in dem diese Zusammenkunft entsteht. Sie ist ebenfalls die Gesamtheit aller Rechte und Pflichten der Mitglieder dieser menschlichen Gesellschaft.

Diese zwei verschiedenen Begriffe der Staatsbürgerschaft (der materielle Ort und die Gesamtheit der Rechte) sind eng verbunden, es ist nicht möglich sie zu trennen. Nur gemeinsam prägen sie den Begriff der *civitas*. Sie sind die zwei Gesichter der Staatsbürgerschaft selbst und untrennbar[164].

Einen weiteren Nachweis dieser Auslegung können wir noch einmal in Cicero sehen, im „*De Officis*"[165]. In diesem Text zeigt Cicero die verschiedenen Stufen der „*societas hominum*" auf. Die größte *societas hominum* ist jene aller Menschen, die zweite Stufe ist die Gemeinschaft der Völker, der Nationen, der Sprache, aber noch enger ist die Verbindung, die der Angehörigkeit zu einer *civitas* entstammt. Wie Cicero sagt, haben die Bürger das „*forum*", die Tempel, die Straßen, die Gesetze, das Recht, die Urteile, die Gewohnheiten, die Freundschaften, und viele andere Geschäfte und gegenseitige Verhältnisse gemeinsam.

In diesen Worten kann man noch einmal sehen, wie Cicero die *civitas* darstellt. Einerseits ist die *civitas* der Ort der Gemeinschaft von Rechten, Urteilen und Gesetzen (*leges, iudicia, iura),* andererseits ist sie der Ort, indem die Gewohnheiten (*consuetudines),* die familiären Verhältnisse, die menschlichen Beziehungen und das gemeinsame Leben entspringen[166].

Wichtig ist hier zu beobachten, dass das Zusammentreffen aller dieser Faktoren im selben Ort die Gemeinschaft möglich macht.

Auch aufgrund der gemeinsamen Straßen, Tempeln des *Forum,* haben die Bürger dieselben Gesetze, Gewohnheiten, Rechte und Urteile.

Die *civitas* ist also *in primis* eine politische Gemeinschaft, die souverän und unabhängig ist und in der die Bürger leben, wohnen und im Bereich der Kultur, der Politik, der Wirtschaft und des Rechts interagieren.

Diese verschiedenen Verhältnisse zwischen den Einwohnern werden vom gemeinsamen Recht aller *cives* geregelt.

---

164 Siehe T. Spagnuolo Vigorita, *Città e impero,* Napoli 1996, Kapitel 1, S. 15

165 Siehe Cicero, *De Officis,* Buch I, Kapitel 53: „*Gradus autem plures sunt societatis hominum. Ut enim ab illa infinita discedatur, proprior est eiusdem gentis, nationis, linguae, qua maxime homines coniunguntur. Interius etiam est eiusdem esse civitatis; multa enim sunt civibus inter se communia, forum, fana, porticus, viae, leges, iura, iudicia, suffragia, consuetudines praeterea et familiaritates multisque cum multis res rationesque contractae. Artior vero colligatio est societatis propinquorum; ab illa enim inmensa societate humani generis in exiguum angustumque concluditur.*"

166 Siehe die Übersetzung von W. Miller, *Cicero, De Officiis,* in *Loeb classical library,* Cambridge (Massachusetts)1961, SS.57-58

Das Recht entsteht vor allem, um bestimmte Verhältnisse unter Personen zu regeln und zu garantieren. So entsteht ein Ort, der selbst auf diesem Recht basiert, die *civitas.* Wir können schließlich sehen wie das Wort Staatsbürgerschaft *(civitas)* gleichzeitig die Rechte aller Bürger und den Ort, in dem diese Rechte entstehen, bedeutet[167].

Und so war es in jeder Zeit der römischen Erfahrung. Die römischen Bürger und ihre Rechte waren immer mit der Zugehörigkeit zu einer bestimmten Stadt eng verbunden[168].

In jeder Periode der römischen Erfahrung sind viele Rechte, Tatbestände, und Rechtsverhältnisse immer in Zusammenhang mit einem Ort und der jeweiligen politischen und sozialen Situation entstanden.

Das Bürgerliche Recht stand bei den Römern immer in Zusammenhang mit der politischen und sozialen Situation ihrer Stadt. Der berühmte Romanist A.N. Sherwin White behauptet schon in den ersten Kapiteln seines Buches *„The Roman Citizenship",* dass die sozial-religiösen und geographisch-territorialen Aspekte für die Entwicklung von Rom im VII°-VI° Jahrhundert sehr wichtig waren[169].

Viele politische Entscheidungen und sozial-juridische Lösungen finden ihren Grund in der territorialen Beschaffenheit, in der Änderung der Gesellschaft, in den verschiedenen historischen Ereignissen und in den religiösen Gewohnheiten. Jeder dieser Faktoren trägt zur Entstehung der Rechte und Pflichten des römischen Bürgers in den verschiedenen Perioden bei.

Die Ereignisse in einer *civitas* sind mit dem Ursprung ihres Rechts eng verbunden. Das römisches *ius civile* und *ius honorarium* hängen in der römischen Erfahrung mit den Geschehnissen in Rom eng zusammen.

Diese Abhängigkeit und fester Zusammenhang zwischen den Kategorien *ius, civitas* und *civis* ist bei den Römern ein Unterscheidungsmerkmal ihres Rechts, das immer Gültigkeit besitzt.

Die römischen Bürger hatten im Ursprung nur bestimmte Rechte im Bereich des *ius civile* die von den *mores* abstammten[170]. Später, mit der Republik durch die *interpretatio* und durch die Entstehung der Praetoren (*praetor urbanus* und *praetor peregrinus)* erhalten die Römer eine bedeutende Erweiterung ihres

---

167 Siehe den Ausdruck *Civitas* in *Thesaurus linguae latinae,* Band III, Leipzig 1900, S. 1229 ff.

168 Hierzu F. Grelle, *Città e trattati nel sistema imperiale romano*, in *Diritto e societá nel mondo romano,* Roma 2005, SS. 318-341

169 Siehe A.N. Sherwin-White, *The Roman Citizenship,* II. Auflage, Oxford 1972, S. 5-15. In diesem Bereich ist das Kapitel 1 *„Rome und early Latium"* sehr wichtig, insbesondere die Paragraphen: *„The geographic background*", *„The social background*", und *„The religious league*". Für weitere Erklärungen über die Verbindungen zwischen dem römischen Recht und der sozialen, territorialen und politischen Situation von Rom, siehe folgende Quellen: Dionysios von Halikarnassos 8.17-20, 2.33, 3.1.2, 4.1.2, 5.21, 3,34; und Livio, *Ab Urbe condita* 2.39, 1.38, 1.57, 1.32, 2.17, 1.45.

170 Siehe L. Vacca, *la giurisprudenza nel sistema del diritto romano,* Torino 1989, S. 14 ff.

Recht und verwenden auch das *jus honorarium* und das *ius gentium*. Das Verfahren durch Spruchformeln („*legis actiones*") wird aufgelassen, und ein neues Schriftformelverfahren („*per formulas*") eingeführt[171]. Während des Kaiserreichs ändern sich die Rechte der Römer ein weiteres Mal. Einerseits werden die römischen Staatsbürger zu Untertanen, andererseits wurden ihre Rechte in fast ganz Europa anerkannt[172]. Mit der *constitutio Antoniniana* wird das römische Recht im ganz Europa, Mittelmeer und Asien gelten. Noch später, mit Iustinian wird das gesamte klassische römisches Recht verfasst und die Römer erhalten das erste komplette europäische Gesetzbuch.

Jede dieser Verbreitungen des römischen Rechts und jede Änderung derselben Rechte stammen niemals von abstrakten Gründen ab.

Sie sind immer eng verbunden mit den sozialen, politischen und wirtschaftlichen Ereignissen die sich in der römischen Welt ereignet haben.

Es gibt bei den Römern eine feste und unlösbare Verbindung zwischen Recht, Staatsbürgerschaft und Staat oder Stadt[173].

Die Erweiterung und die Entwicklung der Rechte gehen Hand in Hand mit der Verbreitung des *civitas* von Rom. Am Beginn (VIII-VII Jahrhundert v. Chr.) wurde Rom von drei kleinen *tribus* gegründet, und die Rechte der Römer (oder *quirites)* basierten auf religiös-sakralen Grundlagen (die so genannten *mores).* Später, während der Republik und bis ins I. Jahrhundert vor Christus, erweitern sich die *cives* von Rom. Zu ihnen zählen neben den alten Bürgern der drei kleinen *tribus* später auch die Bürger der einunddreißig neuen *tribus rustica,* sowie die Einwohner vieler anderer italienischer Städte. Nach Beloch zählte das Gebiet, das von römischen Bürgern besetzt war, schon im I. Jahrhundert v.C. 24.000 km[174]. Weiters, mit dem Gesetz *Plautia Papiria* von 89 v.C., nach dem *bellum sociale,* vergrößert sich das Gebiet von Rom noch ein Mal, dank der Hinzufügung der *socii italici* zum römischen Staat[175].

Mit *Caesar* wurde die römische Staatsbürgerschaft auch auf Sizilien und die *Gallia Cisalpina* ausgedehnt. Auch mit Augusto, Claudio und Nero wurde die *civitas romana* in vielen weiteren Städten verliehen.

Im I. Jahrhundert nach Christus wurde Rom zum größte Stadt-Staat der Welt. Mit der kaiserlichen Periode und der *constitutio Antoniniana,* die die römische Staatsbürgerschaft fast jedem Einwohner[176] des Kaiserreichs verliehen hatte, wird die republikanische Stadt eine Weltmonarchie.

---

171 Siehe P. Van Warmelo , *An introduction to the principles of roman civil law,* Cape Town 1976, SS. 272-279

172 Siehe H.J. Wolff, *Roman Law- An historical introduction,* Oklahoma 1976, S. 84 ff.

173 Siehe F. Grelle, *L'archeologia dello stato in savigny e Mommsen,* in *Diritto e societá nel mondo romano,* Roma 2005, SS. 433-441

174 Siehe Beloch, *Römische Geschichte,* Berlin 1926, SS. 620 und ff.

175 Siehe Paragraph *Lex Plautia Papiria* in Rotondi, *Leges Publicae populi Romani,* Hildesheim 1962, SS.345 und ff.

176 Mit Ausnahme der *peregrini dediticii Aeliani* und der *Latini Aeliani,* die von der Anwendung dieses Gesetzes ausgeschlossen waren.

Durch all diese Änderungen jedoch, ändert sich der Inhalt selbst der Staatsbürgerschaft. Die Pflichten und Rechte eines republikanischen Bürgers waren vollkommen andere als die eines kaiserlichen *cives.* Die Bürger der kaiserlichen Periode waren fast alle Untertanen geworden. Sie waren nicht mehr freie Bürger die an der Macht ihrer Stadt Anteil hatten, und die einen Teil der Souveränität darstellten, wie die republikanische *cives.*

Das ist der Kern des Konzeptes der „beweglichen" römischen Staatsbürgerschaft[177]. Die Staatsbürgerschaft und ihr Inhalt sind vollkommen abhängig von der politisch-sozialen und wirtschaftlichen Situation der eigenen Stadt oder des Staates, denn die *civitas* ist nicht nur die Menge der Rechte und Pflichten jedes Bürgers, sondern auch der Ort in dem die *cives* wohnen und in dem ihre Rechte und Pflichten entspringen. In jeder Periode der römischen Erfahrung gibt es eine verschiedene politisch-soziale und territoriale Situation der Stadt[178]. Diese ständige Änderung beeinflusst das Recht und den Inhalt der Staatsbürgerschaft selbst.

Die zwei verschiedenen Aspekte der *civitas* (Ort und Gesamtheit der Rechte) beeinflussen sich gegenseitig.

Einen weiteren Nachweis dieser Theorie können wir auch in der Terminologie finden. Das Wort um einen *civis* zu bezeichnen war in der lateinischen Sprache nicht immer dasselbe.

Während der alten Periode, nach Mommsen[179], wurde das Wort *caput* verwendet, um einen Bürger zu bezeichnen. Der *caput* ist Staatsbürger *sui iuris* der die *status civitatis* und *libertatis* hatte und der jede Rechtsfähigkeit im Bereich des Privatrechts *(ius privatum)* und des öffentlichen Rechts *(jus publicum)* hatte. Die Sklaven, die Ausländer, die *clientes,* die Bürger *alieni juris* (wie zum Beispiel die *filii familias)* und im Staat der *patritia* die *plebea,* hatten im Vergleich keine volle Rechtsfähigkeit und bedeutend weniger Rechte. Als Beispiel, im Bereich des Vertragsrechts, konnte nur ein *caput* ein gültiges Rechtsgeschäft wie die *mancipatio* oder einen anderen *negotium per aes et libram* abschließen. Dasselbe gilt im Bereich des Obligationenrechts, zum Beispiel für die *sponsio.* Auch Savigny unterstützt die Terminologie des *caput* als *civis.* Er ist der Meinung, dass das Wort *caput* aus dem Verzeichnis der Register des *census*[180] stammt.

Während der alten Republik und seit der Gründung der Gemeinde von Patriziern und Plebejern, dank auch der Nutzung des Wortes *ius Quiritium*, ändert sich wieder die Bezeichnung für den Bürger. Jetzt wird das Wort *quirites* benutzt um einen *civis romanus* im Vergleich zu einem *latinus* oder *peregrinus* zu unterscheiden[181]. Nach dieser Periode, ab dem IV. Jahrhundert vor Christus, dank

177 Siehe Mattiangeli, *Cittadinanza Romana e latinità,* Roma 2003, S. 40 und ff.

178 Hierzu Spencer, *The study of sociology,* London 1896, S. 56 ff.

179 Siehe Mommsen in *Römisches Staatsrecht,* Buch I, III Auflage, Leipzig 1887, S. 6 und ff.; und *Römisches Strafrecht,* Leipzig 1899, S. 907 und ff.

180 Siehe Savigny, *System des heutigen römischen Rechts,* Band 2, Berlin 1848, S.68 ff.

auch dem Einfluss der griechischen Sprache und Kultur, wurden schließlich die Wörter *civis* und *civitas* (*poleis* auf Griechisch) eingeführt.
Man kann auch hier wieder sehen, wie sich auch die Terminologie in der Zeit verändert. Die Wörter *civis* und *civitas* entstehen in der Zeit in der Rom seine Grenzen und seine soziale und kulturelle Gesellschaft erweitert. Nur in einer entwickelten Gesellschaft konnte der doppelte Begriff der Staatsbürgerschaft entstehen[182].
Auch die Terminologie steht demnach in Zusammenhang mit der „beweglichen" Staatsbürgerschaft.

2.2 Die verschiedenen „Stufen" und Kategorien der Staatsbürgerschaft

Unter Berücksichtigung dieser neuen Theorie der „beweglichen" *civitas* gehen wir nun zu den allgemeinen Richtlinien der römischen Staatsbürgerschaft über. Insbesondere möchte ich hier die unterschiedlichen „Stufen" der Staatsbürgerschaft, die Arten des Erwerbs und des Verlusts und die verschiedenen Inhalte in den verschiedenen römischen Perioden vorstellen.
Es ist, in der Tat, notwendig die verschiedenen Merkmale der Staatsbürgerschaft zu analysieren, um besser verstehen zu können, wer ein gültiges Rechtsgeschäft schließen konnte und wer volle Handlungsfähigkeit in der römischen Gesellschaft besaß.
Es sind vor allem zwei Hauptkategorien der Bürgerschaft zu unterscheiden: die *cives optimi iure* und die *cives non optimi iure*[183].
Die ersten hatten eine volle Rechtsfähigkeit, konnten alle Rechtsgeschäfte schließen und Inhaber jedes Rechts im Bereich des *ius civile,* des *ius publicum*, des *ius honorarium* und des *ius gentium* sein.
In der alten Periode der *civis* in Besitz aller Rechte musste *sui iuris* (also eine *pater familias),* frei, *puberes,* und er sollte auch einer bestimmte *gens* angehören[184].

---

181 Nach der Meinung von De Visscher wurden das Wort *quirites* und der Ausdruck *jus quiritium* nur in Vergleich mit den Latinern und den *peregrini* benutzt, einzig um den Unterschied mit den Römern im Bereich des Rechts zu zeigen. Nach De Visscher wurden die Wörter *civis* und *civitas* schon seit dem V. Jahrhundert v. Chr. benutzt. Siehe De Visscher, „*Jus Quiritium, civitas romana, et nationalitè moderne*", in *Studi Paoli,* Firenze 1955, SS. 239 und ff.

182 Siehe auch das Wort *Civis* in *Thesaurus linguae latinae,* Band III, Leipzig 1900, S. 1220 ff.

183 Siehe G. Mousourakis, *The historical and institutional context of roman law,* Auckland 2003, S. 22 und ff.

184 Siehe Theorie Mommsen und Niebuhr in Talamanca „*Lineamenti di Storia del diritto romano*", Milano 1979 , S. 61 ff.

Nur der *pater familias sui iuris* besaß alle Rechte und konnte sie auch nutzen, auch sehr spezielle, wie zum Beispiel das Recht in der *curia* zu sitzen, oder die *patria potestas* zu haben.
Während der Republik hatte der vollrechtsfähige Bürger alle vorher aufgezählten Voraussetzungen erfüllen, mit der Ausnahme der Zugehörigkeit zu einer *gens.*
Der republikanische *civis* besaß auch alle Rechte der Zeit vor ihm. Im Gegenteil dazu, mit dem Kaiserreich und dem *Dominatum,* werden dem *civis* immer weniger Rechte zugestanden. Der vollrechtsfähige Bürger behielt noch alle Rechte im Bereich des Privatrechts, verlor jedoch viele öffentliche Rechte, wie zum Beispiel das *ius suffragi.*
Mit Iustinian gibt es nochmals eine Änderung. Der Kaiser-Gesetzgeber wollte die alten Rechte der Republik wiederherstellen, viele alte Rechtsverhältnisse treten unter ihm wieder in Kraft[185].
Eine Andere Art von Bürger stellte der *filius familias* dar, der bereits frei, *puber* und *civis* war aber nicht volle Rechte besaß. Er war deshalb noch *alieni juris,* weil sein Vater, der *pater familias* noch lebte. Auch wenn der *filius familias* ein Magistrat war, blieb er weiterhin unter der Gewalt seines Vaters. Die einzige Möglichkeit sich zu befreien, war eine *emancipatio*[186]. Der *filus familias* war das typisches Beispiel des *civis non optimi iure,* weil er beträchtlichen Beschränkungen im Bereich des *jus privatum* unterlag. Er besaß das *ius suffragi* und das *ius honorum,* jedoch keine volle Vermögensfähigkeit. Er brauchte die Zustimmung seines Vaters, um ein gültiges Rechtsgeschäft zu schließen.
Andere Kategorien der Bürger, die auch bestimmten Rechtsbeschränkungen unterlagen, waren die *clientes* und die *liberti.* Die *clientes*[187] waren eine sehr alte Kategorie der Bürger, die von der Epoche der *gentes* abstammen.
Sie besaßen kein Vermögen, und hatten sich aus diesem Grund einer bestimmten *gens* oder einem bestimmten *pater familias* unterworfen. Sie standen dafür im Schutz der *gens* oder des *pater familias* und hatten die Möglichkeit die Äcker der *gentiles* zu bestellen.
Der *clientes* schuldete jedoch seinem Herrn verschiedene unentgeltliche Gegenleistungen. Der Herr war mit dem *clientes* durch ethische und religiöse Regeln (wie zum Beispiel die *fides)* eng verbunden, und wurde zu seinem *patronus*[188].

185 Siehe G. Tate, *Giustiniano.Il tentativo di rifondazione dell'impero,* Roma 2006, S. 8 und ff.

186 Siehe Paulus, *4, Ad Sabinum,* in D. 1,7,3: "*Si consul vel praeses filius familias sit, posse eum apud semet ipsum vel emancipari vel in adoptionem dari constat.*"

187 Es scheint, dass das Wort *cliens* von dem Verb „*cluere*" kommt, das „gehorchen" bedeutet. Siehe die Wörter in der T*hesaurus linguae latinae,* Band III, Leipzig 1900, S. 1343 ff. und 1362 ff.

188 Der *patronus* durfte seinen *clientes* nicht schaden und hatte ihn auch zu schützen, mit der Möglichkeit einer Bestrafung andernfalls. Siehe: *Duodecim Tabulae* 8,21: „*Patronus, si clienti fraudem fecerit. Sacer esto*". Siehe C.G. Bruns, *Fontes iuris romani antiqui,* I, Tübingen 1909, SS. 15-40

Eine andere Kategorie mit bestimmten Rechtsbeschränkungen im Bereich des *ius publicum, honorum* und *privatum* waren di *libertini* oder *liberti.*
In der *civitas* wurden sie *libertini* genannt und von ihren Herren *liberti.* Sie waren Sklaven die durch eine *manumissio* befreit wurden. Es gab drei verschiedenen Arten der *manumissio*: die *vindicta,* die *censu,* die *testamento*[189]. Wie zuvor bereits erwähnt, wurde der *liberto* zum *civis* dank der *manumissio,* unterlag jedoch bestimmten Rechtsbeschränkungen: er konnte bestimmte öffentliche Ämter nicht bekleiden, unterlag Wahlrechtsbeschränkungen und blieb mit dem alten Herrn weiterhin verbunden. Der alte Herr wurde zum *adgnatus proximus* eines *libertus,* und konnte sein Vermögen nach dessen Tod erben.
Eine weitere Kategorie waren die Sklaven, die wahrlich keine Rechte besaßen. Sie hatten kein Recht *publicum* oder *privatum* und konnten auch kein gültiges Rechtsgeschäft schließen. Vermutlich konnten sie Ihren Herrn nur vertreten oder sein Vermögen verwalten (die *negotiorum gestio),* beides nur mit seiner Zustimmung[190].
Einzige Ausnahme waren die Sklaven mit *peculium* die selbst ein eigenes Vermögen verwalten konnten. Sie konnten ebenfalls ein gültiges faktisches Rechtsgeschäft schließe, mussten jedoch ihren Herrn darüber informieren[191], der ihnen auch jeder Zeit ihre *peculium* wieder entziehen konnte. Die anderen zwei Kategorien, die Rechtsbeschränkungen im Bereich des *ius privatum, publicum* und *honorum* hatten, waren die *latini* und die Ausländer (die *peregrini).*
Die *latini* waren die Bürger die die lateinische Staatsbürgerschaft besaßen. Die lateinische Staatsbürgerschaft war ein sehr besonderer *status civitatis,* der die Latiner von allen anderen Ausländern unterschied. Die Latiner hatten in Rom besondere Rechte seit der Zeit des *foedus Cassianum* und des alten „*nomen latinus*"[192]. Ab 493 v. Chr. wurden den Latiner besondere Rechte in Rom zuerkannt, und den Römern wiederum in den latinischen Städten des Verbands. Die Rechte, die den Latinern zuerkannt wurden, waren vier. Das *ius migrandi* gab den Latinern, die sich in entschieden hatten, nach Rom zu ziehen, die Möglichkeit die römische Staatsbürgerschaft zu erwerben. Das *ius suffragi* gab den Latinern, die sich am bestimmten Tag in Rom befanden, die Möglichkeit in Rom zu wählen.

189 Siehe Gaius, *Institutiones*, I, 17: „*Nam in cuius persona tria haec concurrunt, ut maior sit annorum triginta, et ex iure Quiritium domini, et iusta ac legitima manumissione liberetur, id est vindicta aut censu aut testamento, is civis Romanus fit; sin vero aliquid eorum deerit, Latinus erit.*" und Ulpian, *Tituli ex corpore Ulpiani*, I,7: „*Vindicta manumittuntur apud magistratum <populi Romani> velut consulem praetoremve vel proconsulem*".

190 Siehe Kaser M., *Römisches Privatrecht*, XVIII Auflage, München 2005, S.84 ff.

191 Siehe Kaser M., *Römisches Privatrecht*, XVIII Auflage, München 2005, S. 86

192 Das *foedus Cassianum* ist die alte Konvention mit der der latinische Verband 493 vor Christus gegründet wurde.

Das *ius commercii,* gab ihnen die Möglichkeit gültige Rechtsgeschäfte, Verträge und Übertragungsgeschäfte, die von römischem Recht geregelt waren, zu schließen.
Dieses Recht war besonders wichtig im Bereich des Privatrechts, da die Latiner gültige Rechtsgeschäfte im Bereich des *ius quiritium,* wie die *mancipatio,* schließen konnten[193]. Sie konnten, in der Tat, die *„res mancipi"* erwerben und übertragen, nach den Regeln des römischen Rechts. Dies war für alle anderen Ausländer in Rom unmöglich. Das *ius connubii* war das Recht eine gültige Ehe mit einem Römer oder einer Römerin zu schließen.
Das war das Recht der so genannten *latini prisci* und gilt normalerweise nur in der alten Periode. Nach dem sozialen Krieg *„bellum sociale"* 91-89 v. Christus ändert sich alles. In der Tat, mit dem Gesetz *„Iulia de civitate"*[194] (90 v. C.) wird die römische Staatsbürgerschaft allen *latini prisci* verliehen, und mit dem Gesetz *Plautia Papiria* (89 v.C.), wurde die römische Staatsbürgerschaft allen italienischen Einwohnern, die sich innerhalb einer Frist von 60 Tagen gemeldet hatten, verliehen. Ab diesem Zeitpunkt wird sich der Status der Latiner ändern. Ein typisches Beispiel ist die Konzession der lateinischen Staatsbürgerschaft an die Trans-Padanier, die durch das Gesetz *Pompeia* (89 v.C.) vergeben wurde. Diese neuen Latiner hatten nur das *ius commercii* und die Möglichkeit Römer zu werden, falls sie zum Magistrat in ihrer Stadt wurden.
Diese Staatsbürgerschaft unterschied sich weitgehend von der alten lateinischen *civitas,* da sie kein *ius suffragi, migrandi* und *connubii* vorsah[195], ähnelte aber sehr der *latinitas coloniaria*[196], die sich in diesen Jahren durchsetzte.
Rom zog es vor, im II-I Jahrhundert vor Christus in den neuen eroberten Gebieten latinische Kolonien und nicht römische zu gründen. Die *latinitas coloniaria,* nach Ulpian[197], wurde jedoch auch bestimmten italienischen Städten gestattet. Sie wurde auch denjenigen Römern verliehen, die in eine lateinische Kolonie entsendet wurden, als eine Art der „Degradierung" (*capitis deminutio)*[198].

---

193 Sie waren nicht Eigentümer *ex iure quiritium,* und hatten nicht den Verfahrensschutz der *legis actiones* und des *ius civile* und die Garantie des *auctoritas,* aber sie konnten ebenfalls gültige Rechtsgeschäfte schließen, vor Gericht gehen und dank eines römischen Vertreters an einem Verfahren teilnehmen. Siehe Kaser, *Römisches Privatrecht*, XVIII Auflage, München 2005, S. 110 ff.

194 Vielleicht mit dem Gesetz *Iulia de civitate* wurde die Staatsbürgerschaft auch allen anderen *socii* gegeben, die das verlangt hätten, und im Gegenzug den Krieg gegen Rom beigelegt hätten. Siehe J.E. Granrud, *Roman constitutional History, 753-44 B.C.,* Boston 1902, S. 190 und ff.

195 Siehe den Begriff *Latinitas* in Smith W., *Dictionary of Greek and Roman Antiquities,* John Murray, London 1875, SS. 233 ff.

196 Das war die Staatsbürgerschaft der Einwohner einer lateinischen Kolonie

197 Siehe Ulpian, *Tituli ex corpore Ulpiani*, XIX, 4: *„Mancipatio locum habet inter cives Romanos et Latinos coloniarios Latinosque Iunianos eosque peregrinos, quibus commercium datum est".*

Weitere spezielle Kategorien von *latinitas* waren die so genannten *latinitas Iuniana* und *Aeliana.*

Die *Latini Iuniani* waren durch eine ungültige *manumissio* befreite Sklaven (keine *manumissio justa ac legitima)*[199]. Diese Kategorie von Bürgern wurde durch das Gesetz *Iunia Norbana* (19 v.C.) gegründet.

Das Gesetz besagte, dass die Sklaven die nicht auf formelle Art freigelassen wurden, frei sein konnten, jedoch mit der Staatsbürgerschaft eines *latinus coloniarius.* Weiters konnten sie kein Testament machen und ihr Vermögen ihren Nachfolgern übertragen. Das Vermögen ging an den alten Herrn nach ihrem Tod zurück[200].

Sie konnten auch nicht erben und nicht *tutores* werden, und sie konnten auch kein *legatus* bekommen[201].

Sie hatten also viele Rechtsbeschränkungen im Bereich des Erbrechts und der Stellvertretung, und auch im Bereich der Vermögensfähigkeit.

Gleich den Latinern *Iuniani,* waren die Latiner *Aeliani.* Sie waren ebenfalls Sklaven die gegen das Gesetz *Aelia Sentia*[202] (mindestens 3 v.C.) freigelassenen würden. Das Gesetz *Aelia Sentia* regelte die *manumissio* der Sklaven und hatte vier Hauptdispositionen. Die erste verbot die *manumissio* eines Sklaven um einen Gläubiger zu betrügen, die *manumissio* war dann nichtig. Die zweite verbot die *manumissiones* die von einem Herrn der weniger als zwanzig Jahre alt ist gemacht wurden, mit der Ausnahme der *manumissiones vindicta.* Aber in diesem Fall sollte man das Bestehen einer *iusta causa manumissionis* vor einem *consilium* von fünf Senatoren, fünf Rittern oder zwanzig *recuperatores* (wenn

198 Siehe Gaius, *Institutiones*, III, 56:" *Quae pars iuris ut manifestior fiat, admonendi sumus, id quod alio loco diximus, eos, qui nunc Latini Iuniani dicuntur, olim ex iure Quiritium seruos fuisse, sed auxilio praetoris in libertatis forma seruari solitos; unde etiam res eorum peculii iure ad patronos pertinere solita est. postea uero per legem Iuniam eos omnes, quos praetor in libertate tuebatur, liberos esse coepisse et appellatos esse Latinos Iunianos: Latinos ideo, quia lex eos liberos proinde esse uoluit, atque si essent ciues Romani ingenui, qui ex urbe Roma in Latinas colonias deducti Latini coloniarii esse coeperunt; Iunianos ideo, quia per legem Iuniam liberi facti sunt, etiamsi non essent ciues Romani. legis itaque Iuniae lator cum intellegeret futurum, ut ea fictione res Latinorum defunctorum ad patronos pertinere desinerent, quia scilicet neque ut serui decederent, ut possent iure peculii res eorum ad patronos pertinere, neque liberti Latini hominis bona possent manumissionis iure ad patronos pertinere, necessarium existimauit, ne beneficium istis datum in iniuriam patronorum conuerteretur, cauere [uoluit], ut bona eorum proinde ad manumissores pertinerent, ac si lex lata non esset. itaque iure quodam modo peculii bona Latinorum ad manumissores ea lege pertinent.* "

199 Siehe Guarino, *Diritto privato Romano*, Napoli 1997, SS. 326 und ff.

200 Siehe Gaius ebenfalls in *Institutiones* 3,56 (Fußnote 198)

201 Siehe *Lex Iunia Norbana,* in W. Smith, *Dictionary of Greek and Roman Antiquities,* London 1875, SS. 456 und ff.

202 Siehe *Lex Aelia Sentia* in W. Smith, *Dictionary of Greek and Roman Antiquities*, London 1875, SS.454 ff.

der Fall in der Provinz geschehen würde) beweisen[203]. Eine andere Regel dieses Gesetzes Verbot die *manumissio* eines Sklaven der weniger als 30 Jahre alt war ohne die Formen des Verfahrens „*vindicta*" zu folgen. Die letzte Regel verbot, die Sklaven die schamlos waren oder die vom Herrn gestraft wurden freizulassen[204].

Diese zwei letzten Gesetzesvorschriften gaben zwei verschiedenen Kategorien von Latinern das Leben: den Latinern *Aelianus* und den *Peregrinus dediticius Aelianus.*

Der Latiner *Aelianus* hatte dieselbe Staatsbürgerschaft des Latiners *Coloniarius,* und er konnte auch zum Römer werden durch eine gültige Ehe mit einer römischen Frau, oder auch latinischen Frau, wenn die Ehe vor sieben Zeugen geschlossen wurde, und er auch einen ein Jahre alten Sohn hatte[205].

Der Latiner *Aelianus* konnte auch gültige Rechtsgeschäfte schließen und hatte auch eine fast volle Handlungsfähigkeit. Jedoch waren diese beiden letzten Ka-

---

203 Siehe Gaius, *Institutiones*, I, 19-21. Eine *iusta causa manumissionis* konnte zum Beispiel sein, dass der Autor der *manumissio* Vater, Bruder oder Mutter des Freigelassenes war: „*19. Iusta autem causa manumissionis est, veluti si quis filium flliamve aut fratrem sororemve naturalem aut alumnum aut paedagogum aut servum procuratoris habendi gratia aut ancillam matrimonii causa apud consilium manumittat.*

20. Consilium autem adhibetur in urbe Roma quidem quinque senatorum et quinque equitum Romanorum puberum, in provinciis autem viginti recuperatorum civium Romanorum. Idque fit ultimo die conventus; sed Romae certis diebus apud consilium manumittuntur. Maiores vero triginta annorum servi semper manumitti solent, adeo ut vel in transitu manumittantur, veluti cum praetor aut pro consule in balneum vel in theatrum eat.

21. Praeterea minor triginta annorum servus manumissus potest civis Romanus fieri, ei ab eo domino, qui solvendo non erat, testamento eum liberum et heredem relictum"

204 Wir können über die verschiedenen schamlosen Verhaltensformen, die vom Gesetz erwähnt wurden, in Gaius, *Institutiones* IV, 13 lesen: „*Sacramenti actio generalis erat. de quibus enim rebus ut aliter ageretur, lege cautum non erat, de his sacramento agebatur: eaque actio proinde periculosa erat falsi ******** atque hoc tempore periculosa est actio certae creditae pecuniae propter sponsionem, qua periclitatur reus, si temere neget, et restipulationem, qua periclitatur actor, si non debitum petat. nam qui uictus erat, summam sacramenti praestabat poenae nomine; eaque in publicum cedebat praedesque eo nomine praetori dabantur, non ut nunc sponsionis et restipulationis poena lucro cedit aduersarii, qui uicerit.* "

205 Man kann dieses komplexe Verfahren in Gaius, *Institutiones* I, 29 sehen: „*Statim enim ex lege Aelia Sentia minores triginta annorum manumissi et Latini facti si uxores duxerint vel cives Romanas vel Latinas coloniarias vel eiusdem condicionis, cuius et ipsi essent, idque testati fuerint adhibitis non minus quam septem testibus civibus Romanis puberibus et filium procreaverint, cum is filius anniculus esse coeperit, datur eis potestas per eam legem adire praetorem vel in provinciis praesidem provinciae et adprobare se ex lege Aelia Sentia uxorem duxisse et ex ea filium anniculum habere: Et si is, apud quem causa probata est, id ita esse pronuntiaverit, tunc et ipse Latinus et uxor eius, si et ipsa eiusdem condicionis sit, et filius eius, si et ipse eiusdem condicionis sit, cives Romani esse iubentur.* "

tegorien von Latinern (*Latinus Aelianus, Iunianus, dediticius Aelianus)* von der *constitutio Antoniniana* und von der Konzession der römischen Staatsbürgerschaft „*erga omnes*“ ausgeschlossen waren.

2.3 Inhalte der Staatsbürgerschaft

Nachdem wir die unterschiedene Kategorien der Staatsbürgerschaft und die damit verbundene unterschiedliche Rechtsfähigkeit vorgestellt haben, gehen wir über, die verschiedenen Inhalte der römischen Staatsbürgerschaft im Bereich der Geschäftsfähigkeit vorzustellen.

Schon seit der antiken Periode und selbstverständlich seit der republikanischen und klassischen Periode, konnten die römischen Bürger, die vollrechtsfähig waren, eine Familie gründen und zu ihrem Oberhaupt werden, und somit das Recht der *patria potestas*, der *manus* und das *dominium* über die Sachen, die Güter und die Sklaven erhalten. Der *civis* konnte auch die Sklaven frei lassen und ihr *patronus* werden. Er konnte also das Recht des *patronatus* über die *liberti* haben, mit allen den Konsequenzen auf das Vermögen[206].

Er konnte eine eigene private Religion gründen und er konnte auch jemanden schützen oder pflegen durch das *hospitium* oder als Klient. Er kann die *obligatio auctoritatis* oder *auctoritas* in einem Rechtsgeschäft *per aes et libram* empfangen oder geben. Er kann seinen Sohn emanzipieren, jemanden adoptieren und die Rechte des *agnatio* ausüben, wenn er eine *familia Agnatitia* hat[207].

Er kann ein *nexum* geben oder empfangen. Er kann vor Gericht gehen und jemanden im Bereich des *ius quiritium, civile, gentis* und *publicum* klagen. Er kann in jedem Bereich des staatlichen Lebens wählen, wie zum Beispiel in den *comitia,* oder über einen Krieg, oder über eine Steuer, oder über die Gründung neuer Magistrate. Er hat das *ius honorum.* Er kann die Volksklagen benutzen und direkt vor die *quaestiones* gehen. Er kann in die Magistratur gewählt werden und einem religiösen Kollegium beitreten.

Er hat weiters alle möglichen Handlungsrechte und Geschäftsfähigkeiten. Ebenfalls hat er die Möglichkeit *provocare ad populum.* Er ist weiters befreit von körperlichen Strafen und kann in *exilium* gehen um die Kapitalstrafe zu vermeiden[208].

Wie wir gerade dargestellt haben, sind es während der Republik und der antiken Periode viele die Rechte die einem römischen Bürger zugestanden werden. Der einzige Unterschied war, dass der vollrechtsfähige Bürger während die Republik nur die *status civitatis, libertatis,* und *sui juris* haben sollte. Es gab kein Bedürfnis mehr, einer *gens* anzugehören. Auch wenn viele Autoren der Meinung sind,

---

206 Siehe zum Beispiel J. Mackert, *Staatsbürgerschaft: Eine Einführung,* Wiesbaden 2006, S. 20

207 Siehe Pugliese, *Istituzioni di diritto romano,* Torino 1991, SS. 92-93

208 Siehe Kaser, *Das römische Privatrecht,* München 1971, S. 33

dass die Unterschiede zwischen *Patritia* und *Plebea* eigentlich in den ersten Jahren der Republik entstanden sind, da in dieser Zeit die Auseinandersetzungen zwischen den *Plebea* und den *Patritia* besonders stark waren[209].

2.4 Erwerb, Verlust und Verbreitung der Staatsbürgerschaft

Den Erwerb der Staatsbürgerschaft betreffend, basieren die Grundlagen unserer Kenntnisse auf den Paragraphen 76-78 der *Institutiones* von Gaius[210].
Die römische Staatsbürgerschaft konnte zu erst dank der Geburt aus einem „*iustum matrimonium*" zwischen zwei römischen Bürgern und oder einem römischem Bürger und eine fremden Frau mit dem „*conubium*" erworben werden, wie auch dank der Geburt *non ex iustae nuptiae* zwischen einem Fremden und einer römischen Frau (der Mutter)[211]. Weiters konnte man die Staatsbürgerschaft dank einer „*Civitas donatio*" erwerben, die eine Einbürgerung war, die der *rex* oder die Organe der Republik einem Fremden oder einer Gemeinde bewilligen konnten. Man konnte die Staatsbürgerschaft auch durch eine „*manumissio iusta ac legitima*" von einem Sklaven erwerben. Die *manumissio,* um *justa ac legitima* zu sein, sollte in den alten Formen der *manumissio testamento, censu* und *vindicta* gemacht sein. Auch ein Latiner des alten „*nomen latinus*" konnte Römer durch die Ausübung des *ius migrandi* werden[212].

---

209 Hierzu Talamanca, *Lineamenti di stiria del diritto romano,* Milano 1979, S. 92 ff.

210 Siehe Gaius, *Institutiones*, I, 76,78: „*76.Loquimur autem de his scilicet, inter quos conubium non sit; nam alioquin si civis Romanus peregrinam, cum qua ei conubium est, uxorem duxerit, sicut supra quoque diximus, iustum matrimonium contrahitur, et tunc ex iis qui nascitur, civis Romanus est et in potestate patris erit. 77. Item si civis Romana peregrino, cum quo ei conubium est, nupserit, peregrinus sane procreatur et is iustus patris filius est, tamquam si ex peregrina eum procreasset. Hoc tamen tempore e senatus consulto, quod auctore divo Hadriano sacratissimo factum est, etiamsi non fuerit conubium inter civem Romanam et peregrinum, qui naseitur, iustus patris filius est. 78. Quod autem diximus inter civem Romanum peregrinamque nisi conubium sit, qui nascitur, peregrinum esse, lege Minicia cavetur, ut is quidem deterioris parentis condicionem sequatur. Eadem lege autem ex diverso vavetur, ut si peregrinus, cum qua ei conubium non sit, uxorem duxerit civem Romanam, peregrinus ex eo coitu nascatur. Sed hoc maxime casu necessaria lex Minicia fuit; nam remota ea lege diversam condicionem sequi debebat, quia ex eis, inter quos non est conubium, qui nascitur, iure gentium matris condicioni accedit. Qua parte autem iubet lex ex cive Romano et peregrina peregrinum nasci, supervacua videtur; nam et remota ea lege hoc utique iure gentium futurum erat.*"

211 Die Staatsbürgerschaft, bei den Römern, folgt immer den Eigenschaften der Mutter. In der Tat war eine den Römern immer besonders wichtige Regel „*mater semper certa est, sed pater numquam*". Auch aus diesem Grund war die Staatsbürgerschaft der *Nasciturus* immer mit dem *status* der Mutter eng verbunden. Hierzu siehe auch Mattiangeli, *Cittadinanza Romana e latinità,* Roma 2003, S. 43 ff.

212 Siehe Talamanca, *Istituzioni di diritto romano,* Milano 1990, SS. 106-107

Nach Dionysios von Halikarnassos, gab es vielleicht auch eine andere Erwerbsart der Staatsbürgerschaft, die von Romulus selbst eingeführt worden wäre. In der Geschichte von Rom spricht Dionysios über die berühmte „Schenkung von Romulus“, nach der der Begründer von Rom die Staatsbürgerschaft jedem gegeben hatte, (in dem Text spricht man über *„asúlon“* auf Griechisch) der in Rom ankommen würde[213].

Man konnte die Staatsbürgerschaft natürlich auch verlieren. Normalerweise war dieser Verlust der Staatsbürgerschaft mit dem Verlust der Freiheit eng verbunden. Oder auch mit einer strafrechtlichen Strafe, wie die *interdictio aquae et ignis,* die *deportatio ad insulam,* die Verurteilung *ad opus publicum,* oder die Teilnahme an einer latinischen Kolonie. Man spricht in diesem Fall von einem *capitis deminutio*[214].

Diese also waren die Rechte, die Pflichten und die Voraussetzungen der römischen Staatsbürgerschaft während der Republik und in der alten Epoche. In Laufe der Zeit wechseln aber der Inhalt der Staatsbürgerschaft und die verbundenen Erwerbsmöglichkeiten. Mit der Kaiserzeit beginnt die Tendenz die Staatsbürgerschaft vielen Völkern und Ländern zu geben. Mit Caesar und Augustus, in der Tat, beginnt diese Erweiterung der römischen Staatsbürgerschaft durch die Gründung vieler *municipia (*die nach Plinius *oppidum civium romanorum* genannt wird)*, colonia,* und Kolonien *„viritane“* (vor allem in Nordafrika) und einer starken Emigration der römischen „Geschäftsleuten“ in die *provinciae*[215]. Es gibt auch eine Liste von Plinius, in der wir sehen können wie viele ausländische Städte *oppida civium romanorum (municipia)* geworden sind[216]. Auch der Kaiser Claudius verlieh die Staatsbürgerschaft vielen Gemeinden[217]. In der *Tabula Lugduniensis* können wir beobachten wie sehr Claudius diese Erweiterung unterstützt hatte: *„sane novo more et divus augustus avunculus meus et patruus Ti. Caesaromnem florem ubique coloniarum ac municipiarum... in hac curia esse voluit“.* In diesem Fall, meiner Meinung nach, sollte *„florem ubique coloniarum ac municipiarum“* so ausgelegt werden als ob sie auf die Einwohner aller *provinciae* angewendet werden könnte. Diese Auslegung basiere ich vor allem auf das *„edictum de cursu publicum“* von Claudius selbst, in dem besagt wird, dass *„coloniam et municipia non solum Italiae verum, etiam provinciarum“.* Aber auch Sherwin-White folgt dieser Auslegung und er stellt einen anderen Teil der *Tabula Lugduniensis (*Col. II, 6-8) dar, in dem Claudius zeigt, wie er das *ius honorum* und damit die Möglichkeit Senator zu werden den

213 Siehe Dionysius von Halikarnassos, 2,15,4

214 Siehe hierzu Fascione, *Storia del diritto privato romano,* Torino 2006, SS.252-255

215 Siehe T. Spagnuolo Vigorita, *Cittá e impero,* Napoli 1996, S. 70 ff. und Mattiangeli, *Cittadinanza Romana e latinitá,* Roma 2003, S.57-58

216 Siehe Plinio, *Naturalis Historia* 3, S. 189

217 Viele Informationen über die Erweiterungen der Staatsbürgerschaft unter Claudius können wir in den Rechtsquellen finden, allen voran in der *Tabula Lugduniensis.* Siehe P. Fabia, *La table claudienne de Lyon,* Paris 1989, SS. 71 und ff.

gallischen Adeligen geben wollte; vielleicht wollte er anderen Adeligen der *provinciae* diesen Vorteil zu kommen lassen, um eine neue Senatorenklasse zu gründen: *„sed ne provinciales quidem si modo ornare curiam poterint reiciendos puto „ .... " Hanc partem censurae neae adprobare coepero "*[218].
Der gegensätzliche Auslegung von Cunningham die auf demText von Tacito (*Annales 11,23: „An parum quod veneti et insubres in curiam insrumperit?")* basiert, sollte, meiner Meinung nach, nicht gefolgt werden, aufgrund der politischen Zugehörigkeit von Tacito zur alten Senatorenklasse, die die neuen Adeligen nicht im Senat wollten. Nach dieser Auslegung, sollte die *Oppida civium romanorum* nur in Italien gegründet werden und demnach die römische Staatsbürgerschaft nur den Italienern verliehen, und nicht auch den *provinciales*[219].
Vespasian verlieh ganz Spanien die latinische Staatsbürgerschaft. Die *Flavii,* und später Trajan und Hadrian gründeten viele verschiedene *coloniae civium romanorum* und sie gaben vielen Städten in den *provinciae* den Statut des römischen *municipium.* Die Anzahl der römischen Bürger stieg beträchtlich während der Kaiserzeit, auch dank der Ausübung des *ius latii.*
In Gegenteil dazu, sanken die Rechte und die Vorteile der römischen Staatsbürgerschaft (oder die *privilegia* die mit ihr verbunden waren) beträchtlich, wegen der Stärkung der Monarchie und dem damit verbundenen Verlust der demokratischen Rechte. Von den politischen Rechten der römischen Bürgern blieben fast keine. Die einzigen wichtigen Rechte der römischen Staatsbürgerschaft waren nur die Rechte, die mit dem *commercium,* dem *conubium* und dem *status* eines römischen Staatsbürgers verbunden waren[220].
Seit Hadrian war der Grundinhalt der römischen Staatsbürgerschaft nur der zivile *status* eines römischen Bürgers, mit dem viele Pflichten (die *munera)* verbunden waren, und der das Recht auf die Nutzung des römischen Rechts gab.
Die Wichtigkeit der römischen Staatsbürgerschaft war seit dem zweiten Jahrhundert nach Christus nur mit der Möglichkeit die römischen Rechtsgeschäfte zu schließen und die römischen Rechtsmittel benutzen zu können verbunden. Das römische Recht war, in der Tat, die einzige und beste Rechtsordnung in dieser Zeit. Es war außerdem sicher, präzise und komplett. Die Möglichkeit das römische Privatrecht zu benutzen wurde die wichtigste Eigenschaft der römischen Staatsbürgerschaft des II. Jahrhunderts. Anderseits wurde die römische Staatsbürgerschaft zum Kennzeichen der kaiserlichen Einheit. Seit dem I. Jahrhunderts und dank der Doktrin der *Pax Augusta* wurde das Erlassen der römischen Staatsbürgerschaft ein Mittel, um die *Provinciae* zu romanisieren und um ein neues Zugehörigkeitsgefühl zu gründen[221]. Die Kaiser wollten die Erwerbung der rö-

218 Siehe A.N. Sherwin- White, in *The roman Citizenship,* II Auflage, Oxford 1972, Kapitel: *„The Claudian problem and viritane grants",* S. 239.
219 Siehe H.J. Cunningham, *Claudius and the primores Galliae,* London 1990, Kap.8, S.132
220 Dies nach der Ansicht von Smith und A.N. Sherwin-White. Hierzu A.N.Sherwin-White, *The roman citizenship,* Oxford 1972, SS. 288-293

mischen Staatsbürgerschaft als Ehre und Erreichen eines großen Ziels darstellen.
Es war also nicht nur ein juridischer Vorteil, Römer zu werden, sondern auch eine Ehre und in unserem Fall ein Geschenk des Kaisers. Die Erweiterung und der Fortschritt der römischen Staatsbürgerschaft wird das Merkmal der kaiserlichen Einheit unter dem großen Dach einer besonderen Rechtsordnung, um die *„victuras romana in saecula leges"* zu erreichen[222].
Und in diese Richtung geht auch das Phänomen der „Ehrlichkeit" zu Rom, das mit der Kaiserzeit entstand. Die gemeinsame Rechtsordnung und die allgemeine römische Staatsbürgerschaft verstärkten einerseits den Handelsverkehr und die Rechtsverbindung zu Rom zwischen den Römern und den *peregrini* und anderseits das gemeinsame Zugehörigkeitsgefühl zum römischen Kaiserreich. Dank dieser beiden Strömungen der Erweiterung der römischen Staatsbürgerschaft können wir auch ein anderes Phänomen beobachten: Die Emulation des römischen Recht seitens der *peregrini* oder der Ausländer. Viele Völker wollten, in der Tat, Römer werden oder ein gemeinsames römisches Recht benutzen um diese Vorteile und diese Ehre zu teilen[223].

2.5 Die *Constitutio Antoniniana* und ihre Probleme

Alle diese Faktoren reichen bis ins und enden mit dem Jahr 212 nach Christus und der *constitutio Antoniniana,* die die römische Staatsbürgerschaft *„erga omnes"* verlieh. Jeder Einwohner des Kaiserreichs wurde römischer Staatsbürger. Das Edikt des Kaisers Caracalla ist auch als *constitutio Antoniniana* bekannt, da der Kaiser von der Familie der *Antonini* abstammt.
Wir haben den Text der *constitutio Antoniniana* dank dem Papyrus von Giessen (nunmehr 40) erhalten, das im Jahr 1919 gefunden wurde. Das Papyrus wurde in der so genannten Sammlung von *Heptakomia* dort gefunden, und man kann annehmen, dass es tatsächlich von diesem Ort stammt auch wenn der Ursprung unbekannt ist[224]. Der Text der Inschrift ist leider nicht komplett, und voller Lücken[225], vor allem im Bereich der ersten Zeilen, in denen normalerweise die

221 Zur Geschichte der römischen Provinzen siehe W. Eck in T. Fischer (Hrsg.), *Die römische Provinzen. Eine Einführung in ihre Archäologie,* Stuttgart 2001, SS. 43-53

222 Siehe Mattiangeli, *Cittadinanza romana e latinità,* Roma 2003, S.64.

223 Siehe zur Theorie des *Spread of Roman Law* A.N. Sherwin White, *The Roman Citizenship,* Oxford 1973, SS. 221 und ff. Im Kapitel „The principate and the Citizenship" spricht der Autor über die Erweiterung und die Evolution der römischen Staatsbürgerschaft. Er zeigt wie die „*Pax Augusta*", die „Ehrlichkeit" zu Rom und die Emulation sehr wichtige Faktoren der Erweiterung des römischen Rechts und seines Staatsbürgerschaftsmodells darstellen.

224 Siehe Korneman E./Meyer P.M., *Griechische Papyri im Museum des oberhessischen Geschichtsvereins zu Giessen,* Leipzig 1910-12, II 25

225 Siehe Arangio Ruiz, *Istituzioni di diritto romano,* Napoli 1984, S. 56

Titulierung steht[226]. Dank der Hilfe anderer Daten[227] haben wir die Inhalte dieser Konzession der Staatsbürgerschaft „*erga omnes*" rekonstruieren können. Es scheint jedoch, dass die Konzession für alle, mit der Ausnahme der *Peregrini dediticii* (δεδειτικίων) [228]und vielleicht[229] der Latiner *Aeliani* und *Iuniani,* galt.
Vor allem die abgekürzte Titulierung[230] des Kaiser *Caracalla* scheint besonders merkwürdig, und in Zusammenhang mit der fehlenden (und noch heute von umstrittenen[231]) Datierung[232] lässt gewisse Zweifel über die Attribution des Dekrets selbst[233].
Die Informationen der Historiker dieser Periode, die uns geblieben sind, sind darüber doch umstritten und manchmal gegensätzlich. Cassius Dio in seiner *Historia* spricht über eine universelle Konzession der römischen Staatsbürgerschaft die Caracalla verliehen hatte, um auf die neuen Bürger die Steuer[234] über die *manumissiones* und die Erbschaft auszuweiten, die er selbst verdoppelt hatte[235].

---

226 Siehe die drei verschiedenen Rekonstruktionen von Meyer P. M., in *Griechische Papyri im Museum des oberhessischen Geschichtsvereins zu Giessen*, Leipzig 1910-12, II 25; Wilhelm A. in *AJA* 38, 1934, SS. 178-180; Girard P. F. in *Texte de droit romain*, V, Paris 1923, n° 12

227 Die Texte, die verwendet wurden, um eine „Rekonstruktion" zu ermöglichen sind folgende: die römische Geschichte von Cassius Dio, die Texte der *Historiae Augustae,* das *Liber de Ceaesaribus* von Aurelius Victor, der Kommentar zum Edikt von Ulpian und die *Novellae* von Justinian

228 Über den Ausschluss der *peregrini dediticii* siehe Sasse, *Die Constitutio Antoniniana,* Wiesbaden 1958, S. 37 und ff.

229 In der Tat steht im Papyrus keine Referenz auf den Ausschluss von der *latini aeliani* und *iuniani,* die in Wirklichkeit nur von der Lehre auf Grund zweier Texte von Justinian (*Codex* 7,6,6,1 und 7,15,2) vermutet wurde, in denen er die Staatsbürgerschaft diesen zwei Kategorien im VI Jahrhundert nach Christus gegeben hatte. Siehe dazu Arangio Ruiz, *Istituzioni di diritto romano,* Napoli 1984, S. 57

230 Siehe Van't Dack E. in *La papyrologie et l'Histoire du Haute Empire: les "Formulae" des empereurs*, in *ANRW* II 1, Berlin 1974, SS. 869-875

231 Über die umstrittene Datierung siehe Seston W., *Marius Maximus et la date de la „Constitutio Antoniniana"*, in *Mélanges d'archéologie, d'épigraphie et d'histoire offerts à Jerome Carcopino*, Paris 1966, SS. 877-888, und in REA 64, 1962, p. 323 ss.; Und siehe auch die ausgezeichnete Rekonstruktion der Datierung auf 212 nach Christus von M.J. Bry, *Études d'histoire juridique offertes à Paul Frédéric Girard*, Paris 1914, Vol. 1, n° 8.

232 Siehe auch im allgemeinen H. Wolff, *Die Constitutio Antoniniana und Papyrus Gissensis 40 I,* Band 1, Köln 1976 , S. 12 und ff. und S. 120 und ff.

233 Siehe dazu Wolff H., in *ZSS* 76, 1959, SS. 575-580; und siehe auch De Francisci, *Ancora intorno alla Costituzione Antoniniana*, in BIDR 65, 1962, SS. 1-18

234 Siehe den Text von Cassius Dio, *Geschichte von Rom,* 7,9,4. Siehe ebenfalls die Übersetzung von Cary E., *Dio's Roman History*, in *Loeb Classical Library*, Cambridge (Massachusetts) 1961, S. 297 und ff.

235 Cassius Dio Cocceianus, geboren in Nicea (Bitinia) ca. 163/168 nach Christus, stammt von einer reichen Familie, die in ihrer Geschichte viele Senatoren hervorgebracht hatte. Er war Konsul *Ordinarius* mit Alexandrus Severus 229 nach Christus. Er starb in einem

Andererseits meint Cassius Dio über Caracalla, er sei ein großer Bewunderer von Alexander dem Großen[236] und seiner „universalistischen" und vereinigenden Politik[237]. Diese besondere Eigenschaft von Caracalla könnte wohl mit einer universalen Konzession der Staatsbürgerschaft an alle Einwohner des Kaiserreichs zusammenpassen[238].

Der Historiker Erodianus, hingegen, erwähnt nichts darüber. Auch in der Biographie der *Historia Augusta* können wir nichts wichtiges über die *constitutio Antoniniana* finden[239].

Es wäre trotzdem möglich, dass die Juristen der Periode der *Severii,* zu denen wir Ulpianus und Paulus zählen können, über die *constitutio* in Texten gesprochen hatten, die uns nicht erhalten blieben. Es ist auch seltsam, dass die Autoren des *Digestus* von Iustinianus nur eine kurze Erinnerung an diese Konzession im *Titulus „De statu Hominum"* ihres großen Werks inkludiert haben (D. 1,5,17): *„in orbe romano qui sunt ex costitutione imperatoriis Antonini cives romani effecti sunt".* Der Aufsatz scheint vom zweiundzwanzigsten Buch *ad Edictum* von Ulpian abzustammen, auch wenn Ulpian, nach den Quellen die uns geblieben sind, nie mehr etwas darüber erwähnt hatte[240].

Weiters muss man dazu sagen, dass es kein anderes Zeichen dieser *Constitutio* in der gesamten juridischen Literatur des III. Jahrhunderts gibt. Auch in den kaiserlichen *Constitutiones* des III.-IV. Jahrhunderts (die besonders zahlreich waren) können wir nichts finden. Nur Iustinian in einer *Novella* des 1. Septembers von

---

unbekannten Jahr in seiner Stadt, von wo er sein riesiges Werk über die Geschichte von Rom vom VII Jahrhundert vor Christus bis 229 nach Christus schrieb. Von den ursprünglichen achtzig Büchern blieben es uns nur die Bücher 36-54 (68-10 vor Christus), 55-60 (9 vor Christus- 46 nach Christus) und einige Teile des Buches 79 (212-218 nach Christus), in dem sich auch die Themen befinden, die uns hier interessieren. Von den verlorenen Büchern und auch den erhaltenen ist vieles über die byzantinischen *Epitomae* des X-XII Jahrhundert überliefert. Über Cassius Dio im Allgemeinen siehe F. Millar, *A study of Cassius Dio*, Oxford 1964

236 Siehe Cassius Dio und seine Geschichte von Rom 78,7,9

237 Über die Politik von Alexander dem Großen siehe Lane Fox R. in *Alessandro Magno*, (Übersetzung Einaudi), Torino 2004

238 Zum Begriff *„patria communis"* siehe *(De legibus II,2,5) und Seneca, der in Ad Helviam, XII, 6, 4 sagte: "deinde ab haccivitate discede, quae veluti communis potest dici...". Sonst siehe Modestinus in D. 27.1.6.11*

239 Der Name *Scriptores historiae Augustae* bezeichnet eine Sammlung von kaiserlichen Biografien (von Hadrian bis Carus, Carinus und Numerianus, von 117 bis 285 n.Chr.), die uns mit einigen Lücken für die Jahre 244-253 überliefert wurde. Dem Anschein nach von verschiedenen Autoren der Zeit Diokletians und Konstantins erstellt, aber wahrscheinlich von nur einem paganischen Autor des IV. Jhdt. n. Chr., mit politisch-senatorischer Tendenz, geschrieben. Das Werk wird oft als unverlässlich betrachtet, der Autor hat jedoch bisweilen sehr gute Quellen herangezogen, besonders für die Zeit der Severus, deren Leben vom illustren Senator Marius Maximus (Konsul *ordinarius* 223 nach Christus), sowie von Cassius Dio und Erodianus beschrieben ist.

240 Siehe T. Spagnuolo Vigorita, *Cittá e Impero,* Napoli 1996, S.88 ff.

539, über den Zustand der Freigelassenen (*Liberti* oder *Libertini),* erwähnt die Konzession der Staatsbürgerschaft *„erga omnes“*. Er hatte jedoch diese Konzession Antoninus Pius (138-161 nach Christus) zugeschrieben. Und das wäre doch ein eigenartiger Fehler für einen Kaiser-„Juristen“ wie Iustinian. Aber die Fehler würden nicht hier enden. Vor dem Fehler[241] von Iustinian stand bereits die Behauptung von Aurelius Victor, der dem Kaiser Marcus Aurelius den Verdienst der Konzession der römischen Staatsbürgerschaft *„erga omnes“* zugeschrieben hatte[242].
Diese letzte Behauptung von Aurelius Victor ist meiner Ansicht nach sehr glaubwürdig. Aurelius Victor schreibt in seinem Buch *Liber De Caesaribus (*16,12) : "*...data cunctis promiscue civitas Romana"*[243], als er vom Leben von Kaiser Marcus Aurelius sprach. Der Kaiser Marcus Aurelius war *in primis* ein Philosoph und hatte immer die Idee, eine gemeinsame römische Welt zu gründen, wie wir in vielen Teilen seines Buches IV, VI, VII und IX lesen können[244]. Auch aus diesem Grund kämpfte er verschiedene Kriege in ganz Europa, um das römische Kaiserreich zu verteidigen und zu erweitern. Diese Idee einer gemeinsamen römischen Welt, die von derselben Kultur und vom selben Recht beherrscht würde, soll auch der Leitfaden dieser Forschung sein. Sicher war die Konzession der römischen Staatsbürgerschaft *„erga omnes“* der erste Schritt, um diese Idee einer gemeinsamen Kulturwelt zu verwirklichen. Wie schon gesagt, war Marcus Aurelius ein Idealist, und es könnte auch möglich sein, dass er nur den idealistischen ersten Schritt eines langen Verfahrens begonnen hatte, um die römische Staatsbürgerschaft allen zu verleihen[245]. Er hatte also möglicherweise diese Konzession in Theorie, aber nicht in der Praxis gegeben, also nicht in einem bürokratischen und technischen Sinn sonder in einem idealistischen Sinn. Caracalla beendete dann dieses Verfahren mit der Festsetzung der bürokratischen Bestimmungen und den Rechten und Pflichten, die mit der allgemeinen Konzession der Staatsbürgerschaft verbunden waren. Er beendete also mit den notwendigen bürokratischen, juridischen und finanziellen Bestimmungen ein

241 Falls es wirklich ein Fehler war. Nach 2000 Jahren ist es praktisch unmöglich, nachzuvollziehen welcher Text richtig, und welcher falsch ist. Wenn wir den Digestus als einzig wahren Kodex übernehmen, machen wir sicher einen großen Fehler, der bereits seit 700 Jahren begangen wird.

242 Sextus Aurelius Victor, geboren von einer armen Familie Nordafrikas, erhielt dennoch die Magistratur des *Praefectus Urbi* in Rom im Jahr 389 nach Christus. Er veröffentlichte möglicherweise im Jahr 361 nach Christus eine römische Geschichte von Augustus bis ins Jahr 360 nach Christus mit dem Titel: *Historiae Caesares.* Ein schwierig zu lesender Text, aber am glaubwürdigsten.

243 Siehe den gesamten Text von Pichlmayer F., in *Sexti Aurelii Victoris liber de Caesaribus*, in *Bibliotheca Teubneriana*, Leipzig 1966, S. 95

244 Siehe die *Selbstbetrachtungen* von Marcus Aurelius, Τά εἰς ἑαυτόν, in den Büchern VI, VII, und IX in denen er über Universalität und manchmal über das Recht spricht.

245 Siehe Bird Harold W., in *Liber de Caesaribus of Sextus Aurelius Victor,* Liverpool 1994, S. 6 und ff.

„Verfahren der Konzession", das schon mit Marcus Aurelius oder sogar mit Antoninus Pius begonnen hatte. Ein Prozess, demnach, der mit der visionären Idee eines Kaisers-Philosophen wie Marcus Aurelius beginnt[246], und mit der praktischen und bürokratischen Realisierung eines Kaisers-"Administrators" wie Caracalla endet.
Dies würde auch vom Text von Cassius Dio bestätigt. Wie wir schon gesehen haben, besagte der Autor, dass der Kaiser Caracalla die universelle Konzession der römischen Staatsbürgerschaft verliehen hatte, um auf die neuen Bürger die Steuer über die *Manumissiones* und die Erbschaft zu erweitern, die er verdoppelt hatte.
Einige weitere Autoren wie Spagnuolo-Vigorita behaupten, dass vielleicht Caracalla selbst seiner Verfügung (der *Constitutio)* wenig Bedeutung beigemessen hatte[247]. Auch die Historiker und die Juristen haben über diese Verfügung praktisch nicht diskutiert, da es keinen Text oder Kommentar dazu gibt. Es scheint auch, dass die folgenden Kaiser diese Verfügung unterschätzt hatten. Der Irrtum von Iustinian und die Tatsache, dass die *Constitutio* nicht im Gesetzbuch *(Codex)* eingeführt wurde, würde zeigen, dass der Text der Verfügung vielleicht schon im VI. Jahrhundert nicht mehr verfügbar war. Und wenn wahr ist, wie es scheint, dass die Verfasser des *Corpus juris* nur die *Constitutiones* des *Codex Gregorianus* genommen hatten um in ihrer Arbeit die von ihm gedeckten legislativen Verfügungen hinzuzufügen, könnte man behaupten, dass die *Constitutio Antoniniana* schon am Ende des III Jahrhunderts ignoriert wurde.
Dank all diesen Beweisen über diese „Gleichgültigkeit" der Zeitgenossen von Carcalla und ihrer Nachfolger einer derart großen Verfügung gegenüber könnte man natürlich vermuten, dass die Auswirkung auf die kaiserliche Gesellschaft des II-III Jahrhunderts nach Christus nicht allzu innovativ und groß war. Man könnte demnach sicher annehmen, dass die *Constitutio Antoniniana* nur das Ende eines langen Wegs darstellte[248], der schon von Antoninus Pius und Marcus Aurelius begonnen wurde. Durch diese verschiedenen und doch eng verbundenen Beweise möchte ich die These des „beweglichen und langen Weges" der Konzession der römischen Staatsbürgerschaft „*erga omnes*" aufstellten und schließlich bestätigen.

246 Siehe dazu noch Paméla Ramos, *La véritable histoire de Marc Aurèle* , éd. Les Belles Lettres, Paris 2009, S. 41 und ff.
247 Siehe T.Spagnuolo Vigorita in *Città e Impero,* Napoli 1996, SS. 98-103 und Kap. 3
248 In diesem Sinn siehe auch T. Chiusi, *Der Fremde als Rechtsgenosse,* in *Festschrift für Heike Jung*, Baden-Baden 2007, SS. 75-76

2.6 Die Entwicklung des *ius gentium* und der Tätigkeit des *Praetor Peregrinus* mit Rücksicht auf das Vertragsrecht

Nach diesem langen *Excursus* und der Darstellung der römischen Staatsbürgerschaft und der Theorie der Konzession *„erga omnes"*, möchte ich meine Forschung im Bereich der *Romanitas* fortsetzen, um andere sehr wichtige Tatsachen vorzustellen.

Einer der wichtigsten Aspekte des römischen Rechts war sicher die Einführung des *Praetor Peregrinus* und die Entwicklung des *ius gentium*[249]. Die Entstehung des *ius gentium* und des *Praetor Peregrinus* sind beide mit den ersten Handelsverbindungen mit den *Peregrini* eng verbunden.

Seit der antiken Epoche hatten die Römer schon viele Handelsverbindungen mit den Einwohnern von *Etruria*, der *Magna Graecia*, von *Brutium* und Norditalien. Sie hatten oft Handelsverkehr mit diesen fremden Völkern und bereits richtige internationale Kaufverträge abgeschlossen, um Gold oder Stahl zu kaufen. Vor allem der Stahl war für die Römer sehr wichtig[250].

Und dies zu erhalten, mussten sie oft mit den Etruskern oder den Kelten handeln. Bereits seit dem VII-VI Jahrhundert vor Christus hatten die Römer diese Notwendigkeit, mit fremden Leuten zu handeln. In dieser alten Periode war das römische Recht jedoch nur für die römischen Staatsbürger geeignet und es war noch ein beschränkte und „staatliche" Rechtsordnung. Es war demnach für den Ausländer besonders schwierig, ein Rechtsschutz in Rom genießen zu können, da sie das *ius civile* nicht direkt nutzen konnten.[251]

Sie sollten einen römischen Staatsbürger als *Patronus* wählen, und sie konnten nur durch ihn vor Gericht gehen und *in iudicium* sein. Der fremde „Geschäftsmann" waren also vom guten Willen der römischen Seite und des *Patronus* vollkommen abhängig. Später wurde auch die Methode des *fictio iuris* eingeführt, dank dem der Fremde durch ein *fictio* der Staatsbürgerschaft vor Gericht gehen konnten und ihre Rechte geltend machen. Aber noch ein Mal wurde alles mit römischen „Freunden" verbunden und war von ihnen abhängig. Mit dem V.-IV. Jahrhundert vor Christus, dank der großen Entwicklung der Handlungsbeziehung, wechselt die römische Rechtsordnung seine Tendenz und beginnt das *ius gentium* zu entwickeln[252]. Was war also das *ius gentium*? Es gibt sehr viele Theorien über das *ius gentium* und seinen Inhalt und Eigenschaften, die von vielen verschiedenen Rechtsquellen unterlegt werden.

Wir können mit dem berühmten Text von Gaius beginnen, in dem wir die wichtige Zweiteilung des römischen Rechts (*ius civile* oder *ius proprium civitatis* und

---

249 Siehe im Allgemeinen über das Thema: Betti, *Istituzioni di diritto romano,* I, SS. Padova 1942, SS.12-17

250 Siehe G. Negri, *Diritto romano minerario,* Milano 1985, S. 14 ff.

251 Siehe E. Weiss, *Roemischen Privatrechts,* Stuttgart 1949, S.64 ff.

252 Siehe Fascione, *Storia del diritto privato romano,* Torino 2006, S. 198 ff. und S. 238 ff.

ius gentium) finden (*Institutiones* 1,1): „*Omnes populi, qui legibus et moribus reguntur, partim suo proprio, partim communi omnium hominum iure utuntur: Nam quod quisque populus ipse sibi ius constituit, id ipsius proprium est vocaturque ius civile, quasi ius proprium civitatis; quod vero naturalis ratio inter omnes homines constituit, id apud omnes populos peraeque custoditur vocaturque ius gentium, quasi quo iure omnes gentes utuntur. Populus itaque Romanus partim suo proprio, partim communi omnium hominum iure utitur. Quae singula qualia sint, suis locis proponemus*". In diesem schönen Aufsatz bestimmt Gaius die Unterschiede zwischen dem *ius civile* und dem *ius gentium.* Das *ius civile* ist das Recht das der *Civitas* und seinen Einwohnern gehört. Das *ius gentium* ist eine Rechtsordnung die jedem Staatsbürger und Menschen gehört. Und dieses Recht ist in Rom auch geltendes Recht, aber nicht weil es von dem *Civitas* abstammt, sondern weil es jedem Volk gehört[253]. Gaius geht weiter und besagt auch, dass das *ius gentium* eine Rechtsordnung ist, die aus Regeln besteht die von der *naturalis ratio* entspringen, und die aus diesem Grund von jedem Volk gefolgt werden[254].

Diese Theorie hat griechische Wurzeln und stammt von Aristoteles in der Ethik [255] ab. Die Theorie wird von Cicero wieder aufgenommen, und der römischen Welt vorgestellt. Nach dieser Theorie sind die Rechtsnormen des *ius gentium* gemeinsam geltende Regeln für die menschliche Gesellschaft („*societas hominum*"), die, als Ordnung einer Gesellschaft, auch Grundlage der römischen Rechtsordnung war. Die Regeln und die Rechtsinstitute des *ius gentium* sind einerseits römische Vorschriften aber anderseits sind sie gemeinsame Regeln die jedes Volk besitzt und respektiert[256]. Dasselbe Konzept können wir nach dreihundert Jahren in Ulpian finden (Ulpian in D. 1,1,1,4): „*Ius gentium est, quo gentes humanae utuntur. quod a naturali recedere facile intellegere licet, quia illud omnibus animalibus, hoc solis hominibus inter se commune sit*". Das *ius gentium* ist demnach das Recht, welches die menschlichen Gesellschaften gebrauchen.

Und weiter können wir noch eine andere Definition des *ius gentium* aufgrund eines wichtigen Textes der Pandekten (D. 50,7,18) finden: „*Si quis legatum hostium pulsasset, contra ius gentium id commissum esse existimatur, quia sancti habentur legati. et ideo si, cum legati apud nos essent gentis alicuius, bellum cum eis indictum sit, responsum est liberos eos manere: id enim iuri gentium convenit esse. itaque eum, qui legatum pulsasset, quintus mucius dedi hostibus, quorum erant legati, solitus est respondere. quem hostes si non recepissent, quaesitum est, an civis romanus maneret: quibusdam existimantibus manere, aliis contra, quia quem semel populus iussisset dedi, ex civitate*

253 Siehe Pugliese, *Istituzioni di diritto romano*, III Auflage, Torino 1993, S.210

254 Siehe Arangio-Ruiz, *Istituzioni di diritto romano*, XIV Auflage, Napoli 1984, S. 25 und ff.

255 Siehe Aristoteles, *Eth. Nikom.*, 1135 b

256 Siehe Pugliese, *Istituzioni di diritto romano*, III Auflage, Torino 1991, S.201

expulsisse videretur, sicut faceret, cum aqua et igni interdiceret. in qua sententia videtur publius mucius fuisse. id autem maxime quaesitum est in hostilio mancino, quem numantini sibi deditum non acceperunt: de quo tamen lex postea lata est, ut esset civis romanus, et praeturam quoque gessisse dicitur".

Auf Grund dieses Textes wurde das *ius gentium* auch als antikes internationales öffentliches Recht bezeichnet[257]. Er sollte die Rechtsverhältnisse zwischen Fürstentum, Ländern und Gemeinden (*regna, nationes, civitates)* regeln. Es war also das Recht, das das Kriegrecht, das *ius depraedandi,* und das diplomatische Recht regeln sollte. Andere Beweise im Bereich des internationalen Kriegsrechts können wir auch im Text von Gaius (2, *Rerum cottidiane*) in D. 41,1,5,7 finden: *„Item quae ex hostibus capiuntur, iure gentium statim capientium fiunt".* Das war eine der drei verschiedenen Quellen der Sklaverei nach dem *ius gentium*: Die *captivitas.* Die anderen zwei, noch immer *juris gentium,* da man sie bei jedem Volk finden kann, waren die Geburt von einer Mutter, die Sklave war, und die *deditio,* die die Übergabe eines Staatsbürger einem anderen Volk war[258].

Aber das war nur ein anderer Teil des *ius gentium*, da die wichtigste Anwendung des *ius gentium* im Bereich des Privatrechts zwischen Römern und Ausländer und zwischen Ausländer selbst blieb[259].

Wir können die Beweise der großen Anwendung des *ius gentium* im Bereich des Privatrechts in vielen verschiedenen Texten finden, vor allem in den Texten über das Vertragsrecht[260]. Beginnen wir mit Gaius (Inst. III, 93-94): *„Sed haec quidem uerborum obligatio DARI SPONDES? SPONDEO propria ciuium Romanorum est; ceterae uero iuris gentium sunt, itaque inter omnes homines, siue ciues Romanos siue peregrinos, ualent. et quamuis ad Graecam uocem expressae fuerint, uelut hoc modo "dØseis; dØsØ, homologeis; homologØ, pistei keleueis; pistei keleuØ, poi seis; poi sØ", etiam hae tamen inter ciues Romanos ualent, si modo Graeci sermonis intellectum habeant; et e contrario quamuis Latine enuntientur, tamen etiam inter peregrinos ualent, si modo Latini sermonis intellectum habeant. at illa uerborum obligatio DARI SPONDES? SPONDEO adeo propria ciuium Romanorum est, ut ne quidem in Graecum sermonem per interpretationem proprie transferri possit, quamuis dicatur a Graeca uoce figurata esse. 94. Unde dicitur uno casu hoc uerbo peregrinum quoque obligari posse, uelut si imperator noster principem alicuius peregrini populi de pace ita interroget".* Hier zeigt Gaius, dass nur den Römern das Verb *Spondeo* erlaubt wurde, aber die anderen Wörter und Verben, um eine *stipulatio* zu schließen, waren nach dem *ius gentium* jedem Ausländer gestattet[261]. Andere wichtige Beweise können wir im Bereich des Kaufvertrags finden, der ebenfalls

---

257 Siehe J.H. Maldonado Zapata, *El derecho de guerra romano:Ius gentium y relaciones de caracter internacional de los pueblos de la antiguidad,* Roma 2005, S. 21 ff.

258 Hierzu siehe Pugliese, *Istituzioni di diritto romano,* III. Auflage, Torino 1993, SS. 358-362

259 Siehe Arangio Ruiz, *Istituzioni di diritto romano,* XIV. Auflage, Napoli 1984, S. 25

260 Hierzu Lombardi, *Sul concetto di ius gentium,* Roma 1947, SS. 21 und ff.

ein Vertrag *iuris gentium* war, wie Paulus in D.18,1,1,2 behauptet: „*Est autem emptio juris gentium, et ideo consensu peragituret inter absentes contrahi potestet per nuntium et per litteras* ".

Die *emptio-venditio* (der Kaufvertrag), nach Paulus, stammt auch vom *ius gentium* ab. Und noch weiter schreibt Gaius in seinen Institutiones (III, 154): „*Item si cuius ex sociis bona publice aut priuatim uenierint, soluitur societas. sed ea quidem societas, de qua loquimur, id est, quae nudo consensu contrahitur, iuris gentium est; itaque inter omnes homines naturali ratione consistit* ". In diesem Text behauptet Gaius, dass auch die *societas*, ein sehr wichtiger Handelsvertrag, vom *ius gentium* abstammt. Weiters auch die *locatio-conductio,* der sehr wichtige Mietvertrag, stammt vom *ius gentium* ab, wie wir im Text von Paulus (34, *ad Edictum*) im Digestus 19,2,1 beobachten können: „*Locatio et conductio cum naturalis sit et omnium gentium, non verbis, sed consensu contrahitur, sicut emptio et venditio.* " Der Auftrag (*Mandatum),* die vertragliche Übernahme der unentgeltlichen Besorgung eines fremden Geschäfts, stammt auch vom *jus gentium* ab, da er ursprünglich auf der *fides* gründete[262]. Ebenfalls wichtig in dieser Auflistung ist die *stipulatio,* das meist verwendete Verpflichtungsgeschäft in der römischen Welt. Die *Stipulatio* war nur die Übersetzung *juris gentium* der lateinischen *Sponsio,* die nur für Römer zugelassen wurde. Wir können das wieder in Gaius lesen (*Institutiones, 3,93),* wo er sagt, dass das Verb *spondeo* nur für Romern gilt, aber die anderen auch für Ausländer und Latiner. Mit der *Stipulatio* konnte man fast jedem Verpflichtungsgeschäft oder *promissio* eine Rechtsform geben. Der einfache Konsensus war notwendig, und sie konnte auch nur mündlich sein. Dank einer *Stipulatio* konnte man ein Verpflichtungsgeschäft zwischen einem griechischen Verkäufer und einem römischen Käufer mit der einfachen mündlichen (man sollte nur die richtige *verba* sagen) Zustimmung schließen, und die Obligation war gültig und rechtens.

Erst ab dem II. Jahrhunderts vor Christus beginnen wir eine neue Form der *Stipulatio* zu beobachten, die schriftlich war. Aber in diesem Fall sprechen wir über die sogenannte *cautio,* wie wir in einer *Constitutio* von 215 nach Christus von Antoninus sehen können (in CI 4,30,3): „*Minorem pecuniam te accepisse et maioris cautionem interposuisse si apud eum qui super ea re cogniturus est constiterit, nihil ultra quam accepisti cum usuris in stipulatum deductis restituere te iubebit. * ant. a. maturio. * <a 213 d. id. april. antonino a. iiii et balbino conss.>* "

---

261 Über *sponsio* und *stipulatio* im Allgemeinen siehe Betti, *Istituzioni di diritto romano* , II, Padova 1960, SS. 128-140

262 Siehe Kaser, *Römisches Privatrecht,* XVIII Auflage, München 2005, S.231. Für eine Definition des Auftrags siehe Paulus, 32, *Ad edictum*, in D.17,1,1,4: „*Mandatum nisi gratuitum nullum est: nam originem ex officio atque amicitia trahit, contrarium ergo est officio merces: interveniente enim pecunia res ad locationem et conductionem potius respicit.* "

Jedoch, wie wir beobachten können, scheint jeder Vertrag, der mit der einfachen Zustimmung abgeschlossen wurde (*consensu contracto)* dem *ius gentium* anzugehören. Das bedeutet demnach, dass der Abschluß eines Vertrags mit der einfachen Zustimmung eine Erfindung und ein klarer Vorteil des *ius gentium* war. Ein großes Gebiet des Vertragsrechts und des Obligationenrechts wurde also dem *ius gentium* gegeben. Dank dem *ius gentium* hat sich dieses Gebiet auch entwickelt[263]. Dank dem *ius gentium* konnten die Römer (möglicherweise zum ersten Mal) ihre Verträge mit dem einfache *Konsensus,* wenn auch eine folgende *Mancipatio* oder *Traditio* nötig war, Eigentum übertragen. Das war der Vorteil der Verträge *iuris gentium.* Dank diesem Vorteil wurden die Verträge *iuris gentium* in der römischen Welt immer mehr angewendet. Viele Autoren, wie auch Arangio Ruiz, sprechen über eine Rezeption des *ius gentium* in des *ius civile* im Bereich der einvernehmlichen Verträge[264]. Zwischen dem II. und I. Jahrhundert vor Christus, wurde das *ius gentium* immer mehr verwendet (auch dank der Entstehung des *Praetor peregrinus)* und bot eine echte Erweiterung und Vorsprung.

Viele Tatbestände und Rechtsinstitute des *ius civile* wurden auch im *ius gentium* umgesetzt. Dank dieser Umsetzung erhielt das *ius gentium* auch die Rechtserfahrungen des klassischen römischen bürgerlichen Rechts. Aber dieses Mal waren sie den Ausländern gestattet. Ab dem III Jahrhundert vor Christus beginnen die Römer ihr *ius civile* dem *ius gentium* zu übertragen. Manchmal ändern sie die Namen eines Rechtsinstituts, manchmal ändern sie die Inhalte eines Tatbestands, aber fest steht, dass sie das römische Recht auch für die Rechtsverhältnisse mit den Ausländern nutzen wollten.

Das *ius gentium* war schließlich, meiner Meinung, nach das römische Recht für Ausländer, und zwar deshalb, weil es die römische Rechtsordnung mit ihrem Gedankengut und ihren Rechtskategorien und Rechtsmitteln auf den Fremden angewendet hat. Dank dem *ius gentium* können wir eine richtige Erweiterung der römischen Rechtsordnung im IV-III Jahrhundert vor Christus beobachten. Die Handelsverträge und die römischen Tatbestände wurden für den Fremden ebenfalls zugestanden. Sie ändern manchmal den Namen, wie zum Beispiel die *Sponsio*, die zur *Stipulatio* wurde, aber sie bleiben wie die alten römischen Rechtsgeschäfte des *ius civile.* Anderseits wurden durch das *ius gentium* auch verschiedene fremde Tatbestände (wie zum Beispiel der Vertrag mit *arrha*) in die römische Rechtsordnung eingeführt[265].

---

263 Siehe Arangio-Ruiz, *Istituzioni di diritto romano, XIV* Auflage, Napoli 1984, S. 26 und ff.

264 Siehe ebenfalls Arangio-Ruiz, *Istituzioni di diritto romano, XIV* Auflage, Napoli 1984, S. 27

265 Im Bereich des Vertrag mit *arrha,* seinen Ursprung und seine Rezeption und Anwendung im römischen Recht, kann man den Text von Tephrastus betrachten, der im *Florilegium* von Stobeus enthalten ist. Oder die zahlreichen Berichte, die in den Komödien von Plauto enthalten sind. Siehe ebenfalls Arangio-Ruiz, *La compravendita in diritto romano* I, Napoli 1976, S.23 ff. und meine bescheidene Forschung, in der der Text von Teophrastus enthalten ist: Mattiangeli, *Kaufverträge und Jus gentium,* Salzburg 2007, S.

Die Handelsbeziehungen erweitern sich schnell und das *ius gentium* wurde zum Rechtsmittel dieser Handelserweiterung. Gleichzeitig wird Rom immer mehr Länder erobern und viele neue Handelsverbindungen mit neuen Völkern gründen. Nach dem punischen Krieg und mit der definitiven Niederlage von Karthago wird Rom zur großen Handelsmacht des Mittelmeers[266]. Es war vielleicht die größte Handelserweiterung der Welt in dieser Periode. Dank dem *ius Gentium* konnten auch die Rechte der fremden Händler geschützt werden. Vor allem aufgrund dieses Schutzes wurde das römische Recht das beliebteste Rechtsmittel des *commercium* in ganz Europa.
In Bereich der reellen Entstehung des *ius gentium* in der römischen Rechtsordnung, können wir sicher behaupten dass sie mit der Handelserweiterung von Rom zusammenfällt. Auch wenn der Ursprung des *ius gentium* viel älter ist, vor allem wenn wir das *ius gentium* als gemeinsames Recht der Nationen und des Krieg betrachten.
Im Bereich der juridische Qualifikation des *ius gentium*, können wir leider nicht allzu präzise sein, da die römischen Autoren unterschiedliche Meinungen haben. Wie schon früher gesagt, wird das *ius gentium* einerseits als internationales Völkerrecht und Kriegsrecht bezeichnet und anderseits als gemeinsames Recht aller Völker[267]. Andere Autoren jedoch vergleichen und vertauschen manchmal das *ius gentium* mit dem *ius naturale.*
Das *ius gentium* wird von Gaius in seinen Institutionen (I, 1) tatsächlich wie folgt bestimmt: „*quod vero naturalis ratio inter omnes homines constituit*". Das bedeutet, dass für Gaius beide Begriffe (*ius gentium* und *ius naturale*) dieselbe Bedeutung und Inhalte hatten.
Er dachte also, dass die Normen die durch die *naturalis ratio* beeinflusst sind (also die Normen des *ius gentium*), von jedem Volk befolgt werden.
Dieser Vergleich basiert auf der Verbindung zwischen dem *ius gentium* und der *naturalis ratio,* die wir oft in Gaius (als Beispiel) finden können[268].

---

170 ff.

266 Für eine geschichtliche Übersicht siehe Pugliese, *Istituzioni di diritto romano,* III Auflage, Torino 1993, S. 177

267 In diesem Bereich, wenn wir diese Definition als wahr annehmen möchten, kann man einen interessanten Text von Pomponius (37 *Ad Quintus Mucius)* in D. 50,7,18 betrachten: „*Si quis legatum hostium pulsasset, contra ius gentium id commissum esse existimatur, quia sancti habentur legati. et ideo si, cum legati apud nos essent gentis alicuius, bellum cum eis indictum sit, responsum est liberos eos manere: id enim iuri gentium convenit esse. itaque eum, qui legatum pulsasset, quintus mucius dedi hostibus, quorum erant legati, solitus est respondere. quem hostes si non recepissent, quaesitum est, an civis romanus maneret: quibusdam existimantibus manere, aliis contra, quia quem semel populus iussisset dedi, ex civitate expulsisse videretur, sicut faceret, cum aqua et igni interdiceret. in qua sententia videtur publius mucius fuisse. id autem maxime quaesitum est in hostilio mancino, quem numantini sibi deditum non acceperunt: de quo tamen lex postea lata est, ut esset civis romanus, et praeturam quoque gessisse dicitur.*"

Nach Gaius und Cicero, in der Tat, war das Recht immer zwischen *ius civile* und *ius gentium* aufgeteilt. In der klassischen römischen Rechtsdoktrin sehen wir immer diese Zweiteilung des Rechts[269]. Ein gutes Beispiel dieser „Dichotomie" *ius gentium-ius naturale* könnten wir in folgendem Text von Gaius beobachten (*Institutiones* I, 156): „*Sunt autem agnati per virilis sexus personas cognatione iuncti, quasi a patre cognati, veluti frater eodem patre natus, fratris filius neposve ex eo, item patruus et patrui filius et nepos ex eo. At hi, qui per feminini sexus personas cognatione coniunguntur, non sunt agnati, sed alias naturali iure cognati. Itaque inter avunculum et sororis filium non agnatio est, sed cognatio. Item amitae, materterae filius non est mihi agnatus, sed cognatus, et invicem scilicet ego illi eodem iure coniungor, quia qui nascuntur, patris, non matris familiam secuntur*". Noch deutlicher sehen wir die Verbindung und die Subsidiarität dieser zwei Kategorien in einem anderen Text von Gaius im Bereich des Vertragsrecht und spezifisch des Verfügungsgeschäfts, wo er über den Unterschied zwischen *mancipatio* und *traditio* spricht (Inst. II,65): "*Ergo ex his, quae diximus, adparet quaedam naturali iure alienari, qualia sunt ea, quae traditione alienantur, quaedam civili; nam mancipationis et in iure cessionis et usucapionis ius proprium est civium Romanorum.*" Weiter, in einem sehr wichtigen und berühmten Text von Gaius im Bereich des Baurechts, wo sich der erfolgreiche Ausdruck „*superficies solo cedit*" befindet, könnten wir auch sehen wie diese Regel dem *ius naturali* (in Sinne des *ius gentium)* angehört (Inst., II,73): "*Praeterea id, quod in solo nostro ab aliquo aedificatum est, quamuis ille suo nomine aedificauerit, iure naturali nostrum fit, quia superficies solo cedit*".
Noch ein Mal, im Bereich der *Societas*, einem typischen Vertrag *iuris gentium,* verwendet Gaius den Ausdruck (Inst. III, 154): "*inter omnes homines naturali ratione consistit.*"[270]
Man könnte also ohne Zweifel die volle Gleichstellung der Bedeutung des *ius gentium* und des *ius naturale* bei den klassischen römischen Rechtsautoren feststellen.
Es ist trotzdem wahr, dass wir im *Digestus* eine unterschiedliche Definition des *ius naturalis* finden, als ob es eine dritte Kategorie des Rechts wäre. Das wichtigste Dokument dieser neuen Definition ist sicher der Text von Ulpian in D.1,1,1,3: "*Ius naturale est, quod natura omnia animalia docuit: nam ius istud non humani generis proprium, sed omnium animalium, quae in terra, quae in mari nascuntur, avium quoque commune est. hinc descendit maris atque feminae*

268 Siehe Pugliese, *Istituzioni di diritto romano,* III Auflage, Torino 1991, S. 212 und ff. Siehe ebenfalls Arangio-Ruiz, *Istituzioni di diritto romano* , XIV Auflage, Napoli 1984, S. 25

269 Siehe Arangio-Ruiz, *Istituzioni di diritto romano* , XIV Auflage, Napoli 1984, S.27-28

270 Für den vollständigen Text, siehe Gaius, *Institutiones,* III, 154: "*Item si cuius ex sociis bona publice aut priuatim uenierint, soluitur societas. sed ea quidem societas, de qua loquimur, id est, quae nudo consensu contrahitur, iuris gentium est; itaque inter omnes homines naturali ratione consistit.*"

coniunctio, quam nos matrimonium appellamus, hinc liberorum procreatio, hinc educatio: videmus etenim cetera quoque animalia, feras etiam istius iuris peritia censeri. " Das *jus naturalis* ist demnach sicher ein gemeinsames Recht für alle „Tiere" aber nicht ein eigenes Recht der Menschen. Das *ius naturalis* wird von der Natur allen Lebewesen gelehrt. Es wäre also eine dritte Kategorie des Rechts, ein ursprüngliches Recht der Vernunft und der Gerechtigkeit, vor allen menschlichen Rechten bestehend und fast unveränderlich[271]. Der Widerspruch mit der vorhergehenden rechtswissenschaftlichen Tradition von Gaius und Cicero ist jedoch zu deutlich, und verschiedene Autoren sind der Meinung, dass diese Theorie eine justinianische Interpolation war[272]. Andere Autoren denken im Gegenteil dazu, dass es verschiedene „Glossen" zum ursprünglichen Text von Ulpian gibt, die prä-justinianische Autoren geschrieben und hinzugefügt hatten[273] und die im Digestus von Iustinian rezipiert wurden. Andere Beweise zeigen auch, dass es schon im IV Jahrhundert Philosophen gab, die dieser Theorie des *ius naturalis* als eigenes und ursprüngliches Recht zugestimmt hatten. Auch wenn es nicht besonders glaubwürdig scheint, dass ein pragmatischer Jurist wie Ulpian diese philosophische Theorien übernommen hatte[274].

Nach dieser kurzen Einleitung über den Ursprung und die Qualifikation des *ius gentium* und seiner Verhältnisse mit dem *ius naturalis,* wissen wir mehr über den Zeitpunkt der großen Erweiterung und Vorsprung des *ius gentium* selbst in der römischen Rechtsordnung. Dieser Vorsprung hat eine große Bedeutung im Bereich einer historisch-vergleichenden Perspektive der Forschung. Dank dieser Erweiterung können wir tatsächlich beobachten, wie wichtig die historischen und sozial-wirtschaftlichen Umstände für eine Rechtsordnung sind. Und wie viele dieser „Umstände" auch die zukünftige Entwicklung einer Rechtsordnung[275] beeinflussen können. Meiner Meinung nach ist dieser Zeitpunkt mit der Ende von Carthago zu bezeichnen. Dank dem Sieg von Carthago konnten die Römer tatsächlich ihren Handelsverkehr auf das gesamte Mittelmeer erweitern[276], auf neue Völker und ihre Sitten, Gewohnheiten und Rechte treffen. Aufgrund dieses wichtigen Handelsverkehrs und dieser neuen Beziehungen wurde

---

271 Siehe hierzu die Erklärungen von Pugliese, *Istituzioni di diritto romano* , III Auflage, Torino 1991, S. 212 und ff.

272 Siehe in diesem Bereich und für diese Überlegungen Perozzi/Capogrossi Colognesi, *Istituzioni di diritto romano,* II Auflage, Band I, Roma 2002, SS. 91 -100; und Beseler, *Beiträge zur Kritik der römischen Rechtsquellen,* Band III, Tübingen 1913, S.131.

273 Siehe Rotondi, *Precedenti scolastici delle riforme di Giustiniano,* in *Scr. giur.* I, 1972, S.443

274 Siehe Albertario, S*ul concetto di ius naturale,* in *Rend. Ist. Lomb.*, 57,1924, S. 168 ff. und in *Studi di diritto romano, 5,* Milano 1937, S. 277 ff.

275 Als Beispiel können wir die Einführung des Formelverfahrens in die römische Prozessordnung nach der ursprünglichen Nutzung dieses Verfahrens (unter der Form der *iudicia bonae fidei)* vor dem *Praetor Peregrinus.*

276 Siehe K. Zimmermann, *Rom und Karthago,* Darmstadt 2005, S. 43 ff.

das *ius gentium* sehr wichtig in diesem Moment der römischen Rechtserfahrung, da man dieses Recht für die Beziehungen zwischen Römern und *Peregrini* und zwischen *Peregrini* selben nutzen konnte. Die Rechtsverhältnisse unter Fremden und zwischen Römern und Fremden, die sich entwickelt hatten, konnten endlich reguliert werden und ein Rechtsschutzmittel finden. Der größte Vorsprung des *ius gentium* findet 242 vor Christus mit der Entstehung des *Praetor Peregrinus* statt.

Ein römischen „Justiz-Minister" der Fremden, der sich mit den Fälle zwischen Römern und *Peregrini* und unter Fremden beschäftigte. Er sollte also die internationalen privaten Rechtsverhältnisse regulieren und darüber urteilen.

Das Datum der Entstehung des *Praetor peregrinus* ist sehr schwierig zu bestimmen, und auch ungewiss. Nach der Berechnung der Jahre die wir in Lydus, *De Magistribus,* I,38[277] finden können, könnten wir das Jahr 246 vor Christus annehmen.

Aber die offizielle Geschichtsschreibung bevorzugt es, den Ereignissen zu folgen, die von Livio in der *Periochae,* 1 9[278] erzählt werden. Nach Livio wäre als Gründungsdatum des *praetor peregrinus* das Ende des punischen Krieges um das Jahr 242 vor Christus anzusehen[279]. Diese Periode hat den Beginn der römischen militärischen und Handels-Erweiterung im Mittelmeer gekennzeichnet. Dank dieser Handelserweiterung steigen die Handelsverhältnisse und die Verträge zwischen Römer und Fremden.

---

277 Siehe Lydus., *De Magistribus populi romani*, I,38.

278 Siehe Livio, *Periochae, 19: „Caecilius Metellus rebus aduersus Poenos prospere gestis speciosum egit triumphum, XIII ducibus hostium et CXX elephantis in eo ductis. Claudius Pulcher cos. contra auspicia profectus - iussit mergi pullos, qui cibari nolebant - infeliciter aduersus Carthaginienses classe pugnauit, et reuocatus a senatu iussusque dictatorem dicere Claudium Gliciam dixit, sortis ultimae hominem, qui coactus abdicare se magistratu postea ludos praetextatus spectauit.*

A. Atilius Calatinus primus dictator extra Italiam exercitum duxit. Commutatio captiuorum cum Poenis facta est.

Coloniae deductae sunt Fregenae, in agro Sallentino Brundisium.

Lustrum a censoribus conditum est. Censa sunt ciuium capita CCXLI milia CCXII.

Claudia, soror P. Claudi qui contemptis auspiciis male pugnauerat, a ludis reuertens cum turba premeretur, dixit: "utinam frater meus uiueret: iterum classem duceret." Ob eam causam multa ei dicta est.

Duo praetores tunc primum creati sunt.

Caecilius Metellus, pontifex maximus, A. Postumium consulem, quoniam idem et flamen Martialis erat, cum is ad bellum gerendum proficisci uellet, in urbe tenuit nec passus est a sacris recedere.

Rebus aduersus Poenos a pluribus ducibus prospere gestis, summam uictoriae C. Lutatius cos. uicta ad Aegates insulas classe Poenorum imposuit.

Petentibus Carthaginiensibus pax data est.

Cum templum Vestae arderet, Caecilius Metellus, pontifex maximus, ex incendio sacra rapuit. Duae tribus adiectae sunt, Velina et Quirina."

279 Siehe Pugliese, *Istituzioni di diritto romano,* Torino 1991, III Auflage, S. 176

Dieser neue und bedeutende Handelsverkehr verlangte als erster die Entstehung eines neuen Rechtsmittels, der unter Römern und Fremden und unter Fremden geltend gemacht werden konnte. Die römische Lösung, um diesen Rechtsschutz zu gründen, war die Entstehung des *Praetor Peregrinus,* der in der Tat *„ius dicere"* zwischen Römer und Fremden und zwischen Fremden selbst sollte, wie schon *Pomponius* in D. 1,2,2,28 sagte: „... *Post aliquot deinde annos non sufficiente eo praetore, quod multa turba etiam peregrinorum in civitatem veniret, creatus est et alius praetor, qui peregrinus appellatus est ab eo, quod plerumque inter peregrinos ius dicebat*"[280].

2.7 Das neue Verfahren vor dem *Praetor Peregrinus* und die *bona fidei iudicia*

Um den Fremden die Anwendung der Rechte zu garantieren, und um die Rechtsverhältnisse zwischen Römern und Fremden zu schützen, wurde gemeinsam mit dem *Praetor peregrinus* auch ein neues Verfahren geschaffen. Im alten Verfahren *„per legis actiones"* konnten die Fremden (*Peregrini)* nicht vor Gericht erscheinen, mit der Ausnahme einer *fictio* der Staatsbürgerschaft (die aber sehr selten verwendet wurde)[281]. Das neue Verfahren wurde im Gegenteil als ein Prozess gedacht, der allen Fremden zugänglich, und auch allen Fällen zwischen Fremden geöffnet war, da der *Praetor peregrinus* die *iurisdictio* über die Klagen zwischen Fremden und Römern und unter Fremden selbst hatte. Die neue Form des Verfahrens und vielleicht die ursprüngliche, die vom *Praetor* für den *iudicia* vor ihm gewählt wurde, war möglicherweise eine Ableitung des *legis actio per judicis arbitrive postulationem*[282]. In diesem Verfahren konnte die ausländische Seite durch die Anwendung eines speziellen Rechtsschemas (die *„Formula")* den *Praetor* um ein Urteil (*iudicium)* bitten, um ihre Angelegenheiten und ihre Rechtsverhältnisse, die von speziellen gegenseitigen Verträgen oder Rechtsgeschäften abgeleitet werden, zu lösen. Hier drücken die Seiten ihre Meinungen und die Ereignisse durch eine gemeinsame Formel aus, die vorher vom *Praetor* selbst vorbereitet wurde. Das typische Schema des *Praetor* konnte jedes Mal an die verschiedenen Bedürfnisse der Partei angepasst werden. Die Seiten (Parteien) sollten über das anzuwendende Schema und über die vorzunehmenden Änderungen eine Vereinbarung finden. Diese Schemen oder „Verfahrensprogramme", die vom *Praetor Peregrinus* vorbereitet wurden, wurden auch von den Nachfolgern des *Praetor* wieder aufgenommen und verwendet[283].

---

280 Siehe dazu Pugliese, *Istituzioni di diritto romano,* III Auflage, Torino 1991, S.177

281 Siehe Talamanca, *Istituzioni di diritto romano,* Milano 1990, S.308 und Pugliese, *Istituzioni di diritto romano,* III Auflage, Torino 1991, S.209

282 Siehe dazu von Arangio-Ruiz, *Istituzioni di diritto romano,* XIV Auflage, Napoli 1984, S. 122

283 Siehe Arangio-Ruiz, *Istituzioni di diritto romano,* XIV Auflage, Napoli 1984,S. 123

Alle diese Verfahrensschemata oder Verfahrensprogramme (also die *Formulae)* wurden dem Edikt des *Praetor Peregrinus* hinzugefügt, das eine Art von Rechtsprogramm war, in dem der *Praetor* bestimmte, welche Rechte unter seiner „*iurisdictio*" stehen und geschützt würden, und wie die Bürger und Fremden diese Rechte und Verfahren anwenden und ausüben konnten. Dank diesem neuen Verfahren war es möglich die neuen Rechtsverhältnisse und die Rechtslage, die in den internationalen Märkten entstanden war und von der neue Handelssitten abgeleitet wurden, auf den Fremden geltend zu machen. Diese neuen Handelsregeln waren in der Tat Gewohnheitsrechte oder Handelssitten und Handelspraxen, die nicht auf dem Gesetz basierten, sondern auf dem Vertrauen und dem guten Glauben. Diese neue Rechtslage basiert oft auf der „*fides*" oder „*fides bona*", die zwei sehr wichtige Rechtskategorien des römischen Rechts sind. Und tatsächlich auf Grund dieser „*fides bona*" entstand dieses erste „Formelverfahren"[284] vor dem *Praetor Peregrinus,* der in Wirklichkeit den „*bonae fidei iudicia*" das Leben gab, wie Pugliese und Arangio-Ruiz denken[285]. Der Ursprung des Formularprozess[286] ist in Wirklichkeit sehr umstritten[287]. Gaius sagte, dass dieses Verfahren dank der *lex Aebutia,* und der Aufhebung der Legisaktionen geltend gemacht wurde [288]. Die Lehre ist heute einig, dass dieses Verfahren nicht aus dem Gesetz entstanden ist, sondern lange vor der *lex Aebutia* bestanden hat, da es vom Praetor auf Grund seiner Jurisdiktionsgewalt eingerichtet worden ist[289]. Die „*bonae fidei iudicia*" gehören einer speziellen Kategorie von obligatorischen Verfahrensklagen an, in denen der Richter nach Treue und Glauben *(ex bona fide)* entscheiden sollte, da sie auf keinem vom Gesetz oder vom Praetor vorgeschriebenen Rechtsverhältnis basieren[290]. Diese Art von *iudicia* beruhen auf keiner volksgesetzlichen Grundlage und waren damit von den *legis actiones* ausgeschlossen[291]. Sie waren jedoch notwendig, um die Rechtsgeschäfte des *ius gentium* geltend zu machen und zu schützen[292]. Und tatsächlich hatte der *Praetor Peregrinus* schon vor der *lex Aebutia* ein Verfahren entwickelt das

284 Hierzu ebenfalls Arangio-Ruiz, *Le formule con Demonstratio,* in Studi Economici e Giuridici dell'Università di Cagliari, IV, 1912,2, S.75

285 Siehe Pugliese, *Istituzioni di diritto romano,* III Auflage, Torino 1991, S. 209

286 Siehe insbesonders F. Wieacker, „*Zum Ursprung der bonae fidei iudicia*" in *Zeitschrift der Savigny-Stiftung für Rechtsgeschichte,* Nr. 80, 1963, S. 1 ff.

287 Siehe Kaser/Hackel, *Das römische Zivilprozessrecht,* München 1996, S. 153

288 Vergleiche Gaius, *Institutiones* 4,30: „*Sed istae omnes legis actiones paulatim in odium uenerunt. namque ex nimia subtilitate ueterum, qui tunc iura condiderunt, eo res perducta est, ut uel qui minimum errasset, litem perderet; itaque per legem Aebutiam et duas Iulias sublatae sunt istae legis actiones, effectumque est, ut per concepta uerba, id est per formulas, litigaremus*". Ebenfalls, E. Betti , in *Per il XIV centenario della codificazione giustinianea,* Pavia 1934, S. 451 und ff.

289 Siehe Kaser/Hackel, *Das römische Zivilprozessrecht,* München 1996, S. 153 und ff.

290 Siehe Bonfante, *Istituzioni di diritto romano,* Torino 1946, SS. 113-114.

291 Siehe L. Mitteis, *Römisches Privatrecht,* Leipzig 1921, S. 44 und ff.

292 Siehe Carcaterra, *Intorno ai bonae fidei iudicia,* Napoli 1964, S. 21 ff.

auf Treue und Glauben beruhte, und das Römern und Nicht-Römern zugänglich war[293]. Die verwendete Formel war tatsächlich, nach Pugliese und Arangio-Ruiz, eine Imitierung des *legis actio per arbitrive postulationem.* In den *„bonae fidei iudicia"* sollte ein Schieds-*Collegium* von Richtern (*iudices)* über die Ereignisse und die Fragen der Seiten eine Entscheidung treffen (*iudicare),* auch wenn in diesem Fall das Verb *„aestimare"* war, weil die Schiedsrichter des *Collegium* nur die Ereignisse schätzten und nicht beurteilten. Das Urteil (*„iudicium dare")* bleibt in der Tat immer eine Sache des *Praetor,* da nur er die *„iuris dictio"* hat. Die Klausel des *„aestimare"* war typisch in den *„bonae fidei iudicia"* und das war auch, meiner Ansicht nach, der große Unterschied zu den Formelverfahren, in dem wir die Wörter und die Klausel *„condamno"* oder *„absolvo"* finden[294]. Die große Neuigkeit dieser neuen Verfahren war doch sicher die Anpassungsfähigkeit an die verschiedenen Rechtslagen und Sachlagen. Die Flexibilität also des neuen Verfahrens. Dank diesem konnten die Seiten verschiedene Sachlagen, Verträge und Rechtsverhältnisse, die auch ausländische Parteien betrafen, vor dem Gericht geltend machen. Dieses neue Rechtsmittel konnte verschiedene und neue Rechtsverhältnisse schützen und geltend machen. Die einzige Grenze des Verfahrens vor dem *praetor peregrinus* war nur die vorbereitete Formel. Dieses neue Verfahren war ein großartiges Rechtsmittel um die Konsensual-Verträge wie die *emptio-venditio,* die *locatio-conductio,* die *societas* oder das *mandatum* im ganzen Kaiserreich zu schützen[295]. Man konnte zum Beispiel einen Vertrag zwischen einem Römer und einem Ägypter vor dem römischen *Praetor* geltend machen. Im klassischen römischen Recht waren die *iudicia bonae fidei* die folgende: *ex empto vendito, locato conducto, negotiorum gestorum, mandati, depositi, pro socio, fiduciae, tutelae, rei uxoriae*[296]. Das war sicher ein Vorteil der *Romanitas* und des römisches Rechts im Bereich des Vertragsrechts in ganz Europa.

293 Siehe Arangio Ruiz in *Rariora,* Roma 1946, S. 23 und ff.

294 Siehe Arangio-Ruiz, *Istituzioni di diritto romano,* XIV Auflage, Napoli 1984, S. 126

295 Siehe Arangio- Ruiz, *Istituzioni di diritto romano,* XIV Auflage, Napoli 1984, S. 298

296 Siehe Gaius *Institutiones*, IV, 62: *„Sunt autem bonae fidei iudicia haec: ex empto uendito, locato conducto, negotiorum gestorum, mandati, depositi, fiduciae, pro socio, tutelae, rei uxoriae*". Und Siehe Bonfante, *Istituzioni di diritto romano,* Torino 1946, S. 114

3 Römisches Rechtsgeschäft

3.1 Entstehung und Entwicklung des römischen Rechtsgeschäfts

Die römischen Rechtsgeschäfte *(Negotia)* bestehen schon seit der altrömischen Periode. Kaser definiert das Rechtsgeschäft als *„einen einheitlichen, typischen Tatbestand, bei dem eine oder mehrere Personen durch ihre Willenserklärungen einen von der Rechtsordnung anerkannten Erfolg anstreben"*[297]. Weiters enthält jedes Rechtsgeschäft zumindest eine „Willenserklärung", die durch einen spezifischen und typischen Ausdruck zu rechtlichen, geschützten und erlaubten Wirkungen führen. Das Rechtsgeschäft ist dank seiner Natur mit dem „Willen" des Privaten unabdingbar verbunden.

Man kann auch sagen, dass ein Rechtsgeschäft nur dank des Willens des Privaten entsteht. Diese allgemeine Theorie des Rechtsgeschäfts war den Römern jedoch sehr fern. Die Römer beherrschten nur das spezifische und typisch konkrete Rechtsgeschäft, hatten aber von diesen Grundlagen keine allgemeine Theorie herausgehoben. Diese Theorie des Rechtsgeschäfts und ihre allgemeine Begriffe wurden von der heutigen modernen Schule des Privatrechts und der deutschen Pandektistik bearbeitet und hervorgehoben[298]. Die Römer beschränkten sich auf den praktischen Aspekt, eine systematische Theorie war überflüssig.

Sie orientierten sich an den praktischen einzelnen Rechtsgeschäften (die speziellen Typen des Rechtsgeschäfts), wie zum Beispiel die *stipulatio,* das Testament, der Kaufvertrag. Die römischen Juristen und die römische Kasuistik sprechen immer über einzelne Typen des Rechtsgeschäfts und über ihre praktische Wirkungen und allgemeinen Voraussetzungen oder Beschränkungen, aber niemals über eine allgemeine und systematische Theorie[299]. Die moderne Definition des Rechtsgeschäfts als Willenserklärung, um bestimmte Interessen und Verhältnisse zu regulieren und bestimmte Wirkungen zu erzielen, war den Römern unbekannt. Wie Pugliese besagt, wurde diese Theorie des Rechtsgeschäfts von den Römern selbst niemals bearbeitet, jedoch hat die moderne deutsche Pandektistik diese Doktrin von den einzelnen römischen Rechtsverhältnisse abgeleitet - diese Disziplin auch sehr hilfreich, um das römisches Recht selbst besser zu verstehen und zu erklären[300]. *„Der römischen Jurisprudenz war der Begriff des Rechtsgeschäfts ebenso fremd wie eine allgemeine Lehre desselben. Überhaupt fehlte dem römischen Recht eine zusammenfassende Lehre von den Grundfragen des*

297 Siehe Kaser, *Römisches Privatrecht,* XVIII Auflage, München 2005, S.41

298 Ebenfalls Kaser, *Römisches Privatrecht,* XVIII Auflage, München 2005, S.41; und Mayer-Maly, *Römisches Privatrecht,* Wien 1999, S 109 ff.

299 Siehe Betti, *Istituzioni di Diritto romano,* Buch 1, Padova 1947, Kapitel über Rechtsgeschäfte, S. 456 und ff.

300 Vergleiche Pugliese, *Istituzioni di diritto Romano,* III Auflage, Torino 1991, S.51

Privatrechtssystems"[301] fasst der wichtige Autor Mayer-Maly zusammen. Die Römer, diese Theorie zufolge, kannten auch den Begriff der Willenserklärung nicht, auch wenn *„voluntatem declarare"*, in nicht-technischem Sinn, in verschiedene Texten vorkommt (wie zum Beispiel D.1,3,32,1). Gegen diese Theorie stellt sich jedoch, nach Kaser, dessen Meinung ich ebenfalls vertrete, der eben genannte Text von Iulianus (in D. 1,3,32,1): "*Inveterata consuetudo pro lege non immerito custoditur, et hoc est ius quod dicitur moribus constitutum. nam cum ipsae leges nulla alia ex causa nos teneant, quam quod iudicio populi receptae sunt, merito et ea, quae sine ullo scripto populus probavit, tenebunt omnes: nam quid interest suffragio populus voluntatem suam declaret an rebus ipsis et factis? quare rectissime etiam illud receptum est, ut leges non solum suffragio legis latoris, sed etiam tacito consensu omnium per desuetudinem abrogentur.* "

In diesem Text befinden wir uns im Bereich der Unterscheidung zwischen Gewohnheitsrecht und Gesetz, aber auch in einem nicht-technischen Sinn erkennen die Römer dem Volk die Möglichkeit zu, seinen Willen (*voluntatem)* auszudrücken (*declarare)*. Und wenn dieser Wille Gewohnheitsrecht schöpfen konnte, warum sollte derselbe Wille keine Rechtsgeschäfte oder privatrechtliche Willenserklärung hervorbringen?

Vielleicht, wie Mayer-Maly vertritt, hatten die Römer keinen juristischen Begriff der Willenserklärung, wie wir ihn heute kennen, hatten der Willenserklärung jedoch sicherlich rechtliche Folgen zugestanden[302].

Die abstrakten Begriffe und Definitionen waren den Römer nicht beliebt, wie wir in einen Text von Javulenus sehen können (in D. 50,17,202): *„Omnis definitio in iure civili periculosa est: parum est enim, ut non subverti posset"*. Der Text befindet sich nicht zufällig unter den allgemeinen Titeln des 50. Buches des Digestus: *„De diversis regulis iuris antiqui"*.

Auch wenn es eine andere maßgebliche Lehrmeinung gibt, wie sie von Corbino vertreten wird, die besagt, dass die römischen Juristen doch Begriffe und Konzepte hatten und sie ebenfalls oft und gern konzeptionelle Abstraktionen und Verallgemeinerungen in Bezug auf konkrete Fälle[303] gemacht hätten. Möglicherweise jedoch mit anderen Wörtern und Ausdrücken.

Erst mit der Klassischen Periode beginnen die Begriffe und die Grundlagen des römisches Privatrechts in bestimmten Anfängerlehrbüchern zu erscheinen, wie zum Beispiel die Einteilung der Obligationen und der Verträge in den Institutionen von Gaius: (III,88-89): *„88. Nunc transeamus ad obligationes, quarum summa diuisio in duas species diducitur: omnis enim obligatio uel ex contractu nascitur uel ex delicto. 89. Et prius uideamus de his, quae ex contractu nascuntur. harum autem quattuor genera sunt: aut enim re contrahitur obligatio*

301 Siehe Mayer-Maly, Honsell, Selb in *Römisches Recht,* 4 Auflage (in *Enzyklopädie der Rechts- und Staatswissenschaft)*, Berlin 1987, S. 86 ff.

302 Siehe Mayer Maly, *Römisches Privatrecht,* Wien 1999, S 110 *

303 Siehe Corbino, in *Il formalismo negoziale nell'esperienza romana,* Torino 1994, S.1 ff.

aut uerbis aut litteris aut consensu." Über eine allgemeine Theorie der Rechtsgeschäfte ist auch in den vorhin genannten Lehrbüchern der klassischen und spät-klassischen Zeit nichts zu finden. Den entscheidenden Schritt zur privatrechtlichen Systembildung der allgemeinen Theorie des Rechtsgeschäfts hat erst die deutsche Pandektenwissenschaft des 18. und 19. Jahrhunderts getan, wie auch Mayer-Maly behauptet[304].

3.2 Terminologie des Rechtsgeschäfts: *negotium, conventio, pactum, contractum*

Auch im Bereich der Terminologie wurde das Wort *Negotia* nicht im Sinne des heutigen Rechtsgeschäfts verwendet. Zur Bezeichnung dessen, was wir Rechtsgeschäft oder Vertrag nennen, hatten die Römer eine ganze Reihe nicht-technischer und verschiedener Wörter und Begriffe benutzt[305]. Das Wort *Negotium* hatte auf lateinisch verschiedene Bedeutungen: Unmuße, Beschäftigung, Geschäft. In Wirklichkeit, wie es in verschiedenen Texten scheint, dürfte *negotium* in der Mehrheit der Fälle die Bedeutung des heutigen englischen Wortes *Business* haben[306]. Es wurde manchmal in Verbindung mit bestimmten Verben verwendet, wie zum Beispiel dem Verb *gerere* oder *contrahere*. Der Ausdruck *negotium gerere* oder *negotium contrahere* (der aber nur nach der klassischen Periode erscheint) bedeutete eigentlich, nach der deutschen Doktrin, ein Rechtsgeschäft oder ein Vertrag abzuschließen. Die Verwendung des Verbs *contrahere* (das ursprünglich vielleicht „sich eine Verbindlichkeit zuzuziehen" bedeutete[307]) wird jedoch im Allgemeinen auf bestimmte Wörter wie *contractus* beschränkt. Es wird weiters immer in Verbindung mit einem bestimmten Vertrag oder mit einer Obligation benutzt[308], wie wir im Text der *Institutiones* von Gaius 3,128, der über die Entstehung von bestimmten Obligationen spricht, sehr gut sehen können: *„Et prius videamus de his, quae ex contractu nascuntur. harum autem quattuor genera sunt: aut enim re contrahitur obligatio aut uerbis aut litteris aut consensu."*

Neben diesen zwei Ausdrücken finden wir andere Wörter, die im Bereich des Rechtsgeschäfts benutzt wurden. Das Wort *conventio,* das alle Arten von Verein-

304 Siehe Mayer-Maly, Honsell, Selb in *Römisches Recht,* 4 Auflage (in *Enzyklopädie der Rechts- und Staatswissenschaft)*, Berlin 1987, S. 86

305 Sieheebenfalls Mayer-Maly, Honsell, Selb in *Römisches Recht,* 4 Auflage (in *Enzyklopädie der Rechts- und Staatswissenschaft)*, Berlin 1987, S. 87

306 Siehe in diesem Bereich die Studie von Pugliese in *Istituzioni di diritto Romano,* III Auflage, Torino 1991, S.226

307 Hierzu Mayer-Maly, Honsell, Selb in *Römisches Recht,* 4 Auflage (in *Enzyklopädie der Rechts- und Staatswissenschaft)*, Berlin 1987, S. 87

308 Siehe in diesem Bereich die Studie von Arangio-Ruiz, *Studi epigrafici e papirologici,* Napoli 1974, S. 355 ff. und S.486 ff.

barungen bezeichnen konnte, wurde zum Beispiel oft verwendet. Pugliese denkt, dass *conventio*[309] das eigentliche römische Wort war, um Rechtsgeschäfte zu bezeichnen. Dies werde ich in den folgenden Seiten noch vertiefen. Auch das Wort *pactum* wurde, zB im Bereich der verpflichtenden Rechtsgeschäfte, oft verwendet, mit der allgemeinen und nicht-technischen Bedeutung einer verpflichtenden Vereinbarung. In Bezug auf das Wort *Pactum*[310] und auf seine Nutzung im Bereich des Rechtsgeschäfts im Allgemeinen und der verpflichtende Rechtsverhältnisse können wir wieder in Gaius (*Institutiones* 3,179) eine sehr ausführliche Darstellung finden: „*Quod autem diximus, si condicio adiciatur, nouationem fieri, sic intellegi oportet, ut ita dicamus factam nouationem, si condicio extiterit; alioquin si defecerit, durat prior obligatio. sed uideamus, num is, qui eo nomine agat, doli mali aut pacti conventi exceptione possit summoueri, quia uidetur inter eos id actum, ut ita ea res peteretur, si posterioris stipulationis exstiterit condicio. Seruius tamen Sulpicius existimauit statim et pendente condicione nouationem fieri, et si defecerit condicio, ex neutra causa agi posse et eo modo rem perire; qui consequenter et illud respondit, si quis id, quod sibi L. Titius deberet, a seruo fuerit stipulatus, nouationem fieri et rem perire, quia cum seruo agi non posset. sed in utroque casu alio iure utimur. nec magis his casibus nouatio fit, quam si id, quod tu mihi debeas, a peregrino, cum quo sponsus communio non est, SPONDES uerbo stipulatus sim.* In diesem Text befinden wir uns im Bereich der Novation, Gaius benutzt den Ausdruck „*pacti conventi*“ um bestimmte Vereinbarungen zu bezeichnen[311]. Zwei weitere Texte des Digestus scheinen ebenfalls sehr hilfreich zu sein um diese allgemeine Bedeutung einer Vereinbarung mit der Zustimmung der Seiten für das Wort *pactum* klar zu stellen: *Digestus* 2.14.1.1 (Ulpianus *4, Ad edictum*): „*Pactum autem a pactione dicitur (inde etiam pacis nomen appellatum est)*“ und *Digestus* 2.14.1.2 (Ulpianus *4 ad edictum*): „*Et est pactio duorum pluriumve in idem placitum et consensus*“.

Das Wort *pactum* scheint also das allgemeine Wort zu sein, das die Römer verwendeten, um die jede Art von Vereinbarung zu bezeichnen. Wir können dieses Wort in vielen lateinischen Texten und auch im Digestus unter dem Titel „*De pactiis*“. Ein weiteres sehr wichtiges Wort um bestimmte Vereinbarungen mit rechtlichen Wirkungen zu bezeichnen, das ebenfalls sehr interessant für die allgemeine Theorie des Rechtsgeschäft ist, ist *conventio*[312].

Im Bereich der Terminologie des Rechtsgeschäfts und der Rechtsqualifikation selbst dieses Begriffs ist auch die italienische Theorie von Pugliese wichtig und interessant hier vorzustellen.

Nach Pugliese waren die Rechtsgeschäfte für die klassischen Juristen nicht zur Kategorie der *partis juris* und der Rechtsquellen zu zählen, sondern zur Katego-

309 Siehe auch Pugliese, *Istituzioni di diritto Romano,* III Auflage, Torino 1991, S.246 und ff.
310 Siehe E. Weiss, *Institutionen des römischen Privatrechts,* Stuttgart 1949, S. 284 ff.
311 Siehe E. Betti, *Istituzioni di diritto romano,* II, Padova 1960, S. 68 ff. ; S. 183 ff.
312 Siehe Betti, *Istituzioni di diritto romano,* II, Padova 1960, S. 68; S. 82; S. 182

rie der Rechtsakte[313]. Der beste Beweis dafür findet sich, nach Pugliese, in einem Text von Labeo (Jurist der Periode von Augustus), der auch im XI Buch der Kommentare zum Edikt von Ulpian und im *Digestus* 50,16,19 (unter dem Titel *„de verborum significatione"*) zu finden ist: *„Labeo libro primo praetoris urbani definit, quod quaedam "agantur", quaedam "gerantur", quaedam "contrahantur": et actum quidem generale verbum esse, sive verbis sive re quid agatur, ut in stipulatione vel numeratione: contractum autem ultro citroque obligationem, quod graeci sunallagma vocant, veluti emptionem venditionem, locationem conductionem, societatem: gestum rem significare sine verbis factam"*.

In diesem Text wollte Labeo sicherlich die Bedeutung der Wörter des Edikts des *praetor urbanus* die die Rechtsakte der Privaten betreffen erklären[314]. Von diesem Text ausgehend, kann man die Behauptung aufstellen, dass das Edikt und Labeo selbst keinen allgemeinen Begriff des Rechtsgeschäft hatten, sondern nur einen Begriff des Rechtsakts und seiner praktischen Anwendungen. Das Wort *actum* und das Verb *agere* bezeichnen möglicherweise die ganze Kategorie des heutigen Rechtsgeschäfts mit einer speziellen Berücksichtigung auf ihre praktischen Anwendungen[315]. Weiters, nach diesem Text, können wir auch eine vollkommen andere Bedeutung des Worts *contractum* und des Verbs *contrahere* beobachten. Nach Labeo wurde das Wort *contractum* (also Vertrag) nur verwendet, um bestimmte Verträge zu bezeichnen - die Verträge die wir heute gegenseitige oder synallagmatische Verträge nennen, also Verträge die Obligationen für die beiden Parteien zur selben Zeit gründen. Diese Art des Rechtsgeschäfts stammt von den griechischen Verträgen, die in der Tat synallagmatisch waren. Es ist jedoch seltsam, dass er nur die so genannten „Konsensual-Verträge", die tatsächlich vom *ius gentium* abstammen, als Beispiel dieser Art des Rechtsgeschäfts nennt. *„Actum"*[316], im Gegenteil dazu ist alles was wir mit dem Wort, bestimmten Sachen oder unserem Handeln versprechen können. Also etwas, dass wir zum Beispiel mit einer *stipulatio* machen könnten. Ein sehr allgemeiner Begriff demnach, der fast alle Rechtsakte und auch Rechtsgeschäfte zu enthalten scheint. Ein anderes Beispiel dieser allgemeines Nutzung des Wortes *actum* könnten wir es in einem Text von Ulpian (in D.2,4,10,2) im Bereich des *adrogatio* finden: *„Patronum autem accipimus etiam si capite minutus sit: vel si libertus capite minutus, dum adrogetur per obreptionem. cum enim hoc ipso, quo adrogatur, celat condicionem, non id actum videtur ut fieret ingenuus."*

Auch hier im Bereich des *adrogatio*, den wir auch als Rechtsgeschäft bezeichnen könnten, spricht man über einen Rechtsakt.

---

313 Zu diesem terminologischen und kategorischen Unterschied siehe auch Flume, *Rechtsakt und Rechtsverhältnis*, in *Rechts- und Staatswissenschaftliche Veröffentlichungen der Görres-Gesellschaft*, Heft 56, München 1990, S. 9 ff.

314 Siehe Flume, *Rechtsakt und Rechtsverhältnis*, München 1990, S. 22 und ff.

315 Siehe Pugliese, *Istituzioni di diritto Romano*, III Auflage, Torino 1991, S. 247-248

316 Siehe das Wort *Actus*, in *Thesaurus linguae latinae*, Band 1, Leipzig 1900, S. 449 ff.

Die Theorie des Rechtsaktes ändert sich nach dem I. Jahrhundert n. Chr. Seit dieser Periode beginnen wir auch ein anderen Begriff oft zu finden: *conventio*. Die *conventiones* erscheinen auch im *digestus* unter dem Titel „*de pactis*" und scheinen in der Tat sehr bedeutungsvoll zu sein. Die *conventiones* werden vom Digestus als Grundlage fast jeder Vereinbarung und Rechtsgeschäfts beschrieben[317]. Wir können eine sehr gute Darstellung der *conventiones* in einem langen und hilfreichen Text von Ulpian (4. *Ad edictum*, in D.2,14,1,3) finden, der auch sehr wichtig für die allgemeine Theorie des Rechtsgeschäfts in dieser Periode ist: „*Conventionis verbum generale est ad omnia pertinens, de quibus negotii contrahendi transigendique causa consentiunt qui inter se agunt: nam sicuti convenire dicuntur qui ex diversis locis in unum locum colliguntur et veniunt, ita et qui ex diversis animi motibus in unum consentiunt, id est in unam sententiam decurrunt. adeo autem conventionis nomen generale est, ut eleganter dicat pedius nullum esse contractum, nullam obligationem, quae non habeat in se conventionem, sive re sive verbis fiat: nam et stipulatio, quae verbis fit, nisi habeat consensum, nulla est.*" Die Notion von *conventio*[318] ist eine sehr allgemeine, und beinhaltet fast jede Art der Einigung. Fast jedes Rechtsgeschäft, zweiseitig, oder mehrseitig ist in dieser Notion enthalten. Es wurden nicht nur ganze Rechtsgeschäfte *conventio* genannt, sondern auch Teile eines Geschäfts oder Klauseln. Auch die Bestimmungen und der Akt der ein Geschäft gründete, änderten oder beendeten, waren *conventiones*. Das Wort stammt vom Verb „*convenire*", das bedeutet aus mehreren Orten kommen, um sich in einem zu versammeln. In rechtlichem Sinn bedeutet das Verb „*verschiedene Meinungen die von verschiedenen Parteien abstammen, die aber eine einzige und unitarische Einigung finden*"[319]. Nach Pedius gab es weder Verträge noch Obligationen ohne *conventio*. Später in D.2,14,5 und 2,14,7[320] zeigt Ulpian dass es verschiedene Arten von *conventiones* gab: *publicae* und *privatae*. Letztere wurden noch weiter unterteilt: *conventiones privatae legitimae* und *iuris gentium*. Aus diesem sehr langen Text von Ulpian könnten wir ersehen, dass die Römer vielleicht doch eine allgemeine Kategorie von bestimmten Rechtsverhältnissen (in denen der Wille eine Hauptrolle spielte) hatten: die *conventiones*. Es wäre auch nicht schwer, diese allgemeine Kategorie der *conventiones* mit der heutigen Kategorie der Rechtsgeschäfte zu vergleichen. Entsprachen die heutigen Rechtsgeschäfte den römische *conventiones*? Haben vielleicht die deutschen Pandektisten ein Wort vertauscht? Diese Frage ist schwierig zu klären, jedoch auf Grund

317 Hierzu Pugliese, *Istituzioni di diritto Romano*, III Auflage, Torino 1991, S.234

318 Siehe wieder E. Betti, *Istituzioni di diritto romano*, II, Padova 1960, S. 68; S. 82; S. 182

319 Ebenfalls Pugliese, *Istituzioni di diritto Romano*, III Auflage, Torino 1991, S. 229

320 Vergleiche Ulpian D. 2,14,5: „*Conventionum autem tres sunt species. aut enim ex publica causa fiunt aut ex privata: privata aut legitima aut iuris gentium. publica conventio est, quae fit per pacem, quotiens inter se duces belli quaedam paciscuntur*". Siehe ebenfalls den Text in D. 2,14,7,1-19, in dem Ulpian die Wichtigkeit der *conventio* besonders deutlich aufzeigt.

er etymologischen Auslegung der Wörter *conventio* und *negotium,* scheint ersteres viele gemeinsame Grundelemente mit dem heutigen Rechtsgeschäft zu haben.

3.3 Zur allgemeinen römischen Theorie des Rechtsgeschäfts zwischen dem altrömischen „Formalismus“ und der klassischen und spätantiken Entwicklung

In Bezug auf die Möglichkeit gültige Rechtsgeschäfte abzuschließen, einerseits in Bezug auf die Willenserklärung, anderseits in Bezug auf Art und Weise und der enthaltenen Bestimmungen, können wir sicher behaupten, dass das römisches Recht schon seit der alten Periode diese Möglichkeiten vorgesehen hatte[321].

Diese Periode war jedoch vom so genannten „Rechtsformalismus“ gekennzeichnet. Der „Formalismus“ des Rechtsgeschäfts bedeutet, dass der Wille des Rechtssubjekts mit bestimmten Wörtern und Gesten nach einem präzisen Verfahren ausgedrückt werden sollte. Die Willenserklärungen selbst waren begrenzt und typisiert. Das bedeutet, dass es nur einen bestimmten *„numerus clausus“* von Rechtsgeschäften gab die erlaubt waren. In diesen typischen Rechtsgeschäften gab es präzise Wörter und Formeln, denen das Rechtssubjekt unbedingt Folge leisten musste.

Die Formeln und Wörter stammen von der Jurisprudenz der *Pontefices*[322] oder den *Mores* ab, und im Allgemeinen vom alten *ius quiritium.* Sie waren seit Jahrhunderten die gleichen, kleine weiße Leerzeichen zeigten die Stelle, in der die Namen der Parteien hinzufügen waren[323].

Die Geschäftsfähigkeit und die allgemeine Rechtsfähigkeit betreffend, können wir sicher behaupten, dass die typischen Rechtsgeschäfte der alten Periode fast nur ausschließlich den echten *patres familias* vorbehalten waren.

Die Rechtsstruktur dieser Rechtsgeschäfte war ebenfalls oft sehr ähnlich. Im Allgemeinen waren zwei gegenüberstellte Subjekte anwesend, wie zum Beispiel in der *mancipatio,* (die moderne Privatrechtslehre nennt diese Rechtsgeschäfte gegenseitige oder zweiseitige), manchmal gab es auch mehrere Subjekte wie z.B. Zeugen (oder auch einen ganzen Rat wie die *Comitia)* und religiöse Persönlichkeiten, wie z.B. die *Pontefices,* (hier kann man das *testamentum calatis comitiis* und die *adrogatio* nennen*).*

Die Mehrheit der römischen Rechtsgeschäfte der alten Periode waren bilateral oder auch mehrseitig.

---

321 Siehe auch Pugliese, *Istituzioni di diritto Romano,* III Auflage, Torino 1991, S.52

322 Siehe L. Vacca, *Contributo allo studio del metodo casistico nel diritto romano,* Milano 1976, S. 78 ff.

323 Siehe Fascione, *Storia del diritto privato romano,* Torino 2007, S.16

Nach Arangio-Ruiz sah das römische Recht nur zwei einseitige Rechtsgeschäfte vor: das Testament und die *emancipatio*. Auch diese zwei Rechtsgeschäfte waren jedoch nicht wirklich einseitig, da sie die Anwesenheit mehrere Subjekte erforderten. Das Testament war für den Römer eigentlich eine Art von *mancipatio*, also wie ein Vertrag, da der Erbe die Erbschaft annehmen musste. Auch die *emancipatio* brauchte mehrere anwesende Subjekte um gültig zu sein (die *emancipatio* besitzt weiters ein sehr einzigartiges Verfahren auf halbem Weg zwischen gegenseitiger *mancipationes* und einer *in iure cessio)*[324].
Aus diesem Grund ist Arangio-Ruiz der Meinung, dass es schwierig wäre, diese zwei Rechtsgeschäfte als einseitig in einem formellen Sinn zu bezeichnen, da es immer mehrere Subjekte gab, die gleich wichtige Rollen im Rechtsakt spielten[325].

---

324 Siehe in diesem Bereich die Gedenken von Arangio-Ruiz in *Istituzioni di diritto romano,* XIV Auflage, Napoli 1984, S.78

325 Für die beiden Beispiele können wir zuerst einen sehr bedeutungsvollen Text im Bereich des *testamentum* von Gaius sehen (*Institutiones* 3, 36-37), der über das Testament *ab intestato* und über die *petitio ereditatis* spricht: „*36. Nam si uerbi gratia iure facto testamento heres institutus creuerit hereditatem, sed bonorum possessionem secundum tabulas testamenti petere noluerit, contentus eo, quod iure ciuili heres sit, nihilo minus ii, qui nullo facto testamento ad intestati bona uocantur, possunt petere bonorum possessionem; sed sine re ad eos [hereditas] pertinet, cum testamento scriptus heres euincere hereditatem possit.*

37. Idem iuris est, si intestato aliquo mortuo suus heres noluerit petere bonorum possessionem, contentus legitimo iure. nam et agnato competit quidem bonorum possessio, sed sine re, quia euinci hereditas a suo herede potest. et illud conuenienter dicetur: si ad agnatum iure ciuili pertinet hereditas et is adierit hereditatem, sed bonorum possessionem petere noluerit, et si quis ex proximis cognatis petierit, sine re habebit bonorum possessionem propter eandem rationem. "

Der zweite wichtige Text von Gaius (*Institutiones* I, 132-135) im Bereich der *emancipatio,* der die Verwandschaft zwischen der *emancipatio* und die *mancipatio* zeigt, *ist: „132. Praeterea emancipatione desinunt liberi in potestate parentum esse. Sed filius quidem tribus mancipationibus, ceteri vero liberi sive masculini sexus sive feminini una mancipatione exeunt de parentium potestate: Lex enim XII tabularum tantum in persona filii de tribus mancipationibus loquitur his verbis: 'Si pater ter filium venum duit a patre fliius liber esto'. Eaque res ita agitur: Mancipat pater filium alicui; is eum vindicta manumittit: Eo facto revertitur in potestatem patris; is eum iterum mancipat vel eidem vel alii (sed in usu est eidem mancipari) isque eum postea similiter vindicta manumittit; eo facto rursus in potestatem patris revertitur; tertio pater eum mancipat vel eidem vel alii (sed hoc in usu est, ut eidem mancipetur) eaque mancipatione desinit in potestate patris esse, etiamsi nondum manumissus sit, sed adhuc in causa mancipii. * 133. Admonendi autem sumus liberum esse arbitrium ei, qui filium et ex eo nepotem in potestate habebit, filium quidem de potestate dimittere, nepotem vero in potestate retinere: Vel ex diverso filium quidem in potestate retinere, nepotem vero manumittere, vel omnes sui iuris efficere. Eadem et de pronepote dicta esse intellegemus.*

134. Praeterea parentes etiam liberos in adoptionem datos in potestate habere desinunt. Et in filio quidem, si in adoptionem datur, tres mancipationes et duae intercedentes manumissiones proinde fiunt, ac fieri solent, cum ita eum pater de potestate dimittit, ut

Obwohl man vom Standpunkt des Willens aus sicher sagen kann, dass beide Rechtsgeschäfte einseitig wären, da nur einer der Willen ist, der zählt, damit das Geschäft Wirkung zeigt, und nur einer ist der Willen, der ausgedrückt wird.
Ein sehr gutes Beispiel dieser Dualität des „so genannten" einseitigen Rechtsgeschäfts war das *testamentum calatis comitiis,* bei dem die Anwesenheit der Versammlung der Männer *(comitia)* notwendig zur rechtlichen Wirkung des Rechtsakt war. Das Testament „*calatis comitiis*" war ein sehr förmlicher Akt, in dem der Erblasser eine Willenserklärung seiner Erbschaft vor den Komitien „*curiata*" (eine Volksversammlung) und vor dem *collegium sacerdotalis* der *pontefices* machte, wie Gaius (*Institutiones*, 2,101) und Ulpian (*Ulpiani Epitome* 20,2) berichten: „*Testamentorum autem genera initio duo fuerunt: nam aut calatis comitiis testamentum faciebant, quae comitia bis in anno testamentis faciendis destinata erant.*" (Gaius); „*Testamentorum genera fuerunt tria, unum, quod calatis comitiis, alterum, quod in procinctu, tertium, quod per aes et libram appellatum est.*" (Ulpian).
Im Bereich des Verfahrens des *Testamentum calatis comitiis*[326] ist der ausgezeichnete Text von Gellius (*Noctes Atticae,* 15,27) sehr hilfreich um das oben genannte Phänomen in seiner Durchführung zu verstehen: „*1 In libro Laelii Felicis ad Q. Mucium primo scriptum est Labeonem scribere "calata" comitia esse, quae pro conlegio pontificum habentur aut regis aut flaminum inaugurandorum causa. 2 Eorum autem alia esse "curiata", alia "centuriata"; "curiata" per lictorem curiatum "calari", id est "convocari", "centuriata" per cornicinem. 3 Isdem comitiis, quae "calata" appellari diximus, et sacrorum detestatio et testamenta fieri solebant. Tria enim genera testamentorum fuisse accepimus: unum, quod calatis comitiis in populi contione fieret, alterum in procinctu, cum viri ad proelium faciendum in aciem vocabantur, tertium per familiae emancipationem, cui aes et libra adhiberetur. 4 In eodem Laeli Felicis libro haec scripta sunt: "Is qui non universum populum, sed partem aliquam*

---

sui iuris efficiatur. Deinde aut patri remancipatur, et ab eo is, qui adoptat, vindicat apud praetorem filium suum esse, et illo contra non vindicante a praetore vindicanti filius addicitur, aut non remancipatur patri, sed ab eo vindicat is, qui adoptat, apud quem in tertia mancipatione est: Sed sane commodius est patri remancipari. In ceteris vero liberorum personis, seu masculini seu feminini sexus, una scilicet mancipatio sufficit, et aut remancipantur parenti aut non remancipantur. Eadem et in provinciis apud praesidem provinciae solent fieri. 135. Qui ex filio semel iterumve mancipato conceptus est, licet post tertiam mancipationem patris sui nascatur, tamen in avi potestate est, et ideo ab eo et emancipari et in adoptionem dari potest. At is, qui ex eo filio conceptus est, qui in tertia mancipatione est, non nascitur in avi potestate: Sed eum Labeo quidem existimat in eiusdem mancipio esse, cuius et pater sit: Utimur autem hoc iure, ut quamdiu pater eius in mancipio sit, pendeat ius eius, et si quidem pater eius ex mancipatione manumissus erit, cadat in eius potestatem, si vero is, dum in mancipio sit, decesserit, sui iuris fiat."

326 Siehe T. Lambert Mears in *The Institutes of Gaius and Justinian,* Clark (New Jersey) 2004, S. 75 ff.

adesse iubet, non "comitia", sed "concilium" edicere debet. Tribuni autem neque advocant patricios neque ad eos referre ulla de re possunt. Ita ne "leges" quidem proprie, sed "plebisscita" appellantur, quae tribunis plebis ferentibus accepta sunt, quibus rogationibus ante patricii non tenebantur, donec Q. Hortensius dictator eam legem tulit, ut eo iure, quod plebs statuisset, omnes Quirites tenerentur". 5 Item in eodem libro hoc scriptum est: "Cum ex generibus hominum suffragium feratur, "curiata" comitia esse; cum ex censu et aetate, "centuriata"; cum ex regionibus et locis, "tributa"; centuriata autem comitia intra pomerium fieri nefas esse, quia exercitum extra urbem imperari oporteat, intra urbem imperari ius non sit. Propterea centuriata in campo Martio haberi exercitumque. imperari praesidii causa solitum, quoniam populus esset in suffragiis ferendis occupatus".

Ein anderer wichtiger Unterschied im Bereich des Rechtsgeschäfts ist der zwischen Rechtsgeschäften *mortis causa* und *inter vivos.* Die ersten sollen Wirkungen nach dem Tod einer Seite (dem heutigen so genannten „Erblasser") haben, die anderen (die *inter vivos)* im Gegenteil dazu Wirkungen während des Lebens der beiden Seiten bewirken[327].

Dieser Unterschied stammt von verschiedenen römischen Rechtsquellen, in denen wir den Ausdruck *mortis causa* finden. Auch wenn dieser Ausdruck oft nur in Verbindung mit bestimmten Erwerbs- oder Verfügungsmöglichkeiten benutzt wird, die tatsächlich vom Tod abhängig waren. Wie zum Beispiel die *mortis causa donatio* oder die *mortis causa capio*[328]. Über die Anwendung dieser Terminologie im Bereich des Rechtsgeschäfts *mortis causa,* können wir einen Text von Gaius (*Institutiones* 4,23) untersuchen: *„Sed aliae leges ex quibusdam causis constituerunt quasdam actiones per manus iniectionem, sed puram, id est non pro iudicato, uelut lex Furia testamentaria aduersus eum, qui legatorum nomine mortisue causa plus M assibus cepisset, cum ea lege non esset exceptus, ut ei plus capere liceret; item lex Marcia aduersus faeneratores, ut si usuras exegissent, de his reddendis per manus iniectionem cum eis ageretur".* Dieser Text zeigt meiner Auffassung nach die Existenz eines eigenen Rechtsgeschäfts *mortis causa* im römischen Recht. Man kann das Verhältnis zwischen dem Legat (ein Rechtsgeschäft) und dem Ausdruck *mortis causa capere („mortisve causa...cepisset")* deutlich sehen: die Aneignung des Geldes (in diesem Fall: ein tausend *Assis)* da jemand verstorben ist. Dieser Text unterstreicht meiner Auffassung nach dieses Verhältnis, da die lateinischen Wörter *„legatorum nomine mortisve causa...cepisset"* sehr deutlich sind. Das Legat war also schon bei den Römern ein mögliches Rechtsgeschäft *mortis causa.* Die Kategorie des Rechtsgeschäfts *mortis causa*, der das Legat angehört, war den Römern demnach nicht fremd, wie die klassische Rechtslehre im Gegensatz dazu behauptet[329].

---

327 Siehe Arangio-Ruiz, *Istituzioni di diritto romano,* XIV Auflage, Napoli 1984, S. 79

328 Siehe hierzu Cugia, *L'espressione „mortis causa",* Napoli 1910, S.12 ff.

329 Näher dazu, Arangio-Ruiz (*Istituzioni di diritto romano,* XIV Auflage, S.79 ff.), Cugia (*L'espressione „mortis causa"*, S. 14 ff.) und Betti (*Istituzioni di Diritto romano,* Buch 1,

Gehen wir nun zum so genannten „Rechtsformalismus“ über, der sicherlich die wichtigste Grundlage der Rechtsgeschäfte der alten Periode (vom V. Jhdt. v. Chr. bis ins III.-II. Jhdt. v. Chr) darstellte.
Mit dem alten Rechtsformalismus sollten beide Seiten ihre Willenserklärungen mit bestimmten und präzisen Wörtern und Ausdrücken zeigen. Dieses Phänomen betreffend spricht die klassische Rechtslehre von internem Formalismus und externem Formalismus[330]. Der Interne Formalismus bedeutet, dass die private Willenserklärung keine Wirkungen hat, wenn sie nicht in den vorgeschrieben und bestimmten Form und Weise erfolgt. Externer Formalismus ist gegeben, wenn weder die wirkliche Absicht der Seiten (d.h. was die Seiten wirklich erreichen möchten, heute als Kausa bezeichnet) untersucht wird, noch die Übereinstimmung zwischen dem Willen der Seiten und den ausgesprochenen Wörtern. Das formale Rechtsgeschäft zeigt auf jeden Fall seine Wirkungen, solange die vorgeschriebene Form und Weise beachtet werden[331].
Im alten römischen Recht war es tatsächlich sehr wichtig die richtigen Form und Weise zu beachten, und die vorgeschriebenen Wörter auszusprechen um ein gültiges Rechtsgeschäft oder im Allgemeinen wichtige Rechtsakte abzuschließen. Die Wörter und die Gesten erwirken die Rechtswirkungen, und nicht der Wille (oder Rechtsfolgewille) und die Absicht[332]. In dieser Periode, waren die Gesten, die Wörter und das Recht eng verbunden. Im Gegenteil hatten Wille und Absicht für die Rechtsordnung praktisch keine Bedeutung. Ihnen wurde im Endeffekt weit weniger Wert im Vergleich zu den formellen Ausdrücken beigemessen.
Einen Beweis für diese These können wir in den XII Tafeln finden: *„uti lingua nuncupassit, ita ius esto“.*[333]
Sehr verschieden von den förmlichen Rechtsgeschäften waren die „Kausal-Rechtsgeschäfte“ (die einen echten Rechtsgrund, eine „*causa*“ haben), die auf der echten Absicht der Seiten basieren. Diese „Kausal-Rechtsgeschäfte“ beginnen erst mit der klassischen und justinianischen Periode zu entstehen.
Die alte Periode war vom internen und externen Formalismus beherrscht, auch wenn einige Autoren, wie Corbino, vertreten, dass dieser Rechtsformalismus eigentlich nicht allzu streng gewesen wäre[334]. Corbino vertritt die Ansicht, dass,

---

S.235) die die Meinung vertreten, dass die Kategorie des Rechtsgeschäfts *mortis causa* und insbesonders das Legat betreffend, den Römern fremd war.

330 Siehe Arangio-Ruiz, *Istituzioni di diritto romano,* XIV Auflage, Napoli 1984, S.81; Siehe ebenfalls Guarino, *Diritto privato romano,* Napoli 2001, S. 353 ff.

331 Hierzu Betti, *Istituzioni di Diritto romano,* Buch 1, Padova 1947,S.235

332 Siehe Arangio-Ruiz, *Istituzioni di diritto romano,* XIV Auflage, Napoli 1984, S.79

333 Siehe die VI Tafel der XII Tafeln in der „Rekonstruktion" von Girard, die vom *Fragmentum* 173 von Festus abstammt: „*'Nuncupata pecunia' est, ut ait Cincius in lib. II de Officio Iurisconsulti, nominata, certa, nominibus propriis pronuntiata - CUM NEXUM FACIET MANCIPIUMQUE, UTI LINGUA NUNCUPASSIT, ITA IUS ESTO -. Id est, uti nominavit, locutusue erit, ita ius esto*“. In Girard, *Les lois des Romains,* Napoli 1977, S.22-73

334 Siehe Corbino, *Il formalismo negoziale nell'esperienza romana,* Torino 1994, S. 41 ff.

auch wenn die Rechtsgeschäfte wie die *mancipatio,* die *in iure cessio* und die *sponsio* Formalgeschäfte waren, die Bedeutung des Willens und die Wichtigkeit der Absicht der Seiten auch im alten römischen Recht bestand. Nach Corbino können wir dieses Phänomen des Willens in verschiedenen Rechtsquellen und in Bezug auf verschiedene Rechtsverhältnisse beobachten. In diesen Rechtsquellen können wir (nach der These von Corbino) die Beweise der Wichtigkeit des Willens im Bereich der Entstehung der Rechtswirkungen finden[335].
Die Rechtsquellen von Corbino stammen jedoch alle von klassischen Juristen oder von den Texten des *digestus* von Justinian. Diese Rechtsquellen kreisen mehr oder weniger um die *traditio.* Wir haben zum Beispiel einen Text von Paulus in D. 41.1.2.21, der über eine *traditio* ohne körperliche Übergabe der *res*, also eine Ausnahme der formellen Regel des *ius civile* die die *traditio* immer in Zusammenhang mit einer körperlichen Übertragung der Sache vorsieht: „*Si iusserim venditorem procuratori rem tradere, cum ea in praesentia sit, videri mihi traditam priscus ait, idemque esse, si nummos debitorem iusserim alii dare. non est enim corpore et tactu necesse adprehendere possessionem, sed etiam oculis et affectu argumento esse eas res, quae propter magnitudinem ponderis moveri non possunt, ut columnas, nam pro traditis eas haberi, si in re praesenti consenserint: et vina tradita videri, cum claves cellae vinariae emptori traditae fuerint.*"
Ein weiteres Beispiel von Paulus in D. 41.2.1.3 in Bezug auf die Wichtigkeit des Konsensus und der subjektiven Elemente im Bereich des Besitzes einer Sache von einem geistig Beeinträchtigten: „*Furiosus, et pupillus sine tutoris auctoritate, non potest incipere possidere, quia affectionem tenendi non habent, licet maxime corpore suo rem contingant, sicuti si quis dormienti aliquid in manu ponat. sed pupillus tutore auctore incipiet possidere. ofilius quidem et nerva filius etiam sine tutoris auctoritate possidere incipere posse pupillum aiunt: eam enim rem facti, non iuris esse: quae sententia recipi potest, si eius aetatis sint, ut intellectum capiant.*"
Einen weiteren Beweis findet Corbino im Text von Ulpian (in D.18.6.1.2), den *dolium*[336] betreffend, in dem Trebatius sagt, dass es die Möglichkeit gibt eine Sache mit einem Zeichen (also *dolium*[337]) durch einer *traditio* zu übertragen: „*Si dolium signatum sit ab emptore, trebatius ait traditum id videri: labeo contra, quod et verum est: magis enim ne summutetur, signari solere, quam ut traditum videatur.*"
Zum Schluss noch ein Text von Ulpian in D.24.1.3.10, in dem der Autor über die Grenzen der Abstraktion der *traditio* im Bereich einer Schenkung *inter virum et*

---

335 Zu dieser Theorie und den verbundenen Beweisen und Rechtsquellen, siehe Corbino, *Il formalismo negoziale nell'esperienza romana,* Torino 1994, S. 42 ff. und S.51-52.

336 Siehe T.J. Pena, *Roman Pottery In The Archaeological Record,* New York 2007, Cambridge University Press. SS. 46-49.

337 Siehe die Diplomarbeit von G. M. R. Brenni, „*The Dolia and the Sea-Borne Commerce of Imperial Rome.*" , Texas A&M University 1985, S. 31 ff.

uxorem spricht, die gegen das Verbot (einer Schenkung zwischen Eheleuten) gemacht wurden: „*Sciendum autem est ita interdictam inter virum et uxorem donationem, ut ipso iure nihil valeat quod actum est: proinde si corpus sit quod donatur, nec traditio quicquam valet, et si stipulanti promissum sit vel accepto latum, nihil valet: ipso enim iure quae inter virum et uxorem donationis causa geruntur, nullius momenti sunt.*"

Meiner Meinung nach, sind diese Beweise jedoch zu schwach um den Rechtsformalismus des alten römischen Rechts zu widerlegen. Man könnte diese Texte auch als Gegenbeweise nutzen. Der zweite Teil des Text von Ulpian (28, *ad Sabinum*), in dem wir die Wörter von Labeo finden, zeigt eigentlich etwas anders als der erste Teil.[338]

Die Herrschaft des „Rechtsformalismus" dauert bis ins III.-II. Jhdt v. Chr. an. Erst mit der Entstehung des *preator peregrinus* vorher und des *praetor urbanus* später (und mit der folgenden Entwicklung des Formelverfahrens), beginnt der Untergang des Rechtsformalismus, auch wenn im Bereich des *ius civile* bestimmte Rechtsformen weiterhin bestehen blieben.

Der Rechtsformalismus war so stark ausgeprägt, dass fast jeder Rechtsakt typische Erfüllungsmodalitäten und bestimmte Verben verlangte. Hierzu kann man die *sponsio* näher betrachten, die uns Gaius (*Institutiones*, 3,92-93) beschreibt. Sie ist ungültig wenn das Verb *spondeo* nicht ausgesprochen wird: „*Verbis obligatio fit ex interrogatione et responsione, uelut DARI SPONDES? SPONDEO, DABIS? DABO, PROMITTIS? PROMITTO, FIDEPROMITTIS? FIDEPROMITTO, FIDEIVBES? FIDEIVBEO, FACIES? FACIAM. Sed haec quidem uerborum obligatio DARI SPONDES? SPONDEO propria ciuium Romanorum est; ceterae uero iuris gentium sunt, itaque inter omnes homines, siue ciues Romanos siue peregrinos, ualent. et quamuis ad Graecam uocem expressae fuerint, uelut hoc modo "dØseis; dØsØ, homologeis; homologØ, pistei keleueis; pistei keleuØ, poi seis; poi sØ", etiam hae tamen inter ciues Romanos ualent, si modo Graeci sermonis intellectum habeant; et e contrario quamuis Latine enuntientur, tamen etiam inter peregrinos ualent, si modo Latini sermonis intellectum habeant. at illa uerborum obligatio DARI SPONDES? SPONDEO adeo propria ciuium Romanorum est, ut ne quidem in Graecum sermonem per interpretationem proprie transferri possit, quamuis dicatur a Graeca uoce figurata esse*".[339]

Ein weiteres Beispiel ist die formelle „Berührung" einer Erdscholle um den Besitz „*animo et corpore*" eines Grundstücks zu erwerben, wie wir im Text von Paulus (in D. 41,2,3,1) beobachten können: „*Et apiscimur possessionem corpore et animo, neque per se animo aut per se corpore. quod autem diximus et corpore et animo adquirere nos debere possessionem, non utique ita accipiendum est, ut*

338 Siehe auch Girard, *Manuelle élémentaire de Droit romaines,* Paris 1924, S.463 ff. und S.500 ff.

339 Siehe auch Corbino, *il formalismo negoziale nell'esperienza romana,* Torino 1994, S. 2 ff.

qui fundum possidere velit, omnes glebas circumambulet: sed sufficit quamlibet partem eius fundi introire, dum mente et cogitatione hac sit, uti totum fundum usque ad terminum velit possidere."
Andere Autoren, wie Pugliese und Humbert sind wiederum der Auffassung, dass diese Formeln fast eine magisch-sakrale Bedeutung hatten, wie die magischen Formeln der alten Periode. Nach diesen Theorien, waren die magisch-sakralen Formeln der Rechtsgeschäfte notwendig um rechtliche Wirkungen zu erzielen. Die Magie selbst und die *religio* (wenn auch staatlich[340]) standen immer in Zusammenhang mit der Ausführung eines bestimmten Rituals oder mit der Aussprache bestimmter Wörter[341]. Ein sehr gutes Beispiel liefert Humbert[342], der verschiedene magische Formel der alten römischen Periode aufgespürt hat, wie zum Beispiel die Liebesformel die sich in der *Curculius* von Plautus befindet: ***„Phaed.*** *Quid si adeam ad fores atque occentem?* ***Pal.*** *Si lubet, neque veto neque iubeo, quando ego te video immutatis moribus esse, ere, atque ingenio.* ***Phaed.*** *Pessuli, heus pessuli, vos saluto lubens, vos amo, vos volo, vos peto atque obsecro, gerite amanti mihi morem, amoenissumi, fite causa mea ludii barbari, sussilite, obsecro, et mittite istanc foras, quae mihi misero amanti ebibit sanguinem. hoc vide ut dormiunt pessuli pessumi nec mea gratia commovent se ocius.".* Ein weiterer Text von Plautus in *Persa: „**DOR**. At ego intro mitti votuero. **TOX**. At enim illi noctu occentabunt ostium, exurent fores: proin tu tibi iubeas concludi aedis foribus ferreis, ferreas aedis commutes, limina indas ferrea, ferream seram atque anellum; ne sis ferro parseris: ferreas tute tibi impingi iubeas crassas compedis. **DOR**. I sis in malum cruciatum. **TOX**. I sane tu, [hanc eme atque] ausculta mihi. **DOR**. Modo uti sciam, quanti indicet. **TOX**. Vin huc vocem? **DOR**. Ego illo accessero."*
In Anbetracht dieser Beispiele, wenn wir die magischen Formeln von Humbert mit der Formel der *mancipatio* vergleichen, wäre es nicht unvorstellbar eine sehr enge Verbindung zwischen diesen zwei Gebieten, Magie und Recht, in dieser archaische Periode zu sehen, da die Wörter und die Gesten auf beiden Gebieten von hoher Bedeutung waren.
In der lateinischen Literatur sind viele Zeugnisse verschiedenster geheimer Aktivitäten zu finden. Versuche von Totenbeschwörungen, Tötungen auf Distanz, sprechenden Tieren, gehenden Statuen, Liebeszauber, Metamorphosen, Hellsehen, Talismane die Krankheiten heilen, sind nur einige der magischen Objekte und Rituale der Magier die in den Werken von Horatius, Profirius, Plinius dem Alten und Virgilius[343] aufscheinen.

---

340 Viele Autoren, wie zum Beispiel Scheid, denken, dass die römische Religion nicht eine echte private Glaubensreligion war, sonder eine staatliche Religion die mit der Stadt und ihren Sitte eng verbunden war.

341 Siehe dazu Pugliese, *Istituzioni di diritto Romano,* III Auflage, Torino 1991, S.52-53

342 Siehe Humbert, *Die strafrechtliche Verfolgung der schädlichen Magie, von den XII Tafeln bis zum dritten Jh. nach Ch,* in *Max Kaser Seminar,* Salzburg 2007

Die Rechtsgeschäftetypen der alten römischen Periode betreffend, haben die Rechtsquellen, die wir derzeit besitzen, fast nur die Formeln, Verfahren und Arten der formellen Rechtsgeschäfte überliefert[344], die hier schon behandelt wurden.
Diese alten Rechtsgeschäfte wurden sicher bis ins III. Jahrhundert nach Christus stark verwendet, und sie waren nicht nur verbale und gestikuläre Formeln, sondern auch mit den formellen Verfahren (den *legis actiones)* eng verbunden[345].
Im Bereich der formellen Rechtsgeschäfte und ihrer Verbindungen mit dem sakralen und magischen Bereich sowie den *legis actiones*, können wir zum Beispiel in der herrschenden Lehre von Hackl lesen, der diese Angelegenheiten sehr gut beschreibt, vor allem in Zusammenhang mit der Darstellung des *in iure cessio*[346]. Diese Verbindungen und Verhältnisse können wir sicher im Text von Gaius (*Institutiones* II,24) des *in iure cessio* sehen, für dessen Kommentierung ich auf die Publikation von Hackl verweise: „*In iure cessio autem hoc modo fit: apud magistratum populi Romani uelut praetorem urbanum [aut praesides prouinciae] is, cui res in iure ceditur, rem tenens ita dicit: HVNC EGO HOMINEM EX IVRE QVIRITIVM MEVM ESSE AIO; deinde postquam hic uindicauerit, praetor interrogat eum, qui cedit, an contra uindicet; quo negante aut tacente tunc ei, qui uindicauerit, eam rem addicit; idque legis actio uocatur. hoc fieri potest etiam in prouinciis apud praesides earum.*"
Die förmlichen Rechtsgeschäfte der alten Periode, von denen später andere Untertypen hervorgekommen sind, waren hauptsächlich drei: die *mancipatio*, die *in iure cessio*, die *spondeo* (die später für Ausländer *stipulatio* genannt wurde)[347].
Die *Mancipatio* war eigentlich am Beginn der sofortige Verkauf einer Sache gegen einen Preis. Später wurde die *mancipatio* ein Rechtsgeschäft mittels dessen das Eigentum mit bestimmten Formen und Ritualen übertragen wurde (die An-

---

343 Siehe zum Beispiel Plinius, in *naturalis Historia* 28,2,10: „*Ex homine remediorum primum maximae quaestionis et semper incerta est, polleantne aliquid verba et incantamenta carminum.*" und 28,4,17-18:" *Haec satis sint, exemplis ut appareat, ostentorum vires et in nostra potestate esse ac, prout quaeque accepta sint, ita valere. in augurum certe disciplina constat neque diras neque ulla auspicia pertinere ad eos, qui quamque rem ingredientes observare se ea negaverint, quo munere divinae indulgentiae maius nullum est. quid? non et legum ipsarum in duodecim tabulis verba sunt: qui fruges excantassit, et alibi: qui malum carmen incantassit? Verrius Flaccus auctores ponit, quibus credat in obpugnationibus ante omnia solitum a Romanis sacerdotibus evocari deum, cuius in tutela id oppidum esset, promittique illi eundem aut ampliorem apud Romanos cultum. et durat in pontificum disciplina id sacrum, constatque ideo occultatum, in cuius dei tutela Roma esset, ne qui hostium simili modo agerent.*" Weitere Beweise in Cicero, *De re publica,* 4,12 und Gaius, in D. 50 16,236, die beide über die rechtlichen Nachwirkungen der Nutzung der schädlichen magischen Formeln sprechen.

344 Siehe Fascione, *Storia del diritto privato romano,* Torino 2006, S.18 und ff.

345 Siehe ebenfalls Fascione, *Storia del diritto privato romano,* Torino 2006, S.19

346 Siehe Hackl K., in *Der Sakramentprozeß über Herrschaftsrechte und die in jure cessio,* in *Zeitschrift der Savigny-Stiftung für Rechtsgeschichte,* Band 106, SS. 152-179

347 Siehe Arangio-Ruiz, *Istituzioni di diritto romano,* XIV Auflage, Napoli 1984, S.80

wesenheit des *Libripens*, das Abwiegen, die *Festuca,* die Zeugen, das *aes rude* oder *aes signatum*, die *mancipatio nummo uno,* etc...)[348]. Die *in jure cessio* entsprach einem speziellen mündlichen Scheinverfahren mit dem man fast jede Art von Recht und Güter übertragen oder gründen konnte (wie Eigentum, Fruchtgenuss, Erbpacht, Dienstbarkeit, etc.)[349].

Die *spondeo* war tatsächlich ein abstrakter Vertrag mit obligatorischen Wirkungen den man mit einer Frage des zukünftigen Gläubigers und mit einer bestimmten Antwort des zukünftigen Schuldners abschließen konnte. Wichtig war, bestimmte Gesten, Verben und die typischen Wörter zu verwenden[350].

Von diesen drei förmlichen Grundgeschäften entstanden die anderen typischen Rechtsgeschäfte der alten Periode.

Pugliese hat verschiedene von diesen Rechtsgeschäften definiert: die *confarreatio*, die *coemptio* (Rechtsgeschäfte um die *manus* über eine Frau zu gründen), die *adrogatio*, das Testament *calatis comitiis,* das Testament „*in procintu*", die Gründungsakte der *vades* und *praedes* (Bürge), das *Nexum*, die *Solutio per aes et libram*, die *emancipatio,* die *mancipatio familiae*, die *mancipatio vindicta,* die *cretio*, und vielleicht die *fiducia* (die nach Arangio-ruiz von der *mancipatio* abstammen würde)[351].

Die *mancipatio* betreffend, müssen wir dazu sagen, dass es nicht sicher ist ob sie schon seit dem Beginn ein förmliches Rechtsgeschäft war. Zu Beginn, in der archaischen Periode, in der es noch das *aes rude* gab, scheint es, dass die *mancipatio* nicht nur ein formelles Rechtsgeschäft war, sondern auch ein Kausalgeschäft. Mit dem Anbruch dem *aes signatum* und mit dem System der Übertragung *nummo uno*, hätte sich die *mancipatio* sich in die abstrakte *imaginaria venditio* geändert, die wir kennen.

3.4 Die *Causa*

Eine andere Grundlage des Rechtsgeschäfts ist die sogenannte „*causa*". Die Theorie der *causa* im römischen Rechtsgeschäft ist eine der schwierigeren Konzepte die uns die Geschichte überlassen hat. Sicher können wir sagen, dass die Römer erst ab dem IV. Jahrhundert vor Christus begonnen haben, die *causa* des Rechtsgeschäfts zu berücksichtigen. Ab dem Zeitpunkt also, ab dem die Form des Rechtsgeschäfts begonnen hatte ihre Wichtigkeit, Exklusivität und extreme Macht zu verlieren[352].

---

348 Die *mancipatio* verdient doch eine andere und bessere Erklärung und Darstellung, die ich im nächsten Kapitel über den Kaufvertrag geben werde.

349 Siehe wieder Arangio-Ruiz, *Istituzioni di diritto romano,* XIV Auflage, Napoli 1984, S.80

350 Siehe Talamanca, *Istituzioni di diritto romano,* Milano 1990, S. 200 ff.

351 Siehe Arangio-Ruiz, *Istituzioni di diritto romano,* XIV Auflage, Napoli 1984, S.98

Es ist weiters wichtig anzumerken, dass die Römer in der klassischen und präklassischen Periode das Wort *causa* fast niemals im heutigen technischen Rechtssinn verwendeten. Tatsächlich beschreiben die Rechtsquellen nur selten die *causa* als objektive Funktion des Rechtsgeschäfts[353]. Ganz im Gegenteil dazu, wurde die *causa* manchmal als Willensgrund oder „Quelle" des Rechtsverhältnisses oder etwas anderem bezeichnet.
Im klassischen und post-klassischen Recht ist die *causa* sehr wichtig, vor allem um ein Rechtsgeschäft als *iustum ac legitimum* zu qualifizieren und um den Typ des Rechtsverhältnisses zu erkennen[354].
Die Zulässigkeit war in der klassischen und justinianischen Periode von hoher Bedeutung, da das Vorliegen der rechtlichen Wirkungen oder der Unwirksamkeit selbst des Rechtsgeschäfts mit dieser Eigenschaft eng verbunden war. Man kann diese Verbindung im Text von Ulpian (in D. 17.1.12.11) im Bereich des Mandats sehr gut beobachten: „*Si adulescens luxuriosus mandet tibi, ut pro meretrice fideiubeas, idque tu sciens mandatum susceperis, non habebis mandati actionem, quia simile est, quasi perdituro pecuniam sciens credideris. sed et si ulterius directo mandaverit tibi, ut meretrici pecuniam credas, non obligabitur mandati, quasi adversus bonam fidem mandatum sit.*"
Das rechtswidrige Geschäft war tatsächlich unwirksam, da man es nicht geltend machen konnte. Weiters, im Bereich der rechtswidrigen *causa* ist die Möglichkeit der „*nefarii*" und „*iniusti*" Rechtsgeschaefte[355] sehr interessant zu beobachten, da sie ebenfalls zu den nichtigen Geschäften zählten.
Ein anderer Typ von Rechtswidrigkeit war der Widerspruch der *causa* gegen die „guten Sitten" *(contra bonos mores)*, die die Nicht-Nutzbarkeit des Rechtsgeschäfts feststellte, wie wir zum Beispiel in D. 28,7,15 sehen können: „*Filius, qui fuit in potestate, sub condicione scriptus heres, quam senatus aut princeps improbant, testamentum infirmet patris, ac si condicio non esset in eius*

---

352 Siehe Perozzi/Capogrossi-Colognesi, *Istituzioni di diritto romano,* Buch 2, Roma 2002, S. 21

353 Siehe Guarino, *Diritto privato romano,* Napoli 2001, S. 367 ff.; Ein Beispiel können wir in D.18.1.35.1 im Bereich des Kaufvertrags sehen: „*illud constat imperfectum esse negotium, cum emere volenti sic venditor dicit: "quanti velis, quanti aequum putaveris, quanti aestimaveris, habebis emptum".*

354 Siehe zum Beispiel Girard, *Manuelle élémentaire de droit romaine,* Paris 1924, S.511 ff. Für einen direkten Bezug zum Text, siehe Ulpian in D. 17.1.12.11 im Bereich der Qualifikation der rechtswidrigen *causa* in einem Mandat, der hier vorgestellt wurde.

355 Im Bereich des *nefarium* Rechtsgeschäfts, siehe Gaius, *Institutiones*, 1,64: „*Ergo si quis nefarias atque incestas nuptias contraxerit, neque uxorem habere videtur neque liberos: Itaque hi, qui ex eo coitu nascuntur, matrem quidem habere videntur, patrem vero non utique, nec ob id in potestate eius sunt, quales sunt ii, quos mater vulgo concepit: Nam et hi patrem habere non intelleguntur, cum is etiam incertus sit; unde solent spurii filii appellari vel a Graeca voce quasi spurii concepti nel quasi sine patre filii.*" Im Bereich des *iniustum* Rechtsgeschaefts mit rechtswidriger *causa*, siehe Pomponius in D. 18.1.16: „*Suae rei emptio non valet, sive sciens sive ignorans emi: sed si ignorans emi, quod solvero repetere potero, quia nulla obligatio fuit.*"

potestate: nam quae facta laedunt pietatem existimationem verecundiam nostram et, ut generaliter dixerim, contra bonos mores fiunt, nec facere nos posse credendum est."[356]

Die *causa* war ebenfalls sehr wichtig, wie bereits vorher erwähnt, um die verschiedenen Typen der Rechtsgeschäfte zu erkennen und zu unterscheiden, zum Beispiel um die Rechtsgeschäfte *inter vivos* von denen der *mortis causa* zu unterscheiden.

All dies dauerte bis in die spät-klassische Periode an. In der post-klassischen und spät-alten Periode verliert die *causa* einen Teil ihrer Wichtigkeit, um dem Willen Platz zu machen.

Wenn wir einen zusammenfassenden und zeitlichen Vergleich im Bereich der Entwicklung der Theorie des römischen Rechtsgeschäfts machen, könnten wir auf eine metaphorische Art sagen, dass die alte Zeit die Periode der Form war, die klassische Zeit die Periode der *causa*, und die spät-alte die Periode des Willens.

3.5 Die *accidentalia negotia* mit Rücksicht auf die Befristung und die Bedingung

Ein anderes Thema sind die zusätzlichen Grundelemente oder Nebenbestimmungen des Rechtsgeschäfts wie zum Beispiel die berühmten Klauseln Bedingung und Befristung, die sich noch heute sehr oft in den modernen Rechtsgeschäften befinden. Sie entstanden im klassischen römischen Recht dank der großen Nutzung in der Praxis und der Erfahrung des Handelsverkehrs[357]. Nach Paulus waren die *accidentalia negotii* hauptsächlich vier: die Bedingung (*condicio)*, die Befristung (*dies)*, die Auflage (*modus)* und die *accessio*, wie wir in D. 44,7,44 sehen können: „*Obligationum fere quattuor causae sunt: aut enim dies in iis est aut condicio aut modus aut accessio.*"

In diesem Text hat das Wort *causa* eine andere Bedeutung: jedes Rechtsereignis das das Verhältnis des Rechtsgeschäft wechseln oder verändern kann. Das was wir heute Nebenbestimmungen des Rechtsgeschäfts nennen.

Die Auflage, die Bedingung und die Befristung werde ich in Kürze vorstellen. Die *accessio* war die Hinzufügung einer Person oder Sache zum Hauptverhältnis um dem Geschäft eine zusätzliche Garantie oder Wert hinzufügen. Beispiel der Zugabe-Klausel sind: „*mihi aut Titio*", oder „*mihi decem aut Titio hominem*"[358].

Nach Kaser gab es auch eine anderes sehr wichtiges Thema der Nebenbestimmungen, die eigentlich eine spezielle Methode der Berechnung der Befristung

356 Siehe Mayer-Maly, „*Contra bonos mores*", in *On. Kaser (*1986), S.156 ff.

357 Siehe Guarino, *Diritto privato romano,* Napoli 2001, S.393

358 Über dieses Thema siehe Scheurl, *Die Lehre von den Nebenbestimmungen bei den Rechtsgeschäften,* Berlin 1871, S. 7 ff.

war: die Zeitberechnung[359]. Diese Doktrin der Zeitberechnung war der Vorgänger der heutigen Zivil- und Naturalkomputation. Für die Bestimmung einer Frist gibt es zwei Möglichkeiten: entweder setzt man den Beginn der Frist auf den konkreten Moment des Anfangstages, also eine bestimmte Uhrzeit, sodass die Frist bis zu diesem Moment des Endtages läuft, oder man berechnet die Frist mit einer kleinsten Zeiteinheit von grundsätzlich dem von Mitternacht zu Mitternacht laufenden Tag. Die erste Methode nennt man die „Naturalkomputation", und wir können sie nur in Ulpian (in D. 4,4,3,4) finden, im Bereich der Berechnung des Alters eines Minderjährigen in Bezug auf bestimmte Rechtsfähigkeiten (hier die Möglichkeit einer Wiedereinsetzung)[360].
Die zweite Möglichkeit ist das, was wir heute Zivilkomputation nennen, bei der die Frist ab der nachfolgenden Mitternacht läuft, wie wir in Paulus (in D. 50,17,101) im Bereich des *dies a quo non computatur* sehen können[361].
Die Auflage, *modus,* war das Auferlegen einer geringfügigen Verpflichtung[362] dem Destinatär eines Rechtsgeschäfts. Ein Beispiel wäre die Verpflichtung, ein Monument für den Erblasser zu errichten. Wir können das in technischem Sinn zuerst bei Iustinian im *Codex* 6,45 sehen: *„In legatis quidem et fideicommissis etiam modus adscriptus pro condicione observatur. sed si per te non stat, quominus voluntati testatoris pareas, sed per eum , cui nubere iussa es,*

359 Siehe Kaser, *Römisches Privatrecht,* XVIII Auflage, München 2005, S.70

360 Siehe den Text von Ulpian (11, *Ad edictum*) in D.4,4,3,4: *„Sed utrum solis patribus familiarum an etiam filiis familiarum succurri debeat, videndum. movet dubitationem, quod, si quis dixerit etiam filiis familiarum in re peculiari subveniendum, efficiet, ut per eos etiam maioribus subveniatur, id est patribus eorum: quod nequaquam fuit praetori propositum: praetor enim minoribus auxilium promisit, non maioribus. ego autem verissimam arbitror sententiam existimantium, filium familias minorem annis in integrum restitui posse ex his solis causis quae ipsius intersint, puta si sit obligatus. proinde si iussu patris obligatus sit, pater utique poterit in solidum conveniri: filius autem cum et ipse possit vel in potestate manens conveniri, vel etiam emancipatus vel exheredatus in id quod facere potest, et quidem in potestate manens etiam invito patre ex condemnatione conveniri: auxilium impetrare debebit, si ipse conveniatur. sed an hoc auxilium patri quoque prosit, ut solet interdum fideiussori eius prodesse, videamus: et non puto profuturum. si igitur filius conveniatur, postulet auxilium: si patrem conveniat creditor, auxilium cessat: excepta mutui datione: in hanc enim si iussu patris mutuam pecuniam accepit, non adiuvatur. proinde et si sine iussu patris contraxit et captus est, si quidem pater de peculio conveniatur, filius non erit restituendus: si filius conveniatur, poterit restitui. nec eo movemur, quasi intersit filii peculium habere: magis enim patris quam filii interest, licet aliquo casu ad filium peculium spectet: ut puta si patris eius bona a fisco propter debitum occupata sunt: nam peculium ei ex constitutione claudii separatur."*

361 Siehe Paulus: *„Ubi lex duorum mensum fecit mentionem, et qui sexagensimo et primo die venerit, audiendus est: ita enim et imperator antoninus cum divo patre suo rescripsit.*

362 Siehe Guarino, *Diritto privato romano,* Napoli 2001, S.395

*quominus id quod tibi relictum est retineas, non oberit. * ant. a. saturninae. * <a 211 pp.V k.Ian.Gentiano et basso conss.>"*[363].

Die Auflage schränkt eine Schenkung, Freilassung oder testamentarische Zuwendung dadurch ein, dass sie dem mit diesem Geschäft Begünstigten ein bestimmtes Verhalten vorschreibt[364].

Die Befristung und Bedingung betreffend, müssen wir sagen dass sie nur in der spät-klassischen Periode voll anerkannt wurden. Wir haben keinen Beweis dafür, dass die meisten Zusatzbestimmungen schon in der alten Periode anwendbar waren. Mayer-Maly ist hier anderer Ansicht: „*das Institut der Bedingung war dem römischen Recht von jeher geläufig und begegnet in den Quellen bei Rechtsgeschäften jeder Art*"[365]. Er sieht die Rechtsquelle der so genannten aufschiebenden Bedingung schon in den XII Tafeln, im Bereich der testamentarischen Freilassung des *Statuliber*[366]. Es scheint, dass sie mit der klassischen Periode entstanden sind, dank der Erweiterung des Handelsverkehrs. Sie fanden große Anwendung in der justinianischen und allgemein spät-antiken Periode[367]. Sie waren

---

363 Zusätzlich stelle ich hier das gesamte Kapitel des *Codex* zur Verfügung:
CJ.6.45.0. De his quae sub modo legata vel fideicommissa relinquuntur.
CJ.6.45.1: Imperator Antoninus
*In legatis quidem et fideicommissis etiam modus adscriptus pro condicione observatur. sed si per te non stat, quominus voluntati testatoris pareas, sed per eum , cui nubere iussa es, quominus id quod tibi relictum est retineas, non oberit. * ant. a. saturninae. * <a 211 pp.V k.Ian.Gentiano et basso conss.>*
CJ.6.45.2pr.: Imperator Gordianus
*Ex his verbis: " titio decem millia vel insulam relinquo, ita ut quinque millia ex his vel eandem insulam mevio restituat", licet antea neque legati neque fideicommissi petitio nascebatur, tamen in libertate a divo severo hoc admissum est. * gord. a. ammonio. * <a 240 pp. vi id. aug. sabino ii et venusto conss.>*
CJ.6.45.2.1: Imperator Gordianus
Sed in pecuniariis causis voluntatis tuendae gratia non immerito recipiendum est , ut etiam ex huiusmodi verbis, sive ad condicionem sive ad modum respiciunt, sive ad dandum vel faciendum aliquid, fideicommissi actio omnifariam nascatur, videlicet in condicionibus post exitum earum. <a 240 pp. vi id. aug. sabino ii et venusto conss.>
CJ.6.45.2.2: Imperator Gordianus
Sin vero legato aut fideicommisso relicto testator legatarium seu fideicommissarium prohibuerit heredem suum vel alium quendam debitum exigere, habet debitor adversus legatarium seu fideicommissarium agentem usque ad quantitatem relicti fideicommissi sive legati exceptionem. <a 240 pp. vi id. aug. sabino ii et venusto conss.>

364 Siehe Kaser, *Römisches Privatrecht,* XVIII Auflage, München 2005, S. 69

365 Hierzu Mayer-Maly, Honsell, Selb, in *Römisches Recht,* 4 Auflage (in *Enzyklopädie der Rechts- und Staatswissenschaft)* , Berlin 1987, S. 91

366 Siehe Ulpian in *Ulpiani Epitome* 2,4: „*Sub hac condicione liber esse iussus : SI DECEM MILIA HEREDI DEDERIT, etsi ab herede abalienatus sit, emptori dando pecuniam ad libertatem perveniet; idque lex duodecim tabularum iubet.* "

367 Im Bereich der Anwendung der Befristung und Bedingung in den verschiedenen römischen Perioden, siehe Archi, *Il negozio sotto condizione sospensiva nella compilazione di Giustiniano,* in *On. Betti* 2 (1961) S. 33 ff. und Guarino, *Diritto privato romano,* Napoli

jedoch nur für bestimmte Rechtsgeschäfte gestattet, wie es auch heute im modernen Privatrecht ist. Die so genannten *„actus legitimi"* die, wie Papinianus sagt: *„non recipiunt diem vel condicionem"*[368], wurden nichtig (*nullius momenti)* wenn sie eine Befristung oder eine Bedingung enthielten. Die *acti legitimi* waren: die *mancipatio*, die Rechtsgeschäfte *per aes et libram* (*emancipatio, cretio*) mit Ausnahme des Testaments, die *in iure cessio*, die *acceptilatio,* die *expensilatio*, die *aditio hereditatis,* die *datio tutoris,* die *servi optio*[369].
In allgemein können wir die Bedingung (*condicio)* als eine Zusatzbestimmung eines Rechtsgeschäfts definieren, welche die rechtliche Wirkungen desselben von einem zukünftigen, ungewissen Ereignis abhängig macht. Dabei kann der Zeitpunkt des Bedingungseintritts bestimmt oder unbestimmt sein (*certus quando, incertus quando)*[370].
Die Befristung *(dies)* macht bestimmte Wirkungen eines Rechtsgeschäfts von einem zukünftigen Ereignis abhängig, das sicher eintreten wird. Nur der Zeitpunkt, wann es eintreten wird, kann entweder bestimmt sein (*dies certus an et quando,* ein Tag, zu dem sicher ist, ob und wann er eintritt, z.B. ein Kalendertag*)* oder unbestimmt (*dies certus an, incertus quando,* ein Tag zu dem sicher ist, dass, aber unsicher wann er eintritt, z.B. der Todestag)[371].
Bedingung und Befristung können aufschiebend (suspensiv) oder auflösend (resolutiv) sein, je nachdem, ob die vereinbarten Rechtswirkungen sich erst mit dem Ereigniseintritt oder nach dem Ereignis verwirklichen[372].
Das kommt in der Mehrheit der Fälle im Bereich der Befristung vor, da viele Rechtsquellen über aufschiebende Befristung oder Anfangstermin und über auflösende Befristung oder Endtermin sprechen, wie zum Beispiel Paulus in D. 45,1,46: *„centensimis kalendis dari" utiliter stipulamur, quia praesens obligatio est, in diem autem dilata solutio"* oder Pomponius in D. 35,1,4,1: *„Si ita scriptum sit: " si in quinquennio proximo titio filius natus non erit, tum decem seiae heres dato", si titius ante mortuus sit, non statim seiae decem deberi, quia hic articulus " tum" extremi quinquennii tempus significat."*, oder nochmals

---

2001, S. 396 ff.

368 Siehe Papinianus in D. 50,17,77: *„Mi, qui non recipiunt diem vel condicionem, veluti emancipatio, acceptilatio, hereditatis aditio, servi optio, datio tutoris, in totum vitiantur per temporis vel condicionis adiectionem. nonnumquam tamen actus supra scripti tacite recipiunt, quae aperte comprehensa vitium adferunt. nam si acceptum feratur ei, qui sub condicione promisit, ita demum egisse aliquid acceptilatio intellegitur, si obligationis condicio exstiterit: quae si verbis nominatim acceptilationis comprehendatur, nullius momenti faciet actum."*

369 Siehe Bruck, *Bedingungsfeindliche Rechtsgeschäfte,* Breslau 1904, S.42

370 Siehe Albanese, *Gli atti negoziali nel diritto privato romano,* Palermo 1982, S. 271 ff. und 309 ff.

371 Siehe Kaser, *Römisches Privatrecht,* XVIII Auflage, München 2005, S.69

372 Siehe Honsell, Mayer-Maly, Selb, in *Römisches Recht,* 4 Auflage (in *Enzyklopädie der Rechts- und Staatswissenschaft)*, Berlin 1987, S. 91

Paulus in D. 12,6,10:“ *In diem debitor adeo debitor est, ut ante diem solutum repetere non possit*“[373].

Weiters könnte die Bedingung, nach Iustinian, noch drei andere Anwendungen mit den verbundenen Wirkungen und Eigenschaften haben. Das war der Fall des *condicio casualis, potestativa* und *mixta*, wie wir ihn im Codex (6,51,1,7) beobachten können: „*Sin autem aliquid sub condicione relinquatur vel casuali vel potestativa vel mixta, quarum eventus ex fortuna vel ex honoratae personae voluntate vel ex utroque pendeat, vel sub incerta die, expectare oportet condicionis eventum, sub qua fuerit derelictum, vel diem, ut tunc cedat, cum vel condicio impleatur vel dies incertus extiterit. quod si in medio is, qui ex testamento lucrum sortitus est, decedat vel eo superstite condicio defecerit, hoc, quod ideo non praevaluit, manere disponimus simili modo apud eos, a quibus relictum est, nisi et hic vel substitutus relictum accipiat vel coniunctus sive heres sive legatarius hoc sibi adquirat, cum certi iuris sit et in institutionibus et legatis et fideicommissis et mortis causa donationibus posse substitui. <a 534 d.K.Iun.Constantinopoli dn.Iustiniano pp.A.Iiii et paulino vc.Conss*“.

3.6 Voraussetzungen des Rechtsgeschäfts

Ein anderes sehr wichtiges Thema der allgemeinen Theorie des Rechtsgeschäfts ist die Geschäftsfähigkeit[374]. Nach Kaser entspricht die Rechtsfähigkeit der Fähigkeit, Träger von Rechten und Pflichten zu sein, und nur wer sie erfüllt, ist eine Person im Rechtssinn. Das Rechtsgeschäft kann nur von solchen Personen ausgeübt werden, die imstande sind, einen selbstständigen und vernünftigen Willen zu äußern und in verständiger Weise über ihre Rechtsverhältnisse zu verfügen, da es eine Willenserklärung ist[375].

Die Geschäftsfähigkeit wurde in jeder Periode des römischen Rechts als eine unerlässliche Voraussetzung des rechtlichen *agere (*rechtliche Handlung*)* in passivem oder aktivem Sinn betrachtet, sowohl sie erlaubt oder rechtswidrig gewesen wäre. Das Rechtssubjekt ohne Geschäftsfähigkeit konnte keine Rechtsfolge (positiv oder negativ) seiner Akte bekommen. Die Rechtsakte eines Geschäftsunfähigen waren entweder ungültig, oder man konnte sie als unwirksam urteilen lassen[376].

In der antiken und republikanischen Periode schien es, dass auch die Staatsbürger, die *puberes* und *sui iuris* waren, aber noch unter der *potestas* des *pater familias* standen, und ebenfalls die *cives* die *sui iuris* aber *clientes* waren, eine

373 Siehe auch Ulpian in D. 16,2,7 und Paulus in D. 44,7,44,1 und schließlich Iustinian in *Institutiones* 3,15,2

374 Siehe E. Weiss, *Institutionen des roemischen Privatrechts,* Stuttgart 1949, S. 63

375 Siehe Honsell, Mayer-Maly, Selb, in *Römisches Recht,* 4. Auflage (in *Enzyklopädie des Rechts und Staatswissenschaft),* Berlin 1987, S. 94 ff.

376 Siehe Guarino, *Diritto privato romano,* Napoli 2001, S.331 ff.

echte Rechtsfähigkeit nicht besaßen. Der *pater familias* blieb für sie verantwortlich, wenn sie etwas in rechtlichem Sinne ausüben wollten. Dieser Zustand war dem der *filii familiarum* und der *liberi in mancipio* der klassischen Periode sehr ähnlich.

Mit der klassischen Periode beginnt diese strenge Konzeption zu fallen. Der freie und *sui iuris* Staatsbürger (der nicht unter der Macht eines *pater familias* war) musste nur bestimmte Voraussetzungen erfüllen, um eine volle Geschäftsfähigkeit zu besitzen. Er musste *puber* sein, dem männlichen Geschlecht angehören, und psychisch und körperlich normal sein. Die *pubertas* betreffend, nach der Meinung der Proculianer (die Schule von Proculus), wurde diese Zeit von den Knaben mit vierzehn Jahren erreicht. Nach Mayer-Maly wurde der Zeitpunkt der *pubertas* bei Knaben individuell ermittelt (er war also nicht immer gleich) und äußerlich durch die feierliche Anlegung der Mannestoga (*toga virilis)* gekennzeichnet: ein Akt der in der Regel zwischen dem vollendeten 14 und 16 Lebensjahr stattfand[377].

Die Zugehörigkeit zum männlichen Geschlecht war eine andere notwendige Voraussetzung, da die Frauen *puberes* (normalerweise 12 Jahre alt) unter der *tutela mulierum* waren. Sie konnten sicherlich bestimmte Rechtsakte machen, wie zum Beispiel ein Kaufvertrag abschließen, oder eine rechtswidrigen Akt machen, oder die *testamenti factio.* Nach den XII Tafeln konnten sie auch ein Testament (mit dem verbundenen Vermögen) erben[378]. Um jedoch bestimmte „vermindernde" Rechtsakte abzuschließen, die ein Vermögensverlust mit sich gebracht hätten, brauchten sie die Erlaubnis ihres *tutor.* Auch wenn der *tutor* den Willen der Frau zumeist respektierte[379].

Eine andere wichtige Voraussetzung der Geschäftsfähigkeit war die psychische und körperliche Normalität. Um geschäftsfähig zu sein, durfte man vor allem nicht wahnsinnig sein (*furiosus*) oder zu viel Geld ausgeben (*prodigus),* noch zu schwach sein oder bestimmten körperlichen Beschränkungen unterliegen. Diese letzte Kategorie war die der so genannten *„debiles personae"*. Sie waren Subjekte die ein körperliche Mangeln hatten, wie zum Beispiel ein Blinder, Tauber oder Stummer. Aufgrund ihrer Beeinträchtigung konnten diese Personen bestimmte formelle Rechtsakte nicht abschließen, wie zum Beispiel eine *sponsio* [380].

Dazu muss auch erwähnt werden, dass die *puberes* unter 25 Jahren in der klassischen und spät-alten Zeit eine Begutachtung des *curator* brauchten, um bestimmte Rechtsgeschäfte zu begründen.

377 Siehe Mayer-Maly, Honsell, Selb, in *Römisches Recht,* 4 Auflage (in *Enzyklopädie der Rechts- und Staatswissenschaft)* , Berlin 1987, S. 94 und Mayer-Maly, in *Römisches Privatrecht,* Wien 1999, S. 39

378 Siehe Guarino, *Diritto privato romano,* Napoli 2001, S. 334

379 Siehe Fuchs, *Die rechtliche Stellung der Frau im alten Rom,* in *Festschriften Gerwig (1960),* S.31 ff.

380 Siehe Talamanca, *Istituzioni di diritto romano,* Milano 1990, S. 170 ff.

Es gab weiters auch die Personen *alieni iuris*, die unter einer *patria* oder *dominica potestas* standen, wie zum Beispiel die *filii familiarum* oder die *liberi in mancipio*.
Eigentlich besaßen sie auch eine beschränkte Geschäftsfähigkeit, auch wenn sie nicht *sui iuris* waren, mit der sie bestimmte Rechtsgeschäfte begründen konnten, wenn auch vielleicht nur aus praktischen Gründen. Sicher konnten sie Rechtsakte abschließen, die eine Vermögenssteigerung des *pater familias* oder des *dominus* mit sich gebracht hätten. Sie konnten ebenfalls bestimmte Akte machen, die eine Vermögenssenkung oder eine Schuldsubstitution mit sich gebracht hätten[381], wie Gaius in den Institutionen sagt.
Die letzte aber sehr wichtige Voraussetzung im Bereich der Geschäftsfähigkeit ist die psychische und körperliche Normalität. Ohne diese Voraussetzung konnte niemand (auch nicht wenn *puber*, Mann, und *sui iuris)* ein gültiges Rechtsgeschäft abschließen. Diese ganze Kategorie von körperlichen und psychisch beeinträchtigten Menschen brauchte die Erlaubnis und die Begutachtung eines *curator*[382].
Im allgemeinen, die Rechtsakte betreffend, die eine Vermögenssteigerung des *pater familias* oder des *dominus* mit sich gebracht hätten, können wir behaupten das es schon vom *ius civile vetus* der alten Periode vorgesehen war, wie wir in Gaius, *Institutiones,* 2,86-87 (im Bereich des Besitzerwerbs eines *res*) gesehen haben. Sonst, die Vermögenssenkungen betreffend, müssen wir auf die Entstehung des *ius honorarium* für die ersten Beispiele warten, wie uns Gaius in D. 41,1,9,4, Ulpianus in D. 6,1,41,1 , und Paulus in D.13,7,20 zeigen[383].

---

381 Siehe dazu (Rechtsakte der unterworfenen Personen) Guarino, *Diritto privato romano,* Napoli 2001, S.336 ff.; und Gaius (als Rechtsquelle), *Institutiones* 2,86-87: „*Adquiritur autem nobis non solum per nosmet ipsos, sed etiam per eos, quos in potestate manu mancipioue habemus; item per eos seruos, in quibus usumfructum habemus; item per homines liberos et seruos alienos, quos bona fide possidemus: de quibus singulis diligenter dispiciamus.*
87. Igitur quod liberi nostri, quos in potestate habemus, item quod serui nostri mancipio accipiunt uel ex traditione nanciscuntur siue quid stipulentur uel ex aliqualibet causa adquirunt, id nobis adquiritur: ipse enim, qui in potestate nostra est, nihil suum habere potest; et ideo si heres institutus sit, nisi nostro iussu hereditatem adire non potest; et si iubentibus nobis adierit, hereditas nobis adquiritur, proinde atque si nos ipsi heredes instituti essemus; et conuenienter scilicet legatum per eos nobis adquiritur."

382 Über den *curator* siehe J. Iglesias, *Derecho romano,* Barcelona 1990, S. 214; S. 242; S.544, S. 552 ff.

383 Siehe Girard, *Manuelle elementaire de droit romaine,* Paris 1926, S. 233 ff. und die Rechtsquellen für einen direkten Bezug mit den Texten.

3.7 Unwirksamkeit und Willensmängel des Rechtsgeschäfts

Die Arten der Unwirksamkeit und der Willensmängel der Rechtsgeschäfte betreffend, möchte ich wieder eine synthetische Darstellung des Themas geben.
In der antiken Periode kannte das römische Recht nur die Kategorien der Nichtigkeit und der Unwirksamkeit. Die Nichtigkeit der Geschäfte wurde mehr oder weniger von einem Formmangel oder Formfehler verursacht. Wie wir schon gesehen haben, war die Form das wichtigste Grundelement des Rechtsgeschäfts in dieser Periode[384]. Die wenigen Fälle von Nichtigkeit, die von einem Willensmangel verursacht wurden, waren spezielle Fälle, wie zum Beispiel die Rechtsgeschäfte *ioci* oder *docendi causa* oder Geschäfte, die zum Spaß abgeschlossen wurden.
Die andere Grundursache der Nichtigkeit in der alten Periode war die Geschäftsunfähigkeit[385]. All das ändert sich in der Klassischen Periode. In dieser Zeit verbreitet und entwickelt sich die Doktrin der Ungültigkeit.
Zuerst muss bemerkt werden, dass in dieser Periode die Rechtsquellen verschiedene Wörter in nicht-technischem Sinne benutzten, um die Unwirksamkeit oder die allgemeine Ungültigkeit eines Rechtsgeschäfts zu bezeichnen. Beispiele sind die Wörter: *inutilis, nullus, nullius momenti, irritus, inanis.* In Wirklichkeit wurden fast alle verschiedenen Typen von Ungültigkeit auf eine einheitliche Art behandelt. Es scheint, dass es nur einen großen Unterschied gab: zwischen der Ungültigkeit zu Beginn, die fast jedes Rechtsgeschäft betreffen konnte, und besonderen Fällen von nachträglicher Ungültigkeit, die zum Beispiel das Testament betraf. Das wäre der Fall des *testamentum ruptum* den Gaius in dem II Buch seiner Institutionen beschreibt[386].
Das *ius civile* betreffend, existiert nicht das Rechtsinstitut der Anfechtbarkeit sondern nur das Institut des Nichtigkeit oder der vollen Gültigkeit.
Im Bereich des *ius honorarium,* im Unterschied dazu, konnten die Rechtsgeschäfte, die nach dem *ius civile,* jedoch nicht nach dem *praetor* gültig waren, nicht für nichtig erklärt werden. Sie konnten vor dem Magistrat durch die Anfrage einer *restitutio in integrum* oder einer *exceptio* angefochten werden[387]. Diese praetorianische Widerspruch war die Grundlage der heutigen und auch von Ius-

---

384 Siehe Betti, *Istituzioni di diritto romano,* Padova 1942, SS. 100-104 ; SS. 127-130

385 Siehe Pugliese, *Istituzioni di diritto romano,* Torino 1991, SS. 57-58

386 Siehe Gaius in *Institutiones* II, 141-142: „*Filius quoque, qui ex prima secundaue mancipatione manumittitur, quia reuertitur in potestatem patriam, rumpit ante factum testamentum; nec prodest, si in eo testamento heres institutus uel exheredatus fuerit. Simile ius olim fuit in eius persona, cuius nomine ex senatus consulto erroris causa probatur, quia forte ex peregrina uel Latina, quae per errorem quasi ciuis Romana uxor ducta esset, natus esset: nam siue heres institutus esset a parente siue exheredatus, siue uiuo patre causa probata siue post mortem eius, omni modo quasi adgnatione rumpebat testamentum*" und Pugliese, *Istituzioni di diritto romano,* Torino 1991, S.252

387 Siehe Pugliese, *Istituzioni di diritto romano,* Torino 1991, S. 253

tinians Anfechtbarkeit. In der klassischen Periode betrafen die meisten Ursachen der Ungültigkeit eines Rechtsgeschäfts die Voraussetzungen der Geschäftsfähigkeit. Als Beispiel war das Geschäft, das von einem „*furiosus*", „*mentecaptus*", „*prodigus*" oder einem *impuberes* (Minderjährigen) ohne die *auctoritas* des Tutors abgeschlossen wurde, nichtig[388]. Eine andere Art von Anfechtbarkeit konnte die Rechtsgeschäfte der Jungen unter 25 Jahren treffen. Seit der *lex Plaetoria* oder *Laetoria*[389] des III.-II. Jhdt. vor Christus, wurden diese Jungen gegen die Leute, die von ihren geringeren Erfahrungen profitieren wollten, geschützt. Diese Geschäfte, die nach dem *ius civile* gültig waren, konnten vor dem Magistrat angefochten werden, wie wir zum Beispiel in D. 44,1,7,1 und in D.21,2,39 und in D. 4,4,9,1 sehen können[390].
Eine andere Ursache der Ungültigkeit, die auch in der klassischen Periode gang und gäbe, war der Formmangel. Auch in dieser Periode war die Form des Geschäfts sehr wichtig. Wenn gegen die Form des Rechtsgeschäfts verstoßen, oder die Form schlecht eingehalten wurde, war das Geschäft nichtig. Ein sehr gutes Beispiel stellt das Testament „*per aes et libram*" dar, das von der *mancipatio familiae* abstammt. Wenn der Mantel der *mancipatio* ungültig war, so war auch das Testament ungültig. Nur in der post-klassischen Periode beginnt die Form einen Teil ihrer Wichtigkeit zu verlieren, dank dem *ius honorarium* und den Rechtsmitteln des *Praetor.*
Wir können hier, zum Beispiel, an die *bonorum possessio* denken, die vom *Praetor* den Erbfolgen eines ungültigen Testaments *ex iure civili* gewährt wurde. Ein weiteres Beispiel wäre eine mündliche *acceptilatio*, die einen Formmangel hatte und aus diesem Grund nach dem *ius civile* ungültig war. Man konnte diese Verpflichtung jedoch dank des *ius honorarium* als *pactum de non petendo* [391] geltend machen.
Die *causa* betreffend, auch in diesem Bereich, in der klassischen Periode, gab es die Ungültigkeit, sowohl wenn das Rechtsgeschäft abstrakt war, als auch bei kausalen Geschäften. In den abstrakten Eigentumsübertragungsgeschäften, wie der *mancipatio* (als *imaginaria venditio*) oder der *in iure cessio,* konnte das Rechtsgeschäft ungültig sein, wenn die causa schamlos oder rechtswidrig war, wie die Rechtsquellen zeigen, vor allem in Bereich des *iusta causa.* Ein Beispiel finden wir in D 41,1,31 wenn auch im Bereich der *traditio: „Numquam nuda traditio transfert dominium, sed ita, si venditio aut aliqua iusta causa praecesserit, propter quam traditio sequeretur"*, oder in D.18,1,16 im Bereich der *emptio venditio: "Suae rei emptio non valet, sive sciens sive ignorans emi: sed si ignorans emi, quod solvero repetere potero, quia nulla obligatio fuit."*

388 Siehe Perozzi/ Capogrossi-Colognesi, *Istituzioni di diritto romano* , Buch 1, Roma 2002, S. 523 ff.
389 Siehe Arangio-Ruiz, I*stituzioni di diritto romano,* Napoli 1984, S.131
390 Siehe J.A. Crook, *Law and life of Rome*, New york 1984, S. 117
391 Siehe Pugliese, *Istituzioni di diritto romano,* Torino 1991, S. 254

Auf dieselbe Art konnte ein Rechtsgeschäft „*fraus legi*" (zB ein Scheingeschäft) nichtig sein, wie Paulus in D. 1,3,29 sagt: „*Contra legem facit, qui id facit quod lex prohibet, in fraudem vero, qui salvis verbis legis sententiam eius circumvenit.*", ebenfalls ein Kausalgeschäft mit einer verbotenen *causa,* wie Ulpian in D. 18,1,38 zeigt: „*Si quis donationis causa minoris vendat, venditio valet: totiens enim dicimus in totum venditionem non valere, quotiens universa venditio donationis causa facta est: quotiens vero viliore pretio res donationis causa distrahitur, dubium non est venditionem valere. hoc inter ceteros: inter virum vero et uxorem donationis causa venditio facta pretio viliore nullius momenti est.*"
Eine andere *causa* der Nichtigkeit in der klassischen und post-klassischen Periode war auch ein Willensmangel[392] oder ein einfacher Willensfehler. Die Rechtsgeschäfte (wie zum Beispiel di *stipulationes),* die in einem Theater oder *ioci* oder *demonstrandi causa* abgeschlossen wurden, waren ebenfalls nichtig, wie wir in D.44,7,3,2 sehen können: "*Verborum quoque obligatio constat, si inter contrahentes id agatur: nec enim si per iocum puta vel demonstrandi intellectus causa ego tibi dixero " spondes ?" et tu responderis " spondeo " , nascetur obligatio.*" oder auch in Varro *De lingua latina* 6,7[393].
In allen diesen Rechtsgeschäften gibt es keinen echten Willen, sie sind daher nichtig. Auch die Scheingeschäfte konnten für nichtig erklärt werden, wie wir in D. 18,1,36 sehen können, wo Ulpian das Nicht-Bestehen eines Kaufvertrags (der über eine Schenkung hinwegtäuscht) behauptet: „*Cum in venditione quis pretium rei ponit donationis causa non exacturus, non videtur vendere*".

3.8 *Error* und *Dissensus*

Ein anderer Fall von Nichtigkeit war der des *error* und des *dissensus.* Der Irrtum *(error)* wurde zuerst als eine Beeinträchtigung der Willensbildung und demnach als Willensmangel bezeichnet[394], und wurde daher beim Vertrag als Konsensstörung gesehen[395]. Die Definition von Irrtum als Konsensstörung, wie Mayer–Maly sagt, wird von vielen klassischen und spät-klassischen Texten bewiesen, wie zum Beispiel Pomponius in D. 2,1,15: „*Si per errorem alius pro alio praetor fuerit aditus, nihil valebit quod actum est. nec enim ferendus est qui dicat consensisse eos in praesidem, cum, ut iulianus scribit, non consentiant qui errent: quid enim tam contrarium consensui est quam error, qui imperitiam detegit?*" oder Ulpianus in D. 5,1,2: „*Consensisse autem videntur, qui sciant se*

392 Siehe Betti, *Istituzioni di diritto romano,* I, Padova 1942, SS. 126-153

393 Aufgrund der Länge des Textes verweisen wir den Leser auf den Anhang I.

394 Siehe in diesem Bereich das Werk von J.G. Wolf, *Error im römischen Vertragsrecht,* Köln 1961, und Kaser, *Römisches Privatrecht,* München 2005, S.56

395 Siehe Mayer-Maly, *Bemerkungen zum Aspekt des Konsensstörung in der klassischen Irrtumslehre,* in *Mélange Meylan,* I, 1963, S. 241 ff.

non esse subiectos iurisdictioni eius et in eum consentiant. ceterum si putent eius iurisdictionem esse, non erit eius iurisdictio: error enim litigatorum, ut iulianus quoque libro primo digestorum scribit, non habet consensum. aut si putaverunt alium esse praetorem pro alio, aeque error non dedit iurisdictionem. aut si, cum restitisset quivis ex litigatoribus, viribus praeturae compulsus est, nulla iurisdictio est."[396] Andere wichtige Autoren behaupten jedoch, dass der Irrtum nicht eine Konsensstörung war, sondern die unzureichende Identifikation des Leistungsgegenstandes der wahre Grund für die Verneinung der Geltungsfähigkeit einer rechtsgeschäftlichen Regelung war[397].

Der *error* in der Erklärung kann in der klassischen Periode die Nichtigkeit des Rechtsgeschäfts verursachen, wie wir zum Beispiel im Bereich des fehlerhaften Testaments *(testamentum errori affectum)* in D. 33,10,7,2[398] oder in D. 34,5,3, in welchem die Erklärung des Erblassers nichtig ist da ein Willensfehler *(error)* vorliegt: "*In ambiguo sermone non utrumque dicimus, sed id dumtaxat quod volumus: itaque qui aliud dicit quam vult, neque id dicit quod vox significat, quia non vult, neque id quod vult, quia id non loquitur.*" Wenn die Erklärung nicht mit dem Willen übereinstimmt, ist sie nichtig, da sie von einem Fehler abhängt[399].

Ein anderes wichtiges Thema des Willensmangels in der klassischen Periode war das des *dissensus*. Der Dissens ist ein besonderer Typ von Irrtum, in dem die Erklärungen oder die Aussagen mit dem Willen nicht übereinstimmen[400]. Die echten Dissensfälle finden wir schon im alten und klassischen römischen Recht, wie uns die Rechtsquellen zeigen.

Sehr wichtig ist zum Beispiel der Text von Pomponius in D. 19,2,52: „*Si decem tibi locem fundum, tu autem existimes quinque te conducere, nihil agitur: sed et si ego minoris me locare sensero, tu pluris te conducere, utique non pluris erit*

---

396 Siehe auch D. 39,3,20; und D. 18,1,9; Diocl C. 1,18,8; C.1,18,9 ; C.4,65,23.

397 Siehe Wieacker *Irrtum, Dissens oder gegenstandslose Leistungsbestimmung*, in *Mélange Maylan*, I, 1963, S. 383 ff.

398 D. 33,10,7,2: „*Servius fatetur sententiam eius qui legaverit aspici oportere, in quam rationem ea solitus sit referre: verum si ea, de quibus non ambigeretur, quin in alieno genere essent, ut puta escarium argentum aut paenulas et togas, supellectili quis adscribere solitus sit, non idcirco existimari oportere supellectili legata ea quoque contineri: non enim ex opinionibus singulorum, sed ex communi usu nomina exaudiri debere. id tubero parum sibi liquere ait: nam quorsum nomina, inquit, nisi ut demonstrarent voluntatem dicentis? equidem non arbitror quemquam dicere, quod non sentiret, ut maxime nomine usus sit, quo id appellari solet: nam vocis ministerio utimur: ceterum nemo existimandus est dixisse, quod non mente agitaverit. sed etsi magnopere me tuberonis et ratio et auctoritas movet, non tamen a servio dissentio non videri quemquam dixisse, cuius non suo nomine usus sit. nam etsi prior atque potentior est quam vox mens dicentis, tamen nemo sine voce dixisse existimatur: nisi forte et eos, qui loqui non possunt, conato ipso et sono quodam kai ty anarvrw fwny dicere existimamus.*"

399 Siehe Pugliese, *Istituzioni di diritto romano*, Torino 1991, S. 261

400 Siehe Mayer-Maly, Honsell, Selb, in *Römisches Recht*, 4 Auflage (in *Enzyklopädie der Rechts- und Staatswissenschaft)*, Berlin 1987, S.123

conductio, quam quanti ego putavi" oder Ulpianus (im Bereich des Dissens im Kaufvertrag) in D. 18,1,9: „*In venditionibus et emptionibus consensum debere intercedere palam est: ceterum sive in ipsa emptione dissentient sive in pretio sive in quo alio, emptio imperfecta est. si igitur ego me fundum emere putarem cornelianum, tu mihi te vendere sempronianum putasti, quia in corpore dissensimus, emptio nulla est. idem est, si ego me stichum, tu pamphilum absentem vendere putasti: nam cum in corpore dissentiatur, apparet nullam esse emptionem"*. Auch im Bereich der Terminologie müssen wir sagen, dass die Worte *dissentire* und *dissensus* nicht für den Dissens im heutigen Sinn, sondern für jedes Fehlen eines Konsensus gebraucht wurden[401].

Der Dissens konnte im Bereich der gegenseitigen Rechtsgeschäfte passieren, die mit dem *consensus* gegründet wurden. Wenn sich die Parteien über das Objekt des Vertrags oder im Bereich eines anderen Grundelements des Rechtsgeschäfts wegen eines Fehler nicht einig waren, lag die Figur des *error* vor und der Vertrag war nichtig.

Man kann ein Beispiel in einem Text von Ulpian in D. 18,1,9 sehen, in dem wir die Figur des *error in corpore*[402] sehen können: "*In venditionibus et emptionibus consensum debere intercedere palam est: ceterum sive in ipsa emptione dissentient sive in pretio sive in quo alio, emptio imperfecta est. si igitur ego me fundum emere putarem cornelianum, tu mihi te vendere sempronianum putasti, quia in corpore dissensimus, emptio nulla est. idem est, si ego me stichum, tu pamphilum absentem vendere putasti: nam cum in corpore dissentiatur, apparet nullam esse emptionem"*.

Noch ein Text ist für unsere Forschung im Bereich der Theorie des *dissensus* sehr wichtig: D. 45,1,137,1: „*Si hominem stipulatus sim et ego de alio sensero, tu de alio, nihil acti erit: nam stipulatio ex utriusque consensu perficitur.* "

Zum Schluss sollten wir auch den Text von Ulpian in D.18,1,9,2 und die zwei Texte in D. 45,1,22 und 32 betrachten, um die echten Rechtsquellen der allgemeinen Theorie des *dissensus* zu untersuchen[403].

---

401 Siehe zum Beispiel Iulianus in D. 41,1,36: „*Cum in corpus quidem quod traditur consentiamus, in causis vero dissentiamus, non animadverto, cur inefficax sit traditio, veluti si ego credam me ex testamento tibi obligatum esse, ut fundum tradam, tu existimes ex stipulatu tibi eum deberi. nam et si pecuniam numeratam tibi tradam donandi gratia, tu eam quasi creditam accipias, constat proprietatem ad te transire nec impedimento esse, quod circa causam dandi atque accipiendi dissenserimus.* "

402 Siehe Betti, *Istituzioni di diritto romano*, I, Padova 1942, S. 149

403 Siehe D. 18,1,9,2: „*Inde quaeritur, si in ipso corpore non erratur, sed in substantia error sit, ut puta si acetum pro vino veneat, aes pro auro vel plumbum pro argento vel quid aliud argento simile, an emptio et venditio sit. Marcellus scripsit libro sexto digestorum emptionem esse et venditionem, quia in corpus consensum est, etsi in materia sit erratum. ego in vino quidem consentio, quia eadem prope ousia est, si modo vinum acuit: ceterum si vinum non acuit, sed ab initio acetum fuit, ut embamma, aliud pro alio venisse videtur. in ceteris autem nullam esse venditionem puto, quotiens in materia erratur.* "

Nach dieser allgemeinen Theorie des *error* und des *dissensus* hatten die Römer nach Objekten des Irrtums gegliedert[404]. Es gab *errores in corpore, in nomine, in persona, in quantitate.* Eine Willensstörung wegen *error in corpore* sollte normalerweise jedes Geschäft nichtig machen, vor allem wenn es ein formfreier Konsensualvertrag war. Die Irrtümer *in persona* und *in quantitate* waren ebenfalls sehr wichtige Willensstörungen. Der erste konnte ein Geschäft *intuitu personae* nichtig machen. Der zweite konnte die Nichtigkeit eines Geschäfts verursachen, das einen Gegenstand von kleinem oder wenig Wert hatte[405].

3.9 *Vis, Metus* und *Dolus*

Ein weiteres sehr wichtiges Thema im Bereich des allgemeinen Teils des Rechtsgeschäfts war die Anfechtbarkeit einer Willenserklärung durch die Rechtsmittel des *ius honorarium* wegen Arglist oder Gewalt.
Die Gewalt betreffend, können wir mit einem Text von Ulpian in D.50,17,116 beginnen: „*Nihil consensui tam contrarium est, qui ac bonae fidei iudicia sustinet, quam vis atque metus: quem comprobare contra bonos mores est.* "
In diesem Text spricht Ulpian über *vis* und *metus*, also Zwang und Furcht[406]. Nach Ulpian gibt es keine Einigung, wenn jemand Zwang benutzt oder Furcht besteht. Diese Sachlage konnten die Opfer dank einem *bonae fidei iudicia* geltend machen, da sie gegen die *boni mores* war. Die Klassiker hatten demnach klar gesehen, dass Zwang und Furcht die Willensbildung und damit die Einigung beeinträchtigten - auch wenn die Folgerungen dieser Einsicht von Autor zu Autor und von Geschäft zu Geschäft variieren, da es verschiedene Arten von *vis* und *metus* gab[407].
Im Bereich des körperlichen Zwangs, der so genannten mittelalterlichen *vis absoluta*, könnten wir glauben, dass es fast unmöglich war, dass sie in der klassischen römischen Periode existierte[408]. Die römischen Rechtsgeschäfte waren, in der Tat, fast niemals geschrieben (mit der Ausnahme des *nomen transcripticium* und des Testaments). Es wäre also schwierig zu denken, dass es

---

Weiters D. 45,1,22: „*Si id quod aurum putabam, cum aes esset, stipulatus de te fuero, teneberis mihi huius aeris nomine, quoniam in corpore consenserimus: sed ex doli mali clausula tecum agam, si sciens me fefelleris.* "

Ebenfalls D.45,1,32: „*Si in nomine servi, quem stipularemur dari, erratum fuisset, cum de corpore constitisset, placet stipulationem valere.*"

404 Siehe Honsell, Mayer-Maly, Selb in *Römisches Recht,* 4 Auflage (in *Enzyklopädie der Rechts- und Staatswissenschaft)* , Berlin 1987, S.124

405 Siehe Guarino, *Diritto privato romano,* Napoli 2001, S. 393

406 Siehe Bonfante, *Istituzioni di diritto romano,* Torino 1946, S. 96 ff.

407 Honsell, Mayer-Maly, Selb, in *Römisches Recht,* 4 Auflage (in *Enzyklopädie der Rechts- und Staatswissenschaft)* , Berlin 1987, S. 126

408 Siehe Pugliese, *Istituzioni di diritto romano*, Torino 1991, S. 263 ff.

diese Art von Gewalt gab. Sie wurde auch von der Rechtsquellen niemals behauptet.

Im Gegenteil dazu finden wir in den Rechtsquellen viele Beispiele von der so genannten (aus dem Mittelalter) *vis compulsiva*, die Kaser erzwingende Gewalt nennt, die das Subjekt mit psychologischen Drohungen oder manchmal mit Drohungen eines zukünftigen Gewaltakts zwingt, ein bestimmtes Rechtsgeschäft nach den Bedingungen des Autors der Gewalt abzuschließen[409]. Man kann dies in Cicero sehen, in *in Verrem*[410] II, 3,152 der eine alte Version des Edikts darstellt, in dem man über Zwang und Furcht spricht: „*Tenetur igitur iam, iudices, et manifesto tenetur avaritia, cupiditas hominis, scelus, improbitas, audacia. Quid? si haec quae dico ipsius amici defensoresque iudicarunt, quid amplius vultis? Adventu L. Metelli praetoris, cum omnis eius comites iste sibi suo illo panchresto medicamento amicos reddidisset, aditum est ad Metellum; eductus est Apronius. Eduxit vir primarius, C. Gallus senator; postulavit ab L. Metello ut ex edicto suo iudicium daret in Apronium, Qvod per vim avt metvm abstvlisset, quam formulam Octavianam et Romae Metellus habuerat et habebat in provincia. Non impetrat, cum hoc diceret Metellus, praeiudicium se de capite C. Verris per hoc iudicium nolle fieri. Tota Metelli cohors hominum non ingratorum aderat Apronio; C. Gallus, homo vestri ordinis, a suo familiarissimo L. Metello iudicium ex edicto non potest impetrare.*"

Im Digestus, kann man viele Texte finden, die über ein *maioris malitatis* sprechen, die eine Person mit durchschnittlichem Mut beeinflussen konnte, wie zum Beispiel in D. 4,2,5: "*Metum accipiendum labeo dicit non quemlibet timorem, sed maioris malitatis*" Und weiter D. 4,2,6: "*Metum autem non vani hominis, sed qui merito et in homine constantissimo cadat, ad hoc edictum pertinere dicemus.*" wo Gaius über den Mut und die geistigen Eigenschaften des Bedrohten spricht. Sehen wir dazu auch was Ulpian im Bereich des *metus*[411] in D. 4,2,9 schreibt: „*Metum autem praesentem accipere debemus, non suspicionem inferendi eius: et ita pomponius libro vicensimo octavo scribit. ait enim metum illatum accipiendum, id est si illatus est timor ab aliquo. denique tractat, si fundum meum dereliquero audito, quod quis cum armis veniret, an huic edicto locus sit? et refert labeonem existimare edicto locum non esse et unde vi interdictum cessare, quoniam non videor vi deiectus, qui deici non expectavi sed*

---

409 Siehe Guarino, *Diritto privato romano*, Napoli 2001, S. 384

410 Siehe auch Cicero in *in Verrem*, II,3,65: „*Apronius stipatores Venerios secum habebat; ducebat eos circum civitates; publice sibi convivia parari, sterni triclinia, et in foro sterni iubebat; eo vocari homines honestissimos non solum Siculos sed etiam equites Romanos, ut, quicum vivere nemo umquam nisi turpis impurusque voluisset, ad eius convivium spectatissimi atque honestissimi viri tenerentur. Haec tu, omnium mortalium profligatissime ac perditissime, cum scires, cum audires cotidie, cum videres, si sine tuo quaestu maximo fierent, cum tanto periculo tuo fieri pate rere atque concederes? Tantum apud te quaestus Aproni, tantum eius sermo inquinatissimus et blanditiae flagitiosae valuerunt ut numquam animum tuum cura tuarum fortunarum cogitatioque tangeret?*"

411 Siehe E. Weiss, *Institutionen des römischen Privatrechts*, Stuttgart 1949, S. 44

profugi. aliter atque si, posteaquam armati ingressi sunt, tunc discessi: huic enim edicto locum facere. idem ait, et si forte adhibita manu in meo solo per vim aedifices, et interdictum quod vi aut clam et hoc edictum locum habere, scilicet quoniam metu patior id te facere. sed et si per vim tibi possessionem tradidero, dicit pomponius hoc edicto locum esse."

Vor dem *Praetor* konnte man also die Anfechtbarkeit eines Geschäfts nur unter diesen Umständen (schwerer Zwang eines mutigen Mannes unter Androhung eines großen Übels) geltend machen[412]. Es scheint jedoch klar, nach den Rechtsquellen, dass der *Preator* die Fälle von Zwang und Furcht vorgesehen und geschützt hatte.

Vor dem *Praetor* der diese unter Zwang entstandene Rechtsakte nicht erlaubt hatte, konnte man drei verschiedene Rechtsmittel benutzen um diesen Akt anzufechten und eventuell eine Rückerstattung zu erhalten. Die erste Klage war die *actio metus*, die gegen den Autor der Bedrohung gerichtet war und die Verurteilung zum Vierfachen mit sich bringen konnte (seit circa 70 vor Christus). Das zweite Rechtsmittel war die so genannte *exceptio metus*, und die dritte war die Anfrage einer *restitutio in integrum* dessen, was verletzt wurde[413].

Die Arglist betreffend, *dolus*, wurde diese ebenfalls vom *praetor* schon seit der klassischen Zeit (80-70 vor Christus) gestraft[414], wie Cicero uns in der *De Officiis* 3,14,60 zeigt, wo er unter anderem die Ansicht des Juristen *Aquilius Gallus* darstellt: „*Stomachari Canius, sed quid faceret? Nondum enim C. Aquilius, collega et familiaris meus, protulerat de dolo malo formulas; in quibus ipsis, cum ex eo quaereretur, quid esset dolus malus, respondebat, cum esset aliud simulatum, aliud actum. Hoc quidem sane luculente, ut ab homine perito definiendi. Ergo et Pythius et omnes aliud agentes, aliud simulantes perfidi, improbi, malitiosi. Nullum igitur eorum factum potest utile esse, cum sit tot vitiis inquinatum.*"

Man muss hier aber erklären, dass wir im Bereich des gewährten Schutzes des *Praetor* über *dolus-malus*[415] sprechen, wie wir in D. 4,3,1 und 4,3,1,1 beobachten können: "*Hoc edicto praetor adversus varios et dolosos, qui aliis offuerunt*

---

412 Siehe auch D. 4,2,1-3: 1: „*Ait praetor: "quod metus causa gestum erit, ratum non habebo " . olim ita edicebatur " quod vi metusve causa " : vis enim fiebat mentio propter necessitatem impositam contrariam voluntati: metus instantis vel futuri periculi causa mentis trepidatio. sed postea detracta est vis mentio ideo, quia quodcumque vi atroci fit, id metu quoque fieri videtur. " 3: « Continet igitur haec clausula et vim et metum, et si quis vi compulsus aliquid fecit, per hoc edictum restituitur. Sed vim accipimus atrocem et eam, quae adversus bonos mores fiat, non eam quam magistratus recte intulit, scilicet iure licito et iure honoris quem sustinet. ceterum si per iniuriam quid fecit populi romani magistratus vel provinciae praeses, pomponius scribit hoc edictum locum habere: si forte, inquit, mortis aut verberum terrore pecuniam alicui extorserit.*"

413 Siehe Perozzi/Capogrossi Colognesi, *Istituzioni di diritto romano,* Buch 2, Roma 2002, S. 380 ff. und Pugliese, *Istituzioni di diritto romano,* Torino 1991, S. 265

414 Guarino, *diritto privato romano,* Napoli 2001, S. 385

415 Siehe E. Weiss, *Institutionen des roemischen Privatrechts,* Stuttgart 1949, S. 44; S. 380

calliditate quadam, subvenit, ne vel illis malitia sua sit lucrosa vel istis simplicitas damnosa. Verba autem edicti talia sunt: " quae dolo malo facta esse dicentur, si de his rebus alia actio non erit et iusta causa esse videbitur, iudicium dabo. " „

Und weiters in D. 4,3,2,1 können wir auch eine sehr gute Definition des speziellen Falls der Arglist *dolus-malus* von Labeo sehen: „*Dolum malum servius quidem ita definiit machinationem quandam alterius decipiendi causa, cum aliud simulatur et aliud agitur. labeo autem posse et sine simulatione id agi, ut quis circumveniatur: posse et sine dolo malo aliud agi, aliud simulari, sicuti faciunt, qui per eiusmodi dissimulationem deserviant et tuentur vel sua vel aliena: itaque ipse sic definiit dolum malum esse omnem calliditatem fallaciam machinationem ad circumveniendum fallendum decipiendum alterum adhibitam. labeonis definitio vera est. "*

Die Arglist (*dolus-malus)* war eigentlich ein Betrug, eine Täuschungshandlung oder eine Machenschaft um jemanden zu täuschen. Eine falsche Realität die jemand darstellt um die andere Partei des Vertrags zu betrügen[416].

Die alten Römer kannten auch eine andere Art von Arglist, das so genannte *dolus-bonus.* Das war wie eine Täuschung die gegen die Feinde oder Kriminelle benutzt wurde, wie wir in D. 4,3,1,3 sehen können: „*Non fuit autem contentus praetor dolum dicere, sed adiecit malum, quoniam veteres dolum etiam bonum dicebant et pro sollertia hoc nomen accipiebant, maxime si adversus hostem latronemve quis machinetur".* Diese Art von Arglist ist der Vorfahre und die Rechtsgrundlage der modernen Untersuchungsmethoden der Polizei. Die Rechtsabhilfe gegen die Arglist waren vorwiegend zwei. Die *actio de dolo,* die darauf zielte, denjenigen zu verurteilen, der die Täuschungshandlung "*simplum*" ausgeführt hatte. Der Verurteilte konnte in diesem Fall auch "*infamis*" oder "*ignominiosus*" bezeichnet werden. Die andere Rechtsabhilfe war die *exceptio doli,* mittels der das Opfer der Arglist in einem abgeschlossenen Geschäft die vertragliche Gegenleistung nicht erfüllen brauchte, wenn diese vor Gericht verlangt wurde, da die Gegenleistung ungerecht war[417].

Nach dieser synthetischen Vorstellung des Rechtsgeschäfts, möchte ich die Aufmerksamkeit auf den Vorteil und das Erbe dieser allgemeine römische Theorie lenken.

Zu erst können wir sagen, dass der erste Vorteil der Nutzung der römischen Rechtsgeschäfte hauptsächlich die Sicherheit der Rechtsdisziplin des *ius civile* und des *ius honorarium* war, die die Rechtsgrundlage, die Voraussetzungen und den Rechtsschutz des typischen abgeschlossenen Rechtsgeschäft sichern konnte. Wenn jemand ein römisches Rechtsgeschäft abgeschlossen hatte, konnte er sicher auf den Schutz der Regeln des *ius civile* und der Rechtsmittel des *edictum praetoris* zählen. Dieser Schutz wurde im gesamten Kaiserreich gestattet. Das

---

416 Siehe Girard, *Manuelle elementaire de droit romaine,* Paris 1924, S.484 ff.

417 Siehe Perozzi/Capogrossi Colognesi, *Istituzioni di diritto romano,* Buch 2, Roma 2002, S. 549 und 382 ff.

war ein großer Unterschied in Vergleich mit den Rechtsgeschäften, die zum Beispiel unter den Bedingungen eines Landesrechts abgeschlossen wurden. Der zweite große Vorteil war sicher die Einheit dieser Rechtsdisziplin im aktuellen Rechtspanorama der römischen Zeit, in dem die meisten Rechte lokal und sehr unterschiedlich waren. Das gilt sicher für die klassische und spät-klassische Periode. Und nicht zu unterschätzen waren auch die sehr zuverlässigen und kompletten Lösungen des römischen Rechts im Bereich der Rechtsdisziplin des Rechtsgeschäfts im Vergleich mit den lokalen Rechten des Mittelmeers.

Aus diesem technischen Grund wurde auch diese Disziplin fast überall übernommen, nicht nur in der römischen Zeit sondern auch später bis in die heutigen Tage. Dieselbe Rechtstheorie wurde später von den modernen Kodifikationen rezipiert. Wir können dieselbe Begriffe und Grundlagen der römischen Theorie des Rechtsgeschäfts in den italienischen, französischen, deutschen, österreichischen, spanischen, portugiesische und in viele anderen abgeleiteten Kodifikationen finden. Denken wir nur an das Beispiel der deutschen Pandektistik, die aufgrund des römischen Rechts eine systematische Theorie des Rechtsgeschäfts gegründet hat. Auch heute sind diese römischen Begriffe aktuell und sie sind die Grundlage des modernes Privatrechts vieler europäischer Länder. Wir können sicher sagen, dass die *romanitas* im Bereich der Theorie des Rechtsgeschäfts nicht nur ein Vorteil war sondern auch ein tausendjähriger Erfolg.

4 Römische Verträge

4.1 Die römischen Obligationen im Allgemeinen

Um die römische Kategorie der Verträge völlig zu verstehen, müssen wir zuerst die allgemeine Kategorie der *obligationes* betrachten, denen sie angehören.
In den letzten zwei Jahrhunderten der Republik erschufen und erfassten die Römer die Grundkategorie der *obligationes*. Die Rechtsfiguren und die Ereignisse, von den sie stammen, sind zwei oder drei (je nach herangezogener Rechtsquelle) typische Kategorien von Rechtsakten und Rechtsereignissen die sie (die *obligationes)* verursachen und produzieren können. Diese Kategorien sind: die Verträge, die Delikte und andere Akte, die fähig sind eine Obligation zu erschaffen[418].
Wir finden also die Kategorie der Verträge unter den Quellen der Obligationen. Im Bereich der Klassifikation der Rechtsquellen der Obligationen müssen wir mit einer einführenden Vertiefung beginnen, um dieses Argument besser zu verstehen und zu untersuchen.
Nach dem Jurist Gaius, in *Institutiones,* 3,88, gibt es eine „*summa divisio*“ der *obligationes* selbst in zwei Arten: die Obligationen die durch einen Vertrag entstehen und die Obligationen die durch ein Delikt entstehen[419], wie wir in folgendem Text sehen können: „*Nunc transeamus ad obligationes, quarum summa diuisio in duas species diducitur: omnis enim obligatio uel ex contractu nascitur uel ex delicto.*“
Aber diese Zweiteilung wird in einem anderen Werk von Gaius (oder vielleicht *pseudo*-Gaius), die *res cottidianae,* eine Dreiteilung. In diesem Text, der im zweiten Buch (in D. 44,7,1 reproduziert) behauptet Gaius: „*Obligationes aut ex contractu nascuntur aut ex maleficio aut proprio quodam iure ex variis causarum figuris.*“ In dieser Dreiteilung entsteht eine neue Quelle der Obligationen, die so genannte „*variae causarum figurae*“. Sie sind weitere Rechtsakte die fähig sind, neue Obligationen zu produzieren[420].
Es gibt viel Literatur über dieses Thema und auch viel Kritik der Autoren, dennoch, nach der vorherrschende Lehre, scheint es, dass Gaius selbst seine „*summa divisio*“ auf Grund der konstruktiven Selbstkritik, die wir in den *Institutiones* 3,91 sehen können, später erweitert hätte[421].

---

418 Siehe Talamanca, *Istituzioni di diritto romano,* Milano 1990, S.508

419 Siehe Pugliese, *Istituzioni di diritto romano,* Torino 1991, S. 531

420 Siehe Arangio-Ruiz, *Istituzioni di diritto romano,* XIV Auflage, Napoli 1984, S.292 ff.

421 Über dieses Problem siehe im Allgemeinen Talamanca, *Istituzioni di diritto romano,* Milano 1990, S.510 ff. Ebenfalls Gaius, *Institutiones* 3,91: „*Is quoque, qui non debitum accepit ab eo, qui per errorem soluit, re obligatur; nam proinde ei condici potest SI PARET EVM DARE OPORTERE, ac si mutuum accepisset. unde quidam putant pupillum aut mulierem, cui sine tutoris auctoritate non debitum per errorem datum est, non teneri*

Die *variae causarum figurae* waren eine allgemeine klassifizierende Kategorie, in der alle Fälle enthalten warden, die wir nicht zu den Verträgen oder den Delikten (*maleficia* nach dem Wort der *res cottidianae)* zählen konnten.

Diese Dreiteilung der Obligationen, die wir in den *res cottidianae* finden, wurde fast ohne Varianten vom italienischen Zivilgesetzbuch im Art. 1173, über die Quellen der Schuldverhältnisse, übernommen. Auch der ABGB von 1811 übernimmt teilweise diese Dreiteilung im Artikel 859 über die Gründe der persönlichen Sachenrechte, auch wenn er von Rechtsgeschäften (und nicht von Verträgen), Delikten und Gesetz als Quelle der Obligationen spricht. Vielleicht stammt diese Teilung vom Text von Modestinus in D. 44,7,5, aber nur entfernt[422]. Auch im BGB gilt die Teilung zwischen Obligationen *ex contractu* (hier als Rechtsgeschäft) die auf dem §311 basieren und *ex delictu.*

Diese Teilung erfolgte vielleicht in der vorklassischen und klassischen Periode[423].

Mit Iustinian ändert sich diese Teilung wieder und es wird in seinen Institutionen (3,13,1) noch eine neue doppelte Unterteilung eingeführt: „*Nunc transeamus ad obligationes. obligatio est iuris vinculum, quo necessitate adstringimur alicuius solvendae rei, secundum nostrae civitatis iura.*

Omnium autem obligationum summa divisio in duo genera deducitur: namque aut civiles sunt aut praetoriae. civiles sunt, quae aut legibus constitutae aut certe iure civili comprobatae sunt. praetoriae sunt, quas praetor ex sua iurisdictione constituit, quae etiam honorariae vocantur."

Die erste große Unterteilung zwischen *obligationes civiles* und *praetoriae*, die besonders anachronistisch oder nicht Original ist und vielleicht vom Text des Juristen Modestinus (in 44,7,52[424]) übernommen wurde.

Weiters in Institutionen 3,13,2 führt Iustinian eine neue Vierteilung der Obligationen ein: *ex contractu, ex maleficio, quasi ex contractu, quasi ex maleficio,*

---

condictione, non magis quam mutui datione. sed haec species obligationis non uidetur ex contractu consistere, quia is, qui soluendi animo dat, magis distrahere uult negotium quam contrahere. "

422 Siehe Mayer-Maly über die Verhältnisse mit dem geltenden Privatrecht in, *Römisches Recht*, Wien 1999, S. 107

423 Siehe Perozzi/Capogrossi-Colognesi, *Istituzioni di diritto romano,* Band II, Roma 2002, S. 16 ff.

424 Siehe D. 44,7,52,1 pr-10: „*Obligamur aut re aut verbis aut simul utroque aut consensu aut lege aut iure honorario aut necessitate aut ex peccato.Re obligamur, cum res ipsa intercedit.Verbis, cum praecedit interrogatio et sequitur congruens responsio.Re et verbis pariter obligamur, cum et res interrogationi intercedit, consentientes in aliquam rem.Ex consensu obligari necessario ex voluntate nostra videmur.Lege obligamur, cum obtemperantes legibus aliquid secundum praeceptum legis aut contra facimus.Iure honorario obligamur ex his, quae edicto perpetuo vel magistratu fieri praecipiuntur vel fieri prohibentur.Necessitate obligantur, quibus non licet aliud facere quam quod praeceptum est: quod evenit in necessario herede.Ex peccato obligamur, cum in facto quaestionis summa constitit.Etiam nudus consensus sufficit obligationi, quamvis verbis hoc exprimi possit.Sed et nutu solo pleraque consistunt.*"

wie wir in dem Text sehen können: *„Sequens divisio in quattuor species deducitur: aut enim ex contractu sunt aut quasi ex contractu aut ex maleficio aut quasi ex maleficio. prius est, ut de his quae ex contractu sunt dispiciamus. harum aeque quattuor species sunt: aut enim re contrahuntur aut verbis aut litteris aut consensu. de quibus singulis dispiciamus"*.
Also eine neue Vierteilung der Quellen und der Typen der Obligationen (mit der Neuheit der Obligationen *quasi ex contractu* und *quasi ex maleficio*), die noch großes Glück in der Geschichte haben wird. Das französische Zivilgesetzbuch von 1804 und die heutige Version beinhalten noch diese Teilung von Justinian[425].
Nach diesen verschiedenen Einteilungen der Obligationen können wir behaupten, dass die wichtigste Teilung in der römische Klassifikation der Rechtsquellen der Obligationen diejenige zwischen Verpflichtungen war, die von einem rechtswidrigen Akt oder von einem rechtmäßigen Akt kommen. Unter ersteren war die wichtigste Kategorie die der Obligationen *ex contractu*[426].
Die römische Vertragsordnung hatte aber eine lange und komplizierte Entwicklung zwischen der alten und der spät-antiken Periode, und erreichte doch den höchsten Punkt in der klassischen Periode.
In der antiken Periode gab es wenige Verträge in rechtlichem Sinn, und zwar Rechtsgeschäfte, die auf einer gegenseitigen Einigung gegründet wurden. Die wichtigsten waren die Rechtsakte die *vades* und *praedes* gründeten, die *sponsio*, der *nexum*, und das formelle Darlehen[427].
Später, ab den XII Tafeln bis zur republikanischen Periode und dem Prinzipat, sehen wir eine langsame aber wichtige Entwicklung, die der kreativen Aktivität der Jurisprudenz zu verdanken ist.
Diese Entwicklung führt zur definitiven Affirmation der „klassischen römischen Vertragsordnung", die Gaius in seinen Institutionen darstellt. In der Tat, in den Institutionen 3,89 zeigt uns der Jurist die Arten der *obligationes ex contractu*, aufgrund einer Unterscheidung der Elemente die sie verwirklicht[428]: *„Et prius uideamus de his, quae ex contractu nascuntur. harum autem quattuor genera sunt: aut enim re contrahitur obligatio aut uerbis aut litteris aut consensu"*.
Wie wir sehen können, stellt dieser letzte Text von Gaius die große Unterteilung der Obligationen, die aus einem Vertrag entstehen, vor: *ex re, verbis, litteris* und *consensu*. Von diesen vier Methoden zu *contrahere* kommen auch die Grundkategorien der Verträge: die Realkontrakte, die Litteralverträge, die Verbalkontrakte und die Konsensualverträge. Weiters, beschreibt Gaius in den Institutionen die spezifischen und typischen Verträge, die diesen Grundkategorien angehören[429].

425 Siehe Wenger/Wesener, *Neuere deutsche Privatrechtsgeschichte,* Lahr 1976, S. 146
426 Siehe Talamanca, *Istituzioni di diritto romano,* Milano 1990, S. 352
427 Siehe Arangio-Ruiz, *Istituzioni di diritto romano,* XIV Auflage, Napoli 1984, S.80
428 Siehe Pugliese, *istituzioni di diritto romano,* Torino 1991, S.524
429 Der Text befindet sich in den Institutionen 3,89-162. Er ist sehr wichtig um das gesamte Gebiet zu verstehen. Aus diesem Grund wird der Text im Anhang 2 dieses Buches repro-

4.2 Ausarbeitung der Erfordernisse und der Begriffe der Verträge in den verschiedenen historischen Perioden

Im Bereich des Konzepts selbst des Vertrags, ist der erste Versuch einen Begriff des Vertrags zu begründen der von Labeo in D. 50,16,19 (in einem Text von Ulpian), der uns dank der Rechtsquellen überliefert wurde: *„Labeo libro primo praetoris urbani definit, quod quaedam "agantur", quaedam "gerantur", quaedam "contrahantur": et actum quidem generale verbum esse, sive verbis sive re quid agatur, ut in stipulatione vel numeratione: contractum autem ultro citroque obligationem, quod graeci sunallagma vocant, veluti emptionem venditionem, locationem conductionem, societatem: gestum rem significare sine verbis factam"*.

In diesem Text macht Labeo eine Unterscheidung zwischen den Kategorien des Rechtsakts (*„actum")*, des *„gestum"*, und des Vertrags (*„contractum")*[430].

Für Labeo ist der Vertrag ein Verpflichtungsgeschäft das gegenseitige Obligationen zwischen den Parteien erschafft – das was die Griechen *synallagma* nennen. Er bringt als reines Beispiel des Vertrags die Konsensualverträge. Eine sehr restriktive Ansicht im Vergleich mit der Teilung von Gaius. Für Gaius und vielleicht für die Schule der Sabinianer, deren Schüler er selbst war, wurde der Vertrag als ein genereller rechtmäßiger Rechtsakt, um eine Obligation zu gründen, gesehen[431].

Es scheint dass er *„obligationem contrahere"* als Vertrag übersetzt hatte. Ein Ausdruck, der oft benutzt wurde, um eine Obligation zu bezeichnen, die nicht durch ein Delikt entstanden[432].

Eine sehr ausführliche Definition, auch wenn derselbe Gaius in der Darstellung der Obligationen *consensu contractae* die große Wichtigkeit der Gegenseitigkeit und der Einigung unterstreicht, wie wir in Institutionen 3,136 sehen können: *„Ideo autem istis modis consensu dicimus obligationes contrahi, quod neque uerborum neque scripturae ulla proprietas desideratur, sed sufficit eos, qui negotium gerunt, consensisse. unde inter absentes quoque talia negotia contrahuntur, ueluti per epistulam aut per internuntium, cum alioquin uerborum obligatio inter absentes fieri non possit. "*

Eine andere sehr wichtige und erfolgreiche Definition des Begriffs des Vertrags ist die von Sextus Pedius (I Jahrhundert vor Christus) der die *„obligationes contractae"* und den Vertrag auf der Einigung der Partei basiert. Der Vertrag ist also basiert als rundum auf der Einigung (*„conventio"*), wie wir im Text von Ul-

duziert.

430 Siehe Pugliese, *Istituzioni di diritto romano,* Torino 1991, S.526

431 Siehe Guarino, *Istituzioni di diritto romano,* Napoli 2001, S. 773 ff.

432 Siehe in diesem Bereich und für diese Definition mehrere Rechtsquellen: Cicero, *Ad Quintus,* 38 und *Cat.* 2,4; Pomponius in D. 18,1,8,1; Africanus in D. 21,2,46,1; Gaius, *Institutiones* 2,81.

pian (4, *Ad Edictum)* in D.2,14,1,3 lesen können: „*Conventionis verbum generale est ad omnia pertinens, de quibus negotii contrahendi transigendique causa consentiunt qui inter se agunt: nam sicuti convenire dicuntur qui ex diversis locis in unum locum colliguntur et veniunt, ita et qui ex diversis animi motibus in unum consentiunt, id est in unam sententiam decurrunt. adeo autem conventionis nomen generale est, ut eleganter dicat pedius nullum esse contractum, nullam obligationem, quae non habeat in se conventionem, sive re sive verbis fiat: nam et stipulatio, quae verbis fit, nisi habeat consensum, nulla est*".

Nach dieser Theorie, die einen großen Erfolg nicht nur in der klassischen Periode sondern auch in der spät-antiken Periode und im modernen Privatrecht haben wird, ist die Einigung das Grundelement und der wichtigste Teil eines Vertrags, der durch sie bestimmt wird.

Diese Theorie wird auch die pandektistische[433] und die moderne Theorie des Rechtsgeschäfts beeinflussen. Sie wird beweisen, dass das Grundelement jedes verpflichtenden Rechtsgeschäfts die Einigung (*conventio)* ist, da sie die Obligation selbst erschafft.

4.3 Die *summa divisio* der Obligationen von Gaius

Die Darstellung der Obligationen in den *Institutiones* (3,88) von Gaius beginnt mit der bedeutenden Spaltung der Quellen der Schuldverhältnisse in zwei Gruppen: die Verträge und die Delikte: „*(Nunc transeamus) ad obligationes. Quarum summa divisio in duas species didicitur:omnis enim obligatio vel ex contractu nascitur vel ex delicto*[434].

Alle Obligationen entstehen durch Verträge oder Delikte. Nach dieser Hauptdivision, fährt Gaius (*Institutiones* 3,89) mit einer weiteren Klassifizierung nach dem Abschlussmerkmal im Bereich der Verträge fort: „*Et priusvideamus de his, quae ex contractu nascuntur. Harum autem quattuorgenera sunt:aut enim re contrahitur obligatio aut verbis aut litteris aut consensu*"[435].

Gaius unterteilt also die Verträge in vier große Familien (*genera*): *litteris, re, verbis, consensu contractae.* Jede dieser Familien enthält verschiedene typische Verträge, durch die die Obligationen entstehen. Diese Klassifikation möchte in jedem einzelnen Vertrag den verpflichtenden Tatbestand bestimmen[436].

Doch die Hauptdivision zwischen *obligationes ax contractu* und *ex delicto* scheint tatsächlich noch einmal in einem anderen Werk von Gaius (oder Pseudo-Gaius), die *Res cottidianae* oder *Aurea,* modifiziert zu sein[437]. In diesem Werk fügt Gaius der Zweiteilung eine dritte Kategorie hinzu: die *variae causarum*

---

433 Siehe Wenger/Wesener, *Neuere deutsche Privatrechtsgeschichte,* Lahr 1976, S. 155 ff.

434 Siehe Voci, *Istituzioni di diritto romano,* Milano 1954, S. 314-15

435 Siehe Perozzi, *Istituzioni di diritto romano, II,* Roma 2002, S. 28 ff.

436 Siehe Pugliese, *Istituzioni di diritto romano,* Torino 1991, S.533

figurae. Wie wir schon vorher gesehen haben, gründen diese doch nicht eine einzelne dogmatische Kategorie der Quellen der Obligationen, aber sie enthalten verschiedene Tatbestände, die ein Rechtsverhältnis gründen, das dem Verhältnis der anderen Obligationen ähnlich ist. Sie enthalten im Allgemeinen alle Rechtsverhältnisse, die aus verschiedenen Gründen nicht in den zwei anderen Kategorien enthalten sein können[438]. Mit Justinian wird diese dritte Kategorie noch in zwei weitere unterteilt: die *obligationes quasi ex contractu* und *quasi ex delicto.*

4.4 Die Realobligationen

Wir beginnen mit den Realobligationen, den *obligationes ex re contractae.* Hier stellt Gaius in den Institutionen 3,90-91 zwei Fälle vor: den Fall eines Darlehens (oder *mutuum)* und den Fall einer ungebührlichen Bezahlung: „*90. Re contrahitur obligatio uelut mutui datione; mutui autem datio proprie in his fere rebus contingit, quae res pondere, numero, mensura constant, qualis est pecunia numerata, uinum, oleum, frumentum, aes, argentum, aurum; quas res aut numerando aut metiendo aut pendendo in hoc damus, ut accipientium fiant et quandoque nobis non eaedem, sed aliae eiusdem naturae reddantur. unde etiam mutuum appellatum est, quia quod ita tibi a me datum est, ex meo tuum fit.*
91. Is quoque, qui non debitum accepit ab eo, qui per errorem soluit, re obligatur; nam proinde ei condici potest SI PARET EVM DARE OPORTERE, ac si mutuum accepisset. unde quidam putant pupillum aut mulierem, cui sine tutoris auctoritate non debitum per errorem datum est, non teneri condictione, non magis quam mutui datione. sed haec species obligationis non uidetur ex contractu consistere, quia is, qui soluendi animo dat, magis distrahere uult negotium quam contrahere".
In beiden Tatbeständen ist das verpflichtende Grundelement das „*dare rem*", das nach verschiedene Autoren in einem technischen Sinn eine spezielle Bedeutung hat: die Eigentumsübertragung einer Sache oder einer bestimmten Menge von ersetzbaren Sachen[439].
Von diesem Übertragungsgeschäft entsteht auch die Verpflichtung zur Rückerstattung des *tantundem,* also derselben Menge der erhaltenen Sachen.
Der *mutuum* ist der Grundtypus des Kreditgeschäfts, bei dem jemand eine Kapitalsache einem anderen zur Nutzung anvertraut *(credere).* Wie schon gesagt, als Realkontrakt besteht es in der Hingabe einer Geldsumme oder anderer ersetzbarer Sachen in das Eigentum des Nehmers, mit der Vereinbarung, dass die gleiche

437 Siehe den Text in D. 44,7,1: „*Obligationes aut ex contractu nascuntur aut ex maleficio aut proprio quodam iure ex variis causarum figuris*".
438 Siehe E. Weiss, *Institutiones des römischen Privatrechts,* Stuttgart 1949, SS. 273-274
439 Siehe Talamanca, *Istituzioni di diritto romano,* Milano 1990, S. 537, und Guarino, *Diritto privato romano,* Napoli 2002, S. 855 ff. Ebenfalls, Arangio-Ruiz, *Istituzioni di diritto romano,* Napoli 1984, S. 303 ff.

Summe (oder die gleiche Menge an Sachen) zurückerstattet wird[440]. Der *mutuum (*oder auch *mutui datio)* diente als formfreies Darlehen, zunächst allenfalls als zinsloses Alltagsgeschäft („Freundschaftsdarlehen")[441].

Zusätzlich müssen wir betrachten, dass das Darlehen erstens zinslos war und zweitens die *datio rei* eine Einigung vorhersah. In der antiken und klassischen römischen Periode hatte das Darlehen nicht die Eigenschaften der *usura.* Es war also hauptsächlich kostenlos und ohne Zinsen. Erst seit der Zeit von Alexandros Severus wurde begonnen, auf das Darlehen Zinsen einzuheben, wie wir in dem Codex *Iustiniani* 4,32,11 sehen können: *„Frumenti vel hordei mutuo dati accessio etiam ex nudo pacto praestanda est. * alex. a. aurelio tyranno. * <a 223 pp. k. mai. maximo ii et aeliano conss.> ".*

Die ungebührliche Bezahlung (*solutio indebiti)* ist die Übergabe einer Geldsumme die man nicht schuldet, aufgrund eines Irrtums. Man denkt, man wäre jemandem etwas schuldig und zahlt, ohne aber einer echten *causa* und Grund. Diese Bezahlung produziert jedoch in dem, der sie annimmt, die Verpflichtung die Geldsumme oder die Sache zurückzuerstatten. Die ungebührliche Bezahlung produzierte doch die Eigentumsübertragung in den Händen des Nehmers und der *solvens* konnte eigentlich keine *rei vendicatio* vor dem Gericht geltend machen sondern nur eine *actio in personam*, die sogenannte *condictio indebiti,* um die Sache zurück zu bekommen, weil er nicht mehr echter Eigentümer war[442]. Seit der spät-klassischen Periode wurde die *indebiti solutio* zu den *variae causarum figurae* gezählt und nicht mehr als Realkontrakt.

Der *fenus nauticum* (oder *„pecunia traiecticia)* war ebenfalls ein Realvertrag. Eine spezielle Art von *mutuum*, der im Bereich des Seerechts benutzt wurde[443].

Später schien es, dass auch andere verschiedene Vertragstypen sich dank dem *ius honorarium* in die Menge der Realkontrakte Einzug fanden. Diese Vertragstypen waren sicher: das *depositum* und das *commodatum,* die auch auf einer *„datio rem"* basieren, wie die Institutionen von Iustinian uns zeigen (3,14,2): *„Item is cui res aliqua utenda datur, id est commodatur, re obligatur et tenetur commodati actione. sed is ab eo qui mutuum accepit longe distat: namque non ita res datur ut eius fiat, et ob id de ea re ipsa restituenda tenetur. Praeterea et is apud quem res aliqua deponitur re obligatur, et actione depositi, qua et ipse de*

440 Siehe Kaser, *Römisches Privatrecht,* XVIII Auflage, München 2005, S.195; und Paulus in D.12,1,2: *„Mutuum damus recepturi non eandem speciem quam dedimus (alioquin commodatum erit aut depositum), sed idem genus: nam si aliud genus, veluti ut pro tritico vinum recipiamus, non erit mutuum.Mutui datio consistit in his rebus, quae pondere numero mensura consistunt, quoniam eorum datione possumus in creditum ire, quia in genere suo functionem recipiunt per solutionem quam specie: nam in ceteris rebus ideo in creditum ire non possumus, quia aliud pro alio invito creditori solvi non potest."*

441 Siehe M. Salazar Revuelta, *La gratuitad del mutuum en el derecho romano,* Jaén 1999, S.13 ff.

442 Siehe Guarino, *Diritto privato romano,* Napoli 2001, SS. 968-969

443 Siehe E. Betti, *Istituzioni di diritto romano,* II, Padova 1960, S. 104

ea re quam accepit restituenda tenetur". Gaius zum Bereich der *maleficia* sagt folgendes in den Institutionen 3,206-7: „*206. Quae de fullone aut sarcinatore diximus, eadem transferemus et ad eum, cui rem commodauimus. nam ut illi mercedem capiendo custodiam praestant, ita hic quoque utendi commodum percipiendo similiter necesse habet custodiam praestare.*

207. Sed is, apud quem res deposita est, custodiam non praestat tantumque in eo obnoxius est, si quid ipse dolo malo fecerit; qua de causa si res ei subrepta fuerit, quia restituendae eius nomine depositi non tenetur nec ob id eius interest rem saluam esse, furti [itaque] agere non potest, sed ea actio domino conpetit"[444].

Die beiden Tatbestände wurden durch *actiones bonae fidei in ius conceptae* geschützt. Auch die Verpfändung (*pignus*) schien der Kategorie der Realkontrakte anzugehören, wie viele Autoren, darunter auch Pugliese, behaupten[445].

Verwahrung oder Hinterlegung ist grundsätzlich die unentgeltliche Aufbewahrung einer Sache. In diesem Rechtsverhältnis übergibt der Hinterleger (Deponent) die Sache dem Verwahrer (Depositar), der sie zurückzugeben hat, sobald es der Hinterleger verlangt[446]. Das normale *depositum* betrifft die Aufbewahrung bestimmter Einzelsachen. An diesen Sachen erwirbt der Verwahrer kein Eigentum oder Besitz, sondern nur die körperliche Innehabung.

Der Hinterleger kann die Rückgabe der Sache vom Depositar mit einer Verwahrungsklage (*actio depositi*) verlangen.

Die Leihe ist die unentgeltliche Überlassung einer Sache zum Gebrauch wie Ulpian in D.13,6,1 und ff. beschreibt. Der Entleiher oder Kommodatar wird Inhaber der Sache werden und haftet dem Verleiher oder Kommodanten über sein Verschulden hinaus für *custodia*, und damit auch für unverschuldeten Verlust durch Diebstahl. Wenn der Entleiher die Sache nach Ablauf der Leihe nicht ordnungsmäßig zurückgegeben hat, erhält der Verleiher die Klage aus Leihe: die *actio commodati*[447].

---

444 Für eine bessere Betrachtung über das *depositum* und das *commodatum* im Bereich des Delikts in Gaius, siehe auch Institutionen 3,196-7: „*196. Itaque si quis re, quae apud eum deposita sit, utatur, furtum committit; et si quis utendam rem acceperit eamque in alium usum transtulerit, furti obligatur, ueluti si quis argentum utendum acceperit, quasi amicos ad cenam inuitaturus, et id peregre secum tulerit, aut si quis equum gestandi gratia commodatum longius aliquo duxerit, quod ueteres scripserunt de eo, qui in aciem perduxisset.*

197. Placuit tamen eos, qui rebus commodatis aliter uterentur quam utendas accepissent, ita furtum committere, si intellegant id se inuito domino facere eumque, si intellexisset, non permissurum; at si permissurum credant, extra furti crimen uideri, optima sane distinctione, quod furtum sine dolo malo non committitur."

445 Siehe Pugliese, *Istituzioni di diritto romano,* Torino 1991, S. 545

446 Siehe Mayer-Maly, Honsell, Selb, *Römisches Recht,* in *Enzyklopädie der Rechts- und Staatswissenschaft,* Berlin 1987, S. 301

447 Siehe Kaser, *Römisches Privatrecht,* München 2005, S. 196

Die Verpfändung findet statt, wenn eine Sache als Besitzpfand dem Gläubiger als Garantie gegeben wurde. Der Verpfänder erhält, wenn die mit dem Pfand gesicherte Forderung erloschen ist, die schuldrechtliche Pfandklage (*actio pigneretícia)*, gegen den Gläubiger auf Rückgabe der Pfandsache[448].

4.5 Die Obligationen *verbis contractae*

Ein anderer sehr wichtiger Vorzug der Verträge ist die Kategorie der Verbalkontrakte oder *„obligationes verbis contractae"*. Die Obligationen also, die man durch eine mündliche Abmachung abschließen kann. Zum Beispiel mit einer mündlichen Formel, in der sich eine bestimmte Frage und eine spezifische Antwort befindet: *„fit ex interrogatione et responsione"*, nach der Definition von Gaius in der Institutionen 3,92[449]. Die mündlichen Verträge wurden auch in der klassischen und spät-klassischen Periode in die allgemeinen Theorie des Vertrags als Einigung miteinbezogen, in der der Konsens und die *conventio* die Grundelemente sind. Die Einigung ist tatsächlich der Grund der *„verba*". Auch wenn es am Ende die Wörter waren, die den Vertrag abschließen konnten. Was ich hier gesagt habe, können wir auch in einer perfekten Definition von Ulpian im Bereich der *stipulatio* in D. 2,14,1,3 sehen: *„Conventionis verbum generale est ad omnia pertinens, de quibus negotii contrahendi transigendique causa consentiunt qui inter se agunt: nam sicuti convenire dicuntur qui ex diversis locis in unum locum colliguntur et veniunt, ita et qui ex diversis animi motibus in unum consentiunt, id est in unam sententiam decurrunt. adeo autem conventionis nomen generale est, ut eleganter dicat pedius nullum esse contractum, nullam obligationem, quae non habeat in se conventionem, sive re sive verbis fiat: nam et stipulatio, quae verbis fit, nisi habeat consensum, nulla est."*

Die typischen Rechtsfiguren der Verbalverträge der klassischen Periode waren die *stipulatio*, die *dotis dictio,* und das *ius iurandum liberti*. Der erste Vertragstatbestand war eine Entwicklung der *sponsio*, die jetzt auch den Ausländern gestattet wurde.

Die *stipulatio* ist ein einseitiger mündlicher verpflichtender Vertrag, der an eine feste Frage- und Antwortform im Bereich einer Leistungsversprechung gebunden ist. Die *stipulatio* ist ein klassischer Verbalkontrakt, in der der *stipulator* eine Leistung dem *adstipulator* durch die Verwendung von bestimmten Wörtern verspricht[450].

---

448 Siehe Mayer-Maly, Honsell, Selb, *Römisches Recht,* in *Enzyklopädie der Rechts- und Staatswissenschaft,* Berlin 1987, S. 196 ff.

449 Siehe Gaius in *Institutiones* 3,92: *„Verbis obligatio fit ex interrogatione et responsione, uelut DARI SPONDES? SPONDEO, DABIS? DABO, PROMITTIS? PROMITTO, FIDEPROMITTIS? FIDEPROMITTO, FIDEIVBES? FIDEIVBEO, FACIES? FACIAM."*

Sie ist der *sponsio* ähnlich, jedoch ohne das Verb *spondeo* zu verwenden, das nur von Römern verwendet werden konnte, sondern mit anderen Verben, wie zum Beispiel *promitto.*
Die *dotis dictio* war ein förmliches Versprechen der Mitgift einer Braut seitens des *pater familias* an den zukünftigen Ehemann. Dieses Versprechen war ein einseitig mündliches und verpflichtendes Rechtsgeschäft, das dem Ehemann ein Forderungsrecht über das Vermögen der Mitgift gab: „*dotem tibi dico sestertium milia tot*" oder „*doti tibi erunt sestertium milia tot*", wie wir zum Beispiel in den Institutionen von Gaius in 3,95 sehen können: „*si debitor mulieris iussu eius, dum [. . . . .] doti dicat quod debet. alius autem obligari eo modo non potest. et ideo si quis alius pro muliere dotem uiro promittat, communi iure obliga [. . . . .]*"[451].
Die *dotis dictio* wurde in der antiken Periode viel verwendet, vor allem im Bereich eines *matrimonium cum manu.* Mit der klassischen Zeit verliert sie ihre Wichtigkeit und beginnt schon ab der spät-klassischen Periode zu schwinden.
Das *ius iurandum liberti* oder *promissio iurata liberti,* war ein einseitiges Rechtsgeschäft, bestehend aus einem förmlichen Versprechen, das durch einen Schwur verstärkt wurde. Mit diesem Schwur verpflichtete sich der *libertus* (der befreiter Sklave) vom *patronus* bestimmte außerordentliche Arbeiten zu übernehmen die in der Zahl der *operae libertorum* nicht enthalten waren[452].
Die *stipulatio* war die bevorzugte Form der Römer um einem beliebigem Verhältnis eine einfache verpflichtende Regelung zu geben. Viele sind die Rechtsquellen die uns zeigen wie oft die Römer die *stipulationes* benutzten um verschiedene Rechtsangelegenheiten zu regulieren[453]. Die Terminologie die wir normalerweise in verschiedene Rechtstatbestände finden, um die Abschließung eines *stipulatio* zu darstellen sind die Wörter: *deducere per stipulationem*[454].

---

450 Siehe Mayer-Maly, Honsell, Selb, *Römisches Recht,* in *Enzyklopädie der Rechts- und Staatswissenschaft,* Berlin 1987, S. 294 ff. Und Kaser, *Römisches Privatrecht,* München 2005, S. 199 ff.

451 In diesem Bereich siehe Guarino, *Diritto privato romano,* Napoli 2001, S.823 ff. und Kaser, *Die Wirkungen des dotis dictio,* in SDHI. 17 (1951) S. 169 ff;

452 Siehe Waldstein, *Operae Libertorum,* Stuttgart 1986, S. 236 ff.

453 Siehe zum Beispiel den *Codex* von Justinian: C. 4,2,6 im Bereich einer Novation, oder C. 4,18,2,1a im Bereich der *solutio debiti.* Sonst siehe wieder C. 3,33,16, im Bereich des *usus fructus,* und C. 3,36,23 ; 3,38,12 und C. 3,38,7 im Bereich der Erbteilung.

454 Siehe zum Beispiel den Codex von Justinian C. 3,33,16: „*Corruptionem usus fructus multiplicem esse veteribus placuit, vel morte usufructuarii vel capitis deminutione vel non utendo vel aliis quibusdam non ignotis modis. Sed de usu fructu quidem hoc indubitatum fuerat: de personali autem actione, quae super usu fructu nascitur, sive in stipulationem usus fructus deductus sive ex testamento relictus est, dubitabatur, morte quidem usufructuarii et capitis deminutione et eam tolli omnibus concedentibus, non utendo autem, si per annum vel per biennium forsitan eundem usum fructum non petierit usufructuarius, si personalis actio tollitur, altercantibus*"

Wörter die eigentlich oft benutzt konnten und im jedem Bereich des Recht weil sie sehr allgemeine sind.

4.6 Die Obligationen *litteris contractae*

Gehen wir jetzt zu den so genannten schriftlichen Verträgen oder „*obligationes litteris contractae*" über. Sie sind Verträge, die von der Herstellung eines schriftlichen Dokuments charakterisiert waren. Das schriftliche Dokument sollte die Grundeinigung der beiden Parteien formalisieren[455].

Der Hauptvertrag der alten und klassischen Periode unter den „*obligationes litteris contractae*" war der so genannte *nomen transcripticium* oder *expensilatio* des *ius civile,* wie Gaius in den Institutionen 3,128-131,133 genau beschreibt: „*Litteris obligatio fit ueluti in nominibus transscripticiis. fit autem nomen transscripticium duplici modo, uel a re in personam uel a persona in personam. 129. A re in personam transscriptio fit, ueluti si id, quod tu ex emptionis causa aut conductionis aut societatis mihi debeas, id expensum tibi tulero. 130. A persona in personam transscriptio fit, ueluti si id, quod mihi Titius debet, tibi id expensum tulero, id est si Titius te pro se delegauerit mihi.133 Transscripticiis uero nominibus an obligentur peregrini, merito quaeritur, quia quodam modo iuris ciuilis est talis obligatio; quod Neruae placuit. Sabino autem et Cassio uisum est, si a re in personam fiat nomen transscripticium, etiam peregrinos obligari; si uero a persona in personam, non obligari.*"

Nach dieser langen und genauen Beschreibung stellt Gaius in Kürze auch zwei alte Verträge vor, die normalerweise von Ausländern im Orient benutzt wurden, aber die man auch in Rom kennengelernt hatte: die *syngraphae* und die *chirographa*[456]. Zu diesen zwei Verträge spricht Gaius in den Institutionen 3, 134: „*Praeterea litterarum obligatio fieri uidetur chirografis et syngrafis, id est, si quis debere se aut daturum se scribat, ita scilicet, si eo nomine stipulatio non fiat. quod genus obligationis proprium peregrinorum est.*"

In jedem schriftlichen Vertrag war das Grund- und wichtigste Element die Tatsache, dass die Einigung durch die Erstellung eines Dokuments entstand und die Obligation von der „Schrift" (*scriptura)* selbst entstand. Durch die *scriptura* entstand die Verpflichtung[457].

Der *nomen trascripticium,* wie wir im Text von Gaius gelesen haben war die Lastschrift (oder *expensum ferre)*, die der Gläubiger in seinem Hausbuch (mit Einverständnis des Schuldners) so vornahm, als ob er dem Schuldner die gebuchte Summe als Darlehen ausgezahlt hatte. Der Gläubiger schreibt eine einzutreibende Schuld in die Liste der Aufwendungen, als ob es eine Aufwendung für

---

455 Siehe Fascione, *Storia del diritto privato romano,* Torino 2006, S. 381 ff

456 Siehe Guarino, *Diritto privato romano,* Napoli 2001, S. 854 ff

457 Siehe Pugliese, *Istituzioni di diritto romano,* Torino 1991, S.553

einen dritte (wie ein *mutuum* zum Beispiel) wäre und nicht ein Eingang[458]. Das Wort *expensilatio* selbst bedeutet „Eintragung von einer Aufwendung".
Die *chirographa* und *syngraphae,* wie wir in Gaius schon gesehen haben, wurden fast nur zwischen *Peregrini* benutzt, vor allem in Griechenland und Ägypten, und sie waren wie schriftliche Zahlungsversprechen, die in einem Dokument niedergeschrieben und unterschrieben wurden[459].

4.7 Die Obligationen *consensu contractae* und ihr Ursprung *iuris gentium*

Die letzte aber vielleicht die wichtigste Art des Vertrages ist die der Konsensualverträge oder *„obligationes consensu contractae"*[460]. Die Konsensualverträge hatten einen außergewöhnlichen Erfolg in der Geschichte und sie wurden von vielen verschiedenen modernen Rechtsordnungen (wie zum Beispiel der französischen, italienischen oder spanischen Rechtsordnung) übernommen. Gaius, zum Beispiel, im Bereich der Konsensualverträge betont eindeutig den großen Unterschied zwischen den förmlichen Verträgen (*verbis* und *litteris*) und den Verträgen, die auf der bloßen Einigung basieren. In den letzten entsteht die Verpflichtung nur dank dem Konsens, weil keine schriftliche oder mündliche Form notwendig ist um das Geschäft abzuschließen. Es ist nur notwendig, dass die Parteien eine Einigung treffen[461]. Dies können wir in Gaius, Institutionen 3,136 sehen: *„Ideo autem istis modis consensu dicimus obligationes contrahi, quod neque uerborum neque scripturae ulla proprietas desideratur, sed sufficit eos, qui negotium gerunt, consensisse. unde inter absentes quoque talia negotia contrahuntur, ueluti per epistulam aut per internuntium, cum alioquin uerborum obligatio inter absentes fieri non possit."*
Eine andere sehr wichtige Eigenschaft des Konsensualvertrags ist, das es keinen materiellen Akts (wie zum Beispiel die Übergabe einer Sache in den Realverträgen) bedarf, um ihn abzuschließen. Er wird bereits mit der Einigung abgeschlossen. Diese Eigenschaft wird von Gaius auch in einem Vergleich mit den Realkontrakten angemerkt, im Besonderen mit dem Vertrag mit *arrha*, im Bereich des Kaufvertrags, in den Institutionen 3,139: *„Emptio et uenditio contrahitur, cum de pretio conuenerit, quamuis nondum pretium numeratum sit ac ne arra quidem data fuerit. nam quod arrae nomine datur, argumentum est emptionis et uenditionis contractae"*.

---

458 Siehe Arangio-Ruiz, *le tavolette cerate ercolanensi e il contratto letterale,* in On. Redenti 1, 1951, S.1 ff.
459 In diesem Bereich siehe Schupfer, *Singrafi e chirografi, Ricerche sui titoli di credito dei romani,* in RISG. 7, 1889, S. 345 ff.
460 Siehe Bonfante, *Istituzioni di diritto romano,* Torino 1946, SS. 493-498
461 Siehe auch Perozzi/Capogrossi Colognesi, *Istituzioni di diritto romano,* Buch 2, Roma 2002, S. 32 ff.

Eine andere Grundeigenschaft der Konsensualverträge ist die Gegenseitigkeit, wie wir in Gaius 3,137 wieder lesen können: „*Item in his contractibus alter alteri obligatur de eo, quod alterum alteri ex bono et aequo praestare oportet, cum alioquin in uerborum obligationibus alius stipuletur alius promittat et in nominibus alius expensum ferendo obliget alius obligetur.*"

Die Gegenseitigkeit von Gaius übernimmt die allgemeine Theorie von Labeo des Vertrags als synallagmatisches Rechtsgeschäft, in dem das wichtigste Grundelement die so genannte „*ultro citroque obligari*" ist, also die Entstehung der gegenseitigen Verpflichtungen. Ein anderes sehr wichtiges Thema im Bereich der Konsensualverträge ist die Tatsache, dass sie vom *ius gentium* abstammen, und das bedeutet, dass Römer und Ausländer ohne Unterschiede und auch unter sich diese Verträge abschließen konnten. Die Beweise dieses Ursprungs, der aber von verschiedenen Autoren wie Lombardi und Perozzi bestritten wird, findet sich in einem Text von Paulus *(33, Ad Edictum)* in D. 18,1,1,2: „*Est autem emptio iuris gentium, et ideo consensu peragitur et inter absentes contrahi potest et per nuntium et per litteras*". Von diesem Ursprung ist auch ein Zeichen der Rechtsschutz „*ex fide bona*"[462].

Dieser Ursprung *iuris gentium* der Konsensualverträge macht sie sehr wichtig für unsere Forschung. In der Tat, in diesem Bereich, in dem die Verträge allen (inbegriffen Ausländern und Nicht-Bürgern) gestattet wurden, können wir die Vorteile der Nutzung eines gemeinsames Recht in einem so großen Gebiet wie dem römisches Kaiserreich sehr gut sehen. Dank dem römischen Recht konnte tatsächlich ein Einwohner von Alexandria einen Kaufvertrag mit einem Einwohner von Rom unter denselben Rechtsbedingungen abschließen. Das Eigentum konnte dank der bloßen Einigung übertragen werden. Weiters konnten die zwei Parteien des Vertrags das Recht vor jedem Gericht des römischen Kaiserreichs geltend machen. Das war ein Vorteil mit keiner geringe Bedeutung, wenn wir die Periode (zwischen dem II. Jahrhundert vor Christus und dem V. nach Christus) von der wir sprechen, beachten.

Vielleicht war es insbesondere die Kategorie der Konsensualverträge, die am meisten an dieser Entwicklung, Verbreitung und dem guten Ruf des römischen Rechts in den verschiedenen Epochen mitgewirkt hatte. Dank vor allem den Vorteilen der Einheitlichkeit und Sicherheit des Rechts, dass die römischen Konsensualverträge versprachen.

Die Konsensualverträge oder *obligationes consensu contractae*[463], wie Gaius in Institutionen 3,135 sagt, waren vier: der Kaufvertrag *(emptio-venditio)*, das Mandat *(mandatum)*, der Mietvertrag *(locatio-conductio)*, die Gesellschaft *(societas)*: „*Consensu fiunt obligationes in emptionibus et venditionibus, locationibus conductionibus, societatibus, mandatis.*"

Der Kaufvertrag ist der verpflichtende und gegenseitige Vertrag, der auf den Austausch der Ware (*merx*), zumeist einer Sache, gegen einen in Geld bestehen-

462 Siehe Pugliese, *Istituzioni di diritto romano,* Torino 1991, S. 557

463 Siehe E. Betti, *Istituzioni di diritto romano,* Padova 1960, SS. 173-274

den Preis (*pretium)* gerichtet ist. Das ist die so genannte *emptio-venditio* der republikanischen, klassischen und spät-antiken Periode. In der alten römischen Periode war wahrscheinlich der Kauf ein gegenseitiger und gleichzeitiger Tausch von Bargeld gegen eine Sache[464].

Diesem sehr wichtigen Vertrag werde ich eine längere Abhandlung im nächsten Kapitel widmen, da er für diese Forschung sehr hilfreich ist. Die *emptio-venditio* war in der Tat vielleicht der wichtigste römische Vertrag aller Zeiten, weil sie die echte „Botschafterin" der Vorteile der *romanitas* in Europa war[465].

Die *societas* oder Gesellschaftsvertrag des klassischen Rechts ist ein Zusammenschluss zweier oder mehrerer Personen, um einen gemeinsamen Zweck mit gemeinsamen Mitteln zu fördern. Dieses Vertragsgebilde geht geschichtlich auf zwei Wurzeln zurück, das altrömische *consortium* und die kapitalistische Erwerbsgesellschaft der jüngeren Republik[466].

Gaius gibt eine sehr allgemeinen Definition der *societas* als „Geschäfts- und Sachengemeinschaft" in den Institutionen 3,148: *„Societatem coire solemus aut totorum bonorum aut unius alicuius negotii, ueluti mancipiorum emendorum aut uendendorum."*

Die Gesellschaft war auch in der klassischen und spät-klassischen Zeit sehr benutzt, und sie hat den Geschäftsmännern jeden Landes des römischen Kaiserreichs viele Vorteile gebracht, weil sie dank dem Ursprung *iuris gentium* jedem Einwohner des Kaiserreichs gestattet wurde. Sie war also ein weiterer wichtiger Vorteil des römischen Rechts, im Bereich des Handelsrechts.

Die *locatio-conductio* ist ein gegenseitiger Konsensualvertrag, der verschiedene Tatbestände enthält. Sie schließt Tatbestände die wir heute als sehr anders empfinden und aus diesem Grund unter die Begriffe Miete, Pacht, Werkvertrag und Dienstvertrag verteilen[467]. Dementsprechend pflegt die moderne Betrachtung auch für das römische Recht wenigstens verschiedene Unterarten der *locatio conductio* zu unterscheiden, nämlich die *locatio conductio rei* (Miete und Pacht), die *locatio conductio operis* (Werkvertrag) und die *locatio conductio operarum* (Dienstvertrag). Indessen war den Römern selbst eine solche Kategorienbildung durchaus fremd, sie kannten, modern gesprochen, keine Trichotomie, sondern sie hatten ein Einheitskonzept[468].

Die allgemeine Regel der *locatio-conductio,* finden wir in der Institutionen von Gaius 3, 142-147 und in den Institutionen von Iustinian 3,24.

Die *locatio*-conductio war auch ein Vertrag der Ausländern gestattet wurde, wie wir in einem Text von Paulus in D. 19,2,1 sehen können: *„Locatio et conductio*

464 Siehe Kaser, *Römisches Privatrecht,* München 2005, S. 203

465 Siehe Arangio-Ruiz, *La compravendita in diritto romano 1,* Napoli 1978, S. 88 ff.

466 Siehe Arangio Ruiz, *La società nel diritto romano,* Napoli 1950, S. 31 ff.

467 Siehe Mayer-Maly, Honsell, Selb, *Römisches Recht,* in *Enzyklopädie der Rechts- und Staatswissenschaft,* Berlin 1987, S. 322

468 Siehe Mayer-Maly, in *Labeo* 5 (1959) S. 390 ff.

cum naturalis sit et omnium gentium, non verbis, sed consensu contrahitur, sicut emptio et venditio".

Aus diesem Grund war die *locatio-conductio* ein anderer großer Vorteil des römischen Rechts für die Einwohner des Kaiserreichs. Sie konnten einen Mietvertrag, einen Pachtvertrag, einen Dienstvertrag oder einen Werkvertrag in ganz Europa abschließen, zwischen Parteien die verschiedene Sprachen und Staatsbürgerschaften hatten, aber unter denselben Rechtsbedingungen. Ein Recht also für viele Völker. Man muss dazu sagen, dass diese Verträge überall und oft benutzt wurden.

Der Auftrag *(mandatum)* ist die vertragliche Übernahme der unentgeltlichen Besorgung eines fremden Geschäfts, wie Paulus in D.17,1,1,4 sagt[469]: „*Mandatum nisi gratuitum nullum est: nam originem ex officio atque amicitia trahit, contrarium ergo est officio merces: interveniente enim pecunia res ad locationem et conductionem potius respicit."*

Gegenstand des Auftrags können Tätigkeiten aller Art sein, rechtliche wie faktische, sofern sie erlaubt und nach Inhalt und Umfang hinlänglich bestimmt sind[470].

Das übernommene Geschäft kann im Interesse des Auftraggebers (Mandant oder *mandator)* oder eines Dritten sein. Der Mandatar muss den Auftrag ausführen. Wichtig ist, dass er kein eigenes Interesse in der Sache hat. Das Mandat wird mit dem ausdrücklich oder stillschweigend erklärten Konsens abgeschlossen, wie wir in einem Text von Paulus in D. 17,1,1 sehen können: „*Obligatio mandati consensu contrahentium consistit"*. Nach Mayer-Maly sollte das Mandat auch durch formlose Willenserklärungen abgeschlossen werden können, auch durch einen Handschlag, wie sein möglicher etymologischer Ursprung „*manum dare"* vorschlägt[471].

Aus dem Auftrag erwuchs stets ein Hauptanspruch des Auftraggebers gegen den Beauftragten (*actio mandati directa)*, und unter gewissen Voraussetzungen, gibt es auch einen Gegenanspruch des Beauftragten gegenüber dem Auftraggeber (die *actio mandati contraria*). Die beiden Aktionen gehören zu den *iudicia bonae fidei*. Die Klage des Auftragsgebers geht auf vertragsmäßige Ausführung des Auftrags und auf Herausgabe all dessen, was der Beauftragte zur Erfüllung des Auftrags oder bei dessen Ausführung vom Auftraggeber oder auch von Dritten erhalten hat. Der Mandatar haftet für *dolus*, (in den man schwere Nachlässigkeiten oder Treueverstoß einbezog, wie zum Beispiel in D. 17,1,29,3) und für *culpa* (wie z. B. in D.17,1,8,10). Die Verurteilung wirkt infamierend[472]. Der Beauftragte hat die Gegenklage, wenn er vom Auftraggeber Ersatz notwendiger

469 Siehe Arangio-Ruiz, *Il mandato in diritto romano,* Napoli 1965, S.31

470 Siehe Kaser, *Römisches Privatrecht,* München 2005, S.231

471 Siehe Mayer-Maly, Honsell, Selb, *Römisches Recht,* in *Enzyklopädie der Rechts- und Staatswissenschaft,* Berlin 1987, S. 336

472 Siehe O. Behrends, *Die Bona Fides in mandatum,* in Festschrift Waldstein, 1993, S. 33 ff.

Aufwendungen oder solchen Schäden verlangen kann, die die Auftragserfüllung mit sich gebracht hat[473]. Wir können diese Fälle in D.17,1,12 sehen: „*Contrario iudicio experiuntur qui mandatum susceperunt, ut puta qui rerum vel rei unius procurationem susceperunt.Inde papinianus quaerit, si patronus praedium quod emerat, pro quo pretii bessem exsolverat, iusserit liberto suo tradi, ut ille residuum pretii redderet, deinde reddito pretio vendenti fundum patrono libertus consenserit, trientis pretium an libertus possit repetere. et ait, si mandatum suscepit initio libertus, non donatum accepit, contrario iudicio posse eum pretium repetere, quod deductis mercedibus, quas medio tempore percepit, superest: quod si donationem patronus in libertum contulit, videri et postea libertum patrono donasse.Si mihi mandaveris, ut rem tibi aliquam emam, egoque emero meo pretio, habebo mandati actionem de pretio reciperando: sed et si tuo pretio, impendero tamen aliquid bona fide ad emptionem rei, erit contraria mandati actio: aut si rem emptam nolis recipere: simili modo et si quid aliud mandaveris et in id sumptum fecero. nec tantum id quod impendi, verum usuras quoque consequar. usuras autem non tantum ex mora esse admittendas, verum iudicem aestimare debere, si exegit a debitore suo quis et solvit, cum uberrimas usuras consequeretur, aequissimum enim erit rationem eius rei haberi: aut si ipse mutuatus gravibus usuris solvit. sed et si reum usuris non relevavit, ipsi autem et usurae absunt, vel si minoribus relevavit, ipse autem maioribus faenus accepit, ut fidem suam liberaret, non dubito debere eum mandati iudicio et usuras consequi. et (ut est constitutum) totum hoc ex aequo et bono iudex arbitrabitur.*"

Alle diese Konsensualverträge, die ich hier vorgestellt habe, stellten vielleicht die wichtigsten Vorteile des römischen Rechts im Bereich des gesamten Privatrechts in den verschiedenen Epochen dar. Wir besitzen nicht nur einen Text, sondern tausende, die unterstreichen, wie oft und gerne diese Verträge zwischen verschiedenen Menschen des ganzen Kaiserreichs abgeschlossen wurden. Dies stellte somit einen echten Vorteil dieser gemeinsamen und einheitlichen Rechtswelt dar.

473 Siehe R. Noda, *Die Haftung des Auftraggebers für Schaden des Beauftragten,* in *MuV,* Heidelberg 1993, S.207

5 Der Kaufvertrag

5.1 Definition, Ursprung und Entwicklung des römischen Kaufvertrags im *ius civile* und *ius gentium* in den verschiedenen historischen Perioden

5.1.1 Definition, Ursprung und Entwicklung des römischen Kaufvertrags im ius civile und ius gentium

Wie wir im letzten Kapitel schon gesehen haben, waren die Konsensualverträge sehr wichtig für unsere Forschung, aufgrund der Vorteile die sie dem Handelsverkehr innerhalb des gesamten Kaiserreichs gebracht hatten.
Unter den Konsensualverträgen, denke ich dass die *emptio-venditio* vielleicht das beste Beispiel für uns ist, da sie nicht nur Vorteile gebracht hat sondern auch eine sehr lange und interessante „internationale" Geschichte, dank ihrer engen Verbindung mit dem *ius gentium*, besitzt. Weiters war sie sicher auch der meist verwendete Vertrag aller Zeiten, dank ihrer täglichen Notwendigkeit.
Aus allen diesen Gründen möchte ich jetzt eine tiefer gehende Untersuchung dieses Rechtsinstituts und seiner Vorteile aus einer historisch-vergleichenden Perspektive darstellen. Im folgenden Kapitel werde ich vieles meiner Studie übernehmen, die ich zeitgleich zu dieser Dissertation im Bereich des Kaufvertrags durchgeführt habe, da sie die letzte und aktuellste in diesem Bereich ist[474].
Eine systematische Untersuchung jedes einzelnen römischen Vertrags, um die Vorteile seiner Nutzung in der römischen Rechtswelt zu entdecken, wäre praktisch unmöglich. Aus diesem Grund werde ich diese vertiefende Forschung nur im Bereich des Kaufvertrags durchführen, auch weil er wahrscheinlich das wichtigste Rechtsverhältnis des römischen Rechts war.
„Der Kauf ist jener Vertrag mit beidseitigem Konsens, wodurch die erste Partei (der Verkäufer) sich verpflichtet, der zweiten Partei (Käufer) Eigentum und ungestörten Genuss über eine Sache zu übertragen, während die zweite Partei sich verpflichtet, Besitz über eine bestimmte Summe Geld (Gegenwert) zu übertragen".[475] Mit diesen Worten definiert Arangio-Ruiz, Meister der Lehre, eines der am meisten verbreiteten und auch strittigsten Rechtsgeschäfte im römischen Recht. Aus dieser allgemeinen, jedoch genauen Definition kann man bereits die Grundmerkmale des Kaufvertrages der römischen Klassik erkennen: beidseitiger Konsens, klares Schuldverhältnis, Übertragung von Eigentum, Genuss über die besessene Sache, die Verpflichtung des *„pretium"* (Kaufpreis). Alle diese Elemente sind in allen Arten des römischen Kaufvertrages, in jeder Epoche der juristischen römischen Entwickelung, vom Beginn bis zur Spätzeit zu finden. Ma-

474 Mattiangeli, *Kaufverträge und jus gentium,* Salzburg 2007
475 Siehe Arangio Ruiz: *Istituzioni di diritto romano,* Napoli 1984, S. 337

chen wir also eine überblickende Analyse über diese allgemeinen Grundmerkmale der Kaufverträge.
Der zweiseitige Konsens ist verinnerlicht in der Tatsache, dass die unmittelbare Vereinbarung zwischen Käufer und Verkäufer das gegenseitige Schuldverhältnis begründet. Die Quellen sind diesbezüglich alle unmissverständlich: sowohl Gaius (*Institutiones* III, 136) wie auch Justinian *(Inst.* 3,22,1) fügen den Kaufvertrag in die Liste der vier auf Konsens basierenden Verträge ein (zusammen mit *societas*, *mandatum*, und *locatio-conductio*) und weisen darauf hin, dass das Einvernehmen - aus dem das Schuldverhältnis entsteht - auf jede Art zum Ausdruck gebracht werden kann[476]. Gaius besagt, dass "*neque verborum neque scripturae ulla proprietas*" verlangt werden, während laut Justinian nicht einmal eine Datierung notwendig sei, um das Schuldverhältnis entstehen zu lassen. Gerade das dem römischen Geiste des *ius civile* widersprechende Fehlen der Formalitäten kann uns den Ursprung des Kaufvertrages im *ius gentius* erkennen lassen, was eigentlich auch deutlich von Gaius bestätigt wird.[477]
Sehen wir uns nun den reinen Schuldcharakter des Vertrages an, eine Eigenschaft, auf welche ich oft in dieser Arbeit zu sprechen kommen werde.
Der klassische Kauf ist tatsächlich nicht ein Vertrag mit Realfolgen sondern mit reinen obligatorischen Folgen[478]. Mit anderen Worten, die Vereinbarung unter den Parteien lässt lediglich einerseits die Verpflichtung (Schuldverhältnis) für die Übertragung der Sache und andererseits jene der Preiszahlung entstehen.
Damit auch das Eigentum an der Sache (*merx*) oder an dem Zahlgeld übertragen werden kann, war eine weitere Handlung mit Realwirkung notwendig, insbesondere handelte es sich um die *mancipatio* für Sachen „*res mancipi*", um *traditio* für Sachen *res nec mancipi* und um *in iure cessio.*
Die Trennung zwischen Real- und Schuldwirkung ist durchaus eine einzigartige Situation der alten Rechtsgeschichte, und ihr Ursprung ist nicht sehr klar und umstritten. Je mehr unsere Kenntnisse sich im historischen Rechtsvergleich vertiefen, um so mehr erscheint eine Verbreitung der gegenteiligen Haltung häufiger, wonach ein Kauf ein reales Rechtsgeschäft ist, welches unmittelbar das Eigentum der Ware überträgt, wie es auch in den meisten modernen Rechtssystemen geschieht, ausgenommen in jenen deutscher Tradition[479].

---

476 Siehe Gaius: *Institutiones* III,136: „*Ideo autem istis modis consensu dicimus obligationes contrahi, quod neque uerborum neque scripturae ulla proprietas desideratur, sed sufficit eos, qui negotium gerunt, consensisse. unde inter absentes quoque talia negotia contrahuntur, ueluti per epistulam aut per internuntium, cum alioquin uerborum obligatio inter absentes fieri possit*" und *Iustiniani Institutiones* 3,23: „*de Emptione et venditione*", Anhang 4.

477 Siehe Gaius: *Institutiones* II, 92-93, nach der Interpretation von Solazzi, und siehe ebenfalls Gaius *Inst.* III, 154: „*Item si cuius ex sociis bona publice aut priuatim uenierint, soluitur societas. sed ea quidem societas, de qua loquimur, id est, quae nudo consensu contrahitur, iuris gentium est; itaque inter omnes homines naturali ratione consistit.*"

478 Siehe Pugliese: *Istituzioni di diritto romano*, 3. Auflage, Torino 1991, S. 558

479 Siehe Arangio Ruiz: *Istituzioni di diritto romano*, Napoli 1984, S. 337 ff.

Diese juristische Auffassung scheint also eine juristische Schöpfung der Römer zu sein. Über dieses Thema und den Ursprung der Kaufvertrag, siehe später.
Bezüglich der Eigentumsübertragung, scheint diese ebenfalls nicht aus dem alten *ius civile* entstanden zu sein, denn anläßlich der *mancipatio* war die Übergabe des Objektes gleichzeitig auch Eigentumsübertragung. Tatsache ist allerdings, dass im klassischen Kauf die Hauptverpflichtung (Leistung) des Verkäufers die Übergabe der Sache ist, nicht des Eigentums[480].
Die Quellen diesbezüglich sind sehr deutlich, insbesondere Paulus schreibt im Bezug auf Verkäuferverpflichtungen, dass "*venditori sufficit ob evictionem se obligare possessionem tradere*"; ähnliches zum Thema wird auch von Celsus[481] gesagt.
Bezüglich der freien Nutzung bzw. dem Genuss über ein Vertragsobjekt, mit anderen Worten über die erste Form der Absicherung gegen Enteignung in der Geschichte, finden wir eine berühmte Quelle in einem anderen Text von Paulus, welcher besagt, dass der Käufer gegen eine eventuell erfolgreiche *rei vindicatio* eines Dritten geschützt werden soll. Insbesondere: Unterliegt der Käufer einer *rei vindicatio* eines Dritten, muss ihm der Verkäufer eine Summe zurückzahlen, welche das Doppelte des erhaltenen „*pretium*" ist.
Komplex scheint auch hier die Herkunft einer solchen Absicherung: Ursprünglich, d.h. im Kaufvertrag als schuldrechtliches Verhältnis bis ca. zum II. Jhdt. v.Chr., musste der Verkäufer dafür ein weiteres Schuldverhältnis durch gesonderte *stipulatio* auf Ansuchen des Käufers eingehen. Diese Art des Rechtsschutzes scheint dagegen aus der alten *mancipatio* im *ius Quiritium*[482] entstanden zu sein.

---

480 Siehe wieder Pugliese: *Istituzioni di diritto romano*, 3. Auflage, Torino 1991, S.560

481 Siehe Paulus, in D.19,4,1: „*Sicut aliud est vendere, aliud emere, alius emptor, alius venditor, ita pretium aliud, aliud merx. at in permutatione discerni non potest, uter emptor vel uter venditor sit, multumque differunt praestationes. emptor enim, nisi nummos accipientis fecerit, tenetur ex vendito, venditori sufficit ob evictionem se obligare possessionem tradere et purgari dolo malo, itaque, si evicta res non sit, nihil debet: in permutatione vero si utrumque pretium est, utriusque rem fieri oportet, si merx, neutrius. sed cum debeat et res et pretium esse, non potest permutatio emptio venditio esse, quoniam non potest inveniri, quid eorum merx et quid pretium sit, nec ratio patitur, ut una eademque res et veneat et pretium sit emptionis.*
und Celsus, in D. 12,4,16: „*Dedi tibi pecuniam, ut mihi stichum dares: utrum id contractus genus pro portione emptionis et venditionis est, an nulla hic alia obligatio est quam ob rem dati re non secuta? in quod proclivior sum: et ideo, si mortuus est stichus, repetere possum quod ideo tibi dedi, ut mihi stichum dares. finge alienum esse stichum, sed te tamen eum tradidisse: repetere a te pecuniam potero, quia hominem accipientis non feceris: et rursus, si tuus est stichus et pro evictione eius promittere non vis, non liberaberis, quo minus a te pecuniam repetere possim*".

482 Siehe Arangio Ruiz: *Istituzioni di diritto romano*, Napoli 1984, S. 342 ff.

Darüber hinaus, wie auch nach Gaius[483], musste das *pretium* bestimmt bzw. zumindest objektiv bestimmbar sein. Nach der Proculianischen Schule musste es auch in *pecunia numerata* sein. Dagegen konnte sich die Theorie der Sabinianer, wonach jegliche Sache als *pretium* geleistet werden könnte, nicht behaupten[484].
In iustinianischer Zeit musste das *pretium* auch *iustum* sein, bzw. nicht weniger als die Hälfte des gerechten Wertes betragen. Um diesen Wert zu schätzen, konnte man auch das *arbitrium* eines Dritten zu Rate ziehen.
Interessant ist diese Einstellung gegenüber dem gerechten Preis, denn schon die Klassiker machen sich Gedanken, dass hinter einem Scheinkauf doch verbotene Schenkungen durchgeführt werden könnten. Ansonsten war es dem freien Ermessen der Parteien überlassen, sich über einen sie zufrieden stellenden bzw. für sie vorteilhaften Preis zu einigen[485]. Selbst Diokletian verlangt in seinem Edikt (vielleicht jedoch in der iustinianischen Epoche abgeändert), dass der Preis bei Immobilienverkehr nicht unter der „Hälften des gerechtem Wertes" liegen soll[486].
Im Bezug auf die Klassifizierung des Institutes des Kaufes / Verkaufes, können wir nur auf die "*summa divisio*" von Gaius (*Institutiones* III, 136) zurückgreifen, wonach der Kaufvertrag bzw. *emptio-venditio* unter die Konsensualverträge einzuordnen ist und aus der *ius gentium* stammt. Wie später im Detail angeführt sein wird, sind die Konsensualverträge als Kaufvertrag in Rom nicht originär und entstehen erst in der Klassik, wobei sie sich von der originären Form des

483 Gaius in *Institutiones* III, 140: *„Pretium autem certum esse debet. nam alioquin si ita inter nos conuenerit, ut quanti Titius rem aestimauerit, tanti sit empta, Labeo negauit ullam uim hoc negotium habere; cuius opinionem Cassius probat. Ofilius et eam emptionem et uenditionem esse putauit; cuius opinionem Proculus secutus est."*

484 Siehe Pugliese: *Istituzioni di diritto romano*, 3 Auflage, Torino 1991, S. 559; wie auch: Arangio-Ruiz, *Istituzioni di diritto romano*, Napoli 1984, S. 339

485 Sehr interessant ist diesbezüglich Paulus in D. 19,2,22,3: *„Quemadmodum in emendo et vendendo naturaliter concessum est quod pluris sit minoris emere, quod minoris sit pluris vendere et ita invicem se circumscribere, ita in locationibus quoque et conductionibus iuris est."*

486 Siehe auch den *Codex Iustiniani* C. 4,44,8: *„Si voluntate tua fundum tuum filius tuus venumdedit, dolus ex calliditate atque insidiis emptoris argui debet vel metus mortis vel cruciatus corporis imminens detegi, ne habeatur rata venditio. hoc enim solum, quod paulo minori pretio fundum venumdatum significas, ad rescindendam emptionem invalidum est. quod videlicet si contractus emptionis atque venditionis cogitasses substantiam et quod emptor viliori comparandi, venditor cariori distrahendi votum gerentes ad hunc contractum accedant vixque post multas contentiones, paulatim venditore de eo quod petierat detrahente, emptore autem huic quod obtulerat addente, ad certum consentiant pretium, profecto perspiceres neque bonam fidem, quae emptionis atque v enditionis conventionem tuetur, pati neque ullam rationem concedere rescindi propter hoc consensu finitum contractum vel statim vel post pretii quantitatis disceptationem: nisi minus dimidia iusti pretii, quod fuerat tempore venditionis, datum est, electione iam emptori praestita servanda. * diocl. et maxim. aa. et cc. aureliae euodiae. * <a 293 d. k. dec. aa. conss.>"*

Kaufvertrages unterscheiden, welche aus der Tradition von „*mancipium*" stammt und andere als die in der Klassik angewendeten Merkmale aufweist[487].

Nachdem hier eine grundsätzliche Definition des Kaufes als Rechtsinstitut dargestellt wurde, versuchen wir nun seine Geschichte beginnend mit der römischen Frühzeit zu präsentieren.

Wie die verbreitete Rechtslehre besagt, und auch aus den wenigen, fragmentarischen Quellen aus der Zeit, soll die erste Form des römischen Kaufes aus der so genannten „*mancipatio*" bzw. „*mancipium*" entstanden sein, und zwar aus jener Form des Realvertrages, bei der ein gleichzeitiger „Tausch" vom Objekt gegen Preis erfolgte. Die „*mancipatio*" diente eben nur zur (Eigentums)Übertragung für jene Sachen, die als „*res mancipi*" galten, d.h. mit einem bestimmten Wert. Für die andere Sachen, genannt „*res nec mancipi*", existiert keine Quelle, aus der eine bestimmte Form der Übertragung überliefert wird, d.h. sie unterlagen eine formlosen Übertragung[488]. Später dagegen, in der Klassik, weiß man, dass ihr Eigentum durch „*traditio*" übertragen wurde.

Gaius[489] beschreibt sehr genau die Prozeduren der früheren „*mancipatio*", und weitere Informationen stammen aus den Schriften Varrus und Festus[490]; weiters

487 Siehe auch Arangio-Ruiz: *Istituzioni di diritto romano*, Napoli 1984, S. 337

488 Siehe Arangio-Ruiz: *La compravendita in diritto romano* I, Napoli 1978, S. 30 ff.

489 Gaius in *Institutiones* I,119-122 „*Est autem mancipatio, ut supra quoque diximus, imaginaria quaedam venditio: Quod et ipsum ius proprium civium Romanorum est; eaque res ita agitur: Adhibitis non minus quam quinque testibus civibus Romanis puberibus et praeterea alio eiusdem condicionis, qui libram aeneam teneat, qui appellatur libripens, is, qui mancipio accipit, rem tenens ita dicit: HUNC EGO HOMINEM EX IURE QUIRITIUM MEUM ESSE AIO ISQUE MIHI EMPTUS ESTO HOC AERE AENEAQUE LIBRA; deinde aere percutit libram idque aes dat ei, a quo mancipio accipit, quasi pretii loco. 120. Eo modo et serviles et liberae personae mancipantur; animalia quoque, quae mancipi sunt, quo in numero habentur boves, equi, muli, asini; item praedia tam urbana quam rustica, quae et ipsa mancipi sunt, qualia sunt Italica, eodem modo solent mancipari. 121. In eo solo praediorum mancipatio a ceterorum mancipatione differt, quod personae serviles et liberae, item animalia, quae mancipi sunt, nisi in praesentia sint, mancipari non possunt; adeo quidem, ut eum, qui mancipio accipit, adprehendere id ipsum, quod ei mancipio datur, necesse sit; unde etiam mancipatio dicitur, quia manu res capitur: Praedia vero absentia solent mancipari. 122. ldeo autem aes et libra adhibetur, quia olim aereis tantum nummis utebantur; et erant asses, dipundii, semisses, quadrantes, nec ullus aureus vel argenteus nummus in usu erat, sicut ex lege XII tabularum intellegere possumus; eorumque nummorum vis et potestas non in numero erat, sed in pondere; * asses librales erant, et dipondii * unde etiam dupondius dictus est, quasi duo pondo: Quod nomen adhuc in usu retinetur. Semisses quoque et quadrantes pro rata scilicet portione ad pondus examinati erant. Tunc igitur et qui dabat alicui pecuniam, non numerabat eam, sed appendebat; unde servi, quibus permittitur administratio pecuniae, dispensatores appellati sunt.*"

490 Siehe Varrus: *De lingua latina* 5, 163; unter: „*rodus*" S. 320: „*Rodus, vel raudus significat rem rudem et inperfectam; nam saxum quoque raudus appellant poetae, ut Accius in Melanippo (438) : "constituit, cognovit, sensit, conlocat sese in locum celsum; hinc manibus rapere roudus saxeum grande (m) et grave(m)"; et in Chrysippo (262):*

finden wir im Gesetz der 12 Tafeln mehrmals die Bezeichnung bzw. den Hinweis auf „*mancipium*".

Käufer und Verkäufer treten mit der Sache (wenn beweglich) und in Anwesenheit von weiteren fünf römischen volljährigen (*puberi*) Bürgern auf; dabei auch ein *libripens* (Waageträger) mit einer Waage (*libra*). Nun berührt der Käufer (dies ist der wesentliche Moment) mit einem Stäbchen (*radusculum*) die Sache und spricht die Formel aus: *"Aio hanc rem meam esse ex iure Quiritium, eaque mihi empta esto hoc aere"*, wobei er gleichzeitig den bedungenen Gegenwert (*aes rude*) auf die Waage gibt. Keine Erklärung wurde vom Verkäufer verlangt. Die *mancipatio* stammt also aus der Zeit, in der noch keine *pecunia numerata* verwendet wurde, sonder eben nur das *aes rude*, d.h. aus eine früheren Epoche. Aus den Quellen können wir also sagen, dass die *mancipatio* die erste Form des Kauf(vertrages) der römischen Geschichte ist, ein Realvertrag mit unmittelbarer Rechtswirkung. Später sehen wir, wie in der Zeit des Gaius noch immer ein starrer Formalismus besteht, obwohl die *pecunia numerata* längst das *aes rude* ersetzt hatte: Die Anwendung des Stäbchen und der Waage ist noch verpflichtend, wenn auch nur symbolisch. Der Formalismus der Rechtsgeschäfte ist in der Tat eines der wesentlichen Merkmale der römischen Rechtskultur, vom Beginn bis in die klassische Zeit. Die Rechtsgeschäfte an sich änderten sich nach dem Bedarf und der Entwicklung der Zeit, aber die Gesten und die formelle Handlungen blieben als Konstante im früheren wie im klassischen römischen Rechtssystem bestehen. Erst ab der klassischen Zeit verzichtete man auf die tatsächliche Präsenz der Sache bei Eigentumsübertragung von Immobilien (noch im französischen Mittelalter nimmt man eine Handvoll Erde als Symbol dafür).

In der klassischen Zeit wird die *mancipatio* zum Rechtsgeschäft bezüglich *res mancipi* mit symbolischem Eigentumsübertragung über das Kaufobjekt, genannt „*imaginaria venditio*" von Gaius selbst[491]: *venditio*, weil noch formell die Aktion der Zahlung vorgespielt wird, obwohl die eigentliche Bezahlung ausserhalb der Formalismen geschehen konnte; *imaginaria*, weil der Grund der Eigentumsübertragung auch ein anderer als der reine Kauf sein kann, und daher „abstrakt", wie im heutigen Grundgedanken des deutschen Verfügungsgeschäftes.

Das wesentliche und auch ursprüngliche Element der alten mancipatio ist die gesprochene Erklärung des *mancipio accipiens*, des Käufers, über die Übernahme des Eigentums: „*Aio, hanc rem (homimem, bovem* oder was immer) *meam esse*

"Neque quisquam a telis vacuus, sed uti cuique obviam fuerat, ferum alius# saxio rudem# ." Vulgus quidem in usu habuit, non modo pro aere imperfecto, ut Lucilius, cum ait (1192) " plumbi pauxillum rodus linique matexam": sed etiam signato, qui in mancipando, cum dicitur: " rudusculo libram ferito", asse tangitur libra . Cincius de verbis priscis sic ait: "Quemadmodum omnis fere materia non deformata rudis appellatur, sicut vestimentum rude, non perpolitum; sic aes infectum rudusculum. Apud aedem Apollinis aes conflatum iacuit, id ad rudus appellabant. In aestimatione censoria aes infectum rudus appellatar. Rudiari ab eodem dicuntur, qui saga nova poliunt. Hominem inperitum rudem dicimus."

491 Arangio-Ruiz in *Istituzioni di diritto romano*, Napoli 1984, S. 200 ff.

ex iure quiritium". Durch das aussagekräftige Verb *AIO*, stellt der *mancipio accipiens* fast, Eigentümer der Sache zu sein (*meam esse*) und nicht einfach sie erwerben zu wollen, fast als ob er eine *rei vindicatio* und nicht einen Kauf durchführen würde. Den Quellen nach ist diese Aussage des *mancipio accipiens* fast gleichlautend mit jener eines Klägers beim *legis actio sacramenti in rem*[492].
Ich möchte also an dieser Stelle die besonders enge Beziehung zwischen der *mancipatio* und der *rei vindicatio* betonen, obwohl einige andere Autoren auf die Ähnlichkeit mit der Prozedur der *in iure cessio* hinweisen, da dieselbe Formel darin zu finden ist[493].
Für die Entstehung der *mancipatio* findet man in der Lehre tatsächlich zwei Theorien:
Die erstere, welche z.B. vom Arangio-Ruiz vertreten wird, besagt, dass die *mancipatio* aus der *in iure cessio* abgeleitet wurde, und aus dieser ebenfalls der ersten Formelsatz entstammt[494]
Die zweite, deren Hauptvertreter Kaser und Betti sind, sieht die Entstehung der *mancipatio* auf der Basis der *rei vindicatio*, denn hier wird die Eigentumsübernahme durch Kauf mit einer kraftvollen Form bekleidet, welche dem römischen Geist der Frühzeit sehr kostbar war.

---

492 Zu diesem Thema, Gaius: *Institutiones* IV, 16: „*Si in rem agebatur, mobilia quidem et mouentia, quae modo in ius adferri adduciue possent, in iure uindicabantur ad hunc modum: qui uindicabat, festucam tenebat; deinde ipsam rem adprehendebat, uelut hominem, et ita dicebat: HVNC EGO HOMINEM EX IVRE QVIRITIVM MEVM ESSE AIO SECVNDVM SVAM CAVSAM; SICVT DIXI, ECCE TIBI, VINDICTAM INPOSVI, et simul homini festucam inponebat. aduersarius eadem similiter dicebat et faciebat. cum uterque uindicasset, praetor dicebat: MITTITE AMBO HOMINEM, illi mittebant. qui prior uindicauerat, ita alterum interrogabat: POSTVLO, ANNE DICAS, QVA EX CAVSA VINDICAVERIS? ille respondebat: IVS FECI, SICVT VINDICTAM INPOSVI. deinde qui prior uindicauerat, dicebat: QVANDO TV INIVRIA VINDICAVISTI, QVINGENTIS ASSIBVS SACRAMENTO TE PROVOCO; aduersarius quoque dicebat similiter: ET EGO TE; aut si res infra mille asses erat, quinquagenarium scilicet sacramentum nominabant. deinde eadem sequebantur, quae cum in personam ageretur. postea praetor secundum alterum eorum uindicias dicebat, id est interim aliquem possessorem constituebat, eumque iubebat praedes aduersario dare litis et uindiciarum, id est rei et fructuum; alios autem praedes ipse praetor ab utroque accipiebat sacramenti causa, quia id in publicum cedebat. festuca autem utebantur quasi hastae loco, signo quodam iusti dominii, quando iusto dominio ea maxime sua esse credebant, quae ex hostibus cepissent; unde in centumuiralibus iudiciis hasta proponitur.*" Darüber hinaus wird das Problem ausführlich in Arangio-Ruiz: *La compravendita in diritto romano* I, Napoli 1976, S. 23 ff. behandelt.

493 Siehe Gaius: *Institutiones*, II, 24: „*In iure cessio autem hoc modo fit: apud magistratum populi Romani uelut praetorem urbanum [aut praesides prouinciae] is, cui res in iure ceditur, rem tenens ita dicit: HVNC EGO HOMINEM EX IVRE QVIRITIVM MEVM ESSE AIO; deinde postquam hic uindicauerit, praetor interrogat eum, qui cedit, an contra uindicet; quo negante aut tacente tunc ei, qui uindicauerit, eam rem addicit; idque legis actio uocatur. hoc fieri potest etiam in prouinciis apud praesides earum."*

494 Siehe Arangio-Ruiz: *La compravendita in diritto romano* I, Napoli 1978, S. 24

Bei genauerer Betrachtung wird es klar, dass die *mancipatio* nicht aus der *in iure cessio* entstanden sein kann (wie die 1. Theorie besagt), denn diese Form - schon wegen der Strukturierung - war nur für eine Übertragung geeignet und nicht für zwei (Objekt und Preis) wie in einem Kauf notwendig.
Viel glaubhafter ist dagegen die Verwandtschaft zwischen *mancipatio* und *rei vindicatio*. Die Eröffnungserklärung der *mancipatio* ist in der Tat identisch mit jener der *rei vindicatio*. Es scheint offensichtlich, dass die römischen Juristen beide Rechtsgeschäfte auf einer sehr starken Eigentumsaussage der Erklärenden basieren lassen wollten. Genau dieses Verhältnis wird wirkungsvoll vom Betti vertreten[495]. Er stellt die *mancipatio* als aussergerichtliche *vindicatio* dar. Ebenfalls beschreibt Kaser in zwei seiner Beiträge die *mancipatio* als „formaler und öffentlicher Akt der Übernahme", gleich jener der „*legis actio sacramenti in rem*"[496]. Zur weiteren Bekräftigung dieser Theorie behauptet Kaser, dass die *legis actio sacramenti in rem* in den früheren Epochen lediglich für die *res mancipi*[497] möglich gewesen sei.
Es scheint allerdings jene weitere Kaser'sche Theorie sehr fraglich, wonach der *pretium* nichts anderes als eine Art „Lösegeld" sei, welches vom Übernehmer (*accipiens*) an den Geber (*dans*) bezahlt wird, um eine *contravindicatio* zu vermeiden.
Das stärkste Argument für eine Entstehung der *mancipatio* aus der *legis actio sacramenti in rem* findet sich in den gleichlautenden Aussagen des *accipiens* und in der Anwendung des Verbs „*aio*". Der starke Wunsch nach einer kräftigen Handlung für die Übernahme einer Sache - welches vom Verb *aio* besonders deutlich ausgedrückt wird - entspricht der ursprünglichen Geisteshaltung der ersten Römer, Landwirte und Krieger. Dieses Verb findet man auch in den Texten von Cicero und Sallust in der Bedeutung von „mit besonderer Kraft etwas erklären, feststellen, behaupten" [498].
Nach dieser Darstellung über die früheren Entstehungsphasen der *mancipatio* als erste Form des Kaufes im römischen Rechte, wird nun die Bedeutung dieser Art des Kaufes bzw. *mancipium* auf dem Hintergrund der Quellen, wie auch ihre Wandlung zu einem Konsensualvertrag *iuris gentium* untersucht.
Aus Gaius *Institutiones* I 119-122, wie auch II 14 und 22 kann man verstehen, dass der Anwendungsbereich der *mancipatio* sehr begrenzt war, weil diese Prozedur nur bei *res mancipi* (d.h. Menschen, Lasttiere, Grundstücke am Land oder in der Stadt, bzw. *servitutes prediorum rusticorum*) möglich war; für alles Ande-

495 Siehe Betti: in „Filangeri", 1915, S. 321 ff. In dieser Arbeit wird die Übereinstimmung der zwei Formulierungen bekräftigt, wie auch ihre durchaus ähnliche Etymologie, basierend auf dem gleichen Wortkern: *vindicare = vim + dicere*.

496 Siehe Kaser in *Zeitschrift der Savigny-Stiftung für Rechtsgeschichte*, Nr.68, 1951, S. 175 ff. Seine Theorie wird ausführlich formuliert in M. Kaser: *Eigentum und Besitz im älteren römischen Recht*, Weimer 1943, S. 107 ff. wie auch S. 138 ff.

497 Siehe Kaser in *Zeitschrift der Savigny-Stiftung für Rechtsgeschichte*, Nr. 68, 1951, S. 147 ff.

498 Siehe Castiglione-Mariotti: *Vocabolario della lingua latina*, Torino 1966, S. 67-68.

re (*res nec mancipi*) bedarf eine Eigentumsübertragung eine andere Form, und zwar die *traditio*[499].

Mehrere Autoren, darunter auch Kaser, behaupten, dass in früheren Epochen die *mancipatio* für alles verwendet wurde[500], und dass der Unterschied zwischen *res mancipi* und *nec mancipi* erst später, in der republikanischen Zeit entstanden sei. Wir wollen nicht auf diese theoretische Kontroverse näher eingehen, und lassen uns dagegen von Gaius leiten, welcher diesen Unterschied in seinem Beitrag über *res pretiosores* (*Institutiones* I, 192) darstellt.

Viel interessanter scheint es, die Kaufform für die *res nec mancipi* zu analysieren. Die *traditio* bestand in der tatsächlichen Übergabe einer Sache *nec mancipi*, mit der gleichzeitigen Absicht (*animus*), auch das Eigentum auf der Basis der *iusta causa* zu übertragen[501]. Es war das Rechtsgeschäft schlechthin für alles, was geringen Wert hatte, und behielt seine Merkmale durch alle römischen Epochen. Darüber hinaus, wie auch Gaius[502] sagt, war ein Akt *iuris gentium* und als solcher für alle Gesellschaftsschichten zugänglich, auch für „nicht Römer".

Sehr strittig ist allerdings sein kausales Wesen. In den Quellen[503] heißt es, dass eine *iusta causa traditionis* notwendig war, um *dominium* über *res nec mancipi* zu übertragen. Diese *Causa* konnte verschiedener Art sein: *venditionis causa, solvendi causa*, etc.. Diese zahlreiche Kausalität war scheinbar bereits in der Antike vorhanden, wobei sich dann langsam eine Abschwächung in der Klassik und Spätklassik abzeichnet, wie auch durch die Quellen bestätigt wird[504].

Es scheint mir aber nicht angebracht, die Kausalität der *traditio* in diesem Werk zu behandeln, zumal die Lehre und die Quellen selbst strittig sind.

Zurück zum eigentlichen Kaufvertrag: der Handel und Umschlag der *res nec mancipi* unterlag – nach der vorherrschenden Lehre, darunter auch Kaser[505] –

---

499 Siehe Gaius in *Institutiones* II, 15-30.

500 Siehe Kaser in *Eigentum und Besitz im älteren römischen Recht*, Weimar 1943, S. 170, Nr. 29, wo auch die zahlreiche Befürworter dieser Theorie erwähnt werden.

501 Siehe Pugliese: I*stituzioni di diritto romano*, 3. Auflage, Torino 1991, S. 465 ff..

502 Siehe Gaius in *Institutiones III, 60-178.*

503 Siehe Ulpian in *Ulpiani epitomae* 19, 7, wie auch Paulus in D. 41,1,31

504 Siehe Julianus in D.41,1,36: „*Cum in corpus quidem quod traditur consentiamus, in causis vero dissentiamus, non animadverto, cur inefficax sit traditio, veluti si ego credam me ex testamento tibi obligatum esse, ut fundum tradam, tu existimes ex stipulatu tibi eum deberi. nam et si pecuniam numeratam tibi tradam donandi gratia, tu eam quasi creditam accipias, constat proprietatem ad te transire nec impedimento esse, quod circa causam dandi atque accipiendi dissenserimus.*"

Ulpian in D.12,1,18 vertritt eine andere Meinung: „*Si ego pecuniam tibi quasi donaturus dedero, tu quasi mutuam accipias, iulianus scribit donationem non esse: sed an mutua sit, videndum. et puto nec mutuam esse magisque nummos accipientis non fieri, cum alia opinione acceperit. quare si eos consumpserit, licet condictione teneatur, tamen doli exceptione uti poterit, quia secundum voluntatem dantis nummi sunt consumpti.*"

505 Siehe Kaser in *Eigentum und Besitz im älteren römischen Recht*, Weimar 1943, S. 195 ff.; oder auch F. Wieacker, Kommentar zu Kasers Eigentum und Besitz und Altrömisches *ius* in *Zeitschrift der Savigny-Stiftung für Rechtsgeschichte* Nr. 67, 1950, S. 535 ff.; und nicht

keiner besonderer Form. Es scheint in der Tat, dass seit frühester Zeit beim Kauf von *res nec mancipi* eine formlose doppelte *traditio* (vom Kaufobjekt und Kaufpreis) durchgeführt wurde, wobei beide Rechtsgeschäfte wechselseitig kausal waren[506]. Mit anderen Worten war das ein Realgeschäft gegen Bares, nach dem Prinzip der Vermögensumschichtung. Ein Prinzip, das besonders in den hellenistischen Traditionen sehr geschätzt wurde und welches - meiner Meinung nach - das wesentliche Bindeglied zwischen dem römischen Kauf in der Antike und dem Konsensualvertrag in der Klassik darstellt. Leider gibt es keine Beschreibung oder Quelle bezüglich dieser Art des Erwerbs für *res nec mancipi*, sogar in den *duodecim tabulae*; dies könnte allerdings als Bestätigung interpretiert werden, dass es dafür keine bestimmte Formen gegeben hat, vielleicht weil die Antike diese Art der Eigentumsübertragung keine Wichtigkeit zugemessen hatten. Möglicherweise war diese Praxis beim Kauf von *res nec mancipi* als Usus von jedem seit eh und je durchgeführt worden, und die Prozedur für selbstverständlich gehalten. Höchstwahrscheinlich wurde daher diese Prozedur als juridische Gewohnheit von Generation zu Generation übertragen und man sah keinen Bedarf seiner Niederschrift zumal es im Bezug auf Sachen von geringerem Wert angewendet wurde. Diese Auffassung ist eine Hypothese, und solch eine bleibt sie – weil nicht bewiesen – wenn auch durch namhafte Rechtsgelehrten vertreten[507].
Sicher ist aber, dass der Kauf gegen Bares von *res nec mancipi* mittels doppelter *traditio* (Sache und Preis) zusammen und zugleich mit *mancipatio* seit den frühesten römischen Epochen ein Rechtssystem bildeten, welches für die rechtlich-wirtschaftlichen Bedürfnisse der damaligen Gesellschaft ausreichend und zufriedenstellend war[508]. Weiters gibt es noch das von Gaius beschriebene, komplexere System des Konsensualvertrages mit schuldrechtlicher Wirkung, welches erst im II. Jhdt. v.Chr. mit der Einführung des *praetor peregrinus* entstehen soll.

5.1.2 Die besondere Entwicklung des Kaufvertrags zwischen der frührepublikanischen und der spätrepublikanischen Periode und das Phänomen des Konsensualvertrags

Was geschah aber in dieser Zeit, von den früheren Epochen bis zum Höhepunkt der Republik?
Gerade in der Zeit zwischen dem 4. und 2. Jhdt. v.Chr. entwickelt sich nämlich die – militärische wie auch wirtschaftliche – Macht Roms, welche sich auf ganz Italien und dann auch auf den Mittelmeerraum erstreckte. Es scheint uns also nicht glaubwürdig, dass die sich rasch entwickelnde römischen Gesellschaft in

zuletzt Arangio-Ruiz, *La compravendita in diritto romano I*, Napoli 1978, S. 40 ff.
506 Siehe Arangio-Ruiz in *La compravendita in diritto romano I*, Napoli 1978, S. 40
507 Siehe Arangio-Ruiz in *La compravendita in diritto romano I*, Napoli 1978, S.41 ff.
508 Siehe Arangio-Ruiz in *La compravendita in diritto romano I*, Napoli 1978, S.45

der *mancipatio* und in der doppelten *traditio* ein ausreichendes Instrument für ihre Geschäfte fand, bis sie „plötzlich" über das *ius gentium* den komplexeren Konsensualvertrag mit schuldrechtlichen Folgen in der Form der *emptio venditio* erfindet.
In der archaischen Epoche war tatsächlich der Kauf einer „zukünftigen" oder noch nicht verfügbaren Sache undenkbar, wie auch eine Vorauszahlung des Preises, unmöglich war alles, was nicht „vorort" und unmittelbar zu erledigen war, daher findet sich auch keine Erwähnung von solchen Prozeduren in den Quellen. Der einzige Weg um dieses starre System scheint der Mechanismus der Anrechnung auf den Preis durch Schuldverhältnis gewesen zu sein, die sogenannte *sponsio pretii*, welche allerdings nur für römischen Bürger zugänglich war[509].
Nun scheint mir sehr fraglich, dass in gut zwei- bis dreihundert Jahren wirtschaftlicher und sozialer Entwicklung, niemand in Rom das Bedürfnis gespürt hat, schuldrechtliche und reale Wirkung – mit entsprechenden Folgen – zu trennen. Auch ist die Mutmaßung unglaubwürdig, dass ein formelles und starres Rechtssystem auf realer Basis, mit *mancipatio* und doppelten *traditio*, geradewegs in ein schuldrechtliches, konsensuales System wie die *emptio venditio* geändert wurde.
Aus diesen Überlegungen stellten sich zahlreiche Autoren die Frage über das „wie" in einem Rom, wo das wirtschaftliche und juristische Leben aufblüht, auch komplexere, raffinierte Verfahren erreicht wurden, welche Zielen und Bedürfnissen von Käufern und Verkäufern entsprechen, schon bevor diese Instrumente in das Rechtssystem offiziell Eingang fanden[510]. Persönlich bin ich der Meinung, dass es zwischen Realvertrag (Kauf gegen Bares) und Konsensualvertrag mit schuldrechtlichen Verhältnissen eine Zwischenstufe, ein juristisches *trait d'union* geben muss, was es zu erkennen gilt. Ich möchte also hier die verschiedenen, prominenten Hypothesen in diesem Zusammenhang vorstellen, und dann jene im Detail zu analysieren, welche meines Erachtens den richtigen Weg zur Erkennung des juristischen Bindeglieds zwischen Realvertrag mit unmittelbaren Folgen und schuldrechtlichem Konsensualvertrag ermöglicht.
Eine erste, von vielen deutschen Autoren wie z.B Voigt[511] anerkannte Theorie besagt, dass ein Kaufvertrag als Verpflichtung pro futuro - auch vor ihren rechtlichen Anerkennung - immer auf der Basis der Redlichkeit (*bona fides*) abgeschlossen wurden, denn es galt in der früheren römischen Epoche das gegebene

509 Die Anwendung von „*spondeo*" war ausschließlich den römischen Bürgern bzw. *Quirites* vorbehalten. Nur später, nach der Einführung des „*praetor peregrinus*" wie auch durch die Entwicklung des *jus gentium*, wurde die Anwendung der sogenannten *verborum obligationes* auch *peregrines* erlaubt, dank der Einführung der „*stipulatio*", welche nichts anderes war als die römische „*spondeo*-Formel" für nicht Römer. Nicht sicher ist es, ob in der Frühzeit für die „*sponsio pretii*" seitens eines nicht römischen Bürger eine *fictio civis* in Anwendung war, wie z.B. bei manchen anderen *actiones*. Zu diesem Thema siehe auch Pugliese in *Istituzioni di diritto romano*, 14. Auflage, Torino 1991, S. 147
510 Siehe Arangio-Ruiz in *La compravendita in diritto romano*, Napoli 1978, S. 46
511 Siehe Voigt in *Ius naturale und ius gentium*, 3, Leipzig 1875, S. 231 ff.

(Ehren)Wort immer zu respektieren. Eine Einstellung, die - wie zu recht von Arangio-Ruiz[512] bemerkt - auf dem Mythos einer guten goldenen Zeit basiert, in der alle menschliche Beziehungen redlich und ehrenhaft waren, was aber deutlich in Kontrast zu den Überlieferungen und Anekdoten der römischen literarischen Tradition[513] steht.
Nach einer weiteren vorwiegend von französischen (vor allem Pernice[514]) und manchen deutschen Rechtsgelehrten vertretenen Theorie, pflegte man vor dem Konsensualvertrag einen Realvertrag mit schuldrechtlicher Folgen abzuschließen. Mit anderen Worten: Der Kauf - als Verpflichtung, später eine bestimmten Handlung durch zu führen - erlang Wirkung nur zu Gunsten des Verkäufers, welcher den Kaufobjekt bereits abgegeben hatte, oder des Käufers, welcher den Kaufpreis bereits gezahlt hatte[515].
Zahlreiche auch scharfe Kritiken gegen diese Theorie seitens Bechmann und Arangio-Ruiz beweisen, dass die diesbezügliche zur Untermauerung verwendeten Fragmente von Gaius – welche von *re contrahitur obligatio* sprechen – sich im Endeffekt auf reine schuldrechtliche Verhältnisse beziehen, also nicht wenn der Grund der Verpflichtung ein Kauf ist[516]. Darüber hinaus haben die gleichen Autoren ebenfalls bewiesen, dass diese Art der Schuldverhältnisse erst in der Klassik bzw. in der justinianischen Zeit entstanden ist[517].
Eine dritte, sehr faszinierende Theorie des bekannten Mommsen[518], welche ebenfalls von anderen französichen und deutschen Rechtswissenschaftlern übernommen wurde, findet den Ursprung der Konsensualverträge zum Kaufzweck wie auch zu *locatio-conductio* in der Nachahmung von Kaufgeschäften zwischen der Stadt Rom (vertreten durch die *magistrates* oder die *questores*) und Privaten (römischen Bürgern).

512 Siehe Anmerkungen in Arangio-Ruiz: *La compravendita in diritto romano* I, Napoli 1978, S. 46
513 Man erinnere sich an die Geschichte von Romulus, Tarquinius Superbus, wie auch an die Ereignisse in Vergils „*Aeneis*"
514 Siehe Pernice in *M.A. Labeo*, 1, Halle 1873, S. 474 ff.
515 Siehe Arangio Ruiz in La *compravendita in diritto romano* I, Napoli 1978, pag.47
516 Siehe Bechmann: *Der Kauf nach gemeinem Recht* I, Erlangen 1874, S. 330 ff.
517 Arangio-Ruiz: *Istituzioni di diritto romano*, 14. Auflage, Napoli 1984, S. 318; und auch Boyer: *Recherche historiques sur la résolution du contrats*, Paris 1924, S. 160 ff.
518 Siehe Mommsen in *Zeitschrift der Savigny-Stiftung für Rechtsgeschichte* Nr.6, 1885, S. 260 ff. Dieser Beitrag wurde auch in *Juristische Schriften* 3, Berlin 1907, S. 132 ff. erneut veröffentlicht.

Mit Hilfe der *questores* wurden öffentliche Grundstücke (*ager publicus*[519]) wie auch Kriegsbeute (oft bestehend aus Ackerland) verkauft. Darüber hinaus waren die censores im Bereich der Verwaltung als Veräußerer des öffentlichen Vermögens tätig, und die einzelne Magistraten konnten *locationes operarum* zur Anstellung ihres Personals (z.B. *scribas* oder *araldes*) schliessen. Nun aber unterlag das Volk (*populus romanus*) nicht privatrechtlichen Bestimmungen und ihren Formalismen. Daher waren die Kaufverträge zwischen *magistrates* und Privaten ohne besondere Formalismen durch *stipulatio* abgeschlossen worden (später genannt *stipulationes pretoriae*). Sogar die daraus entstandenen Streitigkeiten unterlagen der Gerichtsbarkeit der *magistrates*, welche darüber im Wege der *cognitio extra ordinem*[520] zu befinden hatten. Laut Mommsen wurde dieses System dann auf den Bereich der Rechtsgeschäfte zwischen Privaten erweitert, denn es wurde besonders praktisch und effizient empfunden. In der Praxis wurde dieses Instrument in die Anerkennung der Konsensualverträge und in ihren gerichtlichen Rechtsschutz durch die *iudicia ex fide bona* übersetzt. Die Mommsen'sche Theorie findet aber keinen Beweis, wie auch die verschiedenen Kritiker, insbesondere der Scialoja[521], betonen. Die einzigen Argumente zur Untermauerung dieser Theorie kommen von anderen Autoren, welche darauf hinweisen, wie bei diesen öffentlichen Rechtsgeschäften die Bezeichnungen „*emere*" und „*vendere*" angewendet wurden[522]

Obwohl sie einem großartiger Vertreter zuzuschreiben ist, möchte ich diese Theorie ausschließen und an dieser Stelle eher der Kritik von Arangio-Ruiz[523] folgen, welche den vollkommenen Mangel von schriftlichen Quellen und Beweisen zur Theorieuntermauerung einwendet.

Kommen wir nun zu der Hypothese von Meylan[524], die auf einer aufmerksamen Exegese der Beschreibung der *mancipatio* aus Gaius, Institutionen I, 119[525] ba-

---

519 In der früheren Zeit und zur Beginn der Republik gehörte der Großteil der Äcker um Rom der Stadt selbst, daher wurden sie *ager publicus* genannt, denn es war kein Privateigentum über diese Äcker möglich, nur jenes des *Senatus Popopulusque Romanorum* oder *Populus Romanus Quirites*; Familien oder Privatbürger durften sie lediglich „in Besitz nehmen" und sie nutzen. Erst zu einer späteren Zeit - als die Macht Roms sich auf ganz Italien und den Mittelmeerraum ausweitete, begann Rom diese Liegenschaften mit Hilfe von Sondermagistraten (Questores) zu veräußern.

520 Siehe Arangio-Ruiz: *Istituzioni di diritto romano*, XIV Aufl., Napoli 1984, S. 30 ff., S. 69 ff., S.147.

521 Siehe Scialoja in *Compravendita,* Roma 1907, S.184

522 Diese Texte sind angeführt auch in Cuq: *Manuelle des Istitutions juridiques des Romaines*, II Auflage, Paris 1928, S. 453 ff.

523 Arangio-Ruiz in *La compravendita in diritto romano* I, Napoli 1978, S. 50-51

524 Diese Theorie wird dargestellt in „*Periculum est emptoris*", im „*Vom Kauf nach Schweizerischem Recht*", Zürich 1950, S. 23 ff.

525 Hier nochmals Gaius und seine Anmerkungen: *Institutiones* I, 119: „*Est autem mancipatio, ut supra quoque diximus, imaginaria quaedam venditio: Quod et ipsum ius proprium civium Romanorum est; eaque res ita agitur: Adhibitis non minus quam quinque testibus civibus Romanis puberibus et praeterea alio eiusdem condicionis, qui*

siert, in der vom "*aes tenens*" und nicht vom " *rem tenens*" die Sprache war. Meylan bedient sich dieser schriftlichen Bestätigung des Terminus „*aes*" als Stütze für seine These, wonach die Zeremonie der *mancipatio* des Zwölftafelrechtes und auch der Zeit danach - bis zum I. Jhdt. v.Chr. - mit der Zahlung einer Geldsumme nicht abgeschlossen sondern erst begonnen wurde, und durch bzw. während dieser Geste erklärte der Käufer die Sache zu seinem Eigentum „einzukaufen" (hier das Verb „emere"). Erst am Ende der Zeremonie selbst - wie auch im Gaius 121 beschrieben - nahm der Käufer die Sache tatsächlich auch in Besitz. Andererseits bestätigt Meylan selbst, dass es aus den Quellen eindeutig hervorgeht, dass aus der *mancipatio* für den Käufer (*mancipio dans*) die Verpflichtung zu einer Garantie (sogenannte auctoritas) gegen eine eventuelle Enteignung entstand. Daher - behauptet Meylan - hätte auch in der urspünglichen Zeremonie eine diesbezügliche Erklärung abgegeben werden müssen[526]. Dagegen gab es keine feierliche offizielle Eigentumserklärung (*meum esse aio)* - wie in der Formel von Gaius zu lesen - wegen der Diskrepanz mit der relativierten Besitznahmeerklärung; dies wird viel später der Fall sein, in dem leider nicht genau feststellbaren Moment als die *mancipatio* zu einer *imaginaria venditio* wurde, d.h. ein Erwerb aufgrund jedwedes Rechtstitels.

Eine solche Form der ursprünglichen *mancipatio* gewährte - nach Meylan - lediglich den Besitz, wenn angewendet auf beweglichen Sachen (welche bei *mancipium* gegenwärtig waren). Um aus Besitz Eigentum zu machen, bedarf es dazu die Ersitzung (*usucapionis*). Für Immobilien dagegen gewährte eine mancipatio nicht einmal den Besitz, weil diese Kaufobjekte bei der Zeremonie nicht gegenwärtig waren und somit nicht Objekt einer *adprehensio* sein konnten. Aus diesem Grund - immer der Theorie nach - hätte der *mancipio dans* sich weiter zu einem spezifischen Rechtsgeschäft verpflichten müssen: *satisdatio secundum mancipium*, eine *verborum obligatio (*also eine *stipulatio)*, welche nach Meylan[527] zu Unrecht für eine Verpflichtung zu einer Garantie gegen Enteignung gehalten wird.

So gesehen scheint die hier rekonstruierte *mancipatio* für Immobilien mit seiner Verknüpfung mit einer *satisdatio secundum mancipium* mehrere Berührungspunkte mit dem späteren Konsensualvertrag gemeinsam zu haben, insbesondere

---

libram aeneam teneat, qui appellatur libripens, is, qui mancipio accipit, rem tenens ita dicit: HUNC EGO HOMINEM EX IURE QUIRITIUM MEUM ESSE AIO ISQUE MIHI EMPTUS ESTO HOC AERE AENEAQUE LIBRA; deinde aere percutit libram idque aes dat ei, a quo mancipio accipit, quasi pretii loco. "

526 Siehe Gaius *Institutiones* I, 121: *„In eo solo praediorum mancipatio a ceterorum mancipatione differt, quod personae serviles et liberae, item animalia, quae mancipi sunt, nisi in praesentia sint, mancipari non possunt; adeo quidem, ut eum, qui mancipio accipit, adprehendere id ipsum, quod ei mancipio datur, necesse sit; unde etiam mancipatio dicitur, quia manu res capitur: Praedia vero absentia solent mancipari.*"
Siehe auch Arangio-Ruiz: *La compravendita in diritto romano* I, Napoli 1978, S. 50-51

527 Siehe Meylan: *„periculum est emptoris"*, in *Vom Kauf nach Schweizerischem Recht*, (Festschrift Guhl), Zürich 1950, S. 23 ff.

aber die Unterteilung des Kaufgeschäfts in 2 Momente: zuerst die Schaffung einer Verpflichtung des Gebens (*tradere*) und dann die Aktion der „*traditio*" selbst. Um zur Konsensualität zu kommen fehlt nur einen Schritt: sobald das „*emptus esto*" in der *mancipatio* nicht mehr als Ausdruck der Inbesitznahme gesehen wird, dann wird die Verpflichtung zum *tradere* (zur Übergabe) des Verkäufers nicht mehr aus der *mancipatio* bzw. der angeschlossenen *satisdatio secundum mancipium* entstehen (wie oben beschrieben aufgrund der Theorie von Meylan), sondern aus dem „Vertrag" verstanden als Übereinkommen beidseitiger Willenserklärung[528].

Nichtsdestotrotz zeigt auch diese Theorie, ungeachtet ihrer guten Argumente und Begründungen, einige Schwachstellen. Der Versuch Meylans, die Richtigkeit seiner Theorie auf dem „*aes tenens*" anstatt „*rem tenens*" (Gaius Institutionen I,119) zu basieren überzeugt nicht. Warum sollte denn nur das Manuscript von Boetius[529] (wo von diesem „*aes tenens*" zu lesen ist) das richtige sein, und jenes von Verona nicht? Wie kann es sein, dass es so eine große Änderung der Zeremonie gegen Ende des 1. Jhdt. v.Chr. gegeben hat, wenn Gaius (eben in den Fragmenten der Institutionen I,119-122) uns sagt, dass sie in der *mancipatio* immer gleich blieb? Viele Fragen sind also bei dieser Theorie noch offen; ich möchte aber darauf hinweisen, dass stets Fehler oder Manipulation des Urtextes durch alte Schreiber zu unterstellen ein riskantes und hoch zerstörerisches Unterfangen ist, denn dabei sollten wird auch die Existenz von mehreren Rechtslagen im alten Rom bejahen. Aus diesem Grund ist diese Theorie – meiner Meinung nach – ebenfalls und wegen ihrer noch zu unklaren und unschlüssigen Beweislage beiseite zu legen. Würden wir sie akzeptieren, dann müssten wir auch zugeben, dass die *mancipatio* lediglich eine Unterkategorie der *causa usucapionis* und nicht das erste Beispiel eines Kaufvertrages der römischen Geschichte sei. Meine bescheidene Meinung findet jedenfalls auch eine Bestätigung in der anerkannten Analyse des Arangio-Ruiz[530].

Eine weitere These der deutsch-italienischen Lehre besagt für den Konsensualvertrag sogar eine noch frühere Entstehung als für die *mancipatio*[531]. Diese Hypothese wird – von mehreren Autoren – mit der Mommsen'schen Analogie mit den Verträgen zwischen Staat und Privaten[532] vermischt, andere Autoren versuchen die fehlende Existenzbeweise eines Konsensualvertrag damit zu begrün-

528 Siehe Arangio-Ruiz: *La compravendita in diritto romano* I, Napoli 1978, S. 52

529 Die strittige Exegese kann anhand eines Textvergleiches besser verstanden werden: Gaius *Institutiones* I, 119 findet sich sowohl im Manuskript aus Verona, und auch in einem Kommentar Boetius zur *Topica* Ciceronis, wo es sich liest: „*...is qui mancipio accipit, aes tenens...*"

530 Die Argumentation von Arangio-Ruiz findet sich in: *La compravendita in diritto romano* I, Napoli 1978, S. 30 ff.

531 Ausführlich in Karlowa: *Römische Rechtsgeschichte*, 2 , Leipzig 1901, S. 602 ff.; Und Scialoja in *la Compravendita*, Roma 1907, S.185 ff.; Longo, *Corso di diritto romano,* Milano 1937, S. 297 ff.; Joers-Kunkel, *Roemisches Recht*, III Auflage, Berlin 1949, S. 227

den, dass er lange Zeit ohne „zivilgerichtliche“ Klage versehen war[533], weil zum Rechtsschutz der Parteien und zur Beilegung der daraus entstehende Streitigkeiten ein „*arbitrus*“ (Schiedsrichter) berufen werden konnte.
Leider lässt diese komplexe These ebenfalls einige Frage offen. Wenn wir nämlich bejahen – wie aus Gaius und aus den anderen uns zur Verfügung stehenden Quellen zu entnehmen – dass der Konsensualvertrag erst aus dem *ius gentium* entstand, wie ist es dann möglich, dass er bereits in derart früheren Epochen vorhanden ist?
Und weiters: Wenn wir die These einer Entstehung des Konsensualvertrags aus der Analogie zu den früheren Verträgen zwischen Staat und Privaten bejahen, müssen wir dann darauf ebenfalls die Hypothese bejahen, dass der konsensuale Kaufvertrag seinen Keim bereits im *jus civile* findet und erst später vom *ius gentium* übernommen wurde. Eine solche Behauptung wird aber deutlich von allen uns zur Verfügung stehenden Quellen widerlegt, denn erst bei der Einführung des Verfahrens *per formulas* und des *pretor peregrinus* kommt es zu einem Rechtsschutz für den Konsensualvertrag. Darüber hinaus fällt es recht schwer, an die Existenz eines derart formlosen Vertragsabschlusses in einer so frühen Epoche zu denken.
Weiters: Die oben angeführte Theorie vermutet handelsrechtlich „internationale“ Bedürfnisse, die uns tatsächlich – angesichts der noch geringen Handelsentwicklung in dieser sehr frühen Zeit – noch nicht angebracht bzw. wirklich notwendig erscheinen, welche aber später zur Begründung des typischen Konsensualvertrag – der *emptio-venditio* – führten.
So weit bekannt, gingen die damaligen Handelsbeziehungen vorwiegend in Richtung Magna Graecia, d.h. zu den süditalienischen griechischen Kolonien, wo man sich nicht eines konsensualen Kaufvertrages sondern eines sehr komplexen Rechtsgeschäftes bediente (dem so genannten rechtsübertragenden Vertrag mit *arrha*, bei gleichzeitigem Austausch von Ware und Preis und unter Anwendung von Angeldern[534]).
Aufgrund dieser Überlegungen erscheint mir diese Theorie fraglich, und diesbezügliche Zweifel finden sich ebenfalls in den Kommentaren und Beiträgen von Arangio-Ruiz und Girard[535].

---

532 Monier in *Manuel élémentaire de droit romain*, II, III Auflage, Paris 1944, S. 114 und 134.

533 Siehe Cuq: *Manuel des Istitutions juridiques des Romaines*, II Auflage, Paris 1928, S. 454

534 Dies wird von Theophrastus (zu lesen im *Florilegium* des Stobäus) vertreten; siehe Ausgabe von O. Hense, Antologium, 1901 (Anlage 2)

535 Arangio-Ruiz in *La compravendita in diritto romano* I, Napoli 1978, S. 55-56; Girard in „*Zeitschrift der Savigny-Stiftung für Rechtsgeschichte*“ Nr.29, 1908, S. 150 ff;
wie auch Fadda in *Istituti commerciali di diritto romano*, II Auflage, Napoli 1919, S.38 ff.

Eine weitere Theorie der italienischen Schule, auch von Pugliese in seinem Lehrwerk vertreten[536], befürwortet den Ursprung des konsensualen Kaufvertrages im *ius gentium*, allerdings in der römischen Rechtsordnung unmittelbar durch die Einwirkung des *praetor peregrinus* eingearbeitet, als Ergebnis von handelspraktischen Überlegungen (starke und rasche Entwicklung der Handelsbeziehungen im gesamten Mittelmeerraum wie auch im Nahen Osten). Gerade diese Einstellung scheint mir der Realität sehr nahe und findet meine Sympathie, aus den Gründen, die ich in den nächsten Kapiteln darstellen werde.
Eine weitere und durchaus überzeugende und gut begründete Theorie stammt aus Bekker und Jehring und wird in Italien von Arangio-Ruiz vertreten[537]: Innerhalb der römischen Rechtsordnung habe es eine lange, langsame Evolution aus der alten *mancipatio* zum konsensualen Kaufvertrag infolge der Impulse der „internationalen“ handelsrechtlichen Entwicklung gegeben. Im Laufe dieser Evolution spielte die *verborum obligatio* bzw. die *stipulatio* eine wesentliche Rolle, denn gerade diese Institute seien die „Zwischenstation“ zwischen *mancipatio* und Konsensualvertrag. Tatsächlich konnte man durch die *stipulatio*, d.h. durch die ausdrückliche Verpflichtungserklärung, jegliche Art von Übereinkommen oder Vertrag abdecken. Die *stipulatio* war in der Tat – dank ihrer Flexibilität – eine weit verbreitete vertragliche Abmachung im römischen Rechtssystem, wie auch in zahlreichen Quellen bestätigt wird. Darüber hinaus ist bekannt, dass die Vertragsparteien auch in der Zeit, als die Konsensualverträge ihre klare Positionierung erreicht hatten, ihre Verpflichtungserklärung durch die stipulatorischen Form zu bestätigen pflegten. Und auch in der klassischen Epoche – als es noch keinen verankerten Usus für den Konsensualvertrag gab – war es durch die *obligatio verborum* möglich, dass die Vertragsparteien ihren Willen und Absicht bekräftigten[538], insbesondere als sie damit eine Garantie für den Tausch zwischen Preis und einer *per relationem* noch nicht bestimmbaren Menge an vertretbaren Güter bezweckten. Die oben genannten Autoren bauen ihre Lehre auf der Tatsache auf, dass in den früheren Zeiten das Zwölftafelrecht einen Kaufvertrag mit Anrechnung des Kaufpreises lediglich durch eine *sponsio* (frühere Form der *verborum obligatio*; nur römischen Bürgern gestattet und später in *stipulatio* umgewandelt, um sie auch für nicht Römer zugänglich zu machen) erlaubte (eben die sogenannte *sponsio pretii*), und sehen die weitere Entwicklung in der Einführung und in der Evolution der stipulatorischen Formen bis eben zum stipulatorischen Vertrag.

---

536 Siehe Pugliese in *Istituzioni di diritto romano*, III Auflage, Torino 1991, S.557 ff.

537 Siehe Bekker: *Zeitschrift der Savigny-Stiftung für Rechtsgeschichte* Nr.3, 1864, S.442, und auch in *Die Aktionen des römischen Privatrechts*, 1, Berlin 1871, S. 156;
Siehe auch Jehring in *Geist des römischen Rechts*, VIII. Ausgabe, Darmstadt 1954, insbesondere Buch 3,1; Girard in *Manuel elementaires de droit romaines*, Paris 1928, S.570; Arangio-Ruiz in *Istituzioni di diritto romano*, XIV Auflage, Napoli 1984, S. 333.

538 Arangio-Ruiz in *La compravendita in diritto romano* I, Napoli 1978, S.58 ff.

Diese Theorie scheint mir nicht nur sehr einleuchtend, sondern vor allem besonders ersichtlich durch die schriftlichen Quellen bestätigt; ich werde sie im nächsten Kapitel eingehend besprechen und dabei versuchen zu beweisen, dass die Entwicklung tatsächlich aus der *mancipatio* des Zwölftafelrechts über die *sponsio pretii* und die so genannten „wechselseitige stipulationes" bis zu schuldrechtlichen emptio-venditio der klassischen und imperialen Epoche führt.
Meine Beweisführung basiert allerdings nicht ausschließlich auf den Überlegungen von Jehring, Bekker und Girard, sondern sucht einen anderen wissenschaflichen Weg, wobei das Phänomen des Konsensualvertrags und seiner Vorstufen in der historisch-rechtsvergleichenden Perspektive analysiert wird (auf der Basis der uns zur Verfügung stehenden Materialien des *ius gentium* und anderen Quellen).
Die bis dato entwickelten und vertretenen Theorien zur Erklärung des Phänomens gehen sehr ähnliche Wege: entweder die selbstverständliche Annahme, dass der konsensuale Kaufvertrag *ex nihil* aus dem *ius gentium* entstanden ist bzw. in das römische Rechtssystem integriert wurde, oder die Hypothese eines sehr frühen, unscharf definierbaren reinrömischen Ursprungs und einer sehr langsamen Evolution - stets innerhalb des römischen Rechtssystems -, deren Ergebnis später auch für die nicht Römer zugänglich gemacht wurde. Meines Erachtens ist es durchaus angebracht und an der Zeit, diese rein dichotomische Einstellung zu überwinden und neue, analytische Perspektiven zu wagen, wobei ein „flexiblerer" Interpretationsschlüssel der historischen Entwicklung im römischen Vertragsrecht anwendbar sein kann.

5.1.3 Die Entwicklung der emptio-venditio als „beweglicher Anpassungsvertrag" zwischen dem ius civile und dem ius gentium in einer historisch-vergleichenden Perspektive

Wie auch bereits in meinen früheren Schriften[539] schlage ich vor, das Problem der *emptio-venditio* bzw. seiner Entwicklung aus einer anpassungsfähigen Perspektive zu betrachten, und diesem Rechtsinstitut eine „Wandelfähigkeit" zuzusprechen, die diesem eine Anpassung an die sich stets ändernden historischen, wirtschaftlichen, sozialen und politischen Bedingungen und Umgebung erlaubt. Dies wird der Kern der nächsten zwei Kapitel sein, wo ich zwei Forschungswege einschlagen werde: einerseits innerhalb des reinen römischen Rechtes, d.h. *ius civile*, andererseits rechtsvergleichend mit dem *ius gentium*. Ich beabsichtige in dieser Arbeit, meine Theorie zu untermauern oder wenigstens überzeugend zu

539 Ich darf hier auf meine Theorie der römischen „mobilen" Bürgerschaft und des „flexibleren" römischen Rechts hinweisen, d.h. anpassungsfähige Institute und Systeme, je nach historischer, politischer, sozialer oder wirtschaftlicher Lage bzw. Entwicklung der römischen Gesellschaft; zu lesen in *Cittadinanza Romana e latinità*, Roma 2003, Kap. 1 bis 4.

gestalten: im Laufe der römischen Rechtsgeschichte gab es nicht eine einzige, lineare Evolution vom Kauf durch Barzahlung zum Konsensualvertrag mit schuldrechtlichen Folgen, sondern zwei in sich verwobene Entwicklungen, die in der späteren kaiserlichen Epoche bis Justinian sogar in Konkurrenz standen. Einerseits finden wir den Ausgangspunkt in der *mancipatio* des *ius civile* und wir gehen wir über die Etappen der *mancipationes emptionis causa* bis zu den *stipulationen* der iustinianischen Epoche. Andererseits gibt es das *ius gentium* und die internationalen handelsrechtlichen Vereinbarungen, wobei auf der Basis des hellenistischen Vertrag mit *arrha* sich zuerst die wechselseitigen *stipulationen* (zur Zeit des *pretor peregrinus*), später das feierlich-formelle gleichzeitige Rechtsgeschäft (Kauf-Verkauf) entwickeln, um dann schlussendlich zu *emptio-venditio* zu gelangen, wie diese Transaktion vom Gaius beschrieben wird.
Diese zwei Entwicklungslinien, obgleich sie in verschiedenen Umgebungen und aus verschiedenen Bedürfnissen entstanden, überkreuzen sich im Laufe der Zeit, beeinflussen sich gegenseitig, bis sie quasi in bestimmten Momenten sogar in gegenseitiger Konkurrenz innerhalb der römischen Rechtsentwicklung stehen.
Beide Entwicklungen sind stark von den wirtschaftlichen, politischen und sozialen Entwicklungen der römischen Gesellschaft beeinflusst, beide sind dadurch in ihrem Werdegang und in rechtsvergleichenden Perspektiven verbunden.
Mein Ziel ist es, auf der Basis der uns zur Verfügung stehenden Quellen, die Momente ihrer Annäherung, ihrer gegenseitigen Beeinflussung oder sogar Überlappung aufzuzeigen, bis jenes kaufvertragliche Rechtssystem entstand, welches als das flexibelste und universell anwendbare System der europäischen Rechtsgeschichte anerkannt wird.
Bevor wir uns in *media res* vertiefen, wird hier eine kurze rechtsgeschichtliche Digression über die chronologische Entwicklung dieses Rechtsgeschäftes, von seinen Anfängen als Tauschkauf gegen Bares bis zu der schuldrechtlichen Konsensualerklärung, damit sowohl dem historisch-soziale Rahmen wie auch der Perspektive gerecht bewertet wird.
Ganz sicher hat ein Datum einen fixen Platz in unserer Darstellung, und zwar das Jahr 241 v.Chr., d.h. die Entstehungsstunde der Fremdenprätoren (*praetor inter peregrinos* oder *praetor peregrinus*). Auf die selbe Zeit ist ebenfalls die Anerkennung der Konsensualverträge zum Kaufzweck mit schuldrechtlicher Wirkung in Rahmen von „internationalen" Wirtschafts- und Handelsbeziehungen[540] zurückzuführen, d.h. ein Rechtsschutzmittel im Rahmen der rechtlichen Verhältnisse zwischen Römern und Fremden oder unter Fremden selbst. Erst später, 150 v.Chr., wurde seine Anwendung auch auf Verhältnisse unter römischen Bürgern ausgeweitet, und zwar in einer Zeit als der Stadtprätor (*praetor urbanus*) die Anwendung des Verfahrens *per formulas* ebenfalls auf die Rechtsbeziehungen unter Römern ausweitete. Wahrscheinlich liegt die Zeit der offiziellen Anerkennung und Anwendung eines konsensualen Kaufvertrages im römi-

540 Siehe Arangio-Ruiz in *La compravendita in diritto romano* I, Napoli 1978, S.82 ff.

schen Recht gerade in der Zeitspanne zwischen den 2 Daten, und nicht erst ab dem Jahr 150 v.Chr. wie von Arangio-Ruiz behauptet[541]. Seine Entstehung soll tatsächlich auf die Zeit zurückzuführen zu sein, in der die römischen Handelsbeziehungen sich rasch auf das ganze Mittelmeer ausweiteten, dank der rasanten Entwicklung seiner militärischen und navalen Präsenz und auch dem Untergang von Carthago, besiegt von Rom[542].

Zweifelsohne eine sehr dynamische Zeit, in der immer öfters Geschäfte mit weit entfernt angesiedelten Völkern zustande kamen, so dass ein unmittelbarer Kauf gegen bares Geld - wie bei der mancipatio - kaum mehr möglich war. Ein klassisches Beispiel dafür kann in dem regen Handel mit exotischen, wertvollen Gütern erahnt werden, die zwar sehr gefragt waren, aber erst nach monatelangen Transportwegen auf den römischen Märkten zu finden waren. Geschäfte mit so weit entfernt angesiedelten Handelspartnern forderten eine effiziente Absicherung für beide Parteien, welche in der bindenden Willenserklärung (des Kaufens bzw. des Veräußerns) mit schuldrechtlicher Wirkung gesehen wurde. Beiden Parteien war damit auch noch eine gewisse vertragliche Freiheit gewährt, d.h. sie durften nach der Willenserklärung weitere konkretere Schritte innerhalb der Abmachung durchzuführen (wir dürfen nicht vergessen, dass es zu jener Zeit noch keine gemeinsame europäische Währung gab), um dann ihre Vereinbarung zu einer rechtlichen Vertragserfüllung zur bringen, sei es durch Kauf bzw. Verkauf gegen Bares, oder indem sie die Übergabe der Ware gegen bindende Zahlungsverpflichtung durchführten, oder gar mit eine Anzahlung sich die versprochene Ware absicherten, die nicht sofort lieferbar war. Darüber hinaus waren beide Parteien sicher, auch wenn sie sich pro futuro verpflichteten, dass sie ihren Rechtsschutz vor den römischen Gerichten fordern konnten (bei entsprechendem Beweis der zustandegekommenen Vereinbarung[543]). Mit anderen Worten, ob römische Bürger, ob Fremde, alle Parteien durften sich auf ein römisches Gericht berufen, dank der anerkannten Rechtswirkung der Vereinbarung. Der Konsensualvertrag war also das ideale Rechtsinstrument für diese „internationalen" Handelsbeziehungen, weil flexibel und in der Lage, den unterschiedlichen Bedürfnissen der Parteien gerecht zu werden. Diese Überlegungen allein sind - meines Erachtens - überzeugendes Indiz, um die Ursprünge aus dem volksnahen *ius gentium* zu belegen.

Der Vollständigkeit halber muss hier auch die Position von einigen Autoren[544] erwähnt werden, welche eine frühere Datierung des Konsensualvertrages wagen und ihn auf der Basis von Schriften von Celsus, Cato und Plautus auf die Tradition des *ius civile* und auf eine Periode vor der Zeitspanne 242-150 v.Chr. zu-

541 Siehe Arangio-Ruiz in *La compravendita in diritto romano* I, Napoli 1978, S. 72-73

542 Für eine historischen Vertiefung des Themas siehe Talamanca: *Lineamenti di storia del diritto romano*, Milano 1979, S. 45 ff.

543 Siehe Arangio-Ruiz: *La compravendita in diritto romano* I, Napoli 1978, S. 83

544 Darunter Longo, Ferrini, Scialoja, Meylan, Bekker etc., unter Angabe von verschiedenen Argumenten und Quellen.

schreiben. Im Endeffekt aber - und wie auch später in dieser Arbeit belegt - kehren auch diese Theorien auf der Jahresbegrenzung 241-150 v.Chr. zurück.
Als Beweis ihrer Behauptung, dass in diversen juristischen und nicht juristischen Quellen die Existenz eines rechtlich geschützten Konsensualvertrages früherer Datierung (d.h. vor der Einführung des *praetor peregrinus*) belegt wird, zitieren diese Autoren vor allem einen Absatz von Celsus, in Digestus 19, 1, 38, 1: "*Si per emptorem steterit, quo minus ei mancipium traderetur, pro cibariis per arbitrium indemnitatem posse servari Sextus Aelius, Drusus dixerunt, quorum et mihi iustissima videtur esse sententia*".
Darin wird der Fall eines Kaufvertrages unter Berücksichtigung der *actio rei venditi* wie auch *bonae fidei iudicium* behandelt, wobei Celsus in seinem Ergebnis auf zwei ältere Autoren, Sextus Elius und Drusus, verweist. Der Erstere schrieb die *Tripertita* 198 v.Ch, d.h. während seiner Konsulatszeit. Aus diesem Grund sollte der Konsensualvertrag doch in einer früheren als der von Arangio-Ruiz angegebenen Zeit[545] (150 v.Chr.) entstanden sein. Die oben angegebenen Autoren datieren den Konsensualvertrag also - auf der Basis dieses Textes - zu einem früheren Zeitpunkt. Alles in allem aber stellt sich diese „frühere" Datierung nicht als Problem dar, denn im Vergleich zur bereits angegebenen Zeitspanne (241-150 v.Chr.) bestätigt das nur, dass der Vertrag aus dem *ius gentium* allmählich in das römischen System des *ius civile* eingedrungen ist, und zeitweise sogar parallel mit den *stipulationes* existierte. Meines Erachtens hat sich der Konsensualvertrag gerade während dieser 90 Jahre (zwischen 241 und 150 v.Ch) in das *ius civile* graduell - beginnend mit der Anwendung des jus gentium durch den Fremdenprätor - eingegliedert. Der Passus von Celsus bezugnehmend auf Sextus Elius unterstützt diese Behauptung.
Betrachten wir nun die Vertragsprozeduren, die im *De agri cultura* von Cato dem Älteren zu finden sind, und welche wiederum eine frührere Datierung belegen würden: Verschiedene Vertragsbeispiele sind hier angegeben, und zwar über die *olea pendens* (noch am Baum wachsenden Oliven, Kap. 146), über *vinum pendens* (Trauben, bevor sie zu Wein verarbeitet werden, Kap. 147), *vinum in oleiis* (Wein in Fässern, Kap.148), weiters über Weiden (Kap. 149) und *fructum ovium* (Schafprodukte, Kap.150) [546]. Die Autoren, darunter Longo und Mitteis[547], weisen darauf hin, dass hier keine stipulatorische Klausel vorhanden ist, und dies würde bedeuten, dass bereits das Willensübereinkommen zur Entstehung der gegenseitigen Verpflichtung ausreichend war, ergo hatte Cato ebenfalls bereits verschiedene Konsensualverträge „erwähnt".
Zahlreiche andere Autoren widerlegen diese Behauptung und datieren den Vertrag post 150 v.Chr., wobei die vorwiegenden Argumente sagen, dass es sich hier nicht um echte Vertragsformulierungen handelt, sondern um Versteigerungsver-

---

545 Arangio-Ruiz in *La compravendita in diritto romano* I, Napoli 1978, pag. 74
546 Cato der Ältere: *De Agri cultura,* Kap. 146-150.
547 Longo in *Corso di diritto romano* , Milano 1937, S. 305; wie auch Mitteis, *Römisches Privatrecht,* Leipzig 1921, S. 48, nr. 22.

kauf[548] oder gar einfache Empfehlungen für einen Grund- bzw. Ackerbesitzer[549]. Weil es sich also hier nicht um „echte" Vertragsbeispiele handelt, ist dieser Text irrelevant als Beweis zu Gunsten des Konsensualvertrages.
Schon wieder trifft die Problematik insbesonders das Datum 150 v.Chr., nicht aber die von uns in Betracht gezogene Zeitspanne, welche im Gegenteil durch die Datierung dieser Schriften eine Untermauerung erhält: De Agri Cultura muß nämlich zu Lebzeiten seines Autor verfasst worden sein, d.h. zwischen 223 und 149 v.Chr., und dies fällt genau in die von uns angegebene Zeitspanne 241-150 v.Chr.
Wir kommen nun zu einer der letzteren Gruppen von Texten: Die Komödien von Plautus. Interessant für unsere Zwecke sind insbesodere „*Rudens*", mit der Darstellung des Kauf-Verkaufs des Mädchens Palestra, und der vom Sklaven Tranius fingierte Kauf eines Hauses (lediglich um den Herrn seines Geldes zu „erleichtern"). Oder „*Pseudolus*", wo ein Freier mit einem Kuppler einen Gesamtpreis von 20 Minen vereinbart, aber nur einen Angeld von 15 zahlt und bestellt, dass das Mädchen einem Boten übergeben werden soll, welcher ein Siegel zeigen und den Restpreis zahlen soll. Oder weiters das Märchen „*Curculio*", wo ein Bankier sich zur Zahlung einer bestimmten Summe an den Kuppler verpflichtet, als Kaufpreis für ein Mädchen, unter der Bedingung, dass bei sich der Bote bei ihm durch ein Siegel erkenntlich macht und ihm seinen Zahlungsbefehl überbringt. Seinerseits verpflichtete sich der Kuppler, als Verkäufer, das Mädchen dem Boten zu übergeben, erst nachdem er das Geld erhalten hat.
Diese Texte wurden als Beleg und Beweis von jenen Autoren verwendet, die eine Entstehung des Konsensualvertrags wesentlich früher als im Allgemeinen anerkannt befürworten, und zwar in einer Zeit vor dem 3. oder gar 4. Jhdt. v.Chr.[550].
Andererseits nutzen viele Autoren, darunter Bekker, diese Komödien des Plautus als Beweis dafür, dass der schuldrechtliche Kaufvertrag lange Zeit ohne einen Rechtsschutz geblieben ist, der es erlaubt hätte, die Erfüllung der versprochenen Leistung zu fordern bzw. einzuklagen[551].
Anders der Ansatz von Girard, welcher in den von Plautus beschriebenen Tatbeständen eine Kopie der hellenischen Institute sieht, als eine Art des Vertrages mit

---

548 Siehe wieder Bekker in *Zeitschrift der Savigny-Stiftung für Rechtsgeschichte* Nr.3, 1966, S 416 ff.

549 Siehe Arangio-Ruiz: *La compravendita in diritto romano*, Napoli 1978, S.76

550 Siehe Longo: *Corso di diritto romano,* Milano 1937 S. 302; wie auch - als erster Vertreter dieser Theorie - Demelius: in *Zeitschrift der Savigny-Stiftung für Rechtsgeschichte* Nr.2, 1863, S. 177 ff.
Weiters Costa in *Il diritto privato romano nelle commedie di Plauto,* Torino 1890, S. 363 ff.; wie auch - für die deutschsprachige Rechtslehre - Kunkel: in *Festschrift der Koschaker Stiftung* Nr. 2, S. 13 ff.

551 Siehe Bekker: *De emptione venditione quae Plauti fabulis fuisse probetur*, Dissertation, Berlin 1853.

arrha, und dadurch uns eine klare Widerlegung der Thesen von Longo und anderer anbietet[552].
Zuletzt die Position von Arangio-Ruiz, welcher zwar bestätigt, dass es sich in drei Fällen (*Mostellaria*, *Rudens* und *Pseudolus*) tatsächlich um Verträge mit Angeld handelt, andererseits sieht er aber bei Curculius den Fall der Vorauszahlung eines Kaufpreises in die Hände eines Bankiers[553].
Obgleich die Problematik noch diskussionswürdig ist, halte ich die Argumentationen und Positionen von Arangio-Ruiz und Girard – Vertrag mit Angeld anstatt konsensualen Kaufvertrages – für sehr interessant und überzeugend, insbesondere in Zusammenhang mit den Ausführungen des Theofrastus (oben erwähnt) über die Tradition des hellenistischen Kaufes, welcher unter „*arrha*" bekannt ist. Die Studie dieses Textes wird sofort die unzähligen Ähnlichkeiten der komödiantischen Kaufgeschäfte (vor allem im *Pseudolus* und *Mostellaria)* mit dem hellenistischen Vertrag mit *arrha* aufzeigen, obwohl das Wort „*arrha*" nie ausdrücklich erwähnt wird.
Nach diesem kurzen Exkurs bezüglich einer, wenn auch nicht genauen, Datierung einer ersten Anerkennung des konsensualen Kaufvertrages und einer Beschreibung des gesellschaftshistorischen Hintergrundes, möchten wir nur in großen Zügen die zeitlichen Anhaltspunkte für die weiteren Rechtsinstitute, die in Zusammenhang mit dem Kauf/Verkauf stehen.
Zuerst die *mancipatio*: die erste eigentliche Form des Kaufes im römischen Rechtssystem, dessen Ursprungs tief in der Urgeschichte der römischen Kultur liegt. Angeblich gab es diese Form bereits vor dem Zwölftafelrecht, daher sollte man als zeitlichen Anhaltspunkt die Periode mindestens um das 7. Jhdt. v.Chr. annehmen. Sicher existiert die Form des *mancipium* noch vor dem geprägten Geld, also in der Zeit des *aes rude*[554]. Das bedeutet, dass seine Geschichte mit der Geschichte Roms, d.h. bei der Gründung oder kurz danach, beginnt; jedenfalls muß Rom bereits eine stadtähnliche Siedlung gewesen, und nicht, wie z.B. vom Perozzi behauptet, noch ländlichen Charakter haben[555].
Die *traditio* scheint eine jüngere Schöpfung zu sein, und zwar aus der Zeit um das 4. Jhdt. nach Chr., obgleich einige Urformen der *traditio* – wenn auch ohne Formalismen und ausserhalb des traditionellen Rechtssystems – sicherlich schon davor existierten[556].
Der Ursprung der *sponsio,* der klassiche mündlichen Verpflichtungserklärung, ist ebenfalls sehr alt. Diese Form des Rechtsgeschäftes war ausschließlich den

552 Siehe Girard: *Manuel elementaires de droit romaines*, Paris 1928, S. 575

553 Über die Kritik an dieser Theorie siehe Arangio-Ruiz: *La compravendita in diritto romano* 1, Napoli 1978, S. 79 ff.

554 Siehe wieder Arangio-Ruiz: *Istituzioni di diritto romano*, XIV Auflage, Napoli 1984, S. 200

555 Ein ausführlicher Überblick über alle Theorien der *mancipatio* in Voci: *Modi di acquisto della proprietà*, Milano 1952, S. 27 ff.

556 Arangio-Ruiz: *Istituzioni di diritto romano*, XIV Auflage, Napoli 1984, S. 203 ff.

römischen Bürgern (die *Quirites*) gewährt, daher ist seine Entstehung mit den früheren Epochen bzw. der Zeit des Zwölftafelrechts zu datieren (d.h. in etwa 6. oder 5. Jhdt.. v.Chr.). Einige Autoren, darunter Pugliese, halten die *sponsio* für die erste Form der schuldrechtlichen Verpflichtung des römischen Rechtes und sehen ihren Ursprung in den *mores*, also in einem sakralen und nicht rein rechtlichen Rahmen[557].

Die *stipulatio* ist, von der Art her, dasselbe wie eine *sponsio*, sie war aber für die Fremden[558] (*peregrini*) gedacht, sie wurde also zu *obligatio iuris gentium.* Ihre Entstehung ist wahrscheinlich auf die Zeit der Einführung des *praetor peregrinus*[559] zurückzuführen. Ab dieser Zeit können alle anderen Formen der Stipulation entstanden sein, bzw. datiert werden - wie z.B. die bereits erwähnten gegenseitigen *stipulationes.*

Ich werde jetzt versuchen. die Merkmale der rein römisch-rechtlichen Arten der Kauf- bzw. Verkaufsverträge zu beschreiben, aus denen auch die Evolution des römischen Systems ersichtlich werden wird, von der *mancipatio* bis hin zum Konsensualvertrag mit schuldrechtlicher Wirkung.

557 Siehe auch Pugliese: *Istituzioni di diritto romano*, III Auflage, Torino 1991, S.146 ff. wie auch Gaius *Institutiones* 3, 93; Festus: 441 und 440 (in der Lindsay-Ausgabe); Gellius: *Noctes Atticae* 4,4,2; Varrus: *De lingua latina*, 6,69 ; Livius: *Ab urbe condita*, 1,24.7.
Die Theorie von Pugliese erweist sich als äußerst interessant: das lateinische Wort „*sponsio*" soll vom griechischen „*spendo*" in der Bedeutung von „Trankopfer bereiten, durchführen" stammen, und nicht aus dem lateinischen "*sponte*" - wie von Varrus behauptet - in der Bedeutung von „freiwillig, unaufgefordert". Diese griechische Interpretation von „*spendo*" würde die sakral-religiose Herkunft der römischen *sponsio* auch besser erklären.

558 Für eine deutlichere Unterscheidung von *sponsio* und *stipulatio* siehe Gaius: *Institutiones* III, 93-94: „*Sed haec quidem uerborum obligatio DARI SPONDES? SPONDEO propria ciuium Romanorum est; ceterae uero iuris gentium sunt, itaque inter omnes homines, siue ciues Romanos siue peregrinos, ualent. et quamuis ad Graecam uocem expressae fuerint, uelut hoc modo "dØseis; dØsØ, homologeis; homologØ, pistei keleueis; pistei keleuØ, poi seis; poi sØ", etiam hae tamen inter ciues Romanos ualent, si modo Graeci sermonis intellectum habeant; et e contrario quamuis Latine enuntientur, tamen etiam inter peregrinos ualent, si modo Latini sermonis intellectum habeant. at illa uerborum obligatio DARI SPONDES? SPONDEO adeo propria ciuium Romanorum est, ut ne quidem in Graecum sermonem per interpretationem proprie transferri possit, quamuis dicatur a Graeca uoce figurata esse.*
95. *Unde dicitur uno casu hoc uerbo peregrinum quoque obligari posse, uelut si imperator noster principem alicuius peregrini populi de pace ita interroget: PACEM FVTVRAM SPONDES? uel ipse eodem modo interrogetur. quod nimium subtiliter dictum est, quia si quid aduersus pactionem fiat, non ex stipulatu agitur, sed iure belli res uindicatur.*"

559 Gaius: *Institutiones* 3, 93: „*DARI SPONDES? SPONDEO propria ciuium Romanorum est; ceterae uero iuris gentium sunt, itaque inter omnes homines, siue ciues Romanos siue peregrinos, ualent*"

5.2 Der ursprüngliche römische Kaufvertrag: *mancipatio, traditio, mancipatio emptionis causa, stipulationes*

5.2.1 Der Ursprung des römischen Kaufvertrags

Nach diesen Ausführungen werde ich die erste Evolutionsphase des Kaufes als Rechtsgeschäft analysieren, welches noch rein römischen Charakter hatte und eindeutig dem *ius civile* zuzuordnen ist. Diese beginnt mit der Urform des Tausches und geht bis zu jenen Rechtsgeschäften, die auf wechselseitigen *stipulationes* basierten.

Eine würdige Einführung in die Quellen gibt uns ein Passus von Paulus (33, ad edictum), welcher die Anfänge des Kaufgeschäfts bei den Römern darstellt und durch die Schreiber selbst zu Beginn des Buch 18, 1 der Digesten eingeführt wurde, wo das Thema des Kaufes behandelt wird:

„Origo emendi vendendique a permutationibus coepit. olim enim non ita erat nummus[560] *neque aliud merx, aliud pretium vocabatur, sed unusquisque secundum necessitatem temporum ac rerum utilibus inutilia permutabat, quando plerumque evenit, ut quod alteri superest alteri desit. sed quia non semper nec facile concurrebat, ut, cum tu haberes quod ego desiderarem, invicem haberem quod tu accipere velles, electa materia est, cuius publica ac perpetua aestimatio difficultatibus permutationum aequalitate quantitatis subveniret. eaque materia forma publica percussa usum dominiumque non tam ex substantia praebet quam ex quantitate nec ultra merx utrumque, sed alterum pretium vocatur".*

Aus dem Text geht klar hervor, dass das "Kaufgeschäft" seinen Anfang in der primitiven Form des Tauschgeschäftes fand, wobei hier die Grundbedingung ein „zufälliges" und seltenes Zusammentreffen von Angebot mit übereinstimmender Nachfrage war. Die Einführung des geprägten Geldes, sagt Paulus, bereinigte diese mit dem Wesen des Tausches verbundenen Schwierigkeiten, und man begann die unterschiedlichen Positionen der Parteien als Käufer und Verkäufer neu zu definieren, deren wesentliche Merkmale für den einen die Übergabe der Ware (*merx*) und für den anderen die Übergabe des dafür vereinbarten Preises (*pretium*) waren.

So entsteht die Art des Kaufgeschäftes, welche wir heute noch als konzeptuelle Basis des Kaufvertrages verstehen. Später sagt Paulus weiter: *„Sed an sine nummis venditio dici hodieque possit, dubitatur, veluti si ego togam dedi, ut tunicam acciperem. sabinus et cassius esse emptionem et venditionem putant: nerva et proculus permutationem, non emptionem hoc esse. sabinus homero*

560 Ich erlaube mir, an dieser Stelle *„ut nunc"* nach *„ita"* einzufügen, damit die Aussage an Klarheit gewinnt; dieser Vorgang basiert auf der Beseler Anmerkung in *Beiträge zur Kritik der römischen Rechtsquellen 3,* Tübingen 1920, S. 133., wonach hier ein Transkriptionsfehler des Schreibers vermutet wird.

teste utitur, qui exercitum graecorum aere ferro hominibusque vinum emere refert, illis versibus: enven ar' oinizonto karykomowntes axaioi alloi men xalkw, alloi d' aivwni sidyrw, alloi de hrinois, alloi d' autysi boessi, alloi d' andrapodessin. sed hi versus permutationem significare videntur, non emptionem, sicuti illi: env' aute glaukw kronidys frenas eceleto zeus, hos pros tudeidyn diomydea teuxe ameiben. magis autem pro hac sententia illud diceretur, quod alias idem poeta dicit: priato kteatessin heoisin. sed verior est nervae et proculi sententia: nam ut aliud est vendere, aliud emere, alius emptor, alius venditor, sic aliud est pretium, aliud merx: quod in permutatione discerni non potest, uter emptor, uter venditor sit."

Paulus bezieht sich hier auf Homer, selber oft von Sabinianer und Proculianer zitiert, ob dieses Geschäft *per naturalia* tatsächlich der Ursprung des Kaufvertrages sei, d.h. ob tatsächlich ein Kauf möglich sei, in dem eine Partei etwas mittels eines „Tausches von für die andere Partei interessanten Vermögen" erwerben könnte. Die zwei Denkschulen debattierten lange Zeit über die Möglichkeit, eines „Tausches in *naturalia*" (Position der Proculianaer), welcher in der Form von Übergabe von Kleinvieh (z.B. Schafen) durchgeführt werden kann[561]. Andererseits steht Paulus auf der Seite der Sabinianer, welche einen Kauf ausschließlich durch Preisübergabe (Geld) vertreten, obgleich er feststellt, dass dadurch die Rollen von Verkäufer und Käufer nicht dezidiert erkennbar sind. Tatsächlich spielte das Geld in der römischen Mentalität und im Rechtsdenken durchaus eine wichtige Rolle, wie klar in vielen Texten erkennbar ist, die über eine starke Verbreitung von „Waage und Bronze" in Italien bereits vor der Gründung Roms[562] bekunden. Hier gilt es aber deutlich zu vermerken, dass vor dem Zwölftafelrecht und in der Zeit von Servius Tullius lediglich von *aes rude* und nicht von *aes signatum*[563] die Rede sein kann.

Aus diesen Gründen scheint mir klar, dass für den römischen Rechtsgedanken der Kauf als Rechtsgeschäft durch „Tausch von Naturalien" keinen interessanten Ansatz darstellt, wie z.B. es bei den Ägyptern der Fall war; es bleibt uns als Ursprungsmöglichkeit der Tausch von Ware gegen Geld, wie eben aus den Zeilen von Paulus zu entnehmen ist.

Dies geklärt, schreiten wir nun zur Analyse der ersten Form des Kauf als "Ware gegen Geld", welche als Lösung im jus civile bzw. *ius Quiritium* zu finden ist.

561 Dies wäre durchaus möglich bei Hirten, wie es z.B. die antiken Römer waren. Die traditionelle Herkunft des Wortes *pecunia (*im Sinne von „Geld") soll eben *„pecus"* sein, d.h. Schaf. Siehe darüber auch Thormann: *Der doppelte Ursprung der Mancipatio,* München 1943, S. 103 ff.

562 Siehe De Sanctis: *Storia dei Romani,* 2, Firenze 1988, S. 478 ff.; Und Piganiol in *Histoire de Rome*, Paris 1939, Seite XLIII und 87; und Arangio- Ruiz, *La compravendita in diritto romano I,* Napoli 1978, S. 11

563 Siehe Arangio-ruiz, *La compravendita in diritto romano 1,* Napoli 1978, S. 12

5.2.2 Die mancipatio als erste formelle Art des Kaufes im römischen Recht

Aus den Quellen (insbesonders Gaius in der klassischen Zeit) geht hervor, dass die erste formelle Art des Kaufes im römischen Recht *mancipatio* bzw. *mancipium* war, eigentlich ein Liberalakt mit realer Rechtswirkung: Mit anderen Worten, ein gleichzeitiger Austausch von Ware gegen Preis in Anwesenheit von fünf Zeugen. Das war die universelle, allseits anwendbare Form für die Eigentumsübertragung von *res mancipi*[564]. Obgleich die Hauptquelle aus der Klassik stammt (Gaius), können wir aus diesen Texten auch eine noch frühere Form, aus der Zeit des Zwölftafelgesetzes oder noch davor, der *mancipatio* rekonstruieren. Gaius erwähnt die *mancipatio* zum ersten mal in *Institutiones* I, 113, im Bezug auf die *coemptio*, d.h. jenes Aktes zur Übergabe einer Frau, die *„in manum convenit“*, von einem *pater families* zu einem anderen: *"Coemptione vero in manum conveniunt per mancipationem, id est per quandam imaginariam venditionem: Nam adhibitis non minus quam V testibus civibus Romanis puberibus, item libripende, emit vir mulierem, cuius in manum convenit"*.
Später, nach einer Erwähnung von Personen *in mancipio (116)* und nachdem geklärt wurde, dass die *mancipatio* für *liberi in potestate parenti* gleich jener der Sklaven sein kann (117), beschreibt er diese Rechtsform im Detail (119-120): *„Est autem mancipatio, ut supra quoque diximus, imaginaria quaedam venditio: Quod et ipsum ius proprium civium Romanorum est; eaque res ita agitur: Adhibitis non minus quam quinque testibus civibus Romanis puberibus et praeterea alio eiusdem condicionis, qui libram aeneam teneat, qui appellatur libripens, is, qui mancipio accipit, rem tenens ita dicit: HUNC EGO HOMINEM EX IURE QUIRITIUM MEUM ESSE AIO ISQUE MIHI EMPTUS ESTO HOC AERE AENEAQUE LIBRA; deinde aere percutit libram idque aes dat ei, a quo mancipio accipit, quasi pretii loco. 120. Eo modo et serviles et liberae personae mancipantur; animalia quoque, quae mancipi sunt, quo in numero habentur boves, equi, muli, asini; item praedia tam urbana quam rustica, quae et ipsa mancipi sunt, qualia sunt Italica, eodem modo solent mancipari"*.
Dies zeigt eine deutliche Darstellung des komplexen Rituals der *mancipatio*, wo der Käufer vor fünf Zeugen die Formel "*HUNC EGO HOMINEM EX IURE QUIRITIUM MEUM ESSE AIO ISQUE MIHI EMPTUS ESTO HOC AERE AENEAQUE LIBRA"*, aussprechen und erst danach die vom *libripens* gehaltene Waage mit einem Stab schlagen und das mit diesem abgewogenen *aes* (Metall) als *pretium* übergeben muss. Anders als in der Antike, wird dieser *pretium* in der Klassik nicht tatsächlich sondern symbolisch durch das *aes* „bezahlt“. Aus dieser Tatsache soll die Bezeichnung *„imaginaria venditio“* entstanden sein, womit Gaius besagt, dass eine Geste, die ursprünglich für einen tatsächlichen Veräußerungs- bzw. Erwerbsakt gegen Bares gehalten wurde, später zu einem unter-

564 Eine ausführliche Beschreibung der Zeremonie findet sich in Pugliese: *Istituzioni di diritto romano*, III Auflage, Torino 1991, S. 132 ff.

schiedlichen Zweck angewendet wird: die Übertragung der Gewalt über Personen oder Sachen aus jeglichem Grund[565].

Meine Überzeugung ist, dass die *immaginaria venditio* des Gaius - wo Worte und Gesten mit einer tatsächlichen Bezahlung durch *pecunia numerata* unzeitgemäß sind - uns die Bilder eines Kauf-Verkaufs der Antike vermitteln, als das *pretium* abzuwiegen war.

Ein weiteres Passus des Gaius (122) untermauert es: „*Ideo autem aes et libra adhibetur, quia olim aereis tantum nummis utebantur; et erant asses, dipundii, semisses, quadrantes, nec ullus aureus vel argenteus nummus in usu erat, sicut ex lege XII tabularum intellegere possumus; eorumque nummorum vis et potestas non in numero erat, sed in pondere; ************ asses librales erant, et dipondii ************ unde etiam dupondius dictus est, quasi duo pondo: Quod nomen adhuc in usu retinetur. Semisses quoque et quadrantes pro rata scilicet portione ad pondus examinati erant. Tunc igitur et qui dabat alicui pecuniam, non numerabat eam, sed appendebat; unde servi, quibus permittitur administratio pecuniae, dispensatores appellati sunt*".

Darin finden wir auch eine Bestätigung der Entwicklungsgeschichte des Geldes, und zwar zuerst war das *aes signatum* in unterschiedlichen Formen, entsprechend dem Gewicht, zu finden. Allerdings war die Anwesenheit eines Waagenhalters (*libripens*) und seiner Waage gerade in den früheren Epochen von wesentlicher Bedeutung, da das Metall noch in sehr roher Form zu finden war und daher nur durch genaue Abwägung sein tatsächlicher Wert bestimmt werden konnte[566]. Eine weitere Bestätigung dafür lesen wir in der Tatsache, dass die Abwiegung ebenfalls in der Epoche des *aes signatum* durchgeführt wurde, um das Gewicht der Metallbarren auf ihre Richtigkeit zu überprüfen (Kongruenz mit dem vereinbarten Preis), wobei in diesem Fall die Funktion des *libripens* bzw. die Abwiegung selbst manchmal *probatio*[567] genannt werden.

Weiters zum Thema „Abwiegung" und Überprüfung, möchten wir auch einen anderen Passus des Gaius (*Institutiones* III, 174) über die *solutio per aes et libram* anführen, d.h. jene feierliche Zeremonie zur Abgeltung bzw. Leistung von bestimmten Verpflichtungen (z.B. aus *indicatum* oder *legatum per damnationem)*, welche in der Epoche der *pecunia numerata* ebenfalls zu *imaginaria solutio*[568] wurde.

---

565 Zur Bestätigung dieser Theorie siehe Arangio-Ruiz: *La compravendita in diritto romano 1*, Napoli 1978, S. 20; Siehe auch Rabel in *Zeitschrift der Savigny-Stiftung für Rechtsgeschichte* Nr. 27, 1906, S 290 ff.; Pugliese: *Simulazione nei negozi giuridici*, Padova 1938, S. 57 ff. Hier insbesondere werden die Termini *imaginarius* und *dicis causa* analysiert und es wird die deutsche Bezeichnung *Scheingeschäft* bzw. *Nachgeformtes Rechtsgeschäft* angewendet, welche wiederum ins italienische mit „negozio apparente" rückübersetzt werden.

566 Siehe Arangio-Ruiz: *La compravendita in diritto romano 1*, Napoli 1978, S. 21.

567 Ebenfalls Arangio-Ruiz, *Istituzioni di diritto romano*, XIV edizione, Napoli 1984, S. 59

568 Siehe Gaius, *Institutiones III*, 174: „*Adhibentur non minus quam quinque testes et libripens; deinde is, qui liberatur, ita oportet loquatur: QVOD EGO TIBI TOT MILIBVS*

Nach dem *aes* war das zweite wesentliche Merkmal der *mancipatio* die Zeremonie selbst. Entsprechende Informationen bezüglich der *imaginaria venditio* in der Klassik sind einerseits in Varrus[569] zu findend, wie auch in Festus unter dem Stichwort „*Rodus*": „*Rodus, vel raudus significat rem rudem et inperfectam; nam saxum quoque raudus appellant poetae, ut Accius in Melanippo (438) : "constituit, cognovit, sensit, conlocat sese in locum celsum; hinc manibus rapere roudus saxeum grande (m) et grave(m)"; et in Chrysippo (262): "Neque quisquam a telis vacuus, sed uti cuique obviam fuerat, ferum alius saxio rudem ." Vulgus quidem in usu habuit, non modo pro aere imperfecto, ut Lucilius, cum ait (1192) " plumbi pauxillum rodus linique matexam": sed etiam signato, qui in mancipando, cum dicitur: " rudusculo libram ferito", asse tangitur libra . Cincius de verbis priscis sic ait: "Quemadmodum omnis fere materia non deformata rudis appellatur, sicut vestimentum rude, non perpolitum; sic aes infectum rudusculum. Apud aedem Apollinis aes conflatum iacuit, id ad rudus appellabant. In aestimatione censoria aes infectum rudus appellatar. Rudiari ab eodem dicuntur, qui saga nova poliunt. Hominem inperitum rudem dicimus."*

Anlässlich der *mancipatio* sprach man die Worte „*Raudusculo libram ferito*"aus, wobei dieses *raudusculum* sicher ein kleines Stück Bronze war, gleich dem vom Gaius erwähnten *aes*.

Gerade aber diese Worte und die Formulierung, welche laut Gaius der *mancipio accipiens* aussprach, könnten die größten Probleme in Bezug auf *mancipatio* bewirken. Einige Autoren, darunter Thormann und Arangio-Ruiz[570], behaupten, dass diese Worte nicht durch den *accipiens* sondern durch den *libripens* (ihrer Theorie nach ein zu diesem Dienste berufener Kleinbankier oder Geldwechsler), ausgesprochen wurden. Diese bekannte Autoren sind weiters der Meinung, dass die Zeremonie - so wie von Gaius beschrieben - schwere Inkongruenzen aufweist, so dass man ihre Existenz in dieser Form nur dann bejahen kann, wenn man gleichzeitig eine Verschmelzung von verschiedenen Elementen und Prozeduren voraussetzt[571]. Der Kern der Kritik dreht sich vor allem um zwei Grundelemente: Zuerst sei der Satz:"*HUNC EGO HOMINEM EX IURE QUIRITIUM MEUM ESSE AIO ISQUE MIHI EMPTUS ESTO HOC AERE AENEAQUE LIBRA*" nicht dem *mancipio accipiens* (Erwerber) sondern dem *mancipio dans* zuzuschreiben; Weiters die Tatsache, dass die Version der *mancipatio* von Gaius mit der Feststellung des Eigentums der Sache für den *mancipio accipiens* be-

SESTERTIORVM IVDICATVS uel DAMNATVS SVM EO NOMINE ME A TE SOLVO LIBEROQVE HOC AERE AENEAQVE LIBRA. HANC TIBI LIBRAM PRIMAM POSTREMAMQVE EXPENDO SECVNDVM LEGEM PVBLICAM. deinde asse percutit libram eumque dat ei, a quo liberatur, ueluti soluendi causa."

569 Siehe Varrus: *De lingua latina*, 5, 163.

570 Über die Zuordnung der Formel dem *libripens* anstatt dem *mancipio accipiens* siehe Thormann: *Der doppelte Ursprung der Mancipatio,* München 1943, S. 11 ff, wie auch S. 72 ff., und Arangio-Ruiz, *La compravendita in diritto romano 1,* Napoli 1978, S.22 ff.

571 Siehe Arangio-Ruiz, *La compravendita in diritto romano 1,* Napoli 1978, S. 23

ginnt (durch das Verb „*AIO*", ein sehr starkes, bestimmendes Verb). Dies würde aber der Realität nicht entsprechen, denn erst nach kompletter Durchführung der Zeremonie (d.h. erst nach der effektiven bzw. virtuellen Abwiegung des Preises) genießt der *accipiens* tatsächlich die volle Gewalt (und Eigentum) über die Sache[572].

Persönlich halte ich diesen Disput für überwunden, denn beide Ansätze weisen auf ein formelles Problem hin, welches vielleicht in den heutigen Rechtsformen eine Schwierigkeit darstellen könnte, nicht aber in einer Zeit, wo die Rechtsverhältnisse (und insbesondere die *mancipatio*) viel mehr in ihrer rituellen „Erscheinung" bewertet waren, d.h. wo man unbedingt bestimmte überlieferte Sätze und Satzformen auszusprechen hatte, weil sie über die *mores* und die unabdingbaren Zwölf Tafeln ihre Daseinsberechtigung erhielten[573]. Ohne diese Formulierungen an sich wäre die Zeremonie, und daher die Rechtshandlung, bedeutungslos (und wirkungslos). Eine Bestätigung meiner Aussage ist in der einhelligen Meinung zu finden, dass diese Sprüche aus anderen alten römischen Ritualen abgeleitet wurden: *legis actio sacramenti in rem* bzw. *in iure cessio.* Für viele Autoren kam die *mancipatio* nach der *in jure cessio* und die *mancipatio* hätte aus ihrer Vorgängerin zur Gänze den ersten Satz übernommen. Andere, eigentlich die Mehrheit der Autoren (darunter Kaser in *Eigentum und Besitz im älterem römischen Recht)* behaupten wiederum, die *mancipatio* sei eine Anwendung der *rei vindicatio*, und als solche sei sie unabhängig von *in iure cessio* entstanden; dabei war das Ziel nicht, ein Scheingeschäft vorzuspielen, sondern dem Eigentumserwerb - obwohl als Kaufgeschäft durchgeführt - den Aspekt eines „Gewaltaktes" zu verleihen, was dem „Geschmack" der alten Römer eher entsprach[574]. In der Tat, und wie auch in Gaius (*Institutiones IV,* 16) zu lesen, wurde diese Formel bei einer *legis actio sacramenti in rem* durch den Kläger ausgesprochen: „*Si in rem agebatur, mobilia quidem et mouentia, quae modo in ius adferri adduciue possent, in iure uindicabantur ad hunc modum: qui uindicabat, festucam tenebat; deinde ipsam rem adprehendebat, uelut hominem, et ita dicebat: HVNC EGO HOMINEM EX IVRE QVIRITIVM MEVM ESSE AIO SECVNDVM SVAM CAVSAM; SICVT DIXI, ECCE TIBI, VINDICTAM INPOSVI, et simul homini festucam inponebat. aduersarius eadem similiter dicebat et faciebat. cum uterque uindicasset, praetor dicebat: MITTITE AMBO HOMINEM, illi mittebant. qui prior uindicauerat, ita alterum interrogabat: POSTVLO, ANNE DICAS, QVA EX CAVSA VINDICAVERIS? ille respondebat: IVS FECI, SICVT VINDICTAM INPOSVI. deinde qui prior uindicauerat, dicebat: QVANDO TV INIVRIA VINDICAVISTI, QVINGENTIS ASSIBVS SACRAMENTO TE PROVOCO; aduersarius quoque dicebat similiter: ET EGO*

572 Eine Zusammenfassung der Debatte findet sich in Schlossman: *In jure cessio und mancipatio,* Kiel 1904, S. 13ff.

573 Derselbe Gaius bezieht sich darauf, sowohl durch einen Hinweis auf die XII Tafeln, wie auch durch einen Bezug auf den Inhalt der Formel des *ius Quiritium.*

574 Siehe Arangio-Ruiz, *La compravendita in diritto romano 1,* Napoli 1978, S. 24

TE; aut si res infra mille asses erat, quinquagenarium scilicet sacramentum nominabant. deinde eadem sequebantur, quae cum in personam ageretur. postea praetor secundum alterum eorum uindicias dicebat, id est interim aliquem possessorem constituebat, eumque iubebat praedes aduersario dare litis et uindiciarum, id est rei et fructuum; alios autem praedes ipse praetor ab utroque accipiebat sacramenti causa, quia id in publicum cedebat. festuca autem utebantur quasi hastae loco, signo quodam iusti dominii, quando iusto dominio ea maxime sua esse credebant, quae ex hostibus cepissent; unde in centumuiralibus iudiciis hasta proponitur".

Hier ist der erste Satz – sicherlich an der richtigen Stelle – gleichlautend wie die Formel in der *mancipatio*. Bezeichnend ist ebenfalls das Verhältnis zwischen dem grammatikalischen Objekt im ersten Satz der *rei vindicatio (secundum suam causam)* und dem zweiten Teil der *mancipatio* selbst, wo die „*emptio*" als erwerbsbegründend erklärt wird.

Um ein Verhältnis zwischen erstem Satz in der *mancipatio* und in *in jure cessio* zu definieren, greifen wir wieder auf die Texte von Gaius zurück (*Institutiones II,* 24): „*In iure cessio autem hoc modo fit: apud magistratum populi Romani uelut praetorem urbanum [aut praesides prouinciae] is, cui res in iure ceditur, rem tenens ita dicit: HVNC EGO HOMINEM EX IVRE QVIRITIVM MEVM ESSE AIO; deinde postquam hic uindicauerit, praetor interrogat eum, qui cedit, an contra uindicet; quo negante aut tacente tunc ei, qui uindicauerit, eam rem addicit; idque legis actio uocatur. hoc fieri potest etiam in prouinciis apud praesides earum".* Wieder eine Übereinstimmung der zwei Formulierungen. Obwohl die Diskussion darüber noch keine endgültige Lösung gefunden hat, gibt es gute Argumente, wonach die *mancipatio* unmittelbar aus der *rei vindicatio* entstanden sei. Für Kaser ist die *mancipatio* ein Akt der formellen und öffentlichen (Gewalt)Übernahme[575], und die Tatsache, dass die ersten Sätze der *actio in rem* und eines Kaufgeschäftes gegen Bares gleich lauten, ist ein nicht minder wichtiger Hinweis, welcher deutlich besagt, dass die Römer hohen Wert auf eine starke Eigentumserklärung legten[576]. Darüber hinaus können wir auch an die Definition der alten *mancipatio* von Betti anknüpfen, wonach diese nicht anderes als eine außergerichtliche *vindicatio* sei[577].

Weil eben die neuere Kritik, auch dank Kaser und Betti, die Analogie dieser zwei Formulierungen (in *actio sacramentum in rem* und in *mancipatio*) erläutern konnte, schließe ich mich hiermit dieser Theorie an, und halte die

575 Er bezieht sich höchstwahrscheinlich ebenfalls auf Festus, in dessen Text die Definition von *manceps (Dictus, quod manu capiatur)* gegeben ist. Eine Position die auch von vielen anderen Autoren übernommen wurde. Für weitere Informationen über Festus, siehe Ed. Lindsay, *Sexti Pompei Festi, Operae quae supersuunt cum Pauli Epitome, Hildesheim* 1965, S.115

576 Kaser begründet seine Theorie sowohl in *Eigentum und Besitz im älteren römischen Recht,* Weimar 1943, S. 107 ff und S. 138 ff., wie auch in *Zeitschrift der Savigny-Stiftung für Rechtsgeschichte* Nr.68, 1951, S. 147 ff.

577 Siehe Betti: in „*Filangeri*", 1915, S. 321 ff.

mancipatio für eine Ableitung aus der *actio sacramentum in rem*; die Tatsache, dass in der mancipatio Wortführer der *accipiens* ist, beziehe ich auf das klassische Verhalten der Römer bei einem Rechtsgeschäft, welches eindeutig bei den Römer mehr emotional geladen war als heutzutage. Die Anwendung des kämpferischen Ausdrucks „*AIO*“ betont und intensiviert den Willen des *accipiens* - gleich wie bei den Klägern in einer *actio* - die volle Gewalt über die Sache für sich zu reklamieren. Nicht umsonst hält Gaius (Institutionen I, 121) sowohl das „*adprehendere rem*" wie auch das "*manu res capitur*" für wesentliche und fundamentale Momente der *mancipatio* einer beweglichen Sache[578]. Ebenfalls aus Gaius erfahren wir, wie unabdingbar die Anwesenheit der beweglichen Sache für die wirksame Durchführung der *mancipatio* war, ungleich wie bei unbeweglichen Sachen: „*In eo solo praediorum mancipatio a ceterorum mancipatione differt, quod personae serviles et liberae, item animalia, quae mancipi sunt, nisi in praesentia sint, mancipari non possunt; adeo quidem, ut eum, qui mancipio accipit, adprehendere id ipsum, quod ei mancipio datur, necesse sit; unde etiam mancipatio dicitur, quia manu res capitur: Praedia vero absentia solent mancipari.*" In der Tat, wenn die bewegliche Sachen „*nisi in presentia sint, mancipari non possunt*", während bei Immobilien oder Grundstücken „*absentes solent mancipari*".

Gleichfalls Ulpian in *Tituli ex corpore Ulpiani*, XIX, 6: „*Res mobiles non nisi praesentes mancipari possunt, et non plures quam quot manu capi possunt; immobiles autem etiam plures simul, et quae diversis locis sunt, mancipari possunt.*" Der Autor bestätigt die Durchführbarkeit einer mancipatio für unbewegliche Sachen auch bei deren Abwesenheit, und führt sogar die Möglichkeit einer mehrfachen *mancipatio* von dislozierten Immobilien auf. Der Ausweg, um nicht anwesende Sachen zu mancipieren, war im Behelf eines Surrogats oder eines Teils der Sache, der symbolisch die zu mancipierende, unbeweglichen Sache darstellte.

Gaius, *Institutiones,* IV, 17: „*Si qua res talis erat, ut sine incommodo non posset in ius adferri uel adduci, uerbigratia si columna aut nauis aut grex alicuius pecoris esset, pars aliqua inde sumebatur eaque in ius adferebatur, deinde in*

---

578 Auch in Gaius *Institutiones, I,* 121: „In *eo solo praediorum mancipatio a ceterorum mancipatione differt, quod personae serviles et liberae, item animalia, quae mancipi sunt, nisi in praesentia sint, mancipari non possunt; adeo quidem, ut eum, qui mancipio accipit, adprehendere id ipsum, quod ei mancipio datur, necesse sit; unde etiam mancipatio dicitur, quia manu res capitur: Praedia vero absentia solent mancipari.*" Diese ist die wesentliche Passage, die Autoren wie Meylan als Beweis und Untermauerung ihrer Theorie anwenden, dass Gaius in I, 119 „*rem tenens*" gemeint hat und nicht „*aes tenens*". Dies sei auch aus dem Kommentar Boetius in den Topica Ciceronis ersichtlich, wo die gleiche Formulierung wiedergeben wird, allerdings in der vom Codice Veronese abweichenden Variante. Und gerade diese minimale Variation des Wortlautes hätte die zahlreichen Theorien hervorgebracht, wovon im 1. Kapitel die Rede war. Diesbezüglich interessant auch Meylan: „*periculum est emptoris*", in *Vom Kauf nach Schweizerischem Recht,* (Festschrift Guhl), Zürich 1950, S. 23 ff.

eam partem quasi in totam rem praesentem fiebat uindicatio; itaque ex grege uel una ouis siue capra in ius adducebatur, uel etiam pilus inde sumebatur et in ius adferebatur; ex naue uero et columna aliqua pars defringebatur; similiter si de fundo uel de aedibus siue de hereditate controuersia erat, pars aliqua inde sumebatur et in ius adferebatur, et in eam partem proinde atque in totam rem praesentem fiebat uindicatio, uelut ex fundo gleba sumebatur et ex aedibus tegula, et si de hereditate controuersia erat, aeque res uel rei pars aliqua inde sumebatur." Dies kann ebenfalls die Behauptung des symbolischen Ersatzes für die Immobilien in der *mancipatio* bestätigen, obgleich diese Zeilen sich im Konkreten auf die Klage auf Herausgabe von Immobilien bei der *legis actio sacramenti in rem* beziehen, deren enge Verbindung mit der *mancipatio* oben bereits diskutiert wurde.

Dank der Quellen konnten wir deutlich die Strukturen der Übergabe (Übertragung) von *res mancipi* als gleichzeitigen Kauf gegen Bares in der Antike und als allgemeinen Akt der Eigentums- bzw. Gewaltübertragung über die Sache (*imaginaria venditio)* in der Klassik darstellen. Gerade auf dieser Wandlung der antiken mancipatio in *imaginaria venditio* der Klassik (Schein- oder besser "virtueller" Kauf als Übertragung von Eigentum über Ware und über Preis) basiert der Erfolg und die Langlebigkeit dieser Art des Kauf- und Übertragungsvertrages in der römischen Rechtsgeschichte.

Tatsächlich war die *mancipatio* in der Klassik nichts Anderes als ein virtueller Akt, insbesondere wegen der Einführung des "*nummus unus*" d.h. einer „einzigen" Münze als symbolische Zahlung des wahren Preises, welcher gesondert vom Käufer an den Verkäufer bezahlt wurde. Wie auch Pugliese vermerkt, ist die „neue" mancipatio lediglich ein abstrakter Kaufakt, und dient lediglich der endgültigen Übertragung von Ware oder Preis, egal aus welchem Titel dies notwendig sei. Mit gutem Grund wird diese *mancipatio* also auch als *„imaginaria"* bezeichnet, denn sie ist nur die „bildliche" (*imago*) Abwicklung einer Vermögensänderung bzw. -umschichtung, und ihre Form ist nicht mehr eindeutig und einzigartig mit einer Art von Rechtsgeschäft zu verbinden, sondern – weil eben nicht mehr „kausal" – mit allen anderen Arten, wie z.B. einer Schenkung. Die Begründung für die Übertragung musste nicht mehr unbedingt, wie in der Antike, ein Akt des Erwerbs „Ware gegen *pretium*" sein. Es muss hier auch nochmals darauf hingewiesen werden, dass die *mancipatio* im *ius civile,* sowohl in der Antike wie auch in der Klassik bis zum Jahr 150 v.Chr., die einzig gültige und wirksame Form des Kaufes und der Übertragung von Gütern *„res mancipi"* blieb. Aus diesem Grund ist hier also die These Kunkels abzulehnen, wonach die mancipatio lediglich der Schlußakt (reell und mit kundgebender Wirkung) eines Warenkaufs gegen Bares sei, dem eine verpflichtende Vereinbarung der Parteien, als substantieller Inhalt des Kaufes[579], vorgegangen wäre. Und keine Quelle oder

579 Siehe Kunkel, in Pauly-Wissowa, *Realenzyklopädie der klassischen Altertumswissenschaft*, XIV , Stuttgart 1974, S. 1008; wie auch die Widerlegung von Husserl: in *Zeitschrift der Savigny-Stiftung für Rechtsgeschichte* Nr.50, S 478 ff.

Text vor dem Jahr 150 v.Chr. kann diese These auch nur teilweise oder indirekt beweisen.

5.2.3 Die traditio

Wenn die *mancipatio* der Antike und der Klassik die Hauptform der Übertragung bzw. des Kaufs von *res mancipi* war, schauen wir uns nun jene Form an, die das römische Recht für die *res nec mancipi* anwendete: die *traditio* (obgleich mehrere Autoren, unter anderem Kaser, behaupten, dass ursprünglich die *mancipatio* für alles angewendet wurde[580], und man erst später, sogar in der Republik, zu einer Unterteilung kam). Wir halten uns aber an die bewährte romanistische Lehre[581], wonach die *traditio* stets parallel zu *mancipatio* existierte, und in diesem Sinne stellen wir uns hier diese Form der (Eigentums)Übertragung vor. Um zu klären in welchem Bereich die *traditio* angewendet wurde, holen wir uns Hilfe von Gaius (*Institutiones* I, 192), welcher die *res mancipi* als "*res pretiosiores*"[582] definiert, und später (in seinem Kommentar II) nach den Ausführungen über *res corporales et incorporales,* auch die Unterschiede zwischen *res mancipi* und *nec mancipi* vorstellt *(Institutiones* II, 18, 19, 22):*„18. Magna autem differentia est inter mancipi res et nec mancipi. 19. Nam res nec mancipi ipsa traditione pleno iure alterius fiunt, si modo corporales sunt et ob id recipiunt traditionem. 22.Mancipi uero res sunt, quae per mancipationem ad alium transferuntur; unde etiam mancipi res sunt dictae. quod autem ualet mancipatio, idem ualet et in iure cessio."* Es gibt auch (*Institutiones* II, 14-17), eine genauere Auflistung: *„14a. Res praeterea aut mancipi sunt aut nec mancipi. [. . . . .] seruitutes praediorum urbanorum nec mancipi sunt. item stipendiaria praedia et tributaria nec mancipi sunt."*

„15. Sed quod diximus ea animalia, quae domari solent, mancipi esse, n[. . . . .] statim ut nata sunt, mancipi esse putant; Nerua uero et Proculus et ceteri diuersae scholae auctores non aliter ea mancipi esse putant quam si domita sunt; et si propter nimiam feritatem domari non possunt, tunc uideri mancipi esse incipere, cum ad eam aetatem peruenerint, in qua domari solent."

---

580 Siehe Kaser, *Eigentum und Besitz im älterem römischen Recht,* Weimar 1943, S. 170, n.29, wo ebenfalls auch andere Vertreter dieser Theorie genannt werden.

581 Siehe Pugliese, *Istituzioni di diritto romano,* III Edizione, Torino 1991, S. 465 ff.

582 Siehe Gaius, *Institutiones* I, 192: *„Sane patronorum et parentum legitimae tutelae vim aliquam habere intelleguntur eo, quod hi neque ad testamentum faciendum neque ad res mancipi alienandas neque ad obligationes suscipiendas auctores fieri coguntur, praeterquam si magna causa alienandarum rerum mancipi obligationisque suscipiendae interveniat. Eaque omnia ipsorum causa constituta sunt, ut quia ad eos intestatarum mortuarum hereditates pertinent, neque per testamentum excludantur ab hereditate, neque alienatis pretiosioribus rebus susceptoque aere alieno minus locuples ad eos hereditas perveniat."*

„16. At ferae bestiae nec mancipi sunt, uelut ursi, leones, item ea animalia, quae ferarum bestiarum numero sunt, uelut elefanti et cameli, et ideo ad rem non pertinet, quod haec animalia etiam collo dorsoue domari solent; nam ne notitia quidem eorum animalium illo tempore fuit, quo constituebatur quasdam res mancipi esse, quasdam nec mancipi."
„17. Sed item fere omnia, quae incorporalia sunt, nec mancipi sunt, exceptis seruitutibus praediorum rusticorum; nam eas mancipi esse constat, quamuis sint ex numero rerum incorporalium."
Diese Zeilen sind ein deutlicher Beweis der Bedeutung, die die Römer dieser komplexen *summa divisio* beimaßen: Tatsächlich sind die Güter, die als *res mancipi* galten, zahlreich und sehr unterschiedlich. Darunter waren geringwertige bewegliche Sachen, wie z.B. Wildtiere[583], aber auch Dienstrechte auf Liegenschaften oder Liegenschaften in den Provinzgebieten. Alle diese Güter, wie auch alle anderen, die als „*nec mancipi*" galten, wurden durch *traditio* übertragen, so unterlag auch ihr Erwerb bzw. ihre Veräußerung den gleichen Rechtsbestimmungen. Die *traditio* bestand aus der reellen Übergabe der Sache *nec mancipi* beim gleichzeitigen *animus*, auch das Eigentum an der Sache, auf Grund einer *iusta causa*[584], zu übertragen
Es war die Rechtshandlung schlechthin zur Übergabe und (Eigentums)Übertragung von Sachen von unwesentlichem Wert, und das blieb in allen römischen Epochen so. Darüber hinaus, sagt Gaius[585], war ein Akt *iuris gentium,* und deswegen auch verschiedenen Klassen von nicht Römern zugänglich. Diskutiert wird noch über sein kausales Wesen, welches wahrscheinlich erst aus der vorklassischen Rechtssprechung[586] entsteht: sie versteht die *traditio* als kausales Rechtsgeschäft, wobei seine Begründung mehrfach oder alternativ sein kann. Offenbar, laut den uns zur Verfügung stehenden Quellen[587], war zur Übertragung des *dominium* für *res nec mancipi* immer eine *iusta causa traditionis* erforderlich, wenn sie auch unterschiedlicher Art sein durfte (z.B. *emptionis causa, venditionis causa, solvendi causa*, ecc...). Diese alternative bzw. mehrfache Kausalität scheint es allerdings bereits in der Antike gegeben zu haben, und sie

583 Siehe V. Pocar, *Lo status giuridico degli animali nel diritto romano,* in *Rivista di diritto romano,* III, 2003, S. 1-3

584 Siehe Pugliese, *Istituzioni di diritto romano*, Torino 1991, S.465 ff.
Über die Notwendigkeit der *justa causa traditionis,* Ulpian, *Tituli ex corpore ulpiani,* XIX, 7: „*Traditio propria est alienatio rerum nec mancipi. Harum rerum dominia ipsa traditione adprehendimus, scilicet si ex iusta causa traditae sunt nobis."*

585 Siehe Gaius in *Institutiones* 2, 65, wo er die Unterschiede der nach dem Naturrecht veräußerlichen Sachen (immer dem *jus gentium* zuzuordnen*)* oder jener auflistet, die mit *mancipatio* und *in jure cessio*, (d.h. ausschließlich den römischen Bürgern zugängliche Verfahren) zu erwerben sind: „*Ergo ex his, quae diximus, adparet quaedam naturali iure alienari, qualia sunt ea, quae traditione alienantur, quaedam ciuili; nam mancipationis et in iure cessionis et usucapionis ius proprium est ciuium Romanorum."*

586 Siehe Pugliese, *Istituzioni di diritto romano,* III Auflage, Torino 1991, S. 466

587 Siehe Ulpian, *Ulpiani Epitomae* 19, 7 und Paulus in D. 41,1,31.

schwächte ab der Klassik bzw. späten Klassik ab, was auch durch die Quellen bestätigt wird[588], so dass einige moderne Romanisten sogar dachten, sie wäre zu einem abstrakten Rechtsgeschäft geworden. Aufgrund der noch offenen Debatte über die kausale Natur dieses Rechtsgeschäfts, wird hier auf eine Vertiefung des Themas verzichtet.

In Bezug auf die Kaufverträge hinsichtlich *res nec mancipi* scheint die Meinung der Wissenschaftler, darunter auch Kaser[589], fast einhellig zu behaupten, dass der Kauf dieser eher minderwertigen Kaufobjekte keinen besondere Formalismen unterworfen war. Den Überlieferungen nach, war seit der Antike eine doppelte Übertragung dafür vorgesehen, eine für die Ware und eine für den Preis, wobei jede dieser Rechtshandlungen kausal für die andere war[590]. Im Endeffekt war das ein Realkauf gegen bares Geld nach dem Prinzip der Vermögensumschichtung, also ein in der hellenistischen Welt beliebter Rechtsansatz, der als Bindeglied zwischen den zwei Formen, römischer Kaufvertrag der Antike und Konsensualvertrag der Klassik, gilt.

Unglücklicherweise verfügen wir über keine Beschreibung dieses Rechtsgeschäftes, welches ebenfalls die *duodecim tabulae* nicht erläutern. Möglicherweise könnte dieser Mangel an Quellen die Hypothese bekräftigen, dass diese Form keine besondere Bedeutung hatte und dass sie „einfach Sitte war". Sogar die fehlende Darstellung im Zwölftafelgesetz deutet darauf hin, dass das Prozedere eigentlich „selbstverständlich" war, so dass keine besonderen Hinweise oder Bestimmungen für die Übertragung der *res nec mancipi* für notwendig empfunden wurden. Sozusagen: ein ungeschriebenes Gesetz, Gewohnheitsrecht.

Diese Theorie ist aber eine Theorie und bleibt eben nur eine Hypothese, wenn sie auch durch namhafte Wissenschaftler vertreten wird[591].

5.2.4 Die sponsio pretii und die verbales obligationes

Ich möchte nun einen kurzen Rückblick auf die *mancipatio* werfen, um eine weitere Entwicklung in der Klassik zu erläutern, welche in der Schiene des jus civile bleibt, jedoch bereits die nächste Entwicklungsstufe innerhalb der römi-

---

588 Siehe Julian in D.41,1,36 einerseits, widerlegt durch Ulpian in D.12,1,18

589 Siehe Kaser: in *Eigentum und Besitz im älterem römischen Recht,* Weimar 1943, S. 195 ff; Ebenfalls Wieacker, *Zeitschrift der Savigny-Stiftung für Rechtsgeschichte* Nr.67, 1950, S. 535 ff; und Arangio-Ruiz, *La compravendita I,* Napoli 1976, S. 40 ff.

590 Siehe Arangio-Ruiz: *La compravendita in diritto romano I,* Napoli 1978, S. 40. Die Annahme einer "doppelten" (gleichzeitigen) Traditio in Zusammenhang mit der Vermögensumschichtung, gilt als Basis für ein Phänomen, welches ich „welchselseitige *stipulationes*" bezeichnen möchte, und als „Behelf" vom *jus civile* bzw. als Alternative zum Konsensualgeschäft des *jus gentium* angewendet wurde; Die Inschriften der Transilvanischen Tafeln bestätigen uns, dass diese Form unter den Römern sehr lange überlebte und gleich einer *emptio-venditio* anerkannt und gültig war.

591 Siehe Arangio-Ruiz: *La compravendita in diritto romano I,* Napoli 1978, S. 41 ff.

schen Tradition andeutet: die *sponsio pretii*, d.h. die Anrechnung des Kaufpreises, welche wahrscheinlich aus der hellenistischen Tradition (insbesondere der griechischen Kolonien in Süditalien) abgeleitet wurde. Diese Hypothese konnte aber noch nicht untermauert werden, obgleich manche Autoren sich für einen diesbezüglichen Beweis eines etwas rätselhaften Textes von Gaius[592] über die *pignoris capio* bedienen, wonach diese „Preisanrechnung“ sogar aus dem Zwölftafelgesetz entstammen sollte. In der Tat ist es aber die griechische Tradition, welche die Möglichkeit der Preisanrechnung durch den so genannten *danaiòn* einräumt, d.h. der Verkäufer fingierte, den symbolischen Kaufpreis vom Erwerber erhalten und sofort danach ihm dieselbe Summe geliehen zu haben.
Bei der *sponsio pretii* händigte der Verkäufer seine Ware an den Käufer aus, welcher noch nicht zahlungsfähig war, und erhielt vom ihm eine Verpflichtungserklärung, den bedungenen Preis in Geld (oder sein gleichwertiges Gewicht in Kupfer) zu geben. Diese Verpflichtungserklärung war im Rahmen einer *sponsio*, d.h. eines der ältesten Rechtsgeschäfte Roms, welches seine Wurzel in den *mores* bzw. im religiösen Zeremoniell hatte. Wenn der Ansatz bereits in der eigenen Kultur vorhanden war, hatte man kaum Bedarf, diese Form aus dem hellenistischen Bereich zu kopieren.
Diese „Preisanrechnung“ verlieh der *mancipatio* und der doppelten *traditio* neue Dynamik und erlaubte ihnen, sich besser an die Marktbedürfnisse anzupassen. Obwohl es an genauen Beweisen mangelt, scheint die Konstellation von Barkauf für *res nec mancipi* durch doppelte *traditio*, neuer *sponsio pretii* und neuer *mancipatio* tatsächlich den rechtliche Bedürfnisse einer noch nicht sehr komplexen, eher noch archaischen Gesellschaft und ihres Marktes durch die gesamten Antike und die Frühklassik gerecht geworden zu sein[593].
Die Zeiten ändern sich aber, und in der republikanischen und klassischen Epoche weitet Rom seinen Horizont, seine Macht und seine Geschäfte auf den gesamten Mittelmeerraum aus. Die Handelsbeziehungen mit *peregrini,* unterworfenen Völkern und anderen sich gerade entwickelnden Wirtschaftsbereichen vermehren sich; das System des *ius Quiritum* / *ius civile* verliert allmählich an Gewichtung gegenüber anderen, daher werden 242 v. Chr. der *praetor peregrinus* und der Formularprozess, um 150 v. Chr. auch ein praetor urbanus mit Gerichtsbarkeit über die römischen Bürger eingeführt. In dieser Zeit erweitert sich der römischen Rechtsschutz im privatrechtlichen Bereich, dank der Einführung des Konsensualvertrags und von allen anderen Vertragsarten aus dem *ius gentium*, wie auch der prätorischen Rechtssprechung. Darüber hinaus erweitert das *ius*

592 Siehe Gaius, *Institutiones*, IV, 28: „*Lege autem introducta est pignoris capio uelut lege XII tabularum aduersus eum, qui hostiam emisset nec pretium redderet; item aduersus eum, qui mercedem non redderet pro eo iumento, quod quis ideo locasset, ut inde pecuniam acceptam in dapem, id est in sacrificium, inpenderet; item lege censoria data est pignoris capio publicanis uectigalium publicorum populi Romani aduersus eos, qui aliqua lege uectigalia deberent.* “

593 Siehe Arangio-Ruiz, *la compravendita in diritto romano* I, Napoli 1978, pag.45

civile ebenfalls seine Formen und Instrumente, indem es die *verborum obligationes* auch für Fremde (nicht „*cives*") zugänglich macht. Tatsächlich wird gerade in dieser Zeit - wenn nicht schon vor der Zulassung des *ius commercii* für die Neubürger (*latini*) - auch die alte römische *sponsio* unter der Bezeichnung *stipulatio* für Fremde zugänglich gemacht.

Wie bereits im ersten Kapitel angeführt, schließe ich mich den Theorien von Bekker und Jehring an, die in den *verborum obligationes* und in der *stipulatio* das Bindeglied zwischen altem römischen Kaufvertrag und Konsensualvertrag erkennen, allerdings in einer evolutivistischen Perspektive aus dem *ius civile*[594].

Die *verborum obligationes* waren de facto nichts anderes als generelle Versprechen, dies oder jenes zu machen, bzw. eine Leistung zu erbringen und konnten dadurch jegliche private oder schuldrechtliche Rechtsgeschäfte abdecken. Dadurch war die *stipulatio* eine der am meist verbreitetsten Vertragsformen im römischen Rechtssystem, wegen ihrer durch zahlreiche Texte und Quellen belegten Flexibilität. Sogar in der Zeit als die Konsensualverträge bereits juristische Würde erlangt hatten, bleib die *stipulatio* eine sehr beliebte Form, um Vereinbarungen zu bekräftigen. Bekker und Jehring behaupten weiters, dass, wenn man einen „Tausch" zwischen Preis und einer noch nicht (auch nicht *per relationem*) bestimmbaren Menge an Gebrauchtware bezweckte, der Rechtsbrauch während der gesamten klassischen Zeit auf einen Konsensualvertrag verzichtete, und gab den *obligatio verborum* den Vorrang[595].

Es klingt nicht nur brauchbar sondern auch logisch, dass der einfachste und unmittelbare Weg zu einem konsensualen schuldrechtlichen Verhältnis Kauf-Verkauf im *ius civile* über eine gleichzeitige doppelte *verborum obligatio*, einerseits zum *emere* und andererseits zum *vendere,* durch *stipulatio* geht. Darüber hinaus finden sich in den Quellen zahlreiche Beispiele von Schaffungsgeist der römischen Rechtssprechung, die jeder Zeit die unterschiedlichsten *verborum obligationes* für die unterschiedlichsten Kaufgeschäfte, sogar *pro futuro*, gestalten konnte. Ich denke hier an bestimmte Textabschnitte der Digesten[596], welche

594 Siehe Bekker, in *Zeitschrift der Savigny-Stiftung für Rechtsgeschichte* Nr. 3, 1864, S. 442 und Bekker: *Die Aktionen des römischen Privatrechts,* 1,1871, S .156. Es wird hier insbesonders hingewiesen auf die vielen Anmerkungen von Jehring in *Geist des römischen Rechts* (insbesondere Buch 4). Siehe auch Girard: *Manuel elémentaires de droit romaines*, Paris 1928, S. 570. Und zu letzt Arangio-Ruiz, *Istituzioni di diritto romano,* XIV Auflage, Napoli 1984, S. 333.

595 Siehe Arangio-ruiz, *La compravendita in diritto romano* I, Napoli 1978, S. 58 ff.

596 Siehe auch Cervidius Scevola in D. 32,37,3: „*Pater emancipato filio bona sua universa exceptis duobus servis non mortis causa donavit et stipulatus est a filio in haec verba: " quae tibi mancipia quaeque praedia donationis causa tradidi cessi, per te non fieri dolove malo neque per eum ad quem ea res pertinebit, quo minus ea mancipia quaeque ex his adgnata erunt eaque praedia cum instrumento, cum ego volam vel cum morieris, quaequae eorum exstabunt neque dolo malo aut fraude factove tuo eiusque ad quem ea res pertinebit in rerum natura aut in potestate esse desissent, si vivam mihi aut cui ego volam reddantur restituantur, stipulatus est lucius titius pater, spopondit lucius titius*

bestätigen, wie „leicht“ und immer wieder die Römer bei sehr komplexen Situationen ihre Schuldner-Gläubiger Verhältnisse durch *stipulationen* lösen konnten (*deducebant in stipulationem*); oder an die Inschrift der *donatio Flavii Syntrophi*, wie auch an die so genannte Herculaneische Tafel nr. 4, die von durch stipulatio abgeschlossenen Verträgen sprechen, welche leicht einem Käufer-Verkäufer Verhältnis ähneln[597]. Diese sind nur wenige von sehr zahlreichen Beispielen.

Nicht nur in den Digesten, sondern auch in vielen gesonderten Texten finden sich gute Beispiele, die meines Erachtens vielerorts die Anwendung von *stipulationes* zum Abschluss eines konsensualen, schuldrechtlichen Kaufvertrags beweisen.

---

filius". idem pater decedens epistulam fideicommissariam ad filium suum scripsit in haec verba: " lucio titio filio suo salutem. certus de tua pietate fidei tuae committo, uti des praestes illi et illi certam pecuniam: et lucrionem servum meum liberum esse volo". quaesitum est, cum filius patris nec bonorum possessionem acceperit nec ei heres exstiterit, an ex epistula fideicommissa et libertatem praestare debeat. respondit, etsi neque hereditatem adisset neque bonorum possessionem petisset et nihil ex hereditate possideret, tamen nihilo minus et ex stipulatu ab heredibus patris et fideicommisso ab his quorum interest quasi debitorem conveniri posse, maxime post constitutionem divi pii, quae hoc induxit.

D. 45,1,122,2: „*Flavius hermes hominem stichum manumissionis causa donavit et ita de eo stipulatus est: " si hominem stichum, de quo agitur, quem hac die tibi donationis causa manumissionisque dedi, a te heredeque tuo manumissus vindictaque liberatus non erit, quod dolo malo meo non fiat, poenae nomine quinquaginta dari stipulatus est flavius hermes, spopondit claudius". quaero, an flavius hermes claudium de libertate stichi convenire potest. respondit nihil proponi, cur non potest. item quaero, an, si flavii hermetis heres a claudii herede poenam supra scriptam petere voluerit, claudii heres libertatem sticho praestare possit, ut poena liberetur. respondit posse. item quaero, si flavii hermetis heres cum claudii herede ex causa supra scripta nolit agere, an nihilo minus sticho libertas ex conventione, quae fuit inter hermetem et claudium, ut stipulatione supra scripta ostenditur, ab herede claudii praestari debeat. respondit debere*"

Ebenfalls wesentlich scheint mir die Formel der *stipulatio Aquiliana,* wie sie von Fiorentino wiedergegeben wird, zu lesen in D. 46,4,18,1: „*Eius rei stipulatio, quam acceptio sequatur, a gallo aquilio talis exposita est: " quidquid te mihi ex quacumque causa dare facere oportet oportebit praesens in diemve, quarumque rerum mihi tecum actio quaeque adversus te petitio vel adversus te persecutio est eritve, quodve tu meum habes tenes possides: quanti quaeque earum rerum res erit, tantam pecuniam dari stipulatus est aulus agerius, spopondit numerius negidius". " quod numerius negidius aulo agerio promisit spopondit, id haberetne a se acceptum, numerius negidius aulum agerium rogavit, aulus agerius numerio negidio acceptum fecit ". "*

Siehe auch Arangio-Ruiz, *La compravendita in diritto romano 1,* Napoli 1978, pag 62.

597 Arangio-Ruiz in L*a compravendita in diritto romano 1,* Napoli 1978, S. 62, Anmerkung 2. Das erste Dokument findet sich im *Corpus inscritiones latinae, VI, 10239,* und wird auch in FIRA 2, *Negotia* Nr. 94 wiedergegeben. Das zweite wurde von Pugliese Caratelli in “La parola del passato” 1, 1946-47, S. 380 und auch in “*Bullettino dell'Istituto di Diritto Romano*” N.S. 12-13, 1948, S. 395 veröffentlicht.

Hier z.B. ein Textabschnitt, in der die Anwendung von mehreren *verborum obligationes* zur Schaffung von wechselseitigen Rechtsverhältnissen erläutert wird; Es handelt sich um einen Text von Servus Sulpicium über die *sponsalia* und er ist im *Noctes Atticae 4,4* (Gellius) zu lesen: *„Qui uxorem" inquit "ducturus erat, ab eo, unde ducenda erat, stipulabatur eam in matrimonium datum ... iri; qui ducturus erat, itidem spondebat. Is contractus stipulationum sponsionumque dicebatur "sponsalia". Tunc, quae promissa erat, "sponsa" appellabatur, qui spoponderat ducturum, "sponsus". Sed si post eas stipulationis uxor non dabatur aut non ducebatur, qui stipulabatur, ex sponsu agebat. Iudices cognoscebant. Iudex quamobrem data acceptave non esset uxor quaerebat. Si nihil iustae causae videbatur, litem pecunia aestimabat, quantique interfuerat eam uxorem accipi aut dari, eum, qui spoponderat, ei qui stipulatus erat, condemnabat."*

Der „Ehevertrag" bestand also in einer doppelten, wechselseitigen *verborum obligatio*, bei der der Brautvater und der Bräutigam ein gegenseitiges, vertragsähnliches[598] Rechtsverhältnis eingehen.

Interessant und aufschlussreich scheint mir ebenfalls ein Abschnitt aus den Digesten über Gesellschaften (in D. 17, 2, 71pr.) (*Paulus 3 epit. alf. Dig.*): *„Duo societatem coierunt, ut grammaticam docerent et quod ex eo artificio quaestus fecissent, commune eorum esset: de ea re quae voluerunt fieri in pacto convento societatis proscripserunt, deinde inter se his verbis stipulati sunt: " haec, quae supra scripta sunt, ea ita dari fieri neque adversus ea fieri? si ea ita data facta non erunt, tum viginti milia dari?" quaesitum est, an, si quid contra factum esset, societatis actione agi posset. respondet, si quidem pacto convento inter eos de societate facto ita stipulati essent, " haec ita dari fieri spondes?", futurum fuisse, ut, si novationis causa id fecissent, pro socio agi non possit, sed tota res in stipulationem translata videretur. sed quoniam non ita essent stipulati " ea ita dari fieri spondes?" sed " si ea ita facta non essent, decem dari?" non videri sibi rem in stipulationem pervenisse, sed dumtaxat poenam (non enim utriusque rei promissorem obligari, ut ea daret faceret et, si non fecisset, poenam sufferret) et ideo societatis iudicio agi posse."*

Die Hauptpersonen möchten eine Gesellschaft gründen, weil sie darin bessere Verdienstmöglichkeiten innerhalb ihrer Tätigeit als Grammatiklehrer sehen; das entsprechende Gesellschaftsverhältnis wird also durch eine komplexe stipulatio-Klausel besiegelt. Dieser Textabschnitt beschreibt zwar nicht direkt das Entstehen eines konsensualen Gesellschaftsvertrags (der bereits gültig und wirksam auch in innenbürgerlichen Verhältnissen zu sein scheint), jedoch zeigt er uns durch die Beschreibung der damaligen Denkweise und der Wirksamkeit der beidseitigen Willenserklärung sehr deutlich, wie - bevor der eigentliche Konsensualvertrag als solcher überhaupt anerkannt wird - er durch eine *stipulatio* in sei-

---

598 Siehe Schulz: *Classical Roman Law*, Oxford 1961, S. 109. Zum angeführten Text siehe insbesondere Duell: in *Zeitschrift der Savigny-Stiftung für Rechtsgeschichte* Nr. 68, 1951, S. 212

nen praktischen Folgen bereits wirksam sein kann[599]. Die Schriftform war selbstverständlich nicht notwendig, weder für einen Konsensualvertrag noch für die *verborum obligatio*; sie ist allerdings sehr nützlich um Klarheit zu schaffen, die Eckpfeiler der Verhandlung zu verdeutlichen und sie gilt als Akt des Verhandlungsabschlusses. Wie uns ebenfalls Alfaenus sagt, konnte der Gesellschaftsgründung eine weitere doppelte *stipulatio* zur Absicherung des Verhältnisses folgen, was offensichtlich ein Trend der gesamten klassischen Epoche und auch in der Zeit Iustinians war: Nach Abschluß eines Konsensualvertrages über *societas* oder *emptio-venditio*, wurde für gewöhnlich eine doppelte *stipulatio* (manchmal in Schriftform) oder eine schriftliche mancipatio (so genannte *mancipatio emptionis causa*[600]) abgeschlossen (ein Verfahren, das ebenfalls durch die Transilvanischen Tafeln bestätigt wird).

Im Sinne dieser Arbeit bestätigen diese Texte die Existenz einer doppelten *stipulatio*, welche durch das Verfahren der *verborum obligationes* in gleichem Maße, oder sogar besser, der Rechtswirkung eines Konsensualvertrages entsprach. Aus diesem Grund darf ich bejahen, dass auch das *ius civile* über *verborum obligationes* und *stipulatio* seinen Weg zum konsensualen, schuldrechtlichen Vertrag gefunden hat. Dank der *stipulatio*, die eine schuldrechtliche Form für jegliche Verhältnisse und Vertragsobjekte gewähren konnte, erwirkte man im *ius civile* ein fundamentales Rechtsinstrument der Vertragsfreiheit, welches den diversesten Rechtsgeschäften in der neuen, sich entwickelnden römischen Wirtschaftswelt dienlich sein wird[601]. Die Beweise begrenzen sich nicht auf den Textabschnitt über societas. Ein weiterer Text von Paulus beschreibt die Behelfsfunktion eines Konsensualvertrages bei *verborum obligatio* gleichen Inhaltes. So der Text in D. 45,1,35,2 (Paul. 12 *ad Sab.)*: „*Si in locando conducendo, vendendo emendo ad interrogationem quis non responderit, si tamen consentitur in id, quod responsum est, valet quod actum est, quia hi contractus non tam verbis quam consensu confirmantur.*"

Obgleich der Text bei einer ersten Lesung nicht eindeutig erscheinen mag, gibt es Autoren, wie z.B. Scialoja[602], die darin die Feststellung finden, dass es zum Zustandekommen eines Konsensualvertrages keinen Bedarf an feierlich abgegebenen Anfragen bzw. Erklärungen gibt (wie sonst in den *verborum obligatio*), sondern dass es lediglich ein Konsens – wie auch immer zum Ausdruck gebracht – genügt. Diese These wird teilweise von Riccobono[603] wiederlegt, der den Text

599 Siehe Arangio-Ruiz: *La compravendita in diritto romani I,* Napoli 1978, S. 65; wie auch De Sarlo: *Alfeno varo e i suoi Digesta,* Milano 1940, S. 143 ff.

600 Dies wird Thema einer weiteren Studie über *mancipatio emptionis causa* bzw. manzipatorische Dokumente im Allgemeinen sein.

601 Siehe Pugliese: *Istituzioni di diritto romano*, III Auflage, Torino 1991, S. 550

602 Siehe Scialoja: *Compravendita,* Roma 1907, S. 166 ff.

603 Riccobono in *Bullettino dell'Istituto di Diritto Romano* 31, 1921, S.31 ff. Darin finden sich eine ausführliche Behandlung des Themas und die Auflistung mehrerer antiker Autoren, welche sich ebenfalls der Aussage „*ad interrogationem respondet*" widmeten, wie auch eine Zitation der Glosse.

„ad interrogationem respondere" der stipulatio zuordnet. Eine ähnliche Zuordung wird durch die *inscriptio* und durch die Abhandlung der *verborum obligationes* im Buch 12 *„ad Sabinum"* von Paulus gewährt.

Dagegen wären, laut Riccobono, die Hinweise auf *locatio conductio, emptio venditio* und *quia hi contractus* Textinterpolationen aus der Zeit Iustinians, denn Paulus habe von *locare, conducere, emere* und *vendere* nur in Zusammenhang mit Stipulationen gleichen Inhaltes gesprochen.

Die gleiche Meinung vertritt ebenfalls Frezza[604], ähnlich jener des Arangio-Ruiz[605], die durch eine ausführliche Exegese des Originaltextes dargestellt wurde: Im Paulus Text sieht er zwei Parteien, die zwar ursprünglich eine stipulatio abschließen wollten, jedoch – wegen formeller Schwierigkeiten bzw. Probleme – sich für einen Konsensualvertrag auf der Basis des Willensübereinkommens entschieden. Arangio-Ruiz, dessen Meinung ich mich anschließe, sieht also darin den Beweis, dass Konsensualverträge und wechselseitige Stipulationen lange Zeit konkurrierend im römischen Rechtssystem bestanden haben. Anderen Quellen (in alten ägyptischen Papyri - Oxy 1209, 2236,1036, 1273[606]) bestätigen diese Konkurrenz zwischen *verborum obligationes* und Konsensualverträgen aus *ius gentium* auch in der späten Klassik und in der kaiserlichen Epoche. Sie zeigen sogar, dass nach 212 n.Chr. viele Provinzvölker ihre Konsensualverträge in der stipulatorischen Form abzuschließen pflegten, um ihnen auch im Sinne des kaiserlichen Rechts Gültigkeit zu verleihen[607]. Tatsächlich sind die in diesen Papyri erhaltenen Formeln mit den römischen Formeln der Klassik (fast) gleichlautend. Darüber hinaus konnte diese Ähnlichkeit auch durch den neulichen Fund von 2 Herculaneischen Tafeln aus der Zeit um 79 n.Chr. bestätigt werden, die durch M. Della Corte und Pugliese Caratelli veröffentlicht wurden: die in den Papyri enthaltenen Formeln scheinen regelrecht und unmittelbar von jenen abgeleitet, die Alphaenus 3 Jahrhunderte davor wohl bekannt waren[608].

Dies beweist meines Erachtens, dass die Anwendung von *stipulationen* an Stelle von Konsensualverträgen eine übliche Wirtschaftpraxis des römischen Rechtssystems war und dass diese Praxis, wie bereits gesagt, sich selbstständig aus dem *ius civile* entwickeln konnte.

---

604 Frezza: in *„Revue Internat. droit de l'antiquitè"* 2 (=*„Mélanges de Visscher"* 1), S. 271 ff.

605 Siehe Arangio-Ruiz: *La compravendita in diritto romano I,* Napoli 1978, S. 70 ff.

606 Siehe P. Oxy 1209, über einen Sklavenverkauf im Jahr 251-253 n.Chr.; oder P. Oxy 1036 (Liegenschaftvermietung) 273 n.Chr.; P.Oxy 1697 (Immobilienverkauf in der Form einer einseitigen Veräußerererklärung) 242 n.Chr.; P.Oxy 1273 (Ehevertrag) 260 n.Chr.; und P. Oxy 905, ebenfalls ein Ehevertrag, allerdings in einer ähnlicher Form wie die alten *sponsalia* des *jus Quiritium.*

607 Siehe Arangio-Ruiz in *L'application du droit romain en Egypte après la Constitution Antoninienne,* in *„Bull. de l'Institut d'Egypte"* 29, 1946-47 , S. 83 ff.

608 Im Detail: erste Tafel veröffentlicht durch M. Della Corte in *„La parola del Passato"* 6, 1951, S. 227; die zweite analysiert von Pugliese Carratelli in *Tabulae Herculanenses I-VI,* in *„La Parola del passato"*, 1946-61

Weitere Beweise dafür können sich in der Praxis in der iustinianischen Epoche finden, Konsensualverträge entweder mit einem Schreiben, in der die wechselseitigen *stipulationen* und doppelte *traditio* (bei *res nec mancipi*) festgehalten wurden, oder mit einem mancipatorischen Dokument *emptionis causa (*bei *res mancipi*[609]) abzuschließen, wodurch den davor übernommenen Verpflichtungen eine höhere Sicherheit bzw. hochoffizieller Beglaubigungswert gewährt wurde (siehe auch die Transilvanischen Tafeln)

Unsere Ausführungen lassen, meines Erachtens, keinen Zweifel übrig, dass im römischen Rechtssystem die wechselseitigen Stipulationen aus dem *ius civile* und der konsensuale schuldrechtliche Kaufvertrag sehr lange Zeit konkurrierend bestanden. Darüber hinaus bestätigt sich dadurch ebenfalls die Theorie der Vermischung und des gegenseitigen Einflusses der zwei Entwicklungsschienen für das Kaufgeschäft, *ex iure gentium* und *ex iure civili.* Die Beweise dafür finden sich in den oben erwähnten Transilvanischen Tafeln und in den mancipatorischen Dokumente aus der iustinianischen Epoche (die so genannte *mancipatio emptionis causa).*

Man kann also sagen, dass der Kaufvertrag bereits ab dem 2. Jhdt. n.Chr. verschiedene Formen (und Fassetten, z.Teil beeinflusst durch die jeweiligen juristischen Lokaltraditionen) annahm, alle aber unmittelbar aus der rein römischen juristischen Tradition oder aus dem, gleichfalls innerhalb des römischen Reiches anerkannten, *ius gentium.*

5.3 Der Kaufvertrag im Bereich des *ius gentium* und des internationalen Handels: Der *Arrha*-Vertrag, die gegenseitigen *stipulationes,* die doppelte *traditio*, die *emptio-venditio*

Nachdem wir festgestellt haben, dass es eine eigene Evolutionsschiene in Bezug auf Kaufgeschäfte gegeben hat, welche sich vom Tauschkauf gegen Barzahlung, in der Form einer *mancipatio ex iure Quiritium*, zu den wechselseitigen *stipulationes* der klassischen und iustinianischen Epoche entwickelte, werde ich zuletzt versuchen, die Entwicklung des Kaufvertrages aus der Praxis des internationalen Handels und aus dem *ius gentium,* zu verfolgen.

Zuerst aber wird nochmals in Erinnerung gebracht, dass die Entstehung des Konsensualvertrages mit schuldrechtlicher Wirkung, d.h. die *emptio venditio* von Gaius[610] und Paulus, ausschließlich innerhalb des *ius gentium* und der internationalen Handelspraxis zu finden ist[611]. Wie bereits davor erwähnt und be-

609 Über die iustinianischen Schriften siehe auch Arangio-Ruiz: *La compravendita in diritto romano* I, Napoli 1978, S. 186 ff.

610 Siehe Gaius: *Institutiones*, III, 135-162. Der längere Textabschnitt wird in Anhang 2 wiedergegeben

611 Siehe Arangio-Ruiz: *Istituzioni di diritto romano,* XIV Auflage, Napoli 1984, S. 336, S. 340 ff.

schrieben, halte ich die Existenz eines Konsensualvertrages im römischen Rechtssystem vor der Zeit des Zwölftafelrechts für unmöglich, im Gegensatz zu den - unterschiedlich begründeten - Behauptungen mancher Wissenschaftler, wie z.B. Longo, Ferrini, Scialoja und Meylan. Ebenfalls sind auch die Thesen von Jehring, Bekker und Arangio-Ruiz sehr zweifelhaft, wonach der Konsensualvertrag von Gaius (*emptio-venditio*) das Ergebnis einer langfristigen Entwicklung innerhalb des römischen Rechtssystems sei.

Meines Erachtens entsteht die *emptio-venditio* auf den internationalen Marktplätzen und im jus gentium, und in diesen Bereichen entwickelt sie sich und findet Anwendung und Anerkennung. Es ist also ein Rechtsinstitut, das von „aussen" in ein römisches Rechtssystem Eingang findet, wo aber, wie bereits analysiert, weiterhin die *stipulationes* und die *mancipatio emptionis causa* angewendet wurden, sogar auch als der neue Vertragsmodus schon seine Gültigkeit erlangt hatte.

Um mit den Worten des Paulus über die *emptio* zu sprechen: *„Est autem emptio iuris gentium, et ideo consensu peragitur et inter absentes contrahi potest et per nuntium et per litteras.*[612]*"* Gaius scheint in diesen Zusammenhang ebenfalls hilfreich zu sein, nicht jedoch auf Grund des von Solazzi durch seine Glosse hervorgehobenen Textes der *Institutiones* III, 92-93, (wo die Aussagen in Beziehung mit der Redlichkeit gebracht werden): *„Verbis obligatio fit ex interrogatione et responsione, uelut DARI SPONDES? SPONDEO, DABIS? DABO, PROMITTIS? PROMITTO, FIDEPROMITTIS? FIDEPROMITTO, FIDEIVBES? FIDEIVBEO, FACIES? FACIAM. 93. Sed haec quidem uerborum obligatio DARI SPONDES? SPONDEO propria ciuium Romanorum est; ceterae uero iuris gentium sunt, itaque inter omnes homines, siue ciues Romanos siue peregrinos, ualent...",* sondern vielmehr in seinen Ausführungen über die *societas* in *Institutiones* III , *155*: *„Item si cuius ex sociis bona publice aut priuatim uenierint, soluitur societas. sed ea quidem societas, de qua loquimur, id est, quae nudo consensu contrahitur, iuris gentium est; itaque inter omnes homines naturali ratione consistit."*

Eindeutig besagt Gaius für die *sociaetas* eine Herkunft aus dem *ius gentium*, und ich halte diese Aussage per analogiam auch im Hinblick auf *emptio-venditio* für gültig. Selbst im dem III Buch der Institutionen vergleicht er alle Konsensualverträge in allen ihren Aspekten. Schließlich sind einige, in diesem Zusammenhang noch nicht ausführlich analysierte, Absätze aus Ulpians *Ad Edictum 4* äußerst interessant, wie in den Digesten wiedergegeben.

D. 2, 14,5: „Conventionum autem tres sunt species. aut enim ex publica causa fiunt aut ex privata: privata aut legitima aut iuris gentium. publica conventio est, quae fit per pacem, quotiens inter se duces belli quaedam paciscuntur. Hier unterscheidet man die *conventiones* in drei Gruppen. Laut Ulpian stammen jene unter Privaten zum größten Teil aus dem *ius gentium.*

612 Siehe Paulus, *Ad Edictum 33,* in D. 18,1,1,2: *„Est autem emptio iuris gentium, et ideo consensu peragitur et inter absentes contrahi potest et per nuntium et per litteras"*

Kurz darauf, in D. 2.14.7pr. erklärt Ulpian welche *conventiones* dem *ius gentium* zuzuordnen seien: „*Iuris gentium conventiones quaedam actiones pariunt, quaedam exceptiones.*" Danach stellt er fest, dass „*conventiones, quae pariunt actiones*" ihren Namen anlässlich bestimmter Rechtsgeschäfte bzw. Verträge ändern, darunter eben *emptio-venditio, locatio conductio, societas.* (Dig. 2.14.7.1: Ulpianus 4 ad ed.: „*Quae pariunt actiones, in suo nomine non stant, sed transeunt in proprium nomen contractus: ut emptio venditio, locatio conductio, societas, commodatum, depositum et ceteri similes contractus.*")
Diese Zeilen sollten auch die feurigsten Widerleger der Entstehung des Konsensualvertrages aus dem *ius gentium* überzeugt haben, denn die drei oben angeführten Textabschnitte sind in dieser Hinsicht, meiner Meinung nach, äußerst deutlich. Jeder andere theoretische Versuch, den Konsensualvertrag als originale Schöpfung innerhalb des römischen Rechtssystems zu deuten, scheint mir durch diese Zeilen endgültig widerlegt.
Betrachten wir nun die grundlegenden Elemente der Handelspraxis auf den internationalen Märkten, welche der wesentliche Anlass für die Entstehung des konsensualen Kaufvertrages mit schuldrechtlicher Wirkung waren.
Die erste dokumentierte Form eines internationalen Kaufvertrages findet sich im hellenistischen Recht. Bemerkenswert ist die Tatsache, dass die Griechen für diese Vertragsart immer die Bezeichnung „Kaufvertrag" beibehielten, und dass sie im Laufe der Zeit in ihrem Wesen (doppelte gleichzeitige Übertragung) so gut wie gleich blieb, trotz der vielen Anpassungen, um damit den unterschiedlichsten Zwecken gerecht zu werden[613].
Der griechische Kaufvertrag, in Rom als Vertrag mit *arrha* bekannt, wird ausführlich in einem Text von Theophrastus aus dem 4 Jhdt v.Chr. (wiedergeben in *Florilegium* des Stobäus[614], *Fragmentum XCVII - Wimmer 1866, Stobaei Flor. XLIV 22).* Dieser Text beschreibt sehr gut das Grundwesen dieser Vertragsart: Grundsätzlich eine Vermögensumschichtung durch gleichzeitige Übertragung einer Ware gegen einen Preis. Der Vertrag ist also nur dann gültig, wenn der Preis anstelle der Ware ins Vermögen des Verkäufers aufgenommen wird, und viceversa. Um den genauen Zeitpunkt des Eintritts der Wirksamkeit zu bestimmen, wird jener Handlung mehr Gewicht beigemessen, die „schneller" ist (also die Zahlung des Preises[615]); folglich wenn auch die Ware bereits in die Hände des Käufers gelangt ist, kann der Verkäufer erfolgreich eine Eigentumsklage einbringen, solange er noch nicht den dafür bedungenen Preis erhalten hat. Die Willensübereinstimmung hat in diesem Rechtsgeschäft keine wesentliche Funktion, wohl aber die Anzahlung, das Angeld (*arrabon* auf Griechisch und *arrha* auf Latei-

613 Siehe Arangio-Ruiz: *La compravendita in diritto romano 1,* Napoli 1978, S.17 ff.
614 Siehe Hense: *Antologium 1, Stobaei Florilegi, 1902;* oder auch Arangio-Ruiz, Olivieri: *Inscriptiones graecae Siciliae et infimae Italiae ad jus pertinentes,* Milano 1925, S. 240 ff.; oder die kommentierte Ausgaben von Pringsheim: *Greek Law of Sale*, Weimar 1950, S. 134 ff. Der Text befindet sich auch in Anhang 3
615 Siehe Arangio-Ruiz: in "*Iura*" 2, 1951, S. 287 ff.

nisch) als Anzeichen einer vereinbarten gleichzeitig zu führende Handlung. Der Käufer zahlt in die Hände des Verkäufers eine Summe als „Teilzahlung im Voraus“, und bekundet damit seine Kaufabsicht. Wird der volle Preis nicht geleistet, verliert der Käufer das Angeld. Wenn aber der Verkäufer seine Leistung nicht erbringt (d.h. die bedungene Ware nicht liefert), dann muss er dem Käufer das doppelte Angeld zurückleisten. Dies soll automatisch geschehen, ohne Bedarf jedweder gerichtlichen Klage.
Laut Theophrastus ermöglicht diese Methode auch einen Kreditkauf durch den Mechanismus der “*fictio*”. Es wird dabei angenommen, dass der Verkäufer dem Käufer eine Geldsumme ausleiht, welche gleichwertig mit dem fiktiv zu zahlenden Preis ist. Dadurch, bei Nichterfüllung der Leistung, handelt der Verkäufer als „Kreditgläubiger“.
Ähnlich beim Kauf von Erntegut *pro futuro* bei Zahlung im Voraus: Hier wird ein Darlehen fingiert, dessen Rückzahlung in Naturalia (Ernteprodukten) zu leisten ist; oder der Käufer kann als Vermieter gelten, wobei die Mietzinszahlung mit einer dem Erntezeitpunkt nahen Frist beginnen soll; diese und viele andere Beispiele sind in dem umfassenden Text des Theophrastus[616] zu lesen. Diese Art des Vertrages war dank ihrer zahlreichen Anwendungsmöglichkeiten sehr verbreitet in der hellenistischen Welt[617], insbesondere bei Warenkauf gegen Preiszahlung (wenn auch symbolisch).
Den gleichen Grundgedanken wies das erste archaische römische Recht bis zu der ersten republikanischen Epoche auf.
Die meisten Romanisten sind einer Meinung[618] wenn sie sagen, dass der Kauf von *res nec mancipi* und anderen minderwertigen Sachen wie auch Kaufgeschäften mit nicht Römern keinen besonderen Formalitäten unterlagen, und als doppelte, gleichzeitige *traditio* (der Ware und des Preises) durchgeführt wurden, wobei jede einzelne *traditio* kausal für die andere wirkte: In Grunde genommen sehen wir hier wieder das Prinzip der „Vermögensumschichtung“. Ein Beweis dafür könnte darin gefunden werden, dass dieses Thema im Zwölftafelgesetz nicht abgehandelt wird und dass in der früheren Zeit die *mancipatio* den peregrines nicht zugänglich war (sie unterlagen nicht dem *ius Quiritum*), jedoch in der Klassik Rechtsgeschäfte durch *traditio* durchaus möglich waren (wie auch aus verschiedenen Quellen bestätigt[619]). Die doppelte traditio war tatsächlich für Eigentumsübertragung wegen Kauftitel sehr effizient und übersichtlicher. Dar-

616 Siehe Arangio-Ruiz in *La compravendita in diritto romano 1,* Napoli 1978, S. 17-18.

617 Unter die so genannten hellenistischen Gebiete fallen Griechenland, *Magna Graecia*, Mazedonien, Epyrus, die heutige Türkei, Teile Persiens und des Nahen Ostens, wie auch Ägypten. Mit allen diesen Regionen pflegte Rom rege Handelsbeziehungen.

618 Siehe Kaser in *Eigentum und Besitz im älteren römischen Recht,* Weimar 1943, S. 195 ff.; wie auch Wieacker in *Zeitschrift der Savigny-Stiftung für Rechtsgeschichte,* Nr.67, 1950, S. 535 ff.

619 Siehe Gaius in *Institutiones* II,65: *„Ergo ex his, quae diximus, adparet quaedam naturali iure alienari, qualia sunt ea, quae traditione alienantur, quaedam ciuili; nam mancipationis et in iure cessionis et usucapionis ius proprium est ciuium Romanorum.“*

über hinaus, weil hierbei keine besondere Formalitäten und Zeremonien notwendig waren, schien diese Form der Eigentumsübertragung dem Volk als natürlich und selbstverständlich[620]. Weitere Beweise für die Popularität der *traditio* sind auch in späteren Zeiten zu finden: zuerst in der Klassik, als die *traditio* – durch ihre vielen Varianten wie *traditio brevi manu, traditio longa manu, traditio ficta* – eine bemerkenswerte Verbreitung fand. Dann in der reichen Kaufdokumentation aus den Jahren von 77 bis 359 n.Chr., in der vorwiegend die Form der *mancipatio emptionis causa* oder der doppelten *traditio* bekundet wird: Darunter die bereits erwähnten Herculaneischen Tafel (79 n.Chr.), die Transilvanischen Tafeln (139-160 n.Chr. [621]), die ägyptischen Papyri von Seleucia Pieria und Side (166 bzw. 151 n.Chr.); der Papyrus von mesopotamischen Dura (227 n.Chr.), die Tafeln aus dem 5. Jhdt n.Chr. aus Algerien[622], wie auch die Papyri aus Ravenna (aus dem 6.Jhdt. n.Chr.)[623].

Ein besonders klares Beispiel dafür ist der Papyrus aus dem Jahr 151 n.Chr., in griechischen Sprache mit lateinischen Übersetzung, gefunden in Ägypten aber ursprünglich aus Sine, in Pamphylien: „*Artemidorus Caesii filius Alexandrinus in foro emit a L. Iulio Protocteto puellam Sambatida quae et Athenaida, vel quo ea alio nomine vocitatur, natione Phrygiam, annorum circiter XII, pretio argenteorum denariorum CCCL, ... sanam ex edicto et omni noxa solutam ... neque erronem neque fugitivam ...: sin autem ... actio de ea parteve eius mota sit et evicta sit, tunc duplum pretium sine denutiatione recte dari fide rogavit Artemidorus Caesii filius, fide dari promisit L. Iulius Protoctetus, qui etiam dixit pretium se accepisse ...* ".

Der *peregrinus* Artemidorus aus Alexandrien geht hier ein nicht feierliches Rechtsgeschäft ein, bei dem er, ohne *mancipatio*, die Sklavin *Sambatida* (*emit*[624]) gegen Bezahlung eines bestimmten Preises von Lucius Julius kauft. Dieses Rechtsgeschäft ist eine doppelte *traditio*, durchgeführt am Marktplatz (forum), aber ohne feierliche Zeremonie. Eine Sklavin war zweifelsohne eine *res mancipi*, Artemidorus (ein *peregrinus*) war es aber nicht gestattet, Rechtsgeschäfte nach dem römischen Recht, *mancipatio ex iure civili*, einzugehen. Man entscheidet sich also für die schon bekannten Methode der doppelten *traditio* ohne feierliche Zeremonie, ein auch den *peregrines* zugänglicher Rechtsakt. Das ist nochmals eine dokumentierte Bestätigung, dass die einfache *traditio* alleine nicht ausreichend war, um einen Kauf von res mancipi nach *ius gentium* zu ermöglichen[625]. Es gibt aber weitere Beispiele dafür, wie ein Dokument aus

620 Siehe Arangio-Ruiz in *La compravendita in diritto romano 1,* Napoli 1978, S.39 ff.

621 Siehe wieder Arangio-Ruiz in FIRA 3, *Negotia,* Nr. 87-90

622 Siehe Arangio-Ruiz in FIRA 3, *Negotia,* Nr. 132,133, 135, 136, 139, 138

623 Siehe Arangio-Ruiz in FIRA 3, *Negotia,* Nr. 140

624 Einige Autoren - wie z.B. Pringsheim und Arangio-Ruiz - sind der Meinung, dass „emit" aus dem griechischem „*epriato*" kommt und in der klassischen Sprache mit „*traditam accipit emptionis causa*" zu übersetzen sei. Siehe auch Pringsheim, *Greek law of Sale, 224 Nr. 3, S. 469;* Arangio-Ruiz: in FIRA 3, *Negotia,* Nr. 133.

625 Siehe Arangio-Ruiz: *La compravendita in diritto romano 1*, Napoli 1978, S. 196

Seleucia Pieria (Ägypten) aus dem Jahr 166 n.Chr., aus dem ersichtlich ist, wie ein Konsensualvertrag und seine Erfüllung *ex parte venditoris* ed *ex parte emptoris* durch gleichzeitige doppelte *traditio* abgeschlossen wird[626]. Aus dem Text geht hervor, dass zuerst ein Konsensualvertrag zwischen C. Fabullius Macrus und Q. Julius Priscus zustande kam (siehe das Verb „*emit*"). Danach, durch die Anwendung der Ausdrücke *stipulatus est* und *spondit*, übernehmen die Parteien auch eine schuldrechtliche Verpflichtung (aus dem Vertrag). Schließlich schließen Fabullius und Julius Priscus das Geschäft, indem sie eine doppelte traditio, des Preises und der Ware, durchführen („*...et tradedisse ei mancipium supra scriptum..."*). Dieses Dokument erzählt uns aber gleichzeitig von einer weiteren Entwicklung bzw. Variante des Kaufgeschäftes nach *ius gentium*: ein Zusammenspiel von Konsensübereinstimmung (*emit*), Verpflichtungserklärung und doppelter *traditio*, alles scheinbar in einer sehr kurzer Zeitspanne, ohne längere „Wartezeiten" zwischen den verschiedenen Phasen.

Sehr ähnlich sind auch das Papyrus von Dura und die anderen oben erwähnten Dokumente, die Arangio-Ruiz in seinem „*Negotia*" mit den Nummern von 133 bis 140 registriert hat. Bei allen beschriebenen Kaufgeschäften kam höchstwahrscheinlich zuerst ein Konsensualvertrag *emptio-venditio* zustande, danach erst fand der tatsächliche Geschäftsabschluss (gleichzeitige Leistungserfüllung) durch doppelte *traditio*[627] statt.

Zusammenfassend kann man drei Hauptvarianten von Kaufgeschäften im römischen Recht erkennen:

1) *mancipatio* mit Zahlung eines Preises in *pecunia numerata* (bzw. *aes rude* in archaischen Zeit), ohne jeglichen Zusammenhang oder Existenz eines vorhergehenden Konsensualvertrages

2) marktübliche gleichzeitige Übertragung von Ware und Preis, durch doppelte *traditio*, wobei jede *traditio* kausal zur anderen wirkt; ebenfalls kein vorhergehenden Konsensualvertrag

3) Konsensualvertrag, unmittelbar gefolgt von bzw. *hic inde* erfüllt durch Preiszahlung und Warenübertragung[628]

Die erste Variante besteht im jus civile, insbesondere in der Antike und frühen Klassik. Die zweite stellt eine erste Phase der Entwicklung dar, d.h. die Einführung der ersten Variante in das allzeit in kaiserlichen Epochen präsente System des *ius gentium*[629]. Eine Sub-Kategorie dieser Variante ist die doppelte *stipulatio* gefolgt durch doppelte *traditio*, meines Erachtens die originellste, in das *ius gentium* integrierte Schöpfung des römischen Zivilrechts.

---

626 Das Dokument wird im British Museum aufbewahrt und wurde zuerst von Tomphson in „*Archeologia*", 54, 1895, S. 433 ff veröffentlicht. Das selbe Dokument findet sich auch - mit einem Kommentar - in Arangio-Ruiz: FIRA 3, *Negotia,* Nr. 132

627 Siehe Arangio-Ruiz, *La compravendita in diritto romano* I, Napoli 1978, S. 198

628 Siehe wieder Arangio-Ruiz, *La compravendita in diritto romano 1*, Napoli 1978, S. 199-200

629 Hierzu Pringsheim, *Greek Law of Sale*, Weimar 1950, S. 472 ff.

Die dritte Variante ist die einzige tatsächlich dokumentierte Anwendung von *emptio-venditio* als Konsensualvertrag, gefolgt von doppelter *traditio.*
Daraus ergibt sich, dass der konsensuale Kaufvertrag (*emptio-venditio*) als Rechtsinstitut grundsätzlich innerhalb des jus gentium entstand und zweifelsohne anlässlich der Rechtsgeschäfte unter *peregrini* oder Römern und *peregrini* Anwendung fand. Geographisch gesehen wurde diese Art des Kaufvertrages vorwiegend bis ausschließlich außerhalb der *fines*, d.h. in den Provinzen angewendet; dagegen war diese Art in Rom - auch nach ihrer offiziellen Anerkennung - immer von stipulatorischen formellen Merkmalen bzw. mancipatorischen schriftlichen Dokumenten begleitet, um auch im Sinne des jus civile wirksam sein zu dürfen. Allerdings - wie es aus dieser Arbeit hervorgeht - fand sie in Rom selten tatsächliche Anwendung, weil in der Urbe die Formen der *mancipatio* und der wechselseitigen *stipulationes* bevorzugt wurden, weil sie automatisch durch das *ius civile* anerkannt und wirksam waren. Mit anderen Worten ist die *emptio venditio* das Ergebnis einer Evolution des Kaufvertrages *ex iure gentium* auf dem internationalen bzw. „provinzialen" Handelsmarkt, und dort galt sie als effizientestes und flexibelstes Rechtsinstrument[630].
Diese Entwicklung und ihr Umfeld scheinen also auch in spät klassischer bzw. kaiserlicher Epoche, außerhalb der Civitas, im *ius gentium* zu liegen. Dies würde eben Bestätigung in den zahlreichen, hier angeführten Quellen finden: die „*Tavoletta Ravennate*" (in *Negotia* Nr. 134, FIRA 3), wo ein Soldat der ravennatischen Flotte eine *puella Marmarica*[631] verkauft; die Dokumente von Askalon und Dura (359 n.Chr. bzw. 227 n.Chr.,) beide später entstanden als die *constitutio Antoniniana* (in der eine *emptio-venditio* bei gleichzeitiger doppelter *traditio* angeführt wird, analog zu den klassischen *testationes*[632]); die in Algerien verfassten und 1952 veröffentlichten „*tavolette Albertini*", aus der Zeit der Herrschaft der Vandalen (Ende 5. Jhdt. n.Chr.), welche zusammen mit dem Papyrus von Seleucia Pieira[633] die Beständigkeit dieser Art des Kaufvertrages bezeugen.

630 Siehe Arangio-Ruiz, *La compravendita in diritto romano 1*, Napoli 1978, S. 200-202

631 Siehe O. Eger in *Zeitschrift der Savigny-Stiftung für Rechtsgeschichte,* Nr.42, 1921, S. 45 ff.

632 Siehe FIRA 3, *Negotia,* Nr.135 und Nr.138; wie auch „*emptio vinae Durae ad Euphratem contracta*" in „*ArChr. Hist. Dr. orient.*" 1, 1937, S. 261 ff.; und Pringsheim, *Greek Law of Sale* , Weimar 1950, S. 465.

633 Siehe die algerische Auflage von „*Service des Antiquités*", in *Tablettes Albertini,* Paris 1952; wie auch FIRA 3, *Negotia,* Nr. 139.

6 Römische Weltrechtskultur

6.1 Schlussbemerkungen über die Expansion des römischen Rechts und ihre Vorteile

Wie wir im Laufe dieser Forschung gesehen haben, sind viele die Vorteile, die von der Einheitlichkeit des Rechts verursacht werden. Vorteile die das römische Recht in fast eintausend Jahren der Nutzung gegründet hat. Wie schon gesagt, in der Tat, dank eines einzigen gemeinsamen Rechts, konnten die Staatsbürger des ehemaligen römischen Europas einen Vertrag unter denselben Bedingungen und Regeln im ganzen Kaiserreich – egal wo – abschließen. Sie konnten ebenfalls den Vertrag überall geltend machen. Dieser große Vorteil, wie viele andere im Bereich des Privatrechts, konnte in einem einzelnen und allgemeinen Begriff der „Einheitlichkeit“ und Universalität des römischen Rechts enthalten sein[634]. Warum Universalität? Deshalb, weil wir in Anwesenheit eines Rechts sind, das von der Mehrheit in Europa, im Mittelmeer und in Nord-Afrika verwendet und erwünscht war. Wie wir gesehen haben, bringt ein einziges Recht, anstatt vieler lokaler Rechte, viele Vorteile im Bereich der Wirtschaft und fördert überdies die Sicherheit und die Geschwindigkeit des Handelsverkehrs. Vor allem im Bereich des Handelsrechts (wie wir es heute nennen) können wir viele von diesen Vorteilen sehen und erleben. Aus diesem Grund habe ich mich in dieser Forschung entschieden, eine Vertiefung im Bereich des Vertragsrechts (als Teil des Handelsrechts und des Privatrechts) zu machen. Unbeschreibliche Vorteile aufgrund der großen Menge des Handelsverkehrs der Römer in tausend Jahren.
Weiters schien mir der Kaufvertrag das ideale Beispiel um genauer zu zeigen, wie sehr dieses einzige Handelsrecht im Laufe der römischen Zeit verwendet, entwickelt und gerühmt wurde.
Es reichte tatsächlich, römischer Staatsbürger zu sein und bestimmte „Vorrechte“ (wie zum Beispiel das *commercium*) zu besitzen, um in ganz Europa nach denselben Regeln und Gesetzen zu kaufen und zu verkaufen.
Heutzutage, dank auch der Entwicklung der europäischen Gemeinschaft und dankder europäischen Rechtsordnung, könnte diese Einheitlichkeit des Rechts eine normale Tatsache und nicht revolutionär scheinen[635]. Aber wenn wir darüber nachdenken, ist solch ein Umstand ein außergewöhnliches Ereignis für diese Periode (vor zweitausend Jahren!). In der Tat, vor 2000-2500 Jahren, gab es in Europa viele Städte und Länder, die eigene Gesetze, Sitten und Gewohnheitsrechte und auch ihre eigene Sprache und Dialekte hatten. Auch in einem kleinen Territorium wie Griechenland oder Ägypten, gab es verschiedene Stadt-

634 Siehe H. Schlosser, *Grundzüge der neueren Privatrechtsgeschichte,* Heidelberg 2005, S.28 ff.

635 Siehe auch Paul Koschaker, *Europa und das römische Recht,* München 1966, S.1

Staaten mit eigenen Gesetzen und lokalen Dialekten. Weiters waren Reisen, der Handelsverkehr, der kulturelle und soziale Austausch seltener und bedeutend schwieriger als heute. Die Mehrheit der Menschen kannten nur die Sprache ihres Volks und keine weitere[636].
In einer so bruchstückhaften und vielgestaltige Gesamtübersicht, war der Anbruch eines einheitlichen Rechts, der dieselben Regeln und denselben Rechtsschutz einem sehr großen Territorium anbot, etwas Wunderbares.
Aber wenn einerseits dieses einheitliche Recht so „außergewöhnlich" für diese Periode war und auch von den Antiken geschätzt, wie ich später erklären werde, müssen wir anderseits auch bedenken, dass es die Grundlage des modernen europäischen Privatrechts gegründet hat.

6.2 Das Vermächtnis des römischen Vertragsrechts in den modernen Kodifikationen und in der Europäischen Union

Tatsächlich, dank des großen Reichtums und der Vollständigkeit des römischen Privatrechts, finden wir heute gemeinsame und allgemeine Grundlagen und Grundbegriffe im kontinentalen Privatrecht. Jeder Nationalstaat wurde im Moment seiner privatrechtlichen Kodifikation mehr oder weniger von verschiedenen Strömungen des römischen Rechts inspiriert[637]. Von dieser „Inspiration" oder besser „Rezeption" des römischen Rechts gibt es viele Beispiele. Fast jedes europäisches Zivilgesetzbuch stammt zum größten Teil vom römischen Recht ab, nicht nur in West-Europa, sondern auch in Ost-Europa. Ein erstes Beispiel können wir schon im französischen *Code Civil* sehen, der viel vom römischen Recht im Bereich der Theorie der Obligationen und der Verträge (und nicht nur) übernimmt. Die Theorie der Vierteilung der Quellen der Obligationen, die von den Verträgen, Delikten, Quasi-Verträgen und Quasi-Delikten entstehen, wurde sicher von den Institutionen Iustinians rezipiert. Wir sehen diese Teilung im *Titre III: „Des contrats ou des obligations conventionnelles en général"* und im *Titre IV: „Des engagements qui se forment sans convention"* (wo es die Delikte, Quasi-Delikte und Quasi-Verträge gibt) des französischen Zivilgesetzbuches[638].
Man kann sicher behaupten, dass die beiden geistigen Väter des *Code Civil*, Domat und Pothier - der auch ein bekanntes Buch über das justinianische Recht geschrieben hat: *Pandectae Iustinianae in novum ordinem digestae* - das römische Recht sicherlich sehr gut kannten; auch Portalis und Cambarères (die Redakteure des Code Civil) hatten den *Corpus iuris civilis* sehr gut gekannt[639].

---

636 Aziani-Mazzi, *I secoli antichi*, Band I, Firenze 1993, S. 213

637 Siehe H. Schlosser, *Grundzüge der neuren Privatrechtgeschichte*, Heidelberg 2005, S.207 ff

638 Siehe Malaurie/ Aynès, *Cours de droit civil*, Band VI (*les obligation)*, Paris 1999, S.432 ff.

639 Siehe Chartier, "Portalis - Le père du Code Civil", Paris 2004, S. 31 ff.

Das italienische Recht übernimmt ebenfalls die römische Lehre (dieses Mal von der *res cottidianae* von Gaius) der Obligationen, und es unterteilt die Quelle der Obligationen in Verträge, Delikte, und andere Akte oder Tatsachen, die eine Verpflichtung verursachen können (die *variae causarum figurae* von Gaius) im Artikel 1173[640].

Das spanische Zivilgesetzbuch enthält ebenfalls die Vierteilung der Quelle der Obligationen von Justinian (Verträge, Quasi-Verträge, Delikte und Quasi-Delikte) im Artikel 1089: „*Las obligaciones nacen de la ley, de los contratos y casi contratos, y de los actos y omisiones ilícitos o en que intervenga cualquier género de culpa o negligencia*".

In der Lösung des österreichischen Zivilgesetzbuchs im §859, ist die Quelle der Obligationen unterteilt in Verpflichtungen, die von einem Rechtsgeschäft abstammen und Verpflichtungen, die von nicht-vertraglichen Tatsachen, wie einem Delikt oder dem Gesetz, entstehen (diese Unterteilung stammt vermutlich von einem Text von *Modestinus*). Sehr interessant im österreichischen ABGB ist auch die Ähnlichkeit seiner Struktur mit den Institutionen von Gaius. Betrachten wir zuletzt den BGB, der eine Arbeit der deutschen Pandektistik ist[641]. Im deutschen Recht ist sicher sehr interessant, als Beispiel, die Spaltung zwischen dinglichen Wirkungen und obligatorischen Wirkungen eines Kaufvertrags[642]. Man muss zuerst ein Verpflichtungsgeschäft mit obligatorischen Wirkungen abschließen und dann ein Verfügungsgeschäft mit dinglichen Wirkungen abschließen, um das Eigentum zu übertragen. Dieses Schema erinnert an das römisch-klassische Schema *sponsio/stipulatio* und *mancipatio.* Sicherlich aus dem römischen klassischen Recht stammt die Spaltung zwischen obligatorischen und dinglichen Wirkungen und das so genannte Abstraktionsprinzip des Verfügungsgeschäfts, das von der *mancipatio* abgeleitet ist, die in der klassischen Zeit nicht kausal war. Weiter noch, das deutsche Traditionsprinzip im Bereich der Eigentumsüberübertragung stammt von der römischen *traditio* der Realverträge der klassischen Zeit ab. Aber auch das italienische und französische Konsensualprinzip stammt vom römischen Recht ab, das es sich ausgehend vom *ius gentium* und dem Bereich der Konsensualverträge entwickelt hat[643].

Die römische Erbschaft hat sicher einen bedeutenden Einfluss in den modernen europäischen Kodifikationen, und nicht nur, denken wir zum Beispiel an die Kodifikationen Lateinamerikas, hinterlassen[644]. Die Beispiele, die ich hier erwähnt habe, sind nur kleine Tropfen in einem unbegrenzten Meer.

---

640 Siehe Talamanca, *Istituzioni di diritto romano,* Milano 1991, S. 521 ff.

641 Siehe Wenger/Wesener, *Neuere deutsche Privatrechtsgeschichte,* Lahr 1976, SS. 155-171

642 Siehe Kaser, *Der römische Anteil am deutschen bürgerlichen Recht,* in *JuS* 1967, S. 337 und ff.

643 Um beide Rechtsordnungen besser zu analysieren, siehe Rainer, *Europäisches Privatrecht,* Frankfurt 2002, S. 298 ff. und S.306 ff.

644 Siehe M.C. Mirow, *Latin american law,* Austin 2004, S. 167 ff. ; S. 239 ff.

Diese römischen Grundlagen, die sich in den modernen Kodifikationen befinden, bilden die gemeinsamen Wurzeln des heutigen europäischen Privatrechts. Dank dieser gemeinsamen Wurzeln können wir heute viele Ähnlichkeiten und Unterschiede in den modernen europäischen Zivilgesetzbüchern auffinden und bestimmen[645].
Dank der Ähnlichkeiten und den gemeinsamen Grundlagen haben wir heute verschiedene europäische Normativen, die unterschiedliche Aspekte des nationalen Privatrechts beeinflussen.
Die europäischen Verordnungen und Richtlinien regeln jeden Tag mehrere Gebiete und immer mehr spezifische Aspekte des Privatrechts - sicher im Ausblick auf eine zukünftige Vereinheitlichung des europäischen Rechts.
Es gibt mehrere aktuelle Versuche, allgemeine Regeln für die Mitgliedsländer im Bereich des Privatrechts zu finden. Beispiele sind CoPECL (Common Principles of European Contract Law) der „Lando-Kommission", oder der Versuch allgemeine Grundlagen des Privatrechts zu gründen, die so genannten „common frames of references" im Bereich des europäischen Privatrechts. Weitere Arbeitsgruppen sind die „Accademia dei giusprivatisti europei" (Akademie europäischer Privatrechtswissenschaftler) oder die „Study group on a European civil Code", die versuchen, gemeinsame Regeln oder „Kodifikationen" im Bereich des europäischen Privatrechts zu finden.
Jeder dieser Versuche hat ein Ziel: die Gründung und die Kodifikation eines einheitlichen europäischen Privatrechts. Ein neues allgemeines und gemeinsames Recht, das das Recht sicherer und den Handelsverkehr schneller und einfacher machen soll.
Wenn wir das moderne europäische Recht (Privatrecht und Öffentliches Recht) genau beobachten, konnten wir sicher die Behauptung aufstellen, dass dieses Recht erreichen möchte, was die Römer schon vor zwei tausend Jahren erreicht hatten. Denken wir zum Beispiel an die heutige europäische Staatsbürgerschaft in Vergleich mit der alten römische Staatsbürgerschaft: es gibt viele Ähnlichkeiten und gemeinsame Aspekte. Wir könnten ohne Zweifel behaupten, dass das römische Beispiel in diesem Kontext sehr modern ist, da es das erste gemeinsame europäische Recht darstellt. Genau zweitausend Jahre später arbeitet die europäischen Gemeinschaft auf dasselbe Ziel hin: die „Vergemeinschaftlichung" des nationalen Rechts und damit seine Einheitlichkeit. Ein sehr gutes Beispiel dieses Mechanismus finden es wir in der so genannten „Vergemeinschaftlichung" des zweiten und dritten Pfeilers der europäischen Gemeinschaft, die einzelne Aspekte des europäischen Rechts, die früher von den nationalen Ländern oder internationalen Kooperationen geregelt wurden, unter den Dach des gemeinsames Rechts der europäischen Verträge bringen möchte. Eine Suche nach Einheitlichkeit und Universalität, also, die Europa heute wie gestern weiterführt.
Genau diese Einheitlichkeit, gut dargestellt von der *romanitas,* könnte als die Grundlage aller Vorteile des römischen und europäischen Rechts erklärt werden.

645 Siehe Rainer, *Europäisches Privatrecht,* Frankfurt 2002, S.55 ff.

Die vielen Vorteile der *romanitas* die ich in dieser Forschung aufgezeigt habe, sind in Wirklichkeit dieselben Vorteile, die sich von der Einheitlichkeit des Rechts ableiten: Sicherheit, Einfachheit, Bestimmtheit, Rechtsschutz - dieselben Vorteile die das europäische Recht heute erreichen möchte[646].
Aufgrund des soeben gezeigten, scheint es doch eine sehr große Ähnlichkeit der Ziele und Absichten das römisches Recht und des heutigen europäischen Rechts gibt. Wir könnten fast denken, dass die Ziele des heutigen europäischen Rechts die wären, die Vorteile des römischen Rechts von gestern, die sich mit der Zeit verloren hatten, wieder zu finden.
Wenn die modernen Juristen jetzt die alten Vorteile der Einheitlichkeit suchen, sollten wir auch darüber nachdenken, wie sehr die Mentalität der *romanitas* die heutigen Rechtswissenschaftler beeinflusst hat. Die Suche nach Einheitlichkeit und Universalität des Rechts – das ist das ist das filosofische Vermächtnis der *romanitas*. Diese Schlussbemerkungen scheinen mir fast natürlich, wenn wir die römische Erfahrung mit der modernen europäischen Rechtswissenschaft in einer historisch-vergleichenden Perspektive ansehen.

6.3 Die Tendenz das römische Recht zu emulieren

Jetzt möchte ich nochmals zum römischen Recht zurückgehen, um versuchen zu verstehen, warum es diesen großen Erfolg und Einfluss hatte. Eine interessante Frage ist auch, warum die Theorien und Grundlagen des römischen Rechts, wie die Idee der Einheitlichkeit, die ich hier hervorgehoben habe, so modernen geblieben sind.
Um diese Fragen zu Beantworten, möchte ich mit der Darstellung der Theorie des „*Spread of roman law*" von A.N. Sherwin-White beginnen.
Nach dieser Theorie zum Vorsprung des römischen Rechts, wären zwei die Gründe des Erfolgs dieser Rechtsordnung in Europa[647].
Erster Grund war die Tatsache, dass die Römer viele Kolonien und *municipia* in den eroberten Ländern gegründet hatten. Dank dieser Etablierung haben auch die fremden Völker die römische Rechtsordnung und die römische Kultur kennengelernt. Die zweite Modalität der Erweiterung des römischen Rechts war die Tatsache, dass dieses Recht von verschiedenen Völkern emuliert wurde. Viele Völker hatten sich tatsächlich frei dazu entschieden, das römische Recht, oder bestimmte Lösungen und Teile, anzuwenden oder zu „kopieren"[648]. Möglicherweise hatten sie das römische Recht kopiert oder emuliert, einerseits, einfach weil es funktionierte (im Vergleich zu den lokalen Rechten die oft unsicher und schwierig zu kennen waren), und, anderseits wegen seinem guten Rufes, das es

646 Siehe Tesauro, *Diritto comunitario,* Padova 2003, S. 2
647 Siehe A.N. Sherwin-White, *The roman Citizenship,* Oxford 1973, S. 159 ff. und 174 ff.
648 Siehe A.N. Sherwin-White, *The roman Citizenship,* Oxford 1973, S. 239 ff. und S. 397 ff.

zum Symbol von Sicherheit und Funktionalität im Handelsverkehr gemacht hatte.

Einerseits also verbreiteten die Römer dieses Recht im Ausland, anderseits waren es die Ausländer selbst, die das römische Recht emuliert und gewollt haben. Dieses Phänomen der Emulation und der Nachahmung dauerte bis ins Mittelalter und die modernen Epoche an. Außerdem, im Mittelalter, dank dem Werk der Glossatoren und des *ius commune* hat sich das römische Recht in ganz Europa verbreitet und war für lange Zeit geltendes Recht in vielen Länder, in Zusammenhang mit dem lokalen persönlichen Recht[649].

Ein anderer wichtiger Aspekt, der das römische Recht sehr wichtig und nützlich gemacht hat, war die so genannte „Territorialität". Das römische Recht war ein territoriales Recht und kein persönliches Recht. Man konnte es in einem Territorium anwenden, ohne zwischen verschiedenen Völkern oder Volksgruppen zu unterscheiden. Es konnte demnach für jeden Einwohner eines Territoriums gelten, egal von welcher Volksgruppe.

Aus diesem Grund wurde es oft von den verschiedenen europäischen Könige- oder Kaiserreichen herangezogen. Diese Eigenschaft war auch für die modernen Nationalstaaten sehr nützlich, weil sie sich entschieden haben, sich auf einem territorialen Recht zu gründen. Ein territoriales Recht war tatsächlich die beste Lösung für die modernen Rechtsordnungen der europäischen Länder.

Nach allen diesen Bemerkungen, möchte ich jetzt zum Schluss behaupten, dass alle diese Vorteile und diese Phänomene des Vorsprungs und der Emulation den Erfolg des römischen Recht ermöglicht haben, und sie sind gleichzeitig die Grundlagen selbst des modernen Privatrechts. Diese Mischung von Umständen hat das lange Leben des römischen Rechts bis heute möglich gemacht - natürlich auch in Zusammenhang mit der Rezeption der modernen Kodifikationen.

Ich will dazu schließlich noch sagen, dass die Eigenschaften selbst, wie die Einheitlichkeit und die Territorialität, das römische Recht noch heute aktuell machen, und es dank dieser Eigenschaften sicher noch die Basis des zukünftigen europäischen Privatrechts bleiben wird.

---

649 Siehe Paul Koschaker, *Europa und das römische Recht,* München 1966, S. 55 ff.

Allgemeine Bibliographie des Buches

AA. VV, Livio, La storia di Roma, Rizzoli (BUR), Milano 1984

ALBANESE, Gli atti negoziali nel diritto privato romano, Palermo 1982

ALBERTARIO, Sul concetto di jus naturale, in *Rendiconti istituto lombardo di scienze e lettere (Rend. Ist. Lomb.)*, 57,1924, S. 168

ALFÖLDI A., Das frühe Rom und die Latiner, Darmstadt 1977

ALTAY COSKUN, Bürgerrechtsentzug oder Fremdenausweisung? Studien zu den Rechten von Latinern und weiteren Fremden sowie zum Bürgerrechtswechsel in der Römischen Republik (5. bis frühes 1. Jh. v.Chr.), Stuttgart, 2009

ALTHEIM F., Römische Geschichte, Bis zum Latiner Frieden 338 v. Chr., Band 2, Frankfurt 1953

ARANGIO-RUIZ, Istituzioni di diritto romano, XIV Auflage, Napoli 1984

ARANGIO-RUIZ, La compravendita in diritto Romano I, II Auflage, Napoli 1978

ARANGIO-RUIZ, La compravendita in diritto Romano II, Napoli 1954

ARANGIO-RUIZ, Lineamenti del sistema contrattuale nel diritto dei Papiri, Milano 1928

ARANGIO-RUIZ, Il mandato in diritto Romano, Napoli 1965

ARANGIO-RUIZ, La società in diritto Romano, Napoli 1950

ARANGIO-RUIZ, Le formule con Demonstratio, in *Studi Economici e Giuridici dell'Università di Cagliari*, IV, 1912, 2, S.75

ARANGIO-RUIZ, Studi epigrafici e papirologici, Napoli 1974

ARANGIO-RUIZ, Le tavolette cerate ercolanensi e il contratto letterale, in *On. Redenti (Studi in onore di E. Redenti)* 1 , 1951, S.1 ff.

ARANGIO-RUIZ, in L'application du droit romain en Egypte après la Constitution Antoninienne, in *Bull. de l'Institut d'Egypte* 29, 1946-47, S. 83 ff.

ARANGIO-RUIZ, in *Iura* 2, 1951, S. 287 ff.

ARANGIO-RUIZ / A. GUARINO, Breviarium iuris romani, Milano 1998

ARANGIO-RUIZ / OLIVIERI: Inscriptiones graecae Siciliae et infimae Italiae ad jus pertinentes, Milano 1925

ARCHI, Il negozio sotto condizione sospensiva nella compilazione di Giustiniano, in On. Betti (Studi in onore di E.Betti) 2 (1961) S. 33 ff.

AZIANI/MAZZI, I secoli antichi, Band I, Firenze 1993

BECHMANN, Der Kauf nach gemeinem Recht I, Erlangen 1874

BEHRENDS O., Die Bona Fides in mandatum, in *Festschrift für W. Waldstein*, 1993, S. 33 FF.

BEKKER, Die Aktionen des römischen Privatrechts, Band 1 ,Berlin 1871

BEKKER, De emptione venditione quae Plauti fabulis fuisse probetur, Dissertation, Berlin 1853.

BELOCH, Historia Romana (Römische Geschichte), Berlin 1926

BESELER, Beiträge zur Kritik der römischen Rechtsquellen, Bände 1-3, Tübingen 1913-20

BERNARDI, Nomen Latinum, Pavia 1973

BETTI, Istituzioni di Diritto Romano,I-II Padova 1942-47, 1960

BIRD HARALD W., Liber de Caesaribus of Sextus Aurelius Victor, Liverpool 1994

BONFANTE, Istituzioni di diritto romano, Torino 1946

BRAUNERT, Ius latii in den Stadtrechten von Salpensa und Malaca, in Corolla Swoboda, 1966.

BRENNI G.M.R., The Dolia and the Sea-Borne Commerce of Imperial Rome, Texas A&M University 1985

BRUCK, Bedingungsfeindliche Rechtsgeschäfte, Breslau 1904

CAMBIANO / MORI Storia e antologia della filosofia, II, Bari 1995

CARCATERRA, Intorno ai bonae fidei iudicia, Napoli 1964

CARY E., Dio's Roman History, in *Loeb Classical Library*, Cambridge (Massachusetts) 1961

CASTIGLIONE-MARIOTTI: Vocabolario della lingua latina, Torino 1966

CHARTIER, Portalis - Le père du Code Civil, Paris 2004

CHIUSI T., Der Fremde als Rechtsgenosse, in *Festschrift für Heike Jung*, Baden-Baden 2007

CORBINO, Il formalismo negoziale nell'esperienza romana, Torino 1994

COSTA, Il diritto privato romano nelle commedie di Plauto, Torino 1890

CRIFO', Begriff „Cittadinanza", in *Enciclopedia del Diritto*, Milano 1960

CROOK J.A., Law and life of Rome, New York 1984

CUGIA, L'espressione „mortis causa", Napoli 1910

CUNNINGHAM T. J., Claudius and the primores Galliae, London 1990

CUQ, Manuel des Istitutions juridiques des Romaines, II Auflage, Paris 1928

DE FRANCISCI, Primordia Civitas, Roma 1959

DE FRANCISCI, Ancora intorno alla Costituzione Antoniniana, in BIDR 65, 1962

DELLA CORTE M., in *La parola del Passato* 6, 1951, S. 227;

DEL PONTE R., La religione dei romani, Milano 1982

DE MARTINO, Romana Civitas, in Studi Arangio Ruiz, IV, Napoli 1953

DE RUGGIERO, IL diritto di cittadinanza romana, im Rend. Acc. Lincei, CI. Sc. Mor. I, s.III, Roma 1877

DE SANCTIS, Storia dei romani, Band 2, Firenze 1988

DE SARLO, Alfeno varo e i suoi Digesta, Milano 1940

DE VISSCHER, Jus Quiritium, civitas Romana et nationalité moderne, in *Studi Paoli,* Firenze. S. 239 ff.

DUELL, in *Zeitschrift der Savigny-Stiftung für Rechtsgeschichte* Nr. 68, 1951, S. 212

ECK W., in T. Fischer (Hrsg.), Die römische Provinzen. Eine Einführung in ihre Archäologie, Stuttgart 2001

EGER O., in *Zeitschrift der Savigny-Stiftung für Rechtsgeschichte*, Nr.42, 1921, S. 45 ff

FABIA P., La table claudienne de Lyon, Paris 1989

FADDA, Istituti commerciali di diritto romano, II Auflage, Napoli 1919

FASCIONE, Storia del diritto privato romano, Torino 2006

F.I.R.A., Fontes ivris Romani Antejvstiniani : S. Riccobono, J. Baviera, C. Ferrini, J. Furlani, V. Arangio-Ruiz (edd.), Firenze 1940-43. I: Leges, II: Auctores, III: Negotia, Nachdruck 1968/9 (mit Appendix zu Bd. 3) (zitiert als "FIRA").

FLUME W., Rechtsakt und Rechtsverhältnnis, in *Rechts- und Staatswissenschaftliche Veröffentlichungen der Görres-Gesellschaft*, Heft 56, München 1990

FOX LANE R. Alessandro Magno, (Übersetzung Einaudi), Torino 2004

FUCHS, Die rechtliche Stellung der Frau im alten Rom, in *Festschriften Gerwig* (1960), S.31 FF.

GABBA E., Dionysius and the history of archaic Rome, Berkeley 1991

GIRARD P.F., SENN F., GIUFFRE V. (edd.), Les lois des Romains (= Neuauflage von Bd. 2 des Werkes von P.F. Girard u.a. (edd.), textes de droit romain), Camerino 1977.

GIRARD P.F., Manuel élémentaire de droit romaine, Paris 1924

GIRARD P.F., in *Zeitschrift der Savigny-Stiftung für Rechtsgeschichte* Nr.29, 1908, S. 150 ff.

GIRARD P. F., Texte de droit romain, V, Paris 1923

GRANRUD J.E., Roman constitutional History, 753-44 B.C., Boston 1902

GRELLE F., L'autonomia cittadina tra Traiano e Adriano, Napoli 1972

GRELLE F., Provinciali e sudditi tra Augusto e Vespasiano,in *Diritto e società nel mondo romano,* Roma 2005

GRELLE F., L'archeologia dello stato in Savigny e Mommsen, in *Diritto e societá nel mondo romano,* Roma 2005

GUARINO A., Diritto privato Romano, X Auflage, Napoli 1994

GUARINO A., Diritto privato Romano, XI Auflage, Napoli 1997

GUARINO A., Diritto privato romano, XII Auflage, Napoli 2001

GUARINO A., Storia del diritto romano, Napoli 1993

HACKL K., Der Sakramentprozeß über Herrschaftsrechte und die in jure cessio, in *Zeitschrift der Savigny-Stiftung für Rechtsgeschichte*, Band 106, (1989), SS. 152-179

HASSALL M., Roman and non-Romans, in J. Wacher, *The Roman world,* Band 2, London 1987

HENSE OTTO, Ioannis Stobaei Anthologivm, 2. Nachdr., Zürich 1974

HONSELL, Römisches Recht, Heidelberg 2006

HUMBERT, Libertas id est civitas: autour d'un conflit negatif de citoyennetés, in *MEFRA* 88, (1976)

HUMBERT, Die strafrechtliche Verfolgung der schädlichen Magie, von den XII Tafeln bis zum dritten Jh. nach Ch., in Max Kaser Seminar, Salzburg 2007

IGLESIAS J., Derecho romano, Barcelona 1990

JAEGER W., P*aideia* ,Oxford 1945

JHERING, Geist des römischen Rechts auf den verschiedenen Stufen seiner Entwicklung, 3 Bde., Leipzig, Neudruck der letzten Aufl. der jeweiligen Bände, Darmstadt 1954; Neudruck 1968.

JOERS/KUNKEL, Römisches Recht, III Auflage, Berlin 1949

KARLOWA, Römische Rechtsgeschichte, Leipzig 1901

KASER MAX, Eigentum und Besitz im älteren römischen Recht. Forschungen zum römischen Recht, Weimar 1943.

KASER MAX, Das altrömische Ius: Studien zur Rechtsvorstellung und Rechtsgeschichte der Römer, Göttingen, Vandenhoeck & Ruprecht, 1949.

KASER MAX, Das römische Privatrecht, München 1971

KASER MAX / HACKL, Das römische Zivilprozessrecht, München 1996

KASER MAX, Ius gentium, Köln; Wien [u.a.], Böhlau, 1993.

KASER MAX, Die Interpretatio zu den Paulussentenzen, Köln; Graz : Böhlau, 1956.

KASER MAX, Die Wirkungen des dotis dictio, in SDHI. 17 (1951) S. 169 ff.

KASER MAX / R. KNÜTEL, Römisches Privatrecht. Ein Studienbuch, XVIII Auflage, München 2005.

KASER MAX, Römische Rechtsgeschichte, Göttingen 1978

KEYES C.W., Cicero-De Re Publica, in *Loeb classical Library,* Cambridge (Massachusetts) 1966

KOPTEV A.. From The rights of citizenship to the law of Colonate: developement of servdom in the late roman empire, Vologda, Ardvisura 1995.

KOSCHAKER P., Europa und das römische Recht, IV Auflage, München 1966.

KOSTAS BURASELIS, Die Konsequenzen der Constitutio Antoniniana I, Wien 2007

KRÜGER P., Corpus iuris civilis, II Auflage, Berlin 1954

KUNKEL, in Pauly-Wissowa, Realenzyklopädie der klassischen Altertumswissenschaft, XIV , Stuttgart 1974, S. 1008

LANFRANCHI, Lustratio e Nominis impositio, im Syntheleia Arangio-Ruiz, Napoli 1964

LANGE L., Römische Altertümer, Band I, Berlin 1876

LAMBERT MEARS T., in *The Institutes of Gaius and Justinian,* Clark (New Jersey) 2004

LE ROUX, Municipi et droit latine, in RHDFE 64, 1986

LINDSAY, Sexti Pompei Festi, De verborum significatione, operae quae supersuunt cum Pauli epitome, Hildesheim 1965

LOMBARDI, Sul concetto di ius gentium, Roma 1947

LONGO, Corso di diritto romano , Milano 1937

LURASCHI, Foedus jus latii civitas, Padova 1979.

MACKERT J., Staatsbürgerschaft: Eine Einführung, Wiesbaden 2006

MALAURIE/ AYNÈS, Cours de droit civil, Band VI (les obligations), Paris 1999

MALDONADO ZAPATA J.H., El derecho de guerra romano: Ius gentium y relaciones de caracter internacional de los pueblos de la antiguidad, Roma 2005

MANCINI, Cives Romani Municipes latini, Milano 1996

MARCHESE/MANCINI, Stato e società, Firenze 1994

MARSHALL T. H., Cittadinanza e classe sociale, Torino 1976

MARX, Das Kapital, Berlin 1962

MAYER-MALY, Römisches Recht, II Auflage, Wien 1999

MAYER-MALY, „Contra bonos mores“, in *Festschrift M. Kaser.* Festgabe für M. Kaser zum 80. Geburstag (1986), S.156 ff.

MAYER-MALY, Bemerkungen zum Aspekt des Konsensstörung in der klassischen Irrtumslehre, in *Mélange Meylan*, I, 1963, S. 241 ff.

MAYER-MALY/HONSELL/SELB, Römisches Recht, 4. Auflage (in Enzyklopädie der Rechts- und Staatswissenschaft), Berlin 1987

MATTIANGELI D., Cittadinanza romana e Latinitas, Roma 2003

MATTIANGELI D., Kaufverträge und jus gentium, Salzburg 2007

MAZZARINO S., L'impero Romano, Roma-Bari 2000

MEYER P. M., Griechische Papyri im Museum des oberhessischen Geschichtsvereins zu Giessen, Leipzig 1910-12

MEYLAN Periculum est emptoris, in *Vom Kauf nach Schweizerischem Recht*, Zürich 1950

MESSNER J., Die Idee der Menschenwürde im Rechtsstaat, in *Menschenwürde und freiheitliche Rechtsordnung,* Festschrift für W. Geiger, Tübingen 1974

MILLAR F., A study of Cassius Dio, Oxford 1964

MILLER W., Cicero- De Officiis, in *Loeb classical library,* Cambridge (Massachusetts)1961

MIROW M.C., Latin american law, Austin 2004

MITTEIS, Römisches Privatrecht, Leipzig 1921

MOMMSEN, Droit publique Romain (Französische Übersetzung GIRARD von Roemisches Staatsrecht), Paris 1889

MOMMSEN, Römisches Staatsrecht, Leipzig 1887

MOMMSEN, Römisches Strafrecht, Leipzig 1899

MOMMSEN, Digesta Iustiniani Augusti, 2 Bde., Berlin 1870, Neudruck 1963/1998

MOMMSEN in *Zeitschrift der Savigny-Stiftung für Rechtsgeschichte* Nr. 6, 1885, S. 260 ff.

MONIER, Manuel élémentaire de droit romain, III Auflage, Paris 1944

MOUSOURAKIS G., The historical and institutional context of roman law, Auckland 2003

NODA R., Die Haftung des Auftraggebers für Schaden des Beauftragten, in Shigeo-Nischimura, Mandatum und Verwandtes (MuV), Heidelberg 1993, S.207

PALAZZI, Mythos, Dizionario mitologico e di antichità classiche, Milano 1990

PENA T.J., Roman Pottery In The Archaeological Record, New York 2007

PERNICE in M.A. Labeo, 1, Halle 1873, S. 474 ff.

PEROZZI/CAPOGROSSI COLOGNESI, Istituzioni di diritto romano, Band I und II, Roma 2002

PICHLMAYER F., Sexti Aurelii Victoris liber de Caesaribus, in *Bibliotheca Teubneriana*, Leipzig 1966

PIGANIOL, Histoire de Rome, Paris 1939

POCAR V,, Lo status giuridico degli animali nel diritto romano, in *Rivista di diritto romano,* III, 2003

PRINGSHEIM, Greek Law of Sale, Weimar 1950

PUGLIESE, Istituzioni di diritto romano, Torino 1991

PUGLIESE, Simulazione nei negozi giuridici, Padova 1938

PUGLIESE CARATELLI, in *La parola del passato* 1, 1946-47, S. 380

RABEL, in *Zeitschrift der Savigny-Stiftung für Rechtsgeschichte* Nr. 27, 1906, S. 290 ff.

RAINER J.M., Einführung in das römische Staatsrecht, Darmstadt 1997

RAINER J.M., Europäisches Privatrecht, Frankfurt 2002

RAINER J.M./WALDSTEIN W., Römische Rechtsgeschichte, München 2005

RAMOS P., La véritable histoire de Marc Aurèle, éd. Les Belles Lettres, Paris 2009

RICCOBONO S., in *Bullettino dell'Istituto di Diritto Romano* 31, 1921, S.31 ff.

ROBLEDA O., Introduzione allo studio del diritto romano, Roma 1979

ROTONDI, Leges publicae populi romani, Hildesheim 1962

ROTONDI, Precedenti scolastici delle riforme di Giustiniano, in *Scr. giur.* I, 1972, S.443

SALAZAR REVUELTA M., La gratuitad del mutuum en el derecho romano, Jaén 1999

SANFILIPPO C., Istituzioni di diritto romano, Cosenza 2002

SASSE C., *Die Constitutio Antoniniana,* Wiesbaden 1958

SAVIGNY, Geschichte des Römischen Rechts im Mittelalter, Berlin 1936

SAVIGNY, System des heutigen römischen Rechts, Berlin 1848

SCHEURL, Die Lehre von den Nebenbestimmungen bei den Rechtsgeschäften, Berlin 1871

SCIALOJA, La Compravendita, Roma 1907

SESTON W., Marius Maximus et la date de la Constitutio Antoniniana, in *Mélanges d'archéologie, d'épigraphie et d'histoire offerts à Jerome Carcopino,* Paris 1966

SCHLOSSER H., Grundzüge der neueren Privatrechtsgeschichte, Heidelberg 2005

SCHLOSSMAN, In iure cessio und mancipatio, Kiel 1904

SCHUPFER, Singrafi e chirografi, Ricerche sui titoli di credito dei romani, in RISG. 7, 1889, S. 345 ff.

SCHULZ, Classical Roman Law, Oxford 1961

SIGONIO, De antiquo jure Italiae, Italia 1574.

SHERWIN-WHITE A.N., The roman citizenship, II. Auflage, Oxford 1972

SMITH, Dictionary of Greek and Roman Antiquities, John Murray, London 1875

SOLAZZI, Appunti di critica Gaiana, in Studi Arangio-Ruiz 3, Napoli 1953

SPAGNUOLO VIGORITA, Città e Impero, Napoli 1996

SPENCER, The study of sociology, London 1896

STURM, Civitatem romanam consegui et la protection de droits acquis dans la Lex Irnitana, in *Festschriften Wesener*, Graz 1992

TALAMANCA, Lineamenti di storia del diritto romano, Milano 1979

TALAMANCA, Istituzioni di diritto romano, Milano 1990

TATE G., Giustiniano. Il tentativo di rifondazione dell'impero, Roma 2006

TESAURO, Diritto comunitario, Padova 2003

THORMANN, Der doppelte Ursprung der Mancipatio, München 1943

VACCA L., La giurisprudenza nel sistema del diritto romano, Torino 1989

VAN DEN BRINK, Ex iure Quiritium, Deventer 1968

VAN'T DACK E. La papyrologie et l'Histoire du Haute Empire: les "Formulae" des empereurs, in *ANRW* II 1, Berlin 1974

VAN WARMELO, An introduction to the principles of roman civil law, Cape Town 1976

VON WANGEROW K.A., Über die latini Iuniani: eine rechtsgeschichtliche Abhandlung, Marburg 1933

VOCI P., Istituzioni di diritto romano, Milano 1954

VOCI P., Modi di acquisto della proprietà, Milano 1952

VOIGT, Jus naturale und Jus gentium, Leipzig 1975

WALDSTEIN W., Operae Libertorum, Stuttgart 1986

WALDSTEIN W., RAINER J.M., Römische Rechtsgeschichte, X. Auflage, München 2005

WEISS E., Institutionen des römischen Privatrechts, Stuttgart 1949

WENGER/WESENER, Neuere deutsche Privatrechtsgeschichte, Lahr 1976

WIEACKER F., Privatrechtsgeschichte der Neuzeit, II. Auflage, Göttingen 1967 (Nachdr. 1996).

WIEACKER F., Irrtum, Dissens oder gegenstandslose Leistungsbestimmung, in Mélange Maylan, I, 1963, S. 383 FF.

WIEACKER F., Kommentar zum Kaser's "Eigentum und Besitz" und "das altrömische ius“ in *Zeitschrift der Savigny-Stiftung für Rechtsgeschichte* Nr.67, 1950, S. 535 ff.

WIEACKER F., Zum Ursprung der bonae fidei iudicia, in *Zeitschrift der Savigny-Stiftung für Rechtsgeschichte* Nr. 80, 1963, S. 1 ff.

WILHELM A., Die costitutio Antoniniana, in *AJA* 38, 1934, SS. 178-180

WILLIAMSON C., The laws of the roman people. Public law in the expansion and decline of the roman Republic, Ann Arbor (University of Michigan) 2005

WINDSCHEID B., Lehrbuch des Pandektenrechts, 3 Bde., 9. Aufl. hrsg. von Th. Kipp, Frankfurt/Main 1906, 2. Nachdruck Aalen 1984.

WOLFF H., Die Constitutio Antoniniana und papyrus Gissensis 40, I, Köln 1976

WOLFF H.J., *Roman Law- An historical introduction,* Oklahoma 1976

WOLF J.G., Error im römischen Vertragsrecht, Köln 1961

ZIMMERMANN K., Rom und Karthago, Darmstadt 2005

Anhang 1

Varro, De lingua latina, Buch 6, Kapitel VII

Narro, cum alterum facio narum, a quo narratio, per quam cognoscimus rem gestam. Quae pars agendi est ab dicendo ac sunt aut coniuncta cum temporibus aut ab his: eorum hoc genus videntur etyma.
Fatur is qui primum homo significabilem ore mittit vocem. Ab eo, ante quam ita faciant, pueri dicuntur infantes; cum id faciunt, iam fari; cum hoc vocabulum, tum a similitudine vocis pueri fariolus ac fatuus dictum. Ab hoc tempora quod tum pueris constituant Parcae fando, dictum fatum et res fatales. Ab hac eadem voce qui facile fantur facundi dicti, et qui futura praedivinando soleant fari fatidici; dicti idem vaticinari, quod vesana mente faciunt: sed de hoc post erit usurpandum, cum de poetis dicemus.
Hinc fasti dies, quibus verba certa legitima sine piaculo praetoribus licet fari; ab hoc nefasti, quibus diebus ea fari ius non est et, si fati sunt, piaculum faciunt. Hinc effata dicuntur, qui augures finem auspiciorum caelestum extra urbem agris sunt effati ut esset; hinc effari templa dicuntur: ab auguribus effantur qui in his fines sunt.
Hinc fana nominata, quod pontifices in sacrando fati sint finem; hinc profanum, quod est ante fanum coniunctum fano; hinc profanatum quid in sacrificio atque Herculi decuma appellata ab eo est quod sacrificio quodam fanatur, id est ut fani lege fit. Id dicitur polluctum, quod a porriciendo est fictum: cum enim ex mercibus libamenta porrecta sunt Herculi in aram, tum polluctum est, ut cum profanatum dicitur, id est proinde ut sit fani factum: itaque ibi olim in fano consumebatur omne quod profanatum erat, ut etiam nunc fit quod praetor urbanus quotannis facit, cum Herculi immolat publice iuvencam.
Ab eodem verbo fari fabulae, ut tragoediae et comoediae, dictae. Hinc fassi ac confessi, qui fati id quod ab is quaesitum. Hinc professi; hinc fama et famosi. Ab eodem falli, sed et falsum et fallacia, quae propterea, quod fando quem decipit ac contra quam dixit facit. Itaque si quis re fallit, in hoc non proprio nomine fallacia, sed tralaticio, ut a pede nostro pes lecti ac betae. Hinc etiam famigerabile et sic compositicia alia item ut declinata multa, in quo et Fatuus et Fatuae.
Loqui ab loco dictum. Quod qui primo dicitur iam fari vocabula et reliqua verba dicit ante quam suo quique loco ea dicere potest, hunc Chrysippus negat loqui: quare ut imago hominis non sit homo sic in corvis, cornicibus, pueris primitus incipientibus fari verba non esse verba, quod non loquantur. Igitur is loquitur, qui suo loco quodque verbum sciens ponit, et is tum prolocutus, quom in animo quod habuit extulit loquendo.
Hinc dicuntur eloqui ac reloqui in fanis Sabinis, e cella dei qui loquuntur. Hinc dictus loquax, qui nimium loqueretur; hinc eloquens, qui copiose loquitur; hinc

colloquium, cum veniunt in unum locum loquendi causa; hinc adlocutum mulieres ire aiunt, cum eunt ad aliquam locutum consolandi causa; hinc quidam loquelam dixerunt verbum quod in loquendo efferimus. Concinne loqui dictum a concinere, ubi inter se conveniunt partes ita ut inter se concinant aliud alii.
Pronuntiare dictum a pro et nuntiare; pro idem valet quod ante, ut in hoc: proludit. Ideo actores pronuntiare dicuntur, quod in proscaenio enuntiant poetae cogitata, quod maxime tum dicitur proprie, novam fabulam cum agunt. Nuntius enim est a novis rebus nominatus, quod a verbo Graeco potest declinatum; ab eo itaque Neapolis illorum Novapolis ab antiquis vocitata nostris.
A quo etiam extremum novissimum quoque dici coeptum volgo, quod mea memoria ut Aelius sic senes aliquot, nimium novum verbum quod esset, vitabant; cuius origo, ut a vetere vetustius ac veterrimum, sic ab novo declinatum novius et novissimum, quod extremum. Sic ab eadem origine novitas et novicius et novalis in agro et "sub Novis" dicta pars in Foro aedificiorum, quod vocabulum ei pervetustum, ut Novae Viae, quae via iam diu vetus.
Ab eo quoque potest dictum nominare, quod res novae in usum quom additae erant, quibus eas novissent, nomina ponebant. Ab eo nuncupare, quod tunc pro civitate vota nova suscipiuntur. Nuncupare nominare valere apparet in legibus, ubi "nuncupatae pecuniae" sunt scriptae; item in Choro in quo est:
Aenea! — Quis is est qui meum nomen nuncupat?
Item in Medo:
Quis tu es, mulier, quae me insueto nuncupasti nomine?
Dico originem habet Graecam, quod Graeci deiknyo. Hinc etiam dicare, ut ait, Ennius:
Dico VI hunc dicare circum metulas.
Hinc iudicare, quod tunc ius dicatur; hinc iudex, quod ius dicat accepta potestate; hinc dedicat, id est quibusdam verbis dicendo finit: sic, enim aedis sacra a magistratu pontifice praeeunte, dicendo dedicatur. Hinc, ab dicendo, indicium; hinc illa: indicit bellum, indixit funus, prodixit diem, addixit iudicium; hinc appellatum dictum in mimo, ac dictiosus; hinc in manipulis castrensibus dicta ab ducibus; hinc dictata in ludo; hinc dictator magister populi, quod is a consule debet dici; hinc antiqua illa addici numo et dicis causa et addictus.
Si dico quid sciens nescienti, quod ei quod ignoravit trado, hinc doceo declinatum vel quod cum docemus dicimus vel quod qui docentur inducuntur in id quod docentur. Ab eo quod scit ducere qui est dux aut ductor; hinc doctor qui ita inducit, ut doceat. Ab ducendo docere disciplina discere litteris commutatis paucis. Ab eodem principio documenta, quae exempla docendi causa dicuntur.
Disputatio et computatio e propositione putandi, quod valet purum facere; ideo antiqui purum putum appellarunt; ideo putator, quod arbores puras facit; ideo ratio putari dicitur, in qua summa fit pura: sic is sermo in quo pure disponuntur verba, ne sit confusus atque ut diluceat, dicitur disputare.
Quod dicimus disserit item translaticio aeque ex agris verbo: nam ut holitor disserit in areas sui cuiusque generis res, sic in oratione qui facit, disertus.

Sermo, opinor, est a serie, unde serta; etiam in vestimento sartum, quod comprehensum: sermo enim non potest in uno homine esse solo, sed ubi oratio cum altero coniuncta. Sic conserere manum dicimur cum hoste; sic ex iure manum consertum vocare; hinc adserere manu in libertatem cum prendimus. Sic augures dicunt:

Si mihi auctor es verbenam manu asserere, dicito consortes.

Hinc etiam, a quo ipsi consortes, sors; hinc etiam sortes, quod in his iuncta tempora cum hominibus ac rebus; ab his sortilegi; ab hoc pecunia quae in faenore sors est, impendium quod inter se iungit.

Legere dictum, quod leguntur ab oculis litterae; ideo etiam legati, quod ut publice mittantur leguntur. Item ab legendo leguli, qui oleam aut qui uvas legunt; hinc legumina in frugibus variis; etiam leges, quae lectae et ad populum latae quas observet. Hinc legitima et collegae, qui una lecti, et qui in eorum locum suppositi, sublecti; additi allecti et collecta, quae ex pluribus locis in unum lecta. Ab legendo ligna quoque, quod ea caduca legebantur in agro quibus in focum uterentur. Indidem ab legendo legio et diligens et dilectus.

Murmurari a similitudine sonitus dictus, qui ita leviter loquitur, ut magis e sono id facere quam ut intellegatur videatur. Hinc etiam poetae

Murmurantia litora.

Similiter fremere, gemere, clamare, crepare ab similitudine vocis sonitus dicta. Hinc illa

Arma sonant, fremor oritur;

hinc

Nihil me increpitando commoves.

Vicina horum quiritare, iubilare. Quiritare dicitur is qui Quiritum fidem clamans inplorat. Quirites a Curensibus; ab his cum Tatio rege in societatem venerunt civitatis. Ut quiritare urbanorum, sic iubilare rusticorum: itaque hos imitans Aprissius ait:

Io bucco! — Quis me iubilat?

Vicinus tuus antiquus.

Sic triumphare appellatum, quod cum imperatore milites redeuntes clamitant per Urbem in Capitolium eunti "Io triumphe"; id a thriamboi ac Graeco Liberi cognomento potest dictum.

Spondere est dicere spondeo, a sponte: nam id idem valet et a voluntate. Itaque Lucilius scribit de Cretaea, cum ad se cubitum venerit sua voluntate, sponte ipsam suapte adductam, ut tunicam et cetera reiceret. Eandem uoluntatem Terentius significat, cum ait satius esse

Sua sponte recte facere quam alieno metu.

Ab eadem sponte, a qua dictum spondere, declinatum despondet et respondet et desponsor et sponsa, item sic alia. Spondet enim qui dicit a sua sponte "spondeo"; qui spopondit, est sponsor; qui idem ut faciat obligatur sponsu, consponsus.

Hoc Naevius significat cum ait "consponsi." Si spondebatur pecunia aut filia nuptiarum causa, appellabatur et pecunia et quae desponsa erat sponsa; quae pecunia inter se contra sponsu rogata erat, dicta sponsio; cui desponsa quae erat, sponsus; quo die sponsum erat, sponsalis.

Qui spoponderat filiam, despondisse dicebant, quod de sponte eius, id est de voluntate, exierat: non enim si volebat, dabat, quod sponsu erat alligatus: nam ut in comoediis vides dici:

Sponden tuam gnatam filio uxorem meo?

Quod tum et praetorium ius ad legem et censorium iudicium ad aequum existimabatur. Sic despondisse animum quoque dicitur, ut despondisse filiam, quod suae spontis statuerat finem.

A sua sponte dicere cum spondere, respondere quoque dixerunt, cum ad spontem responderent, id est ad voluntatem rogatoris. Itaque qui ad id quod rogatur non dicit, non respondet, ut non spondet ille statim qui dixit spondeo, si iocandi causa dixit, neque agi potest cum eo ex sponsu. Itaque is quoi dicitur in comoedia:

Meministin te spondere mihi gnatam tuam?

quod sine sponte sua dixit, cum eo non potest agi ex sponsu.

Etiam spes a sponte potest esse declinata, quod tum sperat cum quod volt fieri putat: nam quod non volt si putat, metuit, non sperat. Itaque hi quoque qui dicunt in Astraba Plauti:

Nunc sequere adseque, Polybadisce, meam spem
cupio consequi.
Sequor hercle equidem, nam libenter meam
speratam consequor:

quod sine sponte dicunt, vere neque ille sperat qui dicit adolescens neque illa quae sperata est.

Sponsor et praes et vas neque idem, neque res a quibus hi, sed e re simili. Itaque praes qui a magistratu interrogatus, in publicum ut praestet; a quo et cum respondet, dicit "praes". Vas appellatus, qui pro alteo vadimonium promittebat. Consuetudo erat, cum reus parum esset idoneus inceptis rebus, ut pro se alium daret; a quo caveri postea lege coeptum est ab his, qui praedia venderent, vadem ne darent; ab eo ascribi coeptum in lege mancipiorum:

Vadem ne poscerent nec dabitur.

Canere, accanit et succanit ut canto et cantatio ex Camena permutato pro M N. Ab eo quod semel, canit, si saepius, cantat. Hinc cantitat, item alia; nec sine canendo tubicines, liticines, cornicines, tibicines dicti: omnium enim horum quodam canere; etiam bucinator a vocis similitudine et cantu dictus.

Oro ab ore et perorat et exorat et oratio et orator et osculum dictum. Indidem omen, ornamentum; alterum quod ex ore primum elatum est, osmen dictum; alterum nunc cum propositione dicitur vulgo ornamentum, quod sicut olim ornamenta scaenici plerique dicunt. Hinc oscines dicuntur apud augures, quae ore faciunt auspicium.

Anhang 2

Gaio Institutiones III, 86-162

86. Idem iuris est, si testamento scriptus heres, postea quam heres extiterit, in iure cesserit hereditatem; ante aditam uero hereditatem cedendo nihil agit.
87. Suus autem et necessarius heres an aliquid agant in iure cedendo, quaeritur. nostri praeceptores nihil eos agere existimant; diuersae scholae auctores idem eos agere putant, quod ceteri post aditam hereditatem; nihil enim interest, utrum aliquis cernendo aut pro herede gerendo heres fiat an iuris necessitate hereditati adstringatur.
88. Nunc transeamus ad obligationes, quarum summa diuisio in duas species diducitur: omnis enim obligatio uel ex contractu nascitur uel ex delicto.
89. Et prius uideamus de his, quae ex contractu nascuntur. harum autem quattuor genera sunt: aut enim re contrahitur obligatio aut uerbis aut litteris aut consensu.
90. Re contrahitur obligatio uelut mutui datione; mutui autem datio proprie in his fere rebus contingit, quae res pondere, numero, mensura constant, qualis est pecunia numerata, uinum, oleum, frumentum, aes, argentum, aurum; quas res aut numerando aut metiendo aut pendendo in hoc damus, ut accipientium fiant et quandoque nobis non eaedem, sed aliae eiusdem naturae reddantur. unde etiam mutuum appellatum est, quia quod ita tibi a me datum est, ex meo tuum fit.
91. Is quoque, qui non debitum accepit ab eo, qui per errorem soluit, re obligatur; nam proinde ei condici potest SI PARET EVM DARE OPORTERE, ac si mutuum accepisset. unde quidam putant pupillum aut mulierem, cui sine tutoris auctoritate non debitum per errorem datum est, non teneri condictione, non magis quam mutui datione. sed haec species obligationis non uidetur ex contractu consistere, quia is, qui soluendi animo dat, magis distrahere uult negotium quam contrahere.
92. Verbis obligatio fit ex interrogatione et responsione, uelut DARI SPONDES? SPONDEO, DABIS? DABO, PROMITTIS? PROMITTO, FIDEPROMITTIS? FIDEPROMITTO, FIDEIVBES? FIDEIVBEO, FACIES? FACIAM. 93. Sed haec quidem uerborum obligatio DARI SPONDES? SPONDEO propria ciuium Romanorum est; ceterae uero iuris gentium sunt, itaque inter omnes homines, siue ciues Romanos siue peregrinos, ualent. et quamuis ad Graecam uocem expressae fuerint, uelut hoc modo "dØseis; dØsØ, homologeis; homologØ, pistei keleueis; pistei keleuØ, poi seis; poi sØ", etiam hae tamen inter ciues Romanos ualent, si modo Graeci sermonis intellectum habeant; et e contrario quamuis Latine enuntientur, tamen etiam inter peregrinos ualent, si modo Latini sermonis intellectum habeant. at illa uerborum obligatio DARI SPONDES? SPONDEO adeo propria ciuium Romanorum est, ut ne quidem in Graecum sermonem per interpretationem proprie transferri possit, quamuis dicatur a Graeca uoce figurata esse.

94. Unde dicitur uno casu hoc uerbo peregrinum quoque obligari posse, uelut si imperator noster principem alicuius peregrini populi de pace ita interroget: PACEM FVTVRAM SPONDES? uel ipse eodem modo interrogetur. quod nimium subtiliter dictum est, quia si quid aduersus pactionem fiat, non ex stipulatu agitur, sed iure belli res uindicatur.

95. Illud dubitari potest, si quis [. . . . . vv. 13 . . . .]

95a. [. . . . . .] si debitor mulieris iussu eius, dum [. . . . .] doti dicat quod debet. alius autem obligari eo modo non potest. et ideo si quis alius pro muliere dotem uiro promittat, communi iure obliga [. . . . .]. 96. Item uno loquente et sine interrogatione alii promittente contrahitur obligatio, si libertus patrono aut donum aut munus aut operas se daturum esse iurauit, etsi haec sola causa est, ex qua iureiurando contrahitur obligatio. sane ex alia nulla causa iureiurando homines obligantur, utique cum quaeritur de iure Romanorum. nam apud peregrinos quid iuris sit, singularum ciuitatium iura requirentes aliud intellegere poterimus [. . . . .].

97. Si id, quod dari stipulamur, tale sit, ut dari non possit, inutilis est stipulatio, uelut si quis hominem liberum, quem seruum esse credebat, aut mortuum, quem uiuum esse credebat, aut locum sacrum uel religiosum, quem putabat humani iuris esse, dari stipuletur.

97a. Item si quis rem, quae in rerum natura esse non potest, uelut hippocentaurum, stipuletur, aeque inutilis est stipulatio.

98. Item si quis sub ea condicione stipuletur, quae existere non potest, uelut 'si digito caelum tetigerit', inutilis est stipulatio. sed legatum sub inpossibili condicione relictum nostri praeceptores proinde deberi putant, ac si sine condicione relictum esset; diuersae scholae auctores nihilo minus legatum inutile existimant quam stipulationem. et sane uix idonea diuersitatis ratio reddi potest.

99. Praeterea inutilis est stipulatio, si quis ignorans rem suam esse dari sibi eam stipuletur; quippe quod alicuius est, id ei dari non potest.

100. Denique inutilis est talis stipulatio, si quis ita dari stipuletur: POST MORTEM MEAM DARI SPONDES? uel ita: POST MORTEM TVAM DARI SPONDES? ualet autem, si quis ita dari stipuletur: CVM MORIAR, DARI SPONDES?uel ita: CVM MORIERIS, DARI SPONDES? id est, ut in nouissimum uitae tempus stipulatoris aut promissoris obligatio conferatur: nam inelegans esse uisum est ab heredis persona incipere obligationem. rursum ita stipulari non possumus: PRIDIE QVAM MORIAR, aut PRIDIE QVAM MORIERIS, DARI SPONDES? quia non potest aliter intellegi 'pridie quam aliquis morietur', quam si mors secuta sit; rursus morte secuta in praeteritum reducitur stipulatio et quodam modo talis est: HEREDI MEO, DARI SPONDES? quae sane inutilis est.

101. Quaecumque de morte diximus, eadem et de capitis diminutione dicta intellegemus.

102. Adhuc inutilis est stipulatio, si quis ad id, quod interrogatus erit, non responderit, uelut si sestertia X a te dari stipuler, et tu nummum sestertium V milia promittas, aut si ego pure stipuler, tu sub condicione promittas.
103. Praeterea inutilis est stipulatio, si ei dari stipulemur, cuius iuri subiecti non sumus. unde illud quaesitum est, si quis sibi et ei, cuius iuri subiectus non est, dari stipuletur, in quantum ualeat stipulatio. nostri praeceptores putant in uniuersum ualere et proinde ei soli, qui stipulatus sit, solidum deberi, atque si extranei nomen non adiecisset. sed diuersae scholae auctores dimidium ei deberi existimant; pro altera uero parte inutilem esse stipulationem.
103a. Alia causa est, [. . . . .] DARI SPONDES [. . . . .] solidum deberi et me sol [. . . . .] etiam [. . . . .]
104. Praeterea inutilis est stipulatio, si ab eo stipuler, qui iuri meo subiectus est, item si is a me stipuletur. seruus quidem et qui in mancipio est et filia familias et quae in manu est, non solum ipsi, cuius iuri subiecti subiectaeue sunt, obligari non possunt, sed ne alii quidem ulli.
105. Mutum neque stipulari neque promittere posse palam est. idem etiam in surdo receptum est; quia et is, qui stipulatur, uerba promittentis, et qui promittit, uerba stipulantis exaudire debet.
106. Furiosus nullum negotium gerere potest, quia non intellegit, quid agat.
107. Pupillus omne negotium recte gerit, ut tamen, sicubi tutoris auctoritas necessaria sit, adhibeatur, uelut si ipse obligetur; nam alium sibi obligare etiam sine tutoris auctoritate potest.
108. Idem iuris est in feminis, quae in tutela sunt.
109. Sed quod diximus de pupillo, utique de eo uerum est, qui iam aliquem intellectum habet; nam infans et qui infanti proximus est non multum a furioso differt, quia huius aetatis pupilli nullum intellectum habent. sed in his pupillis propter utilitatem benignior iuris interpretatio facta est.
110. Possumus tamen ad id, quod stipulamur, alium adhibere, qui idem stipuletur, quem uulgo adstipulatorem uocamus.
111. Et huic proinde actio conpetit proindeque ei recte soluitur ac nobis; sed quidquid consecutus erit, mandati iudicio nobis restituere cogetur.
112. Ceterum potest etiam aliis uerbis uti adstipulator, quam quibus nos usi sumus. itaque si uerbi gratia ego ita stipulatus sim: DARI SPONDES? ille sic adstipulari potest: IDEM FIDE TVA PROMITTIS? uel: IDEM FIDE IVBES? uel contra.
113. Item minus adstipulari potest, plus non potest. itaque si ego sestertia X stipulatus sim, ille sestertia V stipulari potest; contra uero plus non potest. item si ego pure stipulatus sim, ille sub condicione stipulari potest; contra uero non potest. non solum autem in quantitate, sed etiam in tempore minus et plus intellegitur; plus est enim statim aliquid dare, minus est post tempus dare.
114. In hoc autem iure quaedam singulari iure obseruantur. nam adstipulatoris heres non habet actionem. item seruus adstipulando nihil agit, qui ex ceteris

omnibus causis stipulatione domino adquirit. idem de eo, qui in mancipio est, magis placuit; nam et is serui loco est. is autem, qui in potestate patris est, agit aliquid, sed parenti non adquirit, quamuis ex omnibus ceteris causis stipulando ei adquirat; ac ne ipsi quidem aliter actio conpetit, quam si sine kapitis diminutione exierit de potestate parentis, ueluti morte eius aut quod ipse flamen Dialis inauguratus est. eadem de filia familias et quae in manu est, dicta intellegemus.

115. Pro eo quoque, qui promittit, solent alii obligari, quorum alios sponsores, alios fidepromissores, alios fideiussores appellamus.

116. Sponsor ita interrogatur: IDEM DARI SPONDES? fidepromissor ita: IDEM FIDEPROMITTIS? fideiussor ita: IDEM FIDE TVA ESSE IVBES? uidebimus de his autem, quo nomine possint proprie adpellari, qui ita interrogantur: IDEM DABIS? IDEM PROMITTIS? IDEM FACIES?

117. Sponsores quidem et fidepromissores et fideiussores saepe solemus accipere, dum curamus, ut diligentius nobis cautum sit; adstipulatorem uero fere tunc solum adhibemus, cum ita stipulamur, ut aliquid post mortem nostram detur; quia enim ut ita nobis detur stipulando nihil agimus, adhibetur adstipulator, ut is post mortem nostram agat; qui si quid fuerit consecutus, de restituendo eo mandati iudicio heredi meo tenetur.

118. Sponsoris uero et fidepromissoris similis condicio est, fideiussoris ualde dissimilis.

119. Nam illi quidem nullis obligationibus accedere possunt nisi uerborum, quamuis interdum ipse, qui promiserit, non fuerit obligatus, uelut si mulier aut pupillus sine tutoris auctoritate aut quilibet post mortem suam dari promiserit. at illud quaeritur, si seruus aut peregrinus spoponderit, an pro eo sponsor aut fidepromissor obligetur.

119a. Fideiussor uero omnibus obligationibus, id est siue re siue uerbis siue litteris siue consensu contractae fuerint obligationes, adici potest. at ne illud quidem interest, utrum ciuilis an naturalis obligatio sit, cui adiciatur; adeo quidem, ut pro seruo quoque obligetur, siue extraneus sit, qui a seruo fideiussorem accipiat, siue ipse dominus in id, quod sibi debeatur.

120. Praeterea sponsoris et fidepromissoris heres non tenetur, nisi si de peregrino fidepromissore quaeramus et alio iure ciuitas eius utatur; fideiussoris autem etiam heres tenetur.

121. Item sponsor et fidepromissor per legem Furiam biennio liberantur, et quotquot erunt numero eo tempore, quo pecunia peti potest, in tot partes diducetur inter eos obligatio, et singuli in uiriles partes uocabuntur; fideiussores uero perpetuo tenentur, et quotquot erunt numero, singuli in solidum obligantur. itaque liberum est creditori, a quo uelit, solidum petere. sed nunc ex epistula diui Hadriani compellitur creditor a singulis, qui modo soluendo sint, partes petere. eo igitur distat haec epistula a lege Furia, quod si quis ex sponsoribus aut fidepromissoribus soluendo non sit, hoc onus ad ceteros non pertinet, si uero ex

fideiussoribus, ad ceteros quoque pertinet.

121a. Sed cum lex Furia tantum in Italia locum habeat, euenit, ut in ceteris prouinciis sponsores quoque et fidepromissores proinde ac fideiussores in perpetuum teneantur et singuli in solidum obligentur, nisi ex epistula diui Hadriani hi quoque adiuuentur in parte.

122. Praeterea inter sponsores et fidepromissores lex Apuleia quandam societatem introduxit. nam si quis horum plus sua portione soluerit, de eo, quod amplius dederit, aduersus ceteros actiones constituit. quae lex ante legem Furiam lata est, quo tempore in solidum obligabantur. unde quaeritur, an post legem Furiam adhuc legis Apuleiae beneficium supersit; et utique extra Italiam superest. nam lex quidem Furia tantum in Italia ualet, Apuleia uero etiam in ceteris prouinciis. sed an etiam in Italia beneficium legis Apuleiae supersit, ualde quaeritur. ad fideiussores autem lex Apuleia non pertinet. itaque si creditor ab uno totum consecutus fuerit, huius solius detrimentum erit, scilicet si is, pro quo fideiussit, soluendo non sit. sed ut ex supra dictis apparet, is, a quo creditor totum petit, poterit ex epistula diui Hadriani desiderare, ut pro parte in se detur actio.

123. Praeterea lege Cicereia cautum est, ut is, qui sponsores aut fidepromissores accipiat, praedicat palam et declaret, et de qua re satis accipiat et quot sponsores aut fidepromissores in eam obligationem accepturus sit; et nisi praedixerit, permittitur sponsoribus et fidepromissoribus intra diem XXX. praeiudicium postulare, quo quaeratur, an ex ea lege praedictum sit; et si iudicatum fuerit praedictum non esse, liberantur. qua lege fideiussorum mentio nulla fit; sed in usu est, etiam si fideiussores accipiamus, praedicere.

124. Sed beneficium legis Corneliae omnibus commune est. qua lege idem pro eodem apud eundem eodem anno uetatur in ampliorem summam obligari creditae pecuniae quam in XX milia; et quamuis sponsores uel fidepromissores in amplam pecuniam, uelut in sestertium C milia se obligauerint, tamen dumtaxat in XX milia tenentur. pecuniam autem creditam dicimus non solum eam, quam credendi causa damus, sed omnem, quam tum, cum contrahitur obligatio, certum est debitum iri, id est, quae sine ulla condicione deducitur in obligationem; itaque et ea pecunia, quam in diem certum dari stipulamur, eodem numero est, quia certum est eam debitum iri, licet post tempus petatur. appellatione autem pecuniae omnes res in ea lege significantur; itaque et si uinum uel frumentum aut si fundum uel hominem stipulemur, haec lex obseruanda est.

125. Ex quibusdam tamen causis permittit ea lex in infinitum satis accipere, ueluti si dotis nomine uel eius, quod ex testamento tibi debeatur, aut iussu iudicis satis accipiatur. et adhuc lege uicesima hereditatium cauetur, ut ad eas satisdationes, quae ex ea lege proponuntur, lex Cornelia non pertineat.

126. In eo quoque iure par condicio est omnium, sponsorum, fidepromissorum, fideiussorum, quod ita obligari non possunt, ut plus debeant, quam debet is, pro

quo obligantur. at ex diuerso, ut minus debeant, obligari possunt, sicut in adstipulatoris persona diximus; nam ut adstipulatoris, ita et horum obligatio accessio est principalis obligationis, nec plus in accessione esse potest quam in principali reo.

127. In eo quoque par omnium causa est, quod si quid pro reo soluerint, eius reciperandi causa habent cum eo mandati iudicium; et hoc amplius sponsores ex lege Publilia propriam habent actionem in duplum, quae appellatur depensi.

128. Litteris obligatio fit ueluti in nominibus transscripticiis. fit autem nomen transscripticium duplici modo, uel a re in personam uel a persona in personam.

129. A re in personam transscriptio fit, ueluti si id, quod tu ex emptionis causa aut conductionis aut societatis mihi debeas, id expensum tibi tulero.

130. A persona in personam transscriptio fit, ueluti si id, quod mihi Titius debet, tibi id expensum tulero, id est si Titius te pro se delegauerit mihi.

131. Alia causa est eorum nominum, quae arcaria uocantur. in his enim rei, non litterarum obligatio consistit, quippe non aliter ualent, quam si numerata sit pecunia; numeratio autem pecuniae rei facit obligationem. qua de causa recte dicemus arcaria nomina nullam facere obligationem, sed obligationis factae testimonium praebere.

132. Unde non proprie dicitur arcariis nominibus etiam peregrinos obligari, quia non ipso nomine, sed numeratione pecuniae obligantur; quod genus obligationis iuris gentium est.

133. Transscripticiis uero nominibus an obligentur peregrini, merito quaeritur, quia quodam modo iuris ciuilis est talis obligatio; quod Neruae placuit. Sabino autem et Cassio uisum est, si a re in personam fiat nomen transscripticium, etiam peregrinos obligari; si uero a persona in personam, non obligari.

134. Praeterea litterarum obligatio fieri uidetur chirografis et syngrafis, id est, si quis debere se aut daturum se scribat, ita scilicet, si eo nomine stipulatio non fiat. quod genus obligationis proprium peregrinorum est.

135. Consensu fiunt obligationes in emptionibus et uenditionibus, locationibus conductionibus, societatibus, mandatis.

136. Ideo autem istis modis consensu dicimus obligationes contrahi, quod neque uerborum neque scripturae ulla proprietas desideratur, sed sufficit eos, qui negotium gerunt, consensisse. unde inter absentes quoque talia negotia contrahuntur, ueluti per epistulam aut per internuntium, cum alioquin uerborum obligatio inter absentes fieri non possit.

137. Item in his contractibus alter alteri obligatur de eo, quod alterum alteri ex bono et aequo praestare oportet, cum alioquin in uerborum obligationibus alius stipuletur alius promittat et in nominibus alius expensum ferendo obliget alius obligetur.

138. [sed absenti expensum ferri potest, etsi uerbis obligatio cum absente contrahi non possit.] [De emptione et uenditione.]

139. Emptio et uenditio contrahitur, cum de pretio conuenerit, quamuis nondum

pretium numeratum sit ac ne arra quidem data fuerit. nam quod arrae nomine datur, argumentum est emptionis et uenditionis contractae.

140. Pretium autem certum esse debet. nam alioquin si ita inter nos conuenerit, ut quanti Titius rem aestimauerit, tanti sit empta, Labeo negauit ullam uim hoc negotium habere; cuius opinionem Cassius probat. Ofilius et eam emptionem et uenditionem esse putauit; cuius opinionem Proculus secutus est.

141. Item pretium in numerata pecunia consistere debet. nam in ceteris rebus an pretium esse possit, ueluti homo aut toga aut fundus alterius rei pretium esse possit, ualde quaeritur. nostri praeceptores putant etiam in alia re posse consistere pretium; unde illud est, quod uulgo putant per permutationem rerum emptionem et uenditionem contrahi, eamque speciem emptionis uenditionisque uetustissimam esse; argumentoque utuntur Graeco poeta Homero, qui aliqua parte sic ait:

"enthen ar' oinizonto kar komoØntes Achaioi, alloi men chalkØi, alloi d' aithØni sid rØi, alloi de rhinois, alloi d' aut isi boessin," alloi d' andrapodessi, (Hom. Il. 7, 472-475) et reliqua. diuersae scholae auctores dissentiunt aliudque esse existimant permutationem rerum, aliud emptionem et uenditionem; alioquin non posse rem expediri permutatis rebus, quae uideatur res uenisse et quae pretii nomine data esse, sed rursus utramque rem uideri et uenisse et utramque pretii nomine datam esse absurdum uideri. sed ait Caelius Sabinus, si rem tibi uenalem habenti, ueluti fundum, [acceperim et] pretii nomine hominem forte dederim, fundum quidem uideri uenisse, hominem autem pretii nomine datum esse, ut fundus acciperetur.

142. Locatio autem et conductio similibus regulis constituitur; nisi enim merces certa statuta sit, non uidetur locatio et conductio contrahi.

143. Unde si alieno arbitrio merces permissa sit, uelut quanti Titius aestimauerit, quaeritur, an locatio et conductio contrahatur. qua de causa si fulloni polienda curandaue, sarcinatori sarcienda uestimenta dederim nulla statim mercede constituta, postea tantum daturus, quanti inter nos conuenerit, quaeritur, an locatio et conductio contrahatur.

144. Item si rem tibi utendam dederim et inuicem aliam rem utendam acceperim, quaeritur, an locatio et conductio contrahatur.

145. Adeo autem emptio et uenditio et locatio et conductio familiaritatem aliquam inter se habere uidentur, ut in quibusdam causis quaeri soleat, utrum emptio et uenditio contrahatur an locatio et conductio, ueluti si qua res in perpetuum locata sit. quod euenit in praediis municipum, quae ea lege locantur, ut, quamdiu [id] uectigal praestetur, neque ipsi conductori neque heredi eius praedium auferatur; sed magis placuit locationem conductionemque esse.

146. Item si gladiatores ea lege tibi tradiderim, ut in singulos, qui integri exierint, pro sudore denarii XX mihi darentur, in eos uero singulos, qui occisi aut debilitati fuerint, denarii mille, quaeritur, utrum emptio et uenditio an locatio et conductio contrahatur. et magis placuit eorum, qui integri exierint, locationem

et conductionem contractam uideri, at eorum, qui occisi aut debilitati sunt, emptionem et uenditionem esse; idque ex accidentibus apparet, tamquam sub condicione facta cuiusque uenditione aut locatione. iam enim non dubitatur, quin sub condicione res uenire aut locari possint.

147. Item quaeritur, si cum aurifice mihi conuenerit, ut is ex auro suo certi ponderis certaeque formae anulos mihi faceret et acciperet uerbi gratia denarios CC, utrum emptio et uenditio an locatio et conductio contrahatur. Cassius ait materiae quidem emptionem uenditionemque contrahi, operarum autem locationem et conductionem; sed plerisque placuit emptionem et uenditionem contrahi. atqui si meum aurum ei dedero mercede pro opera constituta, conuenit locationem conductionem contrahi.

148. Societatem coire solemus aut totorum bonorum aut unius alicuius negotii, ueluti mancipiorum emendorum aut uendendorum.

149. Magna autem quaestio fuit, an ita coiri possit societas, ut quis maiorem partem lucretur, minorem damni praestet. quod Quintus Mucius contra naturam societatis esse censuit. sed Seruius Sulpicius, cuius etiam praeualuit sententia, adeo ita coiri posse societatem existimauit, ut dixerit illo quoque modo coiri posse, ut quis nihil omnino damni praestet, sed lucri partem capiat, si modo opera eius tam pretiosa uideatur, ut aequum sit eum cum hac pactione in societatem admitti. nam et ita posse coiri societatem constat, ut unus pecuniam conferat, alter non conferat et tamen lucrum inter eos commune sit; saepe enim opera alicuius pro pecunia ualet.

150. Et illud certum est, si de partibus lucri et damni nihil inter eos conuenerit, tamen aequis ex partibus commodum ut incommodum inter eos commune esse; sed si in altero partes expressae fuerint, uelut in lucro, in altero uero omissae, in eo quoque, quod omissum est, similes partes erunt.

151. Manet autem societas eo usque, donec in eodem sensu perseuerant; at cum aliquis renuntiauerit societati, societas soluitur. sed plane si quis in hoc renuntiauerit societati, ut obueniens aliquod lucrum solus habeat, ueluti si mihi totorum bonorum socius, cum ab aliquo heres esset relictus, in hoc renuntiauerit societati, ut hereditatem solus lucri faciat, cogetur hoc lucrum communicare; si quid uero aliud lucri fecerit, quod non captauerit, ad ipsum solum pertinet. mihi uero, quidquid omnino post renuntiatam societatem adquiritur, soli conceditur.

152. Soluitur adhuc societas etiam morte socii, quia qui societatem contrahit, certam personam sibi eligit.

153. Dicitur etiam kapitis deminutione solui societatem, quia ciuili ratione kapitis deminutio morti coaequatur; sed utique si adhuc consentiant in societatem, noua uidetur incipere societas.

154. Item si cuius ex sociis bona publice aut priuatim uenierint, soluitur societas. sed ea quidem societas, de qua loquimur, id est, quae nudo consensu contrahitur, iuris gentium est; itaque inter omnes homines naturali ratione consistit.

154a. Est autem aliud genus societatis proprium ciuium Romanorum. olim enim mortuo patre familias inter suos heredes quaedam erat legitima simul et naturalis societas quae appellabatur ercto non cito, id est dominio non diuiso: erctum enim dominium est, unde erus dominus dicitur: ciere autem diuidere est: unde caedere et secare [et diuidere] dicimus.

154b. Alii quoque qui uolebant eandem habere societatem, poterant id consequi apud praetorem certa legis actione. in hac autem societate fratrum ceterorumue, qui ad exemplum fratrum suorum societatem coierint, illud proprium erat, [unus] quod uel unus ex sociis communem seruum manumittendo liberum faciebat et omnibus libertum adquirebat: item unus rem communem mancipando eius faciebat, qui mancipio accipiebat.

155. Mandatum consistit, siue nostra gratia mandemus siue aliena; itaque siue ut mea negotia geras siue ut alterius, mandauerim, contrahitur mandati obligatio, et inuicem alter alteri tenebimur in id, quod uel me tibi uel te mihi bona fide praestare oportet.

156. Nam si tua gratia tibi mandem, superuacuum est mandatum; quod enim tu tua gratia facturus sis, id de tua sententia, non ex meo mandatu facere debes; itaque si otiosam pecuniam domi tuae te habentem hortatus fuerim, ut eam faenerares, quamuis iam ei mutuam dederis, a quo seruare non potueris, non tamen habebis mecum mandati actionem. item si hortatus sim, ut rem aliquam emeres, quamuis non expedierit tibi eam emisse, non tamen tibi mandati tenebor. et adeo haec ita sunt, ut quaeratur, an mandati teneatur, qui mandauit tibi, ut Titio pecuniam faenerares. Seruius negauit: non magis hoc casu obligationem consistere putauit, quam si generaliter alicui mandetur, uti pecuniam suam faeneraret. sed sequimur Sabini opinionem contra sentientis, quia non aliter Titio credidisses, quam si tibi mandatum esset.

157. Illud constat, si quis de ea re mandet, quae contra bonos mores est, non contrahi obligationem, ueluti si tibi mandem, ut Titio furtum aut iniuriam facias.

158. Item si quis quid post mortem meam faciendum mihi mandet, inutile mandatum est, quia generaliter placuit ab heredis persona obligationem incipere non posse.

159. Sed recte quoque contractum mandatum, si dum adhuc integra res sit, reuocatum fuerit, euanescit.

160. Item si adhuc integro mandato mors alterutrius alicuius interueniat, id est uel eius, qui mandarit, uel eius, qui mandatum susceperit, soluitur mandatum; sed utilitatis causa receptum est, ut si mortuo eo, qui mihi mandauerit, ignorans eum decessisse exsecutus fuero mandatum, posse me agere mandati actione; alioquin iusta et probabilis ignorantia damnum mihi [non] adferet. et huic simile est, quod plerisque placuit, si debitor meus manumisso dispensatori meo per ignorantiam soluerit, liberari eum, cum alioquin stricta iuris ratione non posset liberari eo, quod alii soluisset, quam cui soluere deberet.

161. Cum autem is, cui recte mandauerim, egressus fuerit mandatum, ego quidem eatenus cum eo habeo mandati actionem, quatenus mea interest inplesse

eum mandatum, si modo implere potuerit; at ille mecum agere non potest. itaque si mandauerim tibi, ut uerbi gratia fundum mihi sestertiis C emeres, tu sestertiis CL emeris, non habebis mecum mandati actionem, etiamsi tanti uelis mihi dare fundum, quanti emendum tibi mandassem; idque maxime Sabino et Cassio placuit. quod si minoris emeris, habebis mecum scilicet actionem, quia qui mandat, ut C milibus emeretur, is utique mandare intellegitur, uti minoris, si posset, emeretur.

162. In summa sciendum est, quotiens faciendum aliquid gratis dederim, quo nomine si mercedem statuissem, locatio et conductio contraheretur, mandati esse actionem, ueluti si fulloni polienda curandaue uestimenta dederim aut sarcinatori sarcienda.

Anhang 3

[Περὶ ὠνῆς καὶ πράσεως]

Fragmentum XCVII (Wimmer 1866)
Stobaei Flor. XLIV 22

[1] Οἱ μὲν οὖν ὑπὸ κήρυκος κελεύουσι πωλεῖν καὶ προκηρύττειν ἐκ πλειόνων ἡμερῶν, οἱ δὲ παρ' ἀρχῆι τινι, καθάπερ καὶ Πιτταχὸς παρὰ βασιλεῦσι καὶ πρυτάνει. ἔνιοι δὲ προγράφειν παρὰ τῆι ἀρχῆι πρὸ ἡμερῶν μὴ ἔλαττον ἢ ἑξήκοντα, καθάπερ Ἀθήνησι, καὶ τὸν πριάμενον ἑκατοστὴν τιθέναι τῆς τιμῆς, ὅπως διαμ- φισβητῆσαί τε ἐξῆι καὶ διαμαρτύρασθαι τῶι βουλομένωι καὶ ὁ δικαίως ἐωνημένος φανερὸς ἦι τῶι τέλει. παρὰ δέ τισι προκηρύττειν χελεύουσι πρὸ τοῦ κατακυρωθῆναι πένθ' ἡμέρας συνεχῶς, εἴ τις ἐνίσταται ἢ ἀντιποιεῖται τοῦ κτήματος ἢ τῆς οἰχίας· ὡσαύτως δὲ καὶ ἐπὶ τῶν ὑποθέσεων, ὥσπερ καὶ ἐν τοῖς Κυζικηνῶν. οἱ δὲ Θουριακοὶ τὰ μὲν τοιαῦτα πάντα ἀφαιροῦσιν, οὐδ' ἐν ἀγορᾶι προστάττουσιν, ὥσπερ τἆλλα, διδόναι δὲ κελεύουσι κοινῆι τῶν γειτόνων τῶν ἐγγυτάτω τρισὶ νόμισμά τι βραχὺ μνήμης ἕνεκα καὶ μαρτυρίας. ἀναγκαῖον δῆλον, ὅτι τοῖς μὲν τὰς ἀρχὰς ὑπευθύνους ποιεῖν, τοῖς δὲ τοὺς γείτονας, ἐὰν μὴ λάβωσιν ἢ δὶς παρὰ τοῦ αὐτοῦ λάβωσιν ἢ ἔχοντες μὴ λέγωσι τὸν ἐωνημένον.

[2] Οὐ χρὴ δ' ἀγνοεῖν, ὅτι αἱ προγραφαὶ καὶ αἱ προ- κηρύξεις καὶ ὅλως ὅσα πρὸς τὰς ἀμφισβητήσεις ἐστὶ πάντ' ἢ τὰ πλεῖστα δι' ἔλ- λειψιν ἑτέρου νόμου τίθεται· παρ' οἷς γὰρ ἀναγραφὴ τῶν κτημάτων ἐστὶ καὶ τῶν συμβολαίων, ἐξ ἐκείνων ἔστι μαθεῖν εἰ ἐλεύθερα καὶ ἀνέπαφα καὶ τὰ αὑτοῦ πωλεῖ δικαίως· εὐθὺς γὰρ καὶ μετεγγράφει ἡ ἀρχὴ τὸν ἐωνημένον.

[3] Ἐπεὶ δὲ καὶ προστασίαι τινὲς ὠνοῦνται καὶ πωλοῦσιν ἀπαλλοτριοῦν ἐθελοντες, ὀρθῶς ἔχει καὶ πρὸς ταῦτα νομοθετεῖν, ὅπερ καὶ ποιοῦσιν, ἅμα ταῦτά τε βουλόμενοι κωλύειν καὶ τὴν ἐμφανῆ ποιεῖν, ὥσπερ ἐν τοῖς Αἰνίων. κελεύουσι γάρ, ἐὰν μέν τις οἰκίαν πρίηται, θύνειν ἐπὶ τοῦ Ἀπόλλωνος τοῦ ἐπικωμαίου, ἐὰν δὲ χωρίον

ἐπὶ τῆς κώμης, ἧι αὐτὸς οἰκεῖ, καὶ ὀμνύειν ἐναντίον τῆς ἀρ- χῆς τῆς ἐγγραφούσης καὶ κωμητῶν τριῶν, ἦ μὴν ὠνεῖσθαι δικαίως, μηδὲν σνγ- κακουργοῦντα μήτε τέχνηι μήτε μηχανῆι μηδεμιᾶι· τὸν αὐτὸν δὲ τρόπον καὶ τὸν πωλοῦντα πωλεῖν ἀδόλως· τὸν δὲ μὴ οἰκοῦντα ἐν ἄστει θύειν τὸν ὅρκον ἐπὶ τοῦ Διὸς τοῦ ἀγοραίου, τὴν δὲ θυσίαν τῶν ἐλαττόνων εἶναι θυλήμασιν, ἄνευ δὲ τούτων μὴ ἐγγράφειν τὴν ἀρχήν· ἅμα καὶ ἐν τῶι ὅρκωι προσορκίζειν αὐτήν, ἐὰν μὴ ὀμνύωσι, μηδὲ ἐγγράψειν τὴν ὠνήν· οὗτοι μὲν δὴ πρὸς ἀμφότερα, μᾶλλον δὲ πρὸς πάντα βούλονται πεφυλάχθαι, καθάπερ ἴσως καὶ δεῖ.

[4] Κυρία δὲ ἡ ὠνὴ καὶ ἡ πρᾶσις εἰς μὲν κτῆσιν, ὅταν ἡ τιμὴ δοθῆι καὶ τἀκ τῶν νόμων ποιήσωσιν, οἷον ἀναγραφὴν ἢ ὅρκον ἢ τοῖς γείτοσι τὸ γιγνόμενον· εἰς δὲ τὴν παράδοσιν καὶ εἰς αὐτὸ τὸ πωλεῖν, ὅταν ἀρραβῶνα λάβηι· σχεδὸν γὰρ οὕτως οἱ πολλοὶ νομοθετοῦσιν· ἀλλὰ τοῦτο προσδιοριστέον, ἐὰν μὴ παρὰ μεθύοντος μηδ' ἐξ ὀργῆς μηδὲ φιλονεικίας, μηδὲ παρανοοῦντος, ἀλλὰ φρονοῦντος, καὶ τὸ ὅλον δικαίως, ὅπερ κἀκεῖ προσθετέον, ὅταν ἀφορίζηι παρ' ὧν δεῖ ὠνεῖσθαι. ἔοικε γὰρ ἐκ καιροῦ τὰ τοιαῦτα καὶ πάθους γίγνεσθαι· δεῖ δ' ἐκ προαιρέσεως· οὕτω γὰρ ἔσται τὸ δίκαιον.

[5] Τάττουσι δέ τινες καὶ τὸν ἀρραβῶνα πόσον δεῖ διδόναι, πρὸς τὸ πλῆθος τῆς τιμῆς μερίζοντες· ἄτοπον γὰρ ἐὰν δακτύλιον δῶι τῶν δέκα ταλάντων.

[6] Ἐὰν δὲ λαβὼν ἀρραβῶνα μὴ δέχηται τὴν τιμὴν ἢ δοὺς μὴ καταβάληι ἐν τῶι ὡρισμένωι χρόνωι δεῖ γὰρ ὡρίσθαι, καθάπερ ἐν τοῖς Θουρίων τὸν μὲν ἀρραβῶνα παραχρῆμα τὴν δὲ τιμὴν αὐθημερόν, οἱ δὲ καὶ πλείους ἡμέρας τίθενται τῆς τιμῆς, οἱ δ' ἁπλῶς ὅσας ἂν ὁμολογήσωσι τὸ δ' ἐπιτίμιον ἑκατέρωι, πότερον τῶι μὲν στέρησις τὸν ἀρραβῶνος; οὕτω γὰρ σχεδὸν οἵ τ' ἄλλοι κελεύουσι καὶ οἱ Θουριακοί· τῶι δὲ μὴ δεχομένωι ἔκτισις ὅσου ἂν ἀποδῶται; καὶ γὰρ τοῦτο ἐν τοῖς Θουρίων, ἢ ἄνισος ζημία; πολλαπλάσια γὰρ ἡ τιμὴ τοῦ ἀρραβῶνος· ἔτι δὲ καὶ βλάπτοιτ' ἂν ὁ ἀποδόμενος ἀφεὶς ἑκάτερον, ἐπειδή τις ἐφ' ἡμέραν μίαν ὁρίσειεν· οὕτω γὰρ μάλιστ' ἐνδέχεται· παρ' ἐνίοις δὲ δικάσασθαι κελεύουσι τῶι μὴ δεχομένωι τὴν τιμήν.

[7] Πότερον δὲ ἕως ἂν κομίσηται κύριον εἶναι τοῦ κτήματος; οὕτω γὰρ οἱ πολλοὶ νομοθετοῦσιν· ἢ ὥσπερ Χαρώνδας καὶ Πλάτων; οὗτοι γὰρ παραχρῆμα κελεύουσι διδόναι καὶ λαμβάνειν, ἐὰν δέ τις πιστεύσηι, μὴ εἶναι δίκην·αὐτὸν γὰρ αἴτιον εἶναι τῆς ἀδικίας.

Anhang 4

Codex Iustiniani 3, 23

IMPERATORIS IVSTINIANI INSTITVTIONVM LIBER TERTIVS

LIB. III, TIT. XXIII.
DE EMPTIONE ET VENDITIONE.

Emptio et venditio contrahitur simulatque de pretio convenerit, quamvis nondum pretium numeratum sit ac ne arra quidem data fuerit. nam quod arrae nomine datur argumentum est emptionis et venditionis contractae. sed haec quidem de emptionibus et venditionibus quae sine scriptura consistunt obtinere oportet: nam nihil a nobis in huiusmodi venditionibus innovatum est. in his autem quae scriptura conficiuntur non aliter perfectam esse emptionem et venditionem constituimus, nisi et instrumenta emptionis fuerint conscripta vel manu propria contrahentium, vel ab alio quidem scripta, a contrahente autem subscripta et, si per tabellionem fiunt, nisi et completiones acceperint et fuerint partibus absoluta. donec enim aliquid ex his deest, et poenitentiae locus est et potest emptor vel venditor sine poena recedere ab emptione. ita tamen impune recedere eis concedimus nisi iam arrarum nomine aliquid fuerit datum: hoc etenim subsecuto, sive in scriptis sive sine scriptis venditio celebrata est, is qui recusat adimplere contractum, si quidem emptor est, perdit quod dedit, si vero venditor, duplum restituere compellitur, licet nihil super arris expressum est.
Pretium autem constitui oportet: nam nulla emptio sine pretio esse potest. sed et certum pretium esse debet. alioquin si ita inter aliquos convenerit, ut, quanti Titius rem aestimaverit, tanti sit empta: inter veteres satis abundeque hoc dubitabatur, sive constat venditio sive non. sed nostra decisio ita hoc constituit, ut, quotiens sic composita sit venditio QUANTI ILLE AESTIMAVERIT, sub hac condicione staret contractus, ut, si quidem ipse qui nominatus est pretium definierit, omnimodo secundum eius aestimationem et pretium persolvatur et res tradatur, ut venditio ad effectum perducatur, emptore quidem ex empto actione, venditore autem ex vendito agente. sin autem ille qui nominatus est vel noluerit vel non potuerit pretiam definire, tunc pro nihilo esse venditionem, quasi nullo pretio statuto. quod ius cum in venditionibus nobis placuit, non est absurdum et in locationibus et conductionibus trahere.
Item pretium in numerata pecunia consistere debet. nam in ceteris rebus an pretium esse possit, veluti homo aut fundus aut toga alterius rei pretium esse possit, valde quaerebatur. Sabinus et Cassius etiam in alia re putant posse pretium consistere: unde illud est quod vulgo dicebatur, per permutationem rerum emptionem et venditionem contrahi, eamque speciem emptionis venditionisque vetustissimam esse: argumentoque utebantur Graeco poeta

Homero, qui aliqua parte exercitum Achivorum vinum sibi comparasse ait permutatis quibusdam rebus, his verbis:

ἔνθεν ἄρ᾽ οἰνίζοντο καρηκομόωντες Ἀχαιοί,
ἄλλοι μὲν χαλκῷ, ἄλλοι δ᾽ αἴθωνι σιδήρῳ,
ἄλλοι δὲ ῥινοῖς, ἄλλοι δ᾽ αὐτῇσι βόεσσι,
ἄλλοι δ᾽ ἀνδραπόδεσσι.

diversae scholae auctores contra sentiebant, aliudque esse existimabant permutationem rerum, aliud emptionem et venditionem. alioquin non posse rem expediri, permutatis rebus, quae videatur res venisse et quae pretii nomine data esse: nam utramque videri et venisse et pretii nomine datam esse, rationem non pati. sed Proculi sententia, dicentis permutationem propriam esse speciem contractus a venditione separatam, merito praevaluit, cum et ipse aliis Homericis versibus adiuvatur et validioribus rationibus argumentatur. quod et anteriores divi principes admiserunt et in nostris digestis latius significatur.

Cum autem emptio et venditio contracta sit (quod effici diximus, simulatque de pretio convenerit, cum sine scriptura res agitur), periculum rei venditae statim ad emptorem pertinet, tametsi adhuc ea res emptori tradita non sit. itaque si homo mortuus sit vel aliqua parte corporis laesus fuerit, aut aedes totae aut aliqua ex parte incendio consumptae fuerint, aut fundus vi fluminis totus vel aliqua ex parte ablatus sit, sive etiam inundatione aquae aut arboribus turbine deiectis longe minor aut deterior esse coeperit, emptoris damnum est, cui necesse est, licet rem non fuerit nactus, pretium solvere. quidquid enim sine dolo et culpa venditoris accidit, in eo venditor securus est. sed et si post emptionem fundo aliquid per alluvionem accessit, ad emptoris commodum pertinet: nam et commodum eius esse debet cuius periculum est. Quodsi fugerit homo qui veniit, aut subreptus fuerit, ita ut neque dolus neque culpa venditoris interveniat animadvertendum erit an custodiam eius usque ad traditionem venditor susceperit. sane enim, si susceperit, ad ipsius periculum is casus pertinet: si non susceperit, securus erit. idem et in ceteris animalibus ceterisque rebus intellegimus. utique tamen vindicationem rei et condictionem exhibere debebit emptori, quia sane, qui rem nondum emptori tradidit adhuc ipse dominus est. idem est etiam de furti et de damni iniuriae actione. Emptio tam sub condicione quam pure contrahi potest. sub condicione veluti SI STICHUS INTRA CERTUM DIEM TIBI PLACUERIT, ERIT TIBI EMPTUS AUREIS TOT. Loca sacra vel religiosa, item publica, veluti forum, basilicam, frustra quis sciens emit, quas tamen si pro privatis vel profanis, deceptus a venditore, emerit, habebit actionem ex empto, quod non habere ei liceat ut consequatur quod sua interest deceptum eum non esse. idem iuris est, si hominem liberum pro servo emerit.

Salzburger Studien zum Europäischen Privatrecht

Herausgegeben von J. Michael Rainer

Band 1 Marc Herzog: Die Haftung des Gastwirts für eingebrachte Sachen des Gasts nach §§ 701 - 703 des Deutschen Bürgerlichen Gesetzbuchs. 1999.

Band 2 Andreas Reinhart: Familienplanungsschaden. Wrongful birth, wrongful life, wrongful conception, wrongful pregnancy. Eine rechtsvergleichende Untersuchung anhand des deutschen und des anglo-amerikanischen Rechts. 1999.

Band 3 Markus Frank: Untersuchungen zu den *Politika* des Aristoteles. 1999.

Band 4 Stefan Josef Schermaier: Der Gemeinschaftsrechtliche Staatshaftungsanspruch. Entwicklung, Perspektiven und Auswirkungen auf das österreichische Recht. 1999.

Band 5 Carmen Windhaber: Reiserecht in Österreich, Deutschland und Kanada. 2000.

Band 6 Korbinian Dietl: Unfallhaftung beim Expeditions- und Trekkingbergsteigen. Zugleich ein Beitrag zum Reiserecht für den Bereich der Bergreisen sowie zum Sporthaftungsrecht für den Bereich des Bergsports. 2000.

Band 7 Erich Jeroscheg: Eigentum an beweglichen Sachen. Französisches Recht und Rechtsvergleich. 2000.

Band 8 Thomas Tschaler: Das Moment der Gefahr als Element der Schadenszurechnung im System des Haftpflichtrechts. Eine rechtstheoretische Untersuchung der möglichen Schwächen gängiger Haftungsmodelle. 2000.

Band 9 Christian Hellenthal: Zulässigkeit einer supranationalen Fußball-Europaliga nach den Bestimmungen des europäischen Wettbewerbsrechts. 2000.

Band 10 Wolfgang Bengen: Die Systematik des § 823 I BGB im Deliktsrecht. Zugleich ein Beitrag zu den Verkehrspflichten. 2000.

Band 11 Gerhard Pöttler: Vergleichende Verbraucherschutzrichtlinienumsetzung in europäischen Mitgliedsstaaten. Anhand ausgewählter Beispiele der Pauschalreise-, Timesharing- und Produkthaftungsrichtlinie. 2001.

Band 12 Johannes Michael Rainer: Europäisches Privatrecht. Die Rechtsvergleichung. 2., überarbeitete und ergänzte Auflage. 2007.

Band 13 Erwin Schön: Allgemeines Vertragsrecht und Kaufvertragsrecht - ein Rechtsvergleich Österreich, USA, Spanien und UN-Kaufrecht. Unter Einbeziehung von PECL und UNIDROIT-Prinzipien. Gemeinsamkeiten, Unterschiede, Bewertungsversuche. 2003.

Band 14 Patrick Schenner: Skiunfall! Wer haftet? Schadenersatz im österreichischen Skirecht. 2003.

Band 15 Peter Unterkofler: Die rechtliche Stellung des Pflichtteilsberechtigten im Spannungsverhältnis zwischen Erbrecht und Privatstiftungsrecht. 2003.

Band 16 Susanne Spaun: Der Herausgabeanspruch bei Diebstahl oder illegalem Export von Kulturgütern. 2003.

Band 17 Josef Wolff: Trust, Fiducia und fiduziarische Treuhand. Historisch-rechtsvergleichende Untersuchung mit einer Darstellung des Trust in Schottland sowie des römischen und österreichischen Fideikommiss. 2005.

Band 18 Johannes Michael Rainer / Johanna Filip-Fröschl: Transfer of Title Concerning Movables Part I – Eigentumsübertragung an beweglichen Sachen in Europa Teil I. Introduction, Estonia, Italy, Poland, Portugal, Scotland, Slovenia, Spain. Einführung, Estland, Italien, Polen, Portugal, Schottland, Slowenien, Spanien. Edited by Johannes Michael Rainer – Herausgegeben von Johannes Michael Rainer. 2006.

Band 19 Mary-Rose McGuire: Transfer of Title Concerning Movables Part II – Eigentumsübertragung an beweglichen Sachen in Europa Teil II. National Report: Germany. Edited by Johannes Michael Rainer – Herausgegeben von Johannes Michael Rainer. 2006.

Band 20 Claes Martinson: Transfer of Title Concerning Movables Part III – Eigentumsübertragung an beweglichen Sachen in Europa Teil III. National Report: Sweden. Edited by Johannes Michael Rainer – Herausgegeben von Johannes Michael Rainer. 2006.

Band 21 Arthur Salomons: Transfer of Title Concerning Movables Part IV – Eigentumsübertragung an beweglichen Sachen in Europa Teil IV. National Report: The Netherlands. Edited by Johannes Michael Rainer – Herausgegeben von Johannes Michael Rainer. 2006.

Band 22 Viola Heutger: Ein gemeineuropäisches Kaufrecht. Vision oder nahe Zukunft? 2007.

Band 23 Thomas Käferböck: Erleichterungen und Erschwernisse zur Realisierung des Erblasserwillens im internationalen Erbrecht. Das Haager Testamentsübereinkommen einerseits und die Problematik der Pflichtteilsermittlung bei Nachlassspaltung andererseits. 2008.

Band 24 Astrid Hauser: Der Europäische Gerichtshof und der U.S. Supreme Court. Eine vergleichende Analyse ausgewählter Aspekte. 2008.

Band 25 Philipp Riesenkampff: Die Beweisbarkeit der Übermittlung unverkörperter Willenserklärungen unter Abwesenden in Deutschland, Österreich und England. 2009.

Band 26 Daniele Mattiangeli: Vorteile der *Romanitas* im Bereich des Vertragsrechts aus einer historisch-vergleichenden Perspektive. 2009.

www.peterlang.de

FSC
www.fsc.org
MIX
Papier | Fördert gute Waldnutzung
FSC® C083411

Kolibri 360 GmbH
Ferdinand-Jühlke-Straße 7
99095 Erfurt, Deutschland
produktsicherheit@kolibri360.de